21 世纪经济学类管理学类专业主干课程系列教材

企业文化案例教程

（修订本）

主　编　张岩松　周宏波　乌玉洁
副主编　宋英波　陈百君　刘思坚

清 华 大 学 出 版 社
北 京 交 通 大 学 出 版 社
·北京·

内 容 简 介

　　本书是为适应高等学校企业文化课程教学的需要而组织编写。在绪论中首先对案例教学的方法、技巧和规律进行了系统阐述，从而为企业文化案例教学目标的实现提供方法论指导。本书分为企业文化概述、企业文化要素、企业文化建设、企业形象与企业文化、企业文化变革、跨文化管理、企业文化比较等章节内容，每章首先是"学习目标"和"故事导入"，然后系统介绍了企业文化的基本理论。在此基础上设置了30余个企业文化典型案例，每个案例包括案例内容和"思考·讨论·训练"题若干。为了增强课堂教学的趣味性和感染力，每章后配备了企业文化"培训游戏"，供教师在教学中选用。为了便于学生自主学习，本书每章后还配备了"思考与讨论"题若干和"拓展阅读"导引，可供学生课后复习巩固及进一步学习时使用。

　　本书可作为本科工商管理类专业企业文化相关课程的教材和教学参考用书，同时也可作为企业相关管理人员岗位培训的教材和广大企业文化管理工作者提高业务水平的读物。

图书在版编目(CIP)数据

　　企业文化案例教程/张岩松，周宏波，乌玉洁主编. —北京：清华大学出版社；北京交通大学出版社，2012.7 （2020.3 重印）

　　（21 世纪经济学类管理学类专业主干课程系列教材）

　　ISBN 978-7-5121-1100-4

　　Ⅰ. ①企… Ⅱ. ①张… ②周… ③乌… Ⅲ. ①企业文化－案例－高等学校－教材 Ⅳ. ①F270

　　中国版本图书馆 CIP 数据核字（2012）第 170050 号

责任编辑：郭东青

出版发行：清 华 大 学 出 版 社　　邮编：100084　　电话：010-62776969
　　　　　北京交通大学出版社　　邮编：100044　　电话：010-51686414

印　刷　者：北京鑫海金澳胶印有限公司

经　　销：全国新华书店

开　　本：185 mm×230 mm　　印张：22.25　　字数：498 千字

版　　次：2012 年 7 月第 1 版　　2019 年 6 月第 1 次修订　　2020 年 3 月第 6 次印刷

书　　号：ISBN 978-7-5121-1100-4/F·1056

印　　数：8 001～10 500 册　　定价：59.00 元

本书如有质量问题，请向北京交通大学出版社质监组反映。对您的意见和批评，我们表示欢迎和感谢。

投诉电话：010-51686043，51686008；传真：010-62225406；E-mail：press@bjtu.edu.cn。

前　言

当今世界，凡是成功的企业，都有优秀的文化，反之，凡是失败的企业，都存在着不良的文化。文化是无形的，但它又是无处不在、无时不有的。名企的背后是文化，名牌的背后也是文化，企业文化是企业取之不尽、用之不竭的财富之泉和智慧之源。现代企业之间的竞争已经不再仅仅是资金、技术、人才、策略的竞争，更主要的是企业文化的竞争。

随着全球化和知识经济的发展，我国企业需要发挥企业文化功能，特别是企业价值观、企业精神、企业伦理道德等文化要素的竞争优势，来吸引、培育、留住优秀员工，形成一股强大凝聚力和向心力，为企业带来无形的、难以模仿的核心能力。在实施科学管理的同时努力建设富有特色的企业文化，是我国企业提升企业竞争力，在激烈市场竞争中做精、做优、做强、做大的利器和立于不败之地的关键。

在我国企业文化越来越受到重视。2003 年 3 月，国家劳动和社会保障部根据企业管理发展的新趋势，正式发布"企业文化师"为我国企业管理的新职业，企业文化师被定义为"在企业经营管理活动中从事企业价值体系构建及其转化工作的管理人员"。无疑，企业文化师将成为我国社会就业的一个新选择。我国越来越多的企业设立了企业文化主管部门，广泛开展了企业文化建设的实践。党的"十七大"和十七届六中全会总结了我国文化改革发展的丰富实践和宝贵经验，研究部署深化文化体制改革、推动社会主义文化大发展大繁荣，进一步兴起社会主义文化建设新高潮的各项工作，提出了建设以科学发展为主题的社会主义新型文化的时代命题。这体现出党中央已将社会主义文化建设放在了前所未有的高度，为我国文化，包括企业文化的发展展现了十分美好的前景。

鉴于此，我们编写了这本《企业文化案例教程》。它将为各类本科院校企业文化相关课程教学，尤其是案例教学的开展提供良好范本。通过引导学生对案例的学习，自主地进行读、写、说的训练，从而提高其分析和解决问题的能力。本书绪论部分较全面地介绍了案例教学的基本方法、技巧和规律，为师生对案例分析的"教与学"提供方法论指导，以促进企业文化课程教学目标的实现。本书分为企业文化概述、企业文化要素、企业文化建设、企业形象与企业文化、企业文化变革、跨文化管理、企业文化比较等章内容，每章首先是"学习目标"和"故事导入"，然后较系统地介绍了企业文化的基本理论，在此基础上荟萃了国内外各类企业在企业文化建设方面的 30 余个典型案例，每个案例包括案例内容和"思考·讨论·训练"题若干，这些案例非常适合教学使用，可作为规范性案例提供给学生学习和课堂讨论。

教师使用本书进行企业文化教学应保证至少 36 课时。具体教学可分如下三个阶段。

一是案例教学导入阶段（4 课时），包括案例教学概述 2 课时（教师讲授）、组建课堂讨论小组 2 课时。

二是案例学习和讨论阶段（24 课时）。这是企业文化案例分析课程教学的主要阶段，在这一阶段要指导学生完成至少 12 个案例，这 24 个课时主要用于学生进行课堂讨论，少量课时由教师讲授。学生课外学习的课时不包括在这 24 课时内。在这一阶段教师要使学生通过个人和集体的讨论和分析，从案例情景中归纳出问题，找寻解决问题的方案并择优处理，最终领悟出适合自己个人特点的思维方法和逻辑推理。从而在今后实践活动中，可以有效地运用这种逐步培育起来的思维方法和逻辑推理，来观察、分析和解决问题，培养和确立相关能力，并随今后工作实践的持续进行而日趋成熟和完善。

三是书面分析报告撰写阶段（8 课时）。这 8 课时是学生进行分析成果、口头表述和教师讲评的课时，并不包括学生撰写分析报告的课外课时。每个学生至少要完成两篇企业文化案例分析报告的撰写和表述。在教学过程中，建议教师应就企业文化案例的基本要求和相关问题的处理、主动学习和被动学习、案例分析的研究角度、书面分析报告的撰写、案例的口头表述技巧等内容穿插讲述，以提高学生案例分析的质量。

为了增强课堂教学的趣味性和感染力，每章后配了企业文化"培训游戏"，供教师在教学中选用。为了便于学生自主学习，本书每章后设置了"思考与讨论"题若干，可供学生课后复习巩固时使用。最后列出的"拓展阅读"资料可供学生深入学习参考。

本书由张岩松、周宏波、乌玉洁主编，宋英波、陈百君、刘思坚任副主编。张岩松编写第三章和第四章，周宏波编写绪论和第六章，乌玉洁编写第二章，宋英波编写第七章，陈百君编写第一章，刘思坚编写第五章。王艳洁、刘桂华参与了部分内容的编写并负责了全书案例资料的搜集工作，穆秀英、房红怡、张朝晖、唐成人、蔡颖颖、王芳、黄静、袁和平、徐东闽、马蕾、祁玉红、佟昌杰、李晓明、张言刚、许峰、董岩、王淑华、郭沁荣、何子谦、付强、于秀娟、阚丽完成了全书的文字录入工作。全书由刘思坚统稿。

在编写过程中，参阅了有关著作、报刊及网上资料，对案例和资料的原作者，在此深表感谢！

由于时间、条件、水平等的限制，书中不足之处，恳请读者批评指正。

编 者
2012 年 6 月

目　　录

绪论 ……………………………………………………………………………… 1
  一、管理教学案例概述 ……………………………………………………… 1
  二、管理案例的"教" ……………………………………………………… 5
  三、管理案例的"学" ……………………………………………………… 19
  四、管理案例教学范例 ……………………………………………………… 37
第一章　企业文化概述 …………………………………………………………… 49
  学习目标 …………………………………………………………………… 50
  故事导入 …………………………………………………………………… 50
  一、文化与企业文化的内涵 ……………………………………………… 52
  二、企业文化的特征 ……………………………………………………… 54
  三、企业文化的基本功能 ………………………………………………… 57
  四、企业文化的影响因素 ………………………………………………… 60
  五、企业文化理论的发展 ………………………………………………… 63
  案例1　充满活力的海尔文化 …………………………………………… 67
  案例2　苹果公司的企业文化 …………………………………………… 71
  案例3　《亮剑》——企业文化塑造的活教材 ………………………… 74
  案例4　青岛啤酒的企业文化体系 ……………………………………… 90
  案例5　希望集团的企业文化寻源 ……………………………………… 92
  培训游戏 …………………………………………………………………… 96
  思考与讨论 ………………………………………………………………… 97
  拓展阅读 …………………………………………………………………… 98
第二章　企业文化要素 …………………………………………………………… 99
  学习目标 …………………………………………………………………… 100
  故事导入 …………………………………………………………………… 100
  一、企业价值观 …………………………………………………………… 102
  二、企业精神 ……………………………………………………………… 106
  三、企业伦理道德 ………………………………………………………… 113
  案例1　弘扬和培育企业精神的长丰集团 ……………………………… 116
  案例2　德胜：中国当代工商文明的践道者 …………………………… 120
  案例3　沃尔玛的企业精神和文化表达 ………………………………… 126
  案例4　新同创企业文化森林论 ………………………………………… 131
  案例5　首都机场集团的企业文化理念体系 …………………………… 135

　　培训游戏 ……………………………………………………………………… 142
　　思考与讨论 …………………………………………………………………… 143
　　拓展阅读 ……………………………………………………………………… 144

第三章　企业文化建设 …………………………………………………………… 145
　　学习目标 ……………………………………………………………………… 146
　　故事导入 ……………………………………………………………………… 146
　　一、企业文化建设的主体 …………………………………………………… 148
　　二、企业文化建设的基本原则 ……………………………………………… 150
　　三、企业文化建设的步骤 …………………………………………………… 153
　　四、企业文化建设的基本方法 ……………………………………………… 156
　　五、企业文化的传播 ………………………………………………………… 160
　　六、企业文化建设的保证体系 ……………………………………………… 164
　　案例1　扬州发电公司的"三力"文化 …………………………………… 169
　　案例2　科龙的企业文化塑造 ……………………………………………… 177
　　案例3　九牧王长青林企业文化系统创新 ………………………………… 182
　　案例4　腈纶人的画与话 …………………………………………………… 189
　　案例5　松柏电器公司这样培养商业人才 ………………………………… 192
　　案例6　千金药业的企业文化测量 ………………………………………… 193
　　培训游戏 ……………………………………………………………………… 198
　　思考与讨论 …………………………………………………………………… 199
　　拓展阅读 ……………………………………………………………………… 200

第四章　企业形象与企业文化 …………………………………………………… 201
　　学习目标 ……………………………………………………………………… 202
　　故事导入 ……………………………………………………………………… 202
　　一、形象和企业形象 ………………………………………………………… 203
　　二、企业形象的特征 ………………………………………………………… 204
　　三、CIS：企业形象塑造的利器 …………………………………………… 206
　　四、CIS战略与企业文化的关系 …………………………………………… 211
　　案例1　"国航"的CI形象企划 …………………………………………… 212
　　案例2　东京电力的工作场所作业行为规范 ……………………………… 217
　　案例3　肯德基与时俱进实施CIS ………………………………………… 223
　　案例4　凤凰卫视的CIS导入 ……………………………………………… 227
　　培训游戏 ……………………………………………………………………… 230
　　思考与讨论 …………………………………………………………………… 231
　　拓展阅读 ……………………………………………………………………… 231

第五章　企业文化变革·· 232

　学习目标·· 233

　故事导入·· 233

　一、企业文化变革的原因·· 234

　二、企业文化变革成功的条件··· 235

　三、企业文化变革的内容·· 236

　四、企业文化变革的原则·· 236

　五、企业文化变革的具体实施··· 237

　案例1　GE企业文化变革三重奏·· 240

　案例2　联想文化塑造的反思··· 243

　案例3　莱钢的学习型企业文化·· 252

　案例4　新联通的企业文化整合·· 259

　培训游戏·· 262

　思考与讨论·· 263

　拓展阅读·· 263

第六章　跨文化管理·· 264

　学习目标·· 265

　故事导入·· 265

　一、跨文化管理的含义和特点··· 266

　二、跨文化管理的问题··· 267

　三、跨文化管理的模式··· 268

　四、跨文化管理的原则··· 268

　五、跨文化管理的策略··· 269

　案例1　长安福特的跨文化冲突·· 272

　案例2　迪斯尼为何兵败巴黎··· 275

　案例3　中远渐进式跨国经营战略······································· 278

　案例4　东风—日产公司通过文化融合实现双赢················· 282

　培训游戏·· 285

　思考与讨论·· 286

　拓展阅读·· 286

第七章　企业文化比较·· 287

　学习目标·· 288

　故事导入·· 288

　一、日本的企业文化··· 290

　二、美国的企业文化··· 294

　三、德国的企业文化··· 300

四、中国的企业文化·· 303

案例1　松下公司的管理哲学··· 307

案例2　微软公司的企业文化··· 315

案例3　西门子的企业文化··· 320

案例4　同仁堂企业文化的传承与创新·· 334

培训游戏·· 342

思考与讨论··· 343

拓展阅读·· 343

参考文献·· 344

绪 论

如果把传统的知识教学比作给学生一条鱼，那么只能供一餐之需；而案例教学则是教给学生捕鱼的本领，将使其终身受益无穷。

——笔者

管理案例是在企业管理实际过程中发生的事实材料，这些事实材料由环境、条件、人员、数据、时间等要素构成，把这些事实材料加工成供课堂教学和学生分析讨论所用的书面文字材料，就称为管理教学案例。它是为了某种既定教学目的、围绕一定的管理问题而对某一真实的管理情景所作的客观描述或介绍。管理案例教学既是对管理问题进行研究的一种手段，也是现代管理教育的一种方法，目前对此国内外已经有广泛的研究和运用。为了更好地实施案例教学、充分运用本书，我们在此对管理案例教学的组织开展进行较全面的论述，希望对大家有所帮助。

一、管理教学案例概述

（一）管理教学案例的由来

"案例"译自英文单词"case"，医学上译作"病历"；法学上译作"案例"或"判例"；在商业上或企业管理的教学中，往往译作"案例"、"实例"、"个案"等。

案例教学法是指以案例为教学媒介，在教师的指导下，运用多种方式启发学生独立思考，对案例提供的客观事实和问题进行分析研究，并提出见解，作出判断和决策，从而提高学生分析问题和解决问题能力的一种理论联系实际的启发式的教学方法。

案例教学法的产生，可以追溯到古希腊和古罗马。古希腊哲学家、教育家苏格拉底，在教学中曾采用过"问答式"教学法，这可以被看做是案例教学的雏形。之后，古希腊哲学家柏拉图继承了苏格拉底的教育思想，将"问答"积累的内容编辑成书，在书中附加了许多日常生活中的小例子，一个例子说明一个原理，那些日常生活的小故事，就可以被看做是案例。在管理教学中采用案例教学法开始于 20 世纪初。现代工商管理实务的出现呼唤着正规的学校管理教育。19 世纪 80 年代，首批商学院在北美出现，哈佛商学院便是其中之一。1908 年，哈佛大学创立企业管理研究院，由经济学者盖伊担任首任院长。他认为企业管理教学应尽可能地仿效哈佛法学院的教学法。他称这种方法为"问题方法（Problem Method）"。在盖伊的策划下，邀请了 15 位商人参加哈佛"企业政策"一课，每位商人在第一次上课时，说出他们自己所遭遇的问题，并解答学生们所提出的问题；第二次上课时，每一名学生须携带分析及解决这些问题的书面报告；在第三次上课时，由商人和学生一同讨论这些报告。这些报告，便是哈佛企业管理研究院最早的真实案例。1920 年，哈佛企业管理研究院第二任院长董翰姆向企业管理界募集了 5 000 美元，请欧普兰德教授从事收集和整理制作案例的工作，这是哈佛企业管理研究院第一次由专人从事案例开发工作。这应当说是案例教学的雏形。同年，哈佛成立案例开发中心，次年出版了第一本案例集，正式开始推行案例教学。到 20 世纪 40 年代中期，哈佛开始向外界大力推广案例法。在洛克菲勒基金会的赞助下，从 1946 年起连续 9 年，哈佛先后请来 287 位外校的高级学者参加他们的"人际关系"课的案例讨论。其于 1954 年，编写出版了《哈佛商学院的案例教学法》一书，并出版了《哈佛案例目录总览》，建立了"校际案例交流中心"，对澄清有关概念、统一术语、就案例法的意义与功能达成共识，起到了良好作用。1955 年起，在福特基金会资助下，哈佛连续 11 年，每年都会举办为期 8 周的"访问教授暑期案例讲习班"，前后有 119 所院校的 227 位院长、系主任和资深教授参加，大大促进了案例教学在全美管理院校的普及。由此可以看出，案例教学在美国的普及经历了近半个世纪的艰苦历程。首先在少数院校突破，再向四周逐步扩散；在有战略远见的团体的大力支持下，通过出书、编案例集、建立交流所、举办研讨班等措施，首先提高了院系领导的认识，终于瓜熟蒂落、水到渠成。从 20 世纪 50 年代开始，加拿大、英国、法国、德国、意大利、日本及东南亚国家都引进了美国案例教学法。50 年来，哈佛案例教学法被各地大学接受，闻名全球，该校设立"校际案例交换所"，从事国内及世界各大学所制作的案例交换工作，每年投入巨额资金开发案例，同时案例的交流也使它每年能获得两千多万美元的收入。

20 世纪 80 年代我国管理教育与培训界开始接触到案例教学。1980 年由美国商务部与中国内地教育部、经贸委合作，举办了"袖珍 MBA"培训班，并将中美合作培养 MBA 的项目执行基地设在大连理工大学，称为"中国工业科技管理大连培训中心"，由中美双方教师组成案例开发小组，到若干个中国企业进行调研，编写了首批用于教学的中国案例，并编写了《案例教学法介绍》一书和首批 83 篇自编的中国管理案例。此后数年，部分高校及管理干部培训机构开始陆续试用案例教学，全国厂长统考也开始有了案例题。

1986 年春，在当时国家经委的支持下，大连培训中心首次举办了为期两周的案例培训班，这种新型教学方法与思想引起几十位参加者的极大兴趣，在大家的倡议及国家经委的支持下，当年年底在太原成立了第一个国内民间的专门的学术性团体"管理案例研究会"，次年开办了《管理案例教学研究》的学术刊物，余凯成教授任会长和该刊物主编，他主持翻译和出版了多部案例教学法的译著与专著。

我国台湾地区较之大陆更早地开展工商管理教育，自 20 世纪 70 年代起先后有司徒达贤、陈万淇、刘常勇等学者，力主和推荐案例教学法，并编写出版了《企业个案集》（熊祥林主编）、《台湾本土企业个案集》（刘常勇主编），供教师学生使用。

案例教学，对师生的要求很高，学生必须认真准备，积极参加小组和班级讨论，查阅参考文献，构思并拟写发言提纲，这当然比带上笔记本就去听课要难得多；对教师来说更是如此，案例的课堂讨论中会发生什么情况很难预料，这次班上出现这种情况，下一次虽然是讨论同一案例，又可能出现另一种情况。冷场了怎么办？出现僵局怎么办？……种种可能让人防不胜防，所以教师备好一堂案例课所花的工夫，远胜于准备一堂讲授课。

总之，案例教学确实是适合管理教育与培训特点的一种十分有效而独特的管理教学方法。

（二）管理教学案例的特征

1. 鲜明的目的性

这里所指的目的是教学目的，有两层含义：第一层是狭义的目的，指通过对案例的分析，让学生验证、操习和运用管理的某些概念和方法，以使学生能深刻领会、掌握、提高这些知识和技能的目的；第二层是广义的目的，这与工商管理教育的基本目标——重在能力培养是密切联系的。这包括未来管理者应具备的学习能力（如快速阅读、做笔记、抓重点、列提纲、查资料、演绎和归纳等），人际交往能力（如口头和书面表达、陈述见解与听取意见、小组交流沟通等），解决问题能力（如发现和抓住问题、分清轻重主次、分析原因、拟定各种解决问题的措施等）。

2. 高度的仿真性

教学案例是在实地调查的基础上编写出来的实际案例，这种实际案例具有典型性、代表性、非偶发性，这是案例的关键特征。案例设计中，其问题往往若隐若现，提供信息并非一目了然，有关键数据但需要进行一定的计算、加工、推导，才能直接进行案例分析。案例通过模拟显示社会经济生活纷繁复杂的"迷宫"甚至"陷阱"，其目的是训练学生通过对信息的收集、加工、整理，最终获得符合实际的决策。

3. 灵活的启发性

教学案例必须设计一定的问题，即思考题。其中有的问题比较外露，有的比较含蓄，通常是显而不露，留待学生去挖掘。案例中设计的问题并不在多，关键是能启发学生的思考。案例提供的情况越是有虚有实，越能够诱人深入，从而给学生留下充分的思考空间，达到最佳的学习效果。

4. 相当的随机性

管理教学案例的侧重点是介绍真实的管理情形，这种情形中包含了许多对解决问题的思路、途径和办法所做的评论；或者案例对问题的解决只字不提，由学生去观察、挖掘、分析，提出自己认为合适的、满意的解决办法和方案。

（三）管理案例教学的作用

管理案例教学的过程具有极为丰富的内容，它是一个学知识、研究问题和进行读、写、说综合训练的过程。

1. 帮助学生建立起知识总体，深化课堂理论教学

一个管理专业的学生按其专业培养计划要求，需要学习的课程较多，除管理专业课外，还要学习诸如会计、统计、财务、金融、经济法学、经济学和哲学等课程。正是这众多的课程构成了学生必要的知识结构，形成了一个知识的总体。但是在教学过程中，会分门别类地开出这些课程，出于种种原因，仅依靠课堂讲授，学生难以把握各门课程之间的内在联系，因而难以形成自己的知识总体。知识的总体建立不起来，也就表明一个学生所获得的知识还是零散的、死板的，是解决不了现实问题的一些知识碎片。而在现实社会生活中，"书呆子"正是这种情况及其危害的生动说明。管理案例分析在帮助学生建立知识的总体结构方面，具有特殊的功能。因为要对一个现实的、活生生的管理案例进行分析，势必要运用各学科的知识，使其相互渗透，融会贯通，否则，就难以分析说明任何问题；而且，正是在这种案例的分析说明中，使得分析者头脑中原来处于分割状态、零散状态的知识，逐渐完成了有机结合，形成了知识的总体，表现出分析和解决问题的一种能力。很显然，管理案例分析不是理论学习的中断，而是学习的深入，只是这种学习具有很强的针对性，它致力于实际问题的分析和解决。因此，对深化课堂理论教学起着十分重要的作用。

2. 增强学生对专业知识的感性认识，加速知识向技能的转化

管理是一种特殊的复杂劳动，一个管理者仅仅会背诵几条管理理论，而没有判断实际事物的能力是不能解决问题的。正是出于这一原因，作为一个管理者就要特别注意对实际问题的研究，要把握事物的个性特征。所以在管理专业知识的教学中，增强学生对专业知识的感性认识，努力促使学生所学知识向技能的转化十分重要。由于管理案例中一些典型素材源于管理实践，提供了大量的具体、明确、生动的感性知识。因此，管理案例的分析过程在丰富学生对专业知识的感性认识，培养学生洞察问题、发现问题和根据实际情况分析问题的实际技能等方面有着重要作用。

3. 推进"启发式"教学，提高教学质量

多年来在教学上，我们都主张废除注入式，提倡启发式的教学方法，为此我们也作出了巨大的努力，并获得了不少成功的经验。但是，我们过去的不少探索多是在课堂理论教学的范围内进行的，多是强调教师的努力，很少注意要发挥学生在这方面的积极作用。而管理案例分析的独到之处在于，它的教学阵地大大突破了课堂的狭小范围，并一改单纯由教师进行课堂讲授知识的传统形式，要求学生对一个个活生生的管理案例进行分析研究，并以高度的积极性和主动性在理论知识和实例的相互碰撞过程中受到启发，在把握事物内在的必然联系中萌生创见。很明显，案例分析的这种教学方式，对提高教学质量是大有好处的，它在教学领域里，对推动理论与实际的紧密结合和正确运用启发式教学等方面，将产生深远影响，发挥了重要作用。

4. 培养学生分析和解决问题的能力，提高决策水平

在一定的意义上说，管理就是决策，而决策就是分析和解决问题的过程，所有案例都隐含着现实管理中的问题，案例将纷繁复杂的管理情景加以描述，使管理者调动形象思维和逻

辑思维，对其中的有关信息进行分类组合、排列分析，完成去粗取精、由表及里的加工过程，理出头绪，揭示问题的症结所在，寻求解决问题的有效方法。通过对案例情景中所包含的矛盾和问题的分析与处理，可以有效地锻炼和提高学生运用理论解决实际问题的能力。由于在解决与案例有关管理问题的过程中，学生唱的是"主角"，教师只起辅助和支持的作用。因此，学生没有依靠，必须开动自己的脑筋，独立地走完解决问题的全过程。这样，经过一定数量的案例分析，能使学生摸索到解决问题过程中的规律，帮助他们逐步形成自己独特的分析和解决问题的方式方法，以提高决策的质量和效率。

5. 提高学生处理人际关系的能力，学会如何与人和谐相处

管理是一种社会性的活动，因此，管理的效果不仅取决于管理者自身的办事效率，还取决于管理者与人相处和集体工作的能力。案例教学在注重提高学生解决问题能力的同时，把提高处理人际关系和集体工作的能力也放在了重要的位置上。（要解决问题就必须与别人合作。）在案例教学的过程中，有许多群体活动，通过群体的互动，取长补短，集思广益，形成较为完善的方案。在讨论的过程中，学生可以通过学习与沟通，体会如何去听取别人的见解，如何坚持自己的观点，如何去说服别人，如何自我指导与自我控制，如何与人相处。人们的思想方法不尽相同，思维方式各异，价值观念也不尽一致，在认识和处理问题上自然会存在分歧，正是在遭遇和处理分歧及人际冲突的过程中，学生才能体会到如何理解和包容想法不同、观点各异的同伴，才能心平气和地与人合作，向他人学习并携手朝着共同的目标努力。

6. 开发学生的智能和创造性，增强学习能力

案例独具特色的地方，是有利于开发人的智能和创造性，增强人的学习能力。人的学习能力是分层次的，接受知识和经验是一个层次，消化和整合知识经验是另一个层次，应变与创新是更高层次。学习能力的强弱不仅体现在对理论知识的死记硬背和被动接受上，更是体现在整合知识和经验的能力上，以及适应不断变化的创新能力上。只有真正善于学习的管理者，才会知道自己需要什么样的知识和窍门，懂得更新哪些方面的知识，知道如何利用已掌握的知识解决问题，达到既定的目标。

二、管理案例的"教"

管理案例的"教"是指教师在案例教学中的组织引导，管理案例的"学"是指学生在案例教学中的学习过程。教与学要双向互动，协调配合，只有扮演好各自的角色，才能取得案例教学的良好效果，更好地达到教学目标。

管理案例教学的组织引导，是教师在案例教学的课堂上自始至终地与学生进行交流互动、敦促学生学习的过程，是主持案例教学的重点和难点，它好似一只看不见的手，对案例教学产生了一种无形的推动力量，是教学成败的关键，那么作为实施管理案例教学的教师必须高度重视管理案例教学的组织引导。

（一）明确教师角色

在案例分析中，教师与学生的角色关系有所转换，这具体是指在传统的课堂上，从讲授的角度来看，教师的活动似乎减少了。其实，讲课就和演戏一样，这是前台上的表面现象，但这并不能否定教师在教学中的重要作用。恰恰相反，在案例分析中，教师的作用非常重要，为了使案例分析课获得更好的效果，教师总要煞费苦心、精心设计，这里不妨摘录一段一个学生有趣的自述经历，来看看教师所耗费的苦心。

"我头一回碰上大型综合性管理案例，是在上一门叫做'政策制定'课的时候。在这以前，我连什么叫政策都不清楚，跟大多数同学一样，头一回上这门课，可真有点儿紧张，生怕老师点到我。

一开始老师就把坐在我身边的一位同学叫起来提问，我如释重负，松了一口气，暗暗说：老天爷，真是福星高照，差点儿没叫到我！其实，那案例早就布置下来了。我也曾细细读过两遍，而且尽量想把分析材料准备好。可是说实话，我根本不知从何下手，我的心中根本没底。

而我身边那位同学胸有成竹，很快地解释起他所建议的方案来。讲了五分钟，他还滔滔不绝，看起来信心十足。我们绝大多数同学都听得目瞪口呆，他真有一套！

又过了五分钟，他居然像魔术师似的拿出几张幻灯片，上台去用投影仪放给大家看，上面全是支持他论点的数据演算和分析，他足足花了十分钟才介绍完。

老师既无惊讶之感，也没夸他，只是礼貌地向他略表谢意，然后马上叫起另一位同学：'李××同学，请你谈谈你对王×同学的分析有什么看法？'我心想：'真见鬼，难道老师真想让我们也干得跟王×一样好？'

不用说，以后每次上课，同学们都把案例准备得十分充分。原来这种案例该这样来分析，我也能学会！大约一周以后，我可真有点想王×了，可是自打头一次课露了一面以后，他就再没露面。这是怎么一回事？

原来这是老师耍的'花招'，他让一位高年级班上的尖子生来放头一炮，向我们提供了一个案例分析发言的样板。我们知道后都叫了起来，'咳，我说呢，他咋那样棒！老师真鬼'。可是老师的目的达到了，他已清楚地向我们表明了在他眼里杰出的案例分析发言该是什么样子。虽然最后我们班没有谁能赶上王×的水平，但我们心里已有了一个奋斗方向，用不着老师老来督促我们朝着某种看不见、摸不着的目标努力了。"

从学生的话中可以看到，这个老师为了设计案例分析发言的"第一炮"，他做了多么精巧的安排，费了何等的苦心，而正是这番苦心，使学生获得了具体的、真实的楷模，有了可以仿效的范例。不难看出，教师在这里扮演的是一个导演的角色，所起的是导演的作用，教师虽然没有直接告诉学生应该怎样进行案例分析的发言，可是他通过精心安排，使"第一炮"成功，让学生们明白了应该如何去做，这比直接讲授的效果要好得多，正如这个学生所说的，这是他们看得见、摸得着的目标。

在管理案例分析中还有许多重要工作，是需要教师去做的，比如教学进度的制定、规范性案例的选择等，学生在案例分析过程中所受的理论指导和能力的诱发，以及学生分析成果表述的评估和最后的讲评等，都离不开教师。具体地讲，教师在案例教学中应承担如下角色。

1. 主持人

在案例教学过程中，教师首要的任务便是使学生明确教学的内容、把握教学行进的程序，并在整个课堂教学的过程中维持课堂秩序。就是说，在教学的开始阶段，教师要像主持人一样引导学生进入学习状态，帮助学生明确教学目的，了解学习的程序、规范和操作方法。同时，还要提出明确的教学要求，编制教学计划和进度表，使学生心中有数，尽早进入学习状态。没有课堂秩序，就不可能进行真正的案例讨论，因此，教师还必须发挥主持人的作用，在教学过程中，控制发言顺序和学习进度，使讨论总是能围绕一个问题或一定范围内的问题进行，使课堂的发言在每一时刻只能由一人主讲，形成热烈而有秩序的讨论气氛。在讨论结束时，教师也要发挥主持人的作用，无论对讨论的内容作不作评价，都有必要对讨论的全过程进行总结，使案例教学有头有尾，为学生的学习画上一个圆满的句号。

2. 发言人

如果说教师对教学有控制作用，那就是对教学程序和学习大方向的控制，这是通过"主持人"角色实现的。此外，在教学的具体内容上，教师还发挥一定的"控制"作用。但这种"控制"作用完全不同于课堂讲座上教师所起的作用。讲座中的教师可以自己决定讲什么内容，如何安排这些内容，不需要考虑学生的所思所想。而案例教学中教师的控制作用是通过发言人的角色发挥出来的。"发言人"是一个代表性人物，他的发言，不能只代表自己，而是要代表一个群体。教师的发言，需要反映学生群体的整体意见，既不能是教师自己的，也不能是学生中某个人的，而是包括了全体学生集体成果的思想和意见。当然，发言人不能有言必发，原样照搬，也不能任意取舍，随意剪裁，而是对学生的思想"原料"进行加工简化，对学生的发言作简要的总结和整理归类，有时还要根据意思在言语上稍加修正，以求更准确、更科学地反映学生的思想。当学生不能形成统一的意见和共识时，教师还要综合各种不同的看法并作出决策，向学生提供一个既有共性又有特性的结论性交代。能否发挥好这个角色，则取决于教师的综合分析能力，以及思想整合能力。

3. 导演者

案例的课堂讨论虽然是以学生为主体，但这并不等于完全放任自流，它实际上一直处于教师紧密而又无形巧妙的监控与指导之下。教师就像未曾出现在舞台上或屏幕之上，但却无所不在的导演一样，发挥着潜在的影响力。教师通过导演的角色，使学生知道什么时候陈述自己的见解，什么时候评论他人的观点；教师通过导演的角色，无形的规定着哪些学生发言，哪些学生不发言，哪些学生多说，哪些学生少说；教师通过导演的角色，即影响全班的联动，同时也影响个人，对其进行个别辅导。导演角色的灵活度很大，同时难度也很大，扮演好这个角色，对教师的群体互动能力和临场应变能力要求很高。

4. 催化剂

催化剂是化学反应中帮助和加速物质变化的中间媒体，它本身不会发生变化，但在物质的变化过程中却又离不开它。案例课堂上的教师像催化剂一样，促进着学生讨论学习的过程，否则就难以深入并取得预期效果。教师"催化剂"角色的发挥，就是帮助、启发学生，通过一个又一个的提问向学生提出挑战，促使他们思考，将问题由表面引向纵深，一步步朝着解决问题的方向发展。为达到这个目的，教师会不断地提出类似的问题：这些方案的优点和缺点是什么？如果选择了这个方案将产生什么样的影响？会有什么反作用？有多大风险？必要时，教师还会主持一场表决，迫使学生作出自己的决策。同时，教师"催化剂"角色的发挥，还体现在促进学生相互交流沟通的过程。在学生交流过程中，教师充当着桥梁和穿针引线的作用，使各种思想相互撞击和融合，丰富教学的内容。要发挥好催化剂的作用，是很不容易的，需要悉心体会，不断摸索，长期积累，方可功到自然成。

5. 信息库

这不是教师的主要角色，但在某些情况下，特别是在进行"活案例"的教学过程中，这个角色是必不可少的，甚至是非常重要的。在许多情况下，教师需要向学生适当地补充一些必要的信息，充当"提问者"和"参考数据库"。在学生主动提出补充有关信息的要求时，教师就应该满足他们的要求。要发挥好这个角色，教师必须在备课时做好充分的材料和信息准备。

教师要自觉抵制诱惑，不能出现角色错位，充当自己不该扮演的角色。一是不当讲演者。在案例教学过程中高明的教师在课堂上往往少露面、少讲话，他们只是开路搭桥，穿针引线，最忌讳经常插话，长篇大论，形成喧宾夺主之势。二是不当评论家。教师不要频繁地、急急忙忙地对学生的见解和活动横加指责和干涉，不要吹毛求疵、品头论足，只能适当地诱导和提醒。教师应当更精心地备课，对将要做研讨的案例有深刻的认识，就案例中隐含问题的分析和处理对策有自己的见解。在课堂上，教师也应当在必要时为学生释疑解惑，在展开讨论的基础上适当予以归纳、评论。然而，不应忘却和违背"引导而非替代"的宗旨，切忌讲解过度。要致力于引导学生多想、多说，以收到激发思考、集思广益之效。古人有言"引而不发，如也"（《孟子·心上》），这对于成功的案例研讨是极为重要的。三是不当仲裁者。当学生之间产生争论时，不要马上出来评判是非，充当裁判员，教师的见解不见得总是正确、全面的，不能总以"权威"自居，教师若下断语，也就终止了讨论。

（二）做好教学准备

案例的教学准备是指在选择并确定了具体案例之后，根据教学目标，就这些案例进行内容、重点及教学实施方法等问题的酝酿筹划。

这些准备工作并不一定会按照固定的顺序进行，通常应先考虑教学目标，其次是案例内容，最后是实施方法上，然后再回到内容和实施方法上，如此不断地反复。对多数教师来说，课前的准备是不断地试验和不断纠正错误的过程，直到找出一种最适合自己的方法为止。

1. 案例内容的准备

以案例内容为主的准备工作包括了解案例的事实和对有关信息的透彻分析。教师对案例事实和数据越熟悉，在教学中就越主动。要避免出现在课堂上胡乱翻找关键的信息和统计数据的现象，所有重要信息都要做到信手拈来。不能因为以前教过了某些案例就认为掌握了这些案例，即使是教了十多遍的案例，也应该不断地翻翻这些案例，重视有关人物的姓名和职务，重温一下各种数据并记住在哪儿可以找得到。

除了对案例的情境有把握，教师还应对超出案例情节的相关情形进行了解，掌握更多的行为背景状况，并争取对案例的内容有所扩展。这就要求教师不仅要研读案例，还要阅读报纸杂志的相关资料，并通过与相关人员谈话，积累丰富的相关信息。

在案例内容的准备上，教学说明书或教学指导书有时会起到更大的作用。通常，公开发表的案例教科书都附有教学指导书或说明书。指导书的目的是为了帮助教师为课堂教学做准备，其主要内容一般包括识别案例问题、确定教学目标、建议的学生作业、在课堂讨论中可以提出的问题等。不同作者写的教学指导书都是为了某一特定的课程编写的。所以每个教师在考虑使用一份教学指导书时，要看他的课程是否具备类似的条件。把某一环境中某一门课的一个案例搬到另一环境中的另一门课中往往很难取得理想的效果，这需要教师认真把握。

2. 教学重点、难点的准备

由于教学的时间是有限的，因此，应该对案例中的重要议题作优先安排，根据教学的目标不同，教学重点也有所不同的侧重。有时，可以将重点放在传授知识、理解概念上，在这方面，其他教学形式也许更容易做到。案例教学特有的重点是对问题的识别与分析，对资料与数据进行分类与说明及制订备选方案和决策。这既可以是内容性的，又可以是过程性的，这完全根据具体的需要进行选择和确定。在教学重点的准备过程中，必须考虑教学目标与学生特点等因素，避免凭教师的主观想象确定教学重点，造成学生所需要的没有作为重点，学生掌握不了的或已经掌握的，却被作为重点强调和发挥的局面。

3. 教学实施方法的准备

根据教学目标和教学重点，教师通常需要制订教学实施计划，明确一系列方法、步骤。比如，教师希望课堂上发生什么，如何使其发生，讨论按什么顺序进行，是先作决策再分析，还是先分析再决策，案例的每一部分需要讨论多长时间，是对讨论进行控制，还是任其自由发展？以上所有问题都应在教学实施计划中作出回答。教学实施计划通常涉及以下几个方面的问题，即预习思考题、课堂时间分配、板书计划及拟订提问学生名单等。不同教师的课堂计划所包含的组成部分和具体内容不尽相同，其详细的程度也不一样，有的将其写在纸上，有的则存在脑子里。下面就以上几个方面的具体准备内容作些一般性介绍。

（1）给学生布置预习作业。由于案例教学的特殊形式和作用，在案例教学前让学生进行课前预习非常重要。因此，给学生布置预习作业成为案例教学的重要一环，也是教学实施准备的基础工作。在案例教学中，学生的预习作业主要包括：阅读案例及其参考资料和针对具体案例的思考题。为了促进学生的课前准备，教师可以要求学生就自己准备的案例写一份书面分析材料。预习作业中的思考题，通常隐含教师的教学意图，对学生的分析起导向的作用，这是非常重要的一个环节，它可以作为"引子"，是值得认真琢磨和探讨的问题。案例教学中没有一定要遵循的布置预习作业的准则，由于教学风格的不同和教学目标的特殊需要，教师可以灵活安排，随时调整。

（2）课堂时间分配计划。为使教学时间得到有效利用，制订课堂时间的分配计划是必要的，特别是对那些教学经验少的教师更是如此。课堂时间的分配计划不仅要规定课堂上各种活动各占多长时间，而且还包括将要讨论的问题的顺序。从教学经验来看，时间计划既不能规定得太死，也不能毫无限制，时间计划性太弱，可能使教学产生任意性，容易使教学偏离目标。

（3）板书计划。课堂上的板书往往不为一般教师所重视，特别在案例的教学过程中，板书更容易被认为可有、可无、可多、可少，被看做一件较为随意的事情。然而，一些有着很多教学经验的教师，尤为重视板书的作用，他们在教学之前，会刻意作板书计划，对那些重要问题和重要内容作出一些强调，加强对学生的引导。有的教师甚至会对哪些问题写在黑板的什么部位都做预先的规定。比如，将分析的内容写在左边，将建议的内容写在右边。许多包含重要内容和重要问题的板书，往往会从头到尾地保留在黑板上。这些板书，对学生有着非常重要的提示和指导作用，而教师根据教学的需要，可以随时将这些"要点"展示在学生面前，学生从这些"要点"中受到提醒，使其思考变得连贯，得到的概念得以进一步的强化。

（4）拟定提问名单。为了提高课堂讨论质量，创造良好的教学气氛，在事先对学生有所了解的前提下，拟订一个提问名单，不失为一种好方法。提问名单没有固定的模式，一般可以包括以下一些思路：一是确保班上每一个人在课堂里至少有机会依次发言；二是找到那些与该案例特定情境有相关的技能和经验的学生，并予以重点考虑；三是当分析案例有较大困难时，要确保选中的几个学生中，至少有一个合适的学生来打破僵局；四是当课堂上没人举手发言时，教师能有一个名单可叫。拟订提问名单同鼓励学生积极发言并不矛盾，即使是名单上列出了某个学生，教师也仍希望他们能自己举手发言，关于教师是否使用提问名单，可以根据教学需要，自行处理。

（5）课堂的课题引入与结束。如何使学生在案例教学中快速进入正题，又如何使学生在讨论结束后有一定的整合，这与课堂的开始和结束有很大的关系。好的开始是成功的一半，因此教师需要就如何推动课堂的讨论进行认真的准备。好的教学需要找到合适的切入点，比如如何引入案例，如何谈到所布置的阅读材料，如何就已布置给学生的思考题让其发挥。可供切入的点有许多，但关键是要做到自然巧妙，能抓住学生的兴趣和注意力。同开始一样，一堂案例课的结束虽不是教学的主体，但却有其独特的作用，是不可缺少的教学组成部分。形象地理解，可将课堂教学的结束看做"点睛"之笔，通过结束过程突出重点，使之显得更有生气。有的教师对学生的活动进行总结，同时指出课堂讨论的优缺点，有的教师既不总结也不评论，而把总结的任务留给学生独立完成。很难说出哪种方法好，应根据实际情况而定。

4. 物质准备

在案例教学的准备过程中，往往容易被忽视而又非常重要的一点是教学场地等物质设施的安排。物质性设施的准备是案例教学条件中的重要一环，在教学开始之前，教师必须检查教室的布局是否利于学生参与学习，必须要提供必要的硬件条件，使教师能够迅速认识学生并使学生相互认识，以保证和促进其交流与沟通。因此，明智的教师很有必要在教室的物质性设施上动一番脑筋，下一番工夫。

理想的教室布局需要根据场地的形状、面积和学生人数进行灵活调整。因此，案例教学是不可能有固定的教室布局的，但没有固定的布局并不意味着可以随意安排，而是要遵循一定的原则。案例教学教室布局的原则主要有四条：一是要满足听与看的条件，即学生可以在任何位置上听到教师和其他学生的发言，无须移动位置就可以看到教师、写字板及教室内设置的其他视听设备；二是要保证教师不受限制，可以走到每一个学生的位置前与其进行对话和指导；三是每个学生可以很便利地离开座位走到讲台前或其他学生的面前，进行面向全班的交流和学生之间的面对面交流；四是根据学生人数的多少，扩大或缩小课堂的沟通半径。

事实上，大多数大学和教育培训机构中的传统式教室（或许还应算上一些公共设施如酒店等的会议室）都是一间长方形的房间，室内一端放置有一个讲台或讲桌，条桌和坐椅一排排地放置并布满全室。对于讲课这类单向沟通来说，学生的主要任务是聆听教师的讲解，这种布置方式是实用的。不过这可能并不算是最佳的布局，因为后排的人往往很难看得见讲演者。但无论如何，这是一种常规的布局方式。但从案例教学的角度看，这种布局会带来不少困难。案例讨论要求的是双向沟通，而这种布局方式使坐在后排的人发言时，只能面对前面各排同学的后脑勺，这就很难实现流畅的双向沟通。而对于坐在前面的学生来说，要他们扭过头去看着后排正在发表高见的同学，同样也非易事。从使用案例来考虑，这种布局对教师强调过多而对学生重视不够。

对于小组，使用案例的理想布局是一张完整的圆桌，坐椅呈环状布置。环状意味着全体参加者地位平等，平起平坐，大家的视线可以顾及每一个人，使组员得以面对面地沟通。环形布局还有一些其他的变化形式。例如，可以利用方形或矩形布局，也可以采用六边形或八边形布局，在参加讨论的人数不多的情况下，六边形和八边形或矩形更可取，因为这两者都能改善学生的视野，但随着学生人数的增加，以上这些布局开始显现出不利之处。桌子的尺寸总是有限的，人数增加，参加者之间距离就会随之迅速增加，桌子中央的无用空间不但会被浪费，而且还成了沟通的障碍。对于较大的组，就不能像小组那样安排，而需要采用其他的布局方案。以半环形、好似台阶式的方式，用成排的坐椅布置出各种形式，是较为理想的方案。坐椅最好是可移动的，至少是可转动的，使前排的学生可以轻易地转过身来，看见他们身后的同学。而放在每位学生前面的课桌或条桌的大小，应不但能使人舒适，而且还能放置案例和参考材料，其尺寸不必太大，比正常的打印案例尺寸宽一点即可，大约 30 厘米就是较适当的尺寸。

（三）积极组织引导

课堂组织和引导的效果是否理想，课堂引导的原则能否得到较好的体现，教师的角色和作用能否得到较好的发挥，不仅取决于教师刻意的主观追求，更重要的是要具备较深厚的功夫，掌握并善于运用课堂组织引导的技能技巧。掌握了多种引导技能技巧，教师就能在课堂上进退自如，四两拨千斤；缺乏引导的技能技巧，就会面对复杂的教学环境而束手无策，难以驾驭。课堂组织引导的技能技巧难以穷尽，何时何地在何种情况下采用何种技巧更难以在纸面上准确叙述，而是需要教师经过一定的教学实践，不断地探索和积累才能有所把握。

1. 善于把握教学节奏

课堂引导就如同带一支队伍，教师要尽力做到出发时有多少人，到达目的地时还有多少人，也就是说当学习的过程完成后，所有的学生都能达到预期的学习目的。由于案例教学前后延伸的时间长、经历的环节多，特别是始终处在较开放的教学条件下，所以不可能像讲座那样由教师直接操纵和控制，教学行进速度和节奏可以不受其他因素的影响，完全由教师一人决定。在案例教学过程中，难免会遇到节外生枝、偏离主题的情况，如果不能及时予以处理，将会影响和分散一些学生的注意力，使有的学生渐渐地"落伍"和"掉队"。因此，在总揽全局、整体把握的前提下，教师必须根据教学的具体进展情况不断地进行"微调"。其中，合理地把握教学的节奏就是进行微调的一个关键的技能，值得教师去细心体会和认真掌握。过度的跳跃，会破坏连贯思维，使学生产生困惑，进度缓慢，会淡化学习的兴趣，使学生产生懈怠情绪。所谓合理的节奏，就是快慢适度，松紧自如。调整进度，把握节奏，可以采取以下方法和技能。

（1）具备善于理解学生意见和见解的能力。具备善于理解学生意见和见解的能力才能及时避免观点混淆和学生间的误解。课堂交流的效果是好还是不好，首先体现在发言人是否准确地表述了自己的意见，听取发言的人是否完整地理解了发言人的意思，两者中如有一方出了问题，误解就在所难免。因此，要使教学能有效地进行，教师就要从最初较容易出现差错的地方着手，帮助学生表达和理解。为达到此目的可以运用一些操作性、实用性较强的问句去引导和澄清学生发言中需展开和完善的概念，或请发言的学生进一步解释说明自己的意见，或通过教师表述其意思，然后征求发言学生意见。澄清概念和观点不仅可及时增进师生及学生之间在语言含义上的理解，提高教学的效率，同时还可以避免许多无谓的争论。当然，案例教学适度争论是必要的、有益的。但一旦争论超出了一定的限度，就会造成无意义的纠缠，甚至是相互攻击。一旦到了这种程度，争论双方都会弃初始的概念和见解于不顾，掺杂许多个人情绪，不是为了辨明是非，而是为了一争胜负。这时，通过澄清概念，可以把学生拉回到最初探讨问题的状态里面去，从紧张和对立的情绪中摆脱出来，同时，在概念澄清过程中，还可以发现许多共同点，进一步增进相互理解。

（2）要检查认同程度、把握学习进度。由于学生在思维方式、表达习惯、理解能力、经验积累等方面存在着差异，对教学中遇到的问题和所探讨的道理，有的学生可能理解和接受得快一些，有的学生理解和接受得慢一些，要保持全体学生相对同步，教师有必要适时的检查学生学习进度及对问题的认同程度，进而适度控制进展节奏，以免学生学习进度的差距拉得太大，妨碍广泛的思想交流，并影响课堂的讨论交流效果及学生的参与程度。因此，教师在课堂上要注意首尾相接，不断提出问题，了解学生是否将注意力放在了问题的主线上，并了解学生是否对有关问题有了相应的理解。一旦发现有学生走得太快，要及时引导，使其适当地放慢进度；对于跟不上的学生，则要集中力量加以引导，使其加快步伐，与全班保持同步。在检查学生对问题的认同程度、学习进度的过程中，还有一个问题值得注意，由于学生对研究问题的兴趣不同，一些学生往往被枝节问题所吸引，而分散了注意力。因此，教师要善于体察学生的思想动态和心理过程，及时发现偏离主题的情况并加以引导，使其注意力集中到关键的问题上来。

（3）要善于做好阶段性小结和最后总结。在课堂引导中，教学节奏的明确标志体现在阶段性的小结和最后总结上。当教学的一项内容或一个过程完成时，往往需要进行小结，归纳阶段性的成果和收获，使学生对全班的学习成果有一个概要性的认识，并实现条理化、结构化，明确要点和重点，为进行下一步的学习和研究打基础。因此，案例教学是一个分析并解决问题的过程，只有一环扣一环地探索和铺垫，循序渐进地向前推进，才能形成有说服力的方案和解决问题的方法。而值得教师注意的是，阶段性小结和最后总结的内容不是教师自己对问题的认识、分析和看法，而是就学生对问题的分析和看法的重点进行归纳。总结也不一定需要很长时间，5分钟可以，15分钟也行，只要把握住重点，提纲挈领地理出几条，就能达到目的，同时切忌在总结中大发议论，喧宾夺主，影响学生学习的主动性和积极性。

2. 进行课堂有效沟通

管理案例的课堂教学是师生之间、学生之间进行沟通，实现思想交流、达成共识、取长补短、相互学习的过程。课堂上教师的发言总量的多少、沟通时机的把握、沟通方式的运用等种种因素，都直接影响着课堂引导的质量和教学效果。因此，课堂上的沟通能否有效，在很大程度上取决于教师的沟通技能与技巧。

（1）要给出明确的指导语。教师的"主持人"角色和"发言人"角色，具体体现在他对课堂活动所作的总体性的和阶段性的安排及组织上。要发挥好这个作用，教师就要善于明确地、简要地将教学的目的、程序、方式、方法等向学生交代清楚，使学生能够尽早地在教师的规则下形成自组织状态。所谓自组织状态就是学生不需要教师的介入，自行组织进行教学活动的状态。指导语在案例教学中，是教师向学生进行授权，帮助学生达到自组织状态的关键。如果处理不好，就可能出现暂时失控的情况。因此，给出明确的指导语，是把握课堂教学的重要技能。指导语要恰当明了，突出重点，添枝加叶的反复解释会使重要的信息被冲淡，使学生难得要领。对于关键的信息、重要的内容和程序，应适当加以强调，有时还有必要用适当举例和示范加以说明解释，以引起学生的注意。

（2）对学生在课堂上的表现和发言予以及时反馈。反馈是激励学生的重要手段，因为反馈是教师对学生发言内容的理解验证。要理解学生就必须真诚、认真地去听，除此之外，反馈是教师引导把握教学方向的有力工具。课堂讨论中，教师可以通过反馈，讨论学习中的重点内容、观点，把有独到见解的发言提纲反映出来，使有价值的闪光点得到突出和放大，使学生能够朝着正确的学习线路进行思考和研究问题。反馈可以采取不同方式，可长可短，可采取言语表述方式，也可采取写板书的方式，必要时还可与个别学生进行课外的交流并予以适当指导。有时，写板书的方式比只是言语表述方式的反馈效果会更好些。一是因为这样的反馈更直观明了，二是学生可能会受到更强的激励。值得探讨的还有一点，就是在对待学生所提出的尖锐问题和棘手难题时，教师不能回避，必须作出合情合理的解释和响应。来不及在课堂上说明的，可以采取课下单独交流来方式来完成。因为学生提出的许多尖锐问题往往是其最关注的问题，非常希望得到教师的重视和认可，如果这时教师予以回避，势必会影响学生的学习积极性。

（3）善于打破冷场。所谓冷场，指的是当需要学生发表意见和看法时，课堂保持较长时间的沉默。冷场是教师和学生都不愿发生的事，但在整个教学过程中偶尔出现冷场的情况也在情理之中。重要的是，当出现冷场的时候，教师是否能采取灵活的方式方法，运用恰当的技能技巧及时有效地启发引导，打破沉默，使课堂气氛热烈起来。冷场的现象可能是由不同的原因造成，要解决冷场问题，必须针对不同的原因，采取不同的方法。分析起来冷场多是发生在以下几种情况之下。一种是在教学开始阶段，可能是由于不熟悉，学生带有一些防备心理，慎于开口。这时教师可以采取一些"破冰"或称"热身"的方法，激励学生。所谓"破冰"、"热身"就是创造某种环境，使学生心情放松，在不自觉中参与培训的教学技能，就像体育运动所称的"热身运动"一样，教学开始阶段的"热身"和"破冰"，对帮助学生进入状态很有用。在学生相互不熟悉的情况下，还可以通过点名的方式或者按"顺序发言"的方式，打破冷场，这对学生保持在以后的时间里继续发言的激情也是非常重要的。研究发现，在集体讨论中，已经发过言的人往往再发言的可能性更大，而没有开口的人，则往往倾向于保持沉默，发言和不发言都带有惯性。因此，教学阶段教师就应尽力想办法让每一个学生都发言。另一种可能带来冷场的情况是当课堂中由几位擅长发言的学生主导时，一旦他们不发言，就会出现冷场。这时，一方面可以引导擅长发言的学生继续发言。另一方面，也可以引导不开口的学生对前面的发言发表看法，逐步让缺乏自信和羞怯心理较重的学生适应讨论和交流的环境。为了避免冷场，教师还需讲究一下提问的方法和角度，尽量避免过空过大。过于抽象的问题，往往会使学生难以准确把握问题的含义，导致无从开口。教师提出问题后，没有得到响应，就要想想是否提的问题不够具体，指向是否明确，一旦发现是这种情况，就应及时地将问题细化，作出进一步解释和说明。

（4）出现背离正题时，要及时引回。许多人在一起讨论，很难避免出现海阔天空、离题万里的偏差，这时不必焦躁，也不妨静观一下，学生中很可能有人主动出来纠偏。如果走得过远，时间宝贵，不容再等，也可由教师干预，但切忌粗暴，口气要委婉些。如能培养学生自治，集体控制讨论，那当然是上策。

（5）做好讨论的收尾。收尾并没有什么固定的模式。有的老师喜欢做一个简要的结论性小结，或做一番讲评收尾。学生这时喜欢围绕着教师问这类问题："老师，您说谁的说法对？""要是换了您，会怎么办？""什么才是正确答案？"等，明智一点，最好别正面直接回答。一是有违学生自学与自治原则，二是管理问题，本无所谓"唯一正确"或"最佳"答案。何况学生中很可能另有高见，所以有的教师是让学生集体做总结，如问："大家觉得今天有哪些主要收获和心得？"也可以让一位学生带头小结，再让大家补充。因为既然无所谓"标准答案"，因此重要的是使每个人去总结自己的体会。如在这个案例的具体情况下，问题及其原因已经找出来了，你到底打算怎么办？当然还应该知道，别人有不同意见吗，为什么？这些才是要紧的。

（6）课堂发言的掌握。在案例讨论的各阶段，教师都面临着掌握课堂发言过程的问题。课堂发言是全班信息共享、达成共识的过程，利用好有限的时间，集中学生的高质量的见解和解决问题的思路、办法，创造良好的交流氛围，也使教师掌握课堂发言的关注点和主导方向，这是教师引导教学的难点和重点，对教师的角色发挥和教学技能提出了很高的要求，其基本任务便是妥善处理以下四类常见的问题。

一是发言过少。每次在讨论时总有那么一些人发言很少或完全不发言。2小时左右的讨论，很难使30名以上的学生都有效地参与讨论。因此，当班级规模超过这个数时，很多学生显然不可能发言，问题是要防止同一批学生在每次讨论时都不发言。教师要尽力避免这种情况的发生，采取多种办法帮助那些发言过少或根本不发言的学生。要做好这一点，前提就是了解学生。人与人有很大的差别，人们对不同事物的敏感度也是不一样的，教师应在教学过程中，注意发现学生个性的特点，对"症"下药。如此，对那些要面子的学生则可以用客气的方式，劝导其发言，对于过于腼腆的学生还可以在私下与之交流，提供个别指导，给予他们鼓励，帮助他们战胜怯场的弱点。同时，教师要注意搜寻那些新举手的人，及时给他们创造发言的机会，并注意观察通常不发言者的兴趣，从他们兴趣入手，引导他们发言，还可提一些简单的是非判断题请不善发言的人作答，由少到多地引导他们发言，有时还可以要求学生每人至少要说一句话，但不能重复别人已经说过的或仅仅是复述案例内容而没有个人见解或解决措施。总之这些办法的真正作用，在于强调参与发言本身的重要性，对创造良好的交流氛围大有好处，至于采取哪些具体办法，可以根据教师的喜好和学生的特点灵活处理。

二是发言过差。虽然学生都发了言，但其发言的态度与质量却不能令人满意，这种事情也是有可能发生的。偶然放过一些水平不高的发言是可以的，也是正常的，但是经常容忍学生低水平发言，最后会使整个学习班水平趋于平庸，所以有时必须要采取一些措施，改善发言过差的情况。首先要分析其原因，看是出自教师方面的原因，还是出自学生方面的原因，针对不同的原因，采取不同的对策和方法。是教师的问题，就要注意总结经验，分析是教师提出的要求和标准太高，学生无法达到，还是阅读时间太少，难以深入解析案例，等等。发现问题，及时纠正。如果是学生的责任，若属于能力等客观问题，可以原谅。若属主观努力程度不够，没有很好地预习案例，课堂讨论得不好，可以要求学生重新再来，促使其认真对待。总之，解决发言过差的问题是为了提高讨论质量，带动全班整体学习水平的提高，教师要认真对待，慎重处理。

三是发言过多。正像有些学生发言过少一样，也可能有些学生在课堂讨论中发言过多，这往往会影响其他学生的参与程度，破坏讨论的发言气氛。因此，适当对发言过多的学生加以限制是必要的。在院校学生的案例课上，那些口若悬河的人成不了太大的问题，因为在一个大家彼此相处了较长时间的班级里，群体压力会迫使那些讲话滔滔不绝而又空洞无物的发言者有所节制，自我矫正。但在具有丰富经验的管理者的培训班上，教师所面对的是一批彼此相处不久的学生，如果讨论的题目撞在了他们的兴奋点上，很有可能会引起发言者滔滔不绝的讲述。教师要特别注意观察，必要时可以有意识地限制他们发言，或者以诙谐的谈吐打断他们的长篇大论，限制他们发言的次数。有时，一堂课上，多数学生争相发言，都颇有见地，只是时间不够，不可能每个人都尽兴，那就只好限制每个人的发言时间。制定一个大家都必须共同遵守的规则，比如规定每个人就每个问题的发言最多不可超过 5 分钟。在这个规定前提下，教师再进行"协调"和"平衡"，就显得容易多了。

四是发言过当。发言过当主要是指讨论中出现空洞无物、关系不太大或不得要领的发言。发言过当是影响讨论效果的原因之一，需要教师及时引导，及时纠正。解决发言过当的问题，首先要由教师明确具体的讨论题目，要求学生将注意力集中到某一问题上或某一范围内。如果遇到与确定的问题有关但暂时还未涉及时，教师可以说：让我们把这个问题放一放。必要时，还可以把学生引出的这些问题记录在写字板上，这样既可以调动发言学生的积极性，又可以将这些将要涉及的问题存下来，留作话题。当遇到那些空洞无物的发言时，适当地打断发言者，请他结合一些数据加以说明，有哪些证据支持他的观点。通过这些问题，可以引起发言者的思考，帮助学生学会分析问题的方法。当然，处理发言过当的情况还应该注意因人而异，不要采取一种方法对待所有学生。比如，一个从不发言的学生第一次发了言，即使没有讲出什么内容，也可以鼓励他，而对一个经常喋喋不休的学生，教师可以果断地中断他的发言。

到底采取什么样的发言引导办法，以掌握讨论发言的过程，需要有一个系统的考虑，必须要从教学目标、课堂讨论的整体进程和学生的具体情况出发，不能"灵机一动"，随意处置，否则会迷失方向，丧失重点。为实现总体意图，采用的方法可以千差万别，但需要遵循的一个基本原则是：在任何情况下，都不能伤害学生的感情，至少不能从主观上打击学生的积极性。有时，极个别学生的冷漠和不参与态度不能改变，那就让他去保持自我，教师不可能解决所有学生的所有问题。

（四）做好分析讲评

管理案例分析具有很强的实践性，要求教学有很强的针对性。因此，在案例分析的讲评中，一个很重要的问题，就是要贯彻有的放矢的原则，即教师的讲评要符合学生的实际情况，学生的实际情况就是"的"，教师讲授的内容是"矢"，只有有的放矢地讲授，学生才会从中受到启发，受到教育。如果讲评的内容和学生的实际情况毫不相干，那么就是毫无用处的。

1. 案例分析讲评对教师的要求

这包括如下几个方面。

（1）要了解学生的实际情况。了解学生的实际情况，这是有的放矢进行讲评的首要条件。学生的情况是多方面的，包括学生各自的选例，案例涉及的有关原理和其他专业知识，学生案例分析的实际水平，以及学生个人分析问题的能力等。只有将这一系列问题掌握好，才可以避免讲评的千篇一律，体现出有的放矢的原则。从这里也不难看到强调对学生实际情况的了解，实际上是对教师的工作提出了更高的要求，各个教师了解学生实际情况的过程，实际上就是教师付出辛勤劳动的过程。

（2）要具备必要的知识、理论素养。管理案例分析既是专业课的后续课，又是毕业论文的先导课。案例分析不是盲目的分析，而是在规范的程序和步骤中对相关专业理论的深入学习和运用，一篇好的案例分析必然是理论和实际相结合的产物，是专业理论和其他多方面知识和技能的结合体。因此，要使讲评能对学生产生指导意义，就要求教师有较好的知识理论素养。这里所说的知识素养不仅仅是指管理的专业知识，还包括思维逻辑、科学研究及写作技能等方面的知识和能力。只有这样，才能适应案例分析教学。在国外，一般是教授、副教授指导学生作案例分析，原因就在这里。因此，我们的教师应努力丰富和充实自己，使自己的知识理论素养不断提高，在案例分析的教学过程中，在讲评的整个环节上尽力，给学生提供更多的知识，给予有效的指导。

（3）要有同学生共同研究实际问题的决心。在管理案例分析教学中，规范性的案例学习是多人共同学习和分析一种案例，而在自编案例分析时，每个学生的选例就有了独立性和自主性，都是从自己的实际情况出发，选择适当的案例。这样一个教学班有几十个学生，就可能有几十个案例，对于这些案例，教师不可能都是熟悉的，因为一个人的知识、精力都是有限的，不可能是全才，不可能无所不知、无所不会。尽管如此，仍然要充分发挥教师的指导作用。虽然学生各自选择的案例不同，但在研究问题、分析案例的方法、途径和技巧上却有共同的东西。给学生正确的方法论的指导是不可或缺的，但是不能只停留在一般方法论的指导上，而应有深入全面的指导。为此，要认真深入了解学生研究的案例，要研究学生获得的实际资料和理论资料，甚至要同学生一道进行考察。总之，要有与学生共同研究实际问题的决心。如果我们这样做了，就不仅能在一般方法上能给学生有益的指导，而且在具体分析研究上也可以给学生作出好的指导。这样，在讲评时就能说到点子上，做到有的放矢地讲授，使学生得到中肯、实在的建议。

（4）要有强烈的责任心和使命感。讲评向教师提出的要求较高，既有量的方面，又有质的方面。从量的方面说，要求教师完成的工作是大量的，从案例分析的动员、选例、研究案例、写作，到评估、评点和讲评，都需要教师对每一个学生倾注心血，付出劳动。从质的方面说，管理所具有的创造性，要求教师对学生的指导也应具有创造性，讲评中有的放矢原则的贯彻，就是这种创造性的表现。总之，案例分析的教学，不论是案例分析的讲评，还是整个案例分析的指导，对教师来说，都是一个严峻的考验，它要求教师必须有强烈的责任心和神圣的使命感，具体来说就是要求教师能吃大苦、耐大劳，并能创造性地工作，否则就难以完成管理案例分析指导的教学任务，也就谈不上在授课中贯彻有的放矢的原则。

因此，案例分析讲评中有的放矢原则的贯彻，实际上是对教师提出了更高、更严格的要求。

2. 案例分析讲评应注意的问题

为了确保管理案例分析讲评的效果，有必要讲究讲评的技巧和方法。大量的教学实践表明，以下几个问题是讲评时应该注意的。

（1）重视学生自己启发自己、自己教育自己。引导学生正确认识分析中的成功和不足是讲评的重要内容之一，但这一目的的实现，光凭空洞的说教是难以成功的。最有效的方法就是指导学生自己启发自己、自己教育自己。比如说在讲授正确编写案例问题时，如果我们空洞地要求学生做到清楚完整，那么学生就不能得到具体的认识，对案例清楚完整的概念仍停留在抽象的印象上。这时教师就应研究那些在案例的表述上做到了或者基本上做到了清楚完整的典型，并予以讲评，这就使得尚不能清楚完整表述案例的同学，从中受到启发，得到具体的指导。运用学生自己的典型来进行讲评，学生易理解，易接受。在教师讲评的启示下，引起同学之间的有益讨论，相互取长补短，把问题弄得更加清楚、明白，这就是重视学生自己启发自己、自己教育自己的意义所在。

（2）要爱护同学们开展案例分析的积极性。管理案例分析的特点，要求学生有高度的积极性、主动性和创造性，要求学生积极配合，因此在分析讲评中爱护并保护学生的积极性，是一个十分重要的问题。尤其在成人教育过程中，更是如此。

成人学生与一般青少年学生大不相同，虽然在用功程度上成人学生之间也存在差别，但从总体上看，他们学习的自觉性一般都比较高。成人学生有很强的自尊心，他们在学习上舍得下苦功。在平常的学习考试中，往往一场考试下来，不少人就瘦了，有个别同学还得闹出一场病来。在案例分析中，他们的热情也较高。因此，我们在讲评中不必回避他们的不足之处，但在指出存在的问题时，应注意方法。一般在充分肯定其成绩的基础上，指出其不足。就是对于那些基础较差的学生，也应结合学生以前的工作实际，或者学生自身的素质条件，帮助其分析潜在的优势，使其坚定学好管理案例分析这门功课的信心。在案例分析的教学实践中，凡是坚持这样做的，都能收到好的效果，使学生进行案例分析的热情不断提高。

（3）克服急躁心理，注意循序渐进。管理案例分析的教学目的是通过多次分析、完成多个分析循环的过程来逐步实现的。因此，在指导学生开展案例分析的教学过程中，应克服急躁情绪，把握好循序渐进的原则。在每次讲评时，教师对案例分析的阶段教学目的、教学重点，要心中有数，特别是相互衔接的两次案例分析的教学目的更要明确，并以此作为重点讲评的能力训练，多次分析、多次讲评，使学生的知识不断丰富，能力不断提高，达到该课教学目的所规定的总体要求。

三、管理案例的"学"

学生是案例教学中的主体，案例教学的过程基本上是学生通过自己努力来逐步领悟的过程。换句话说，案例教学的过程，对学生来讲既是一种收集分辨信息、分析查找问题、拟订备选方案和作出最后决策的纵深演进的过程；同时也是从个人阅读分析到小组学习讨论，再到全班交流，并达成共识的过程。学生在案例教学过程中要做好以下工作。

（一）重视课前阅读

阅读案例是进行案例分析的基础，没有一定数量和一定质量的阅读，想要做好案例分析是不可能的。实际上案例分析的过程是将纸上的情况转化为脑中的情况的加工转换过程，能否既全面、客观又突出重点地接受案例的信息，首先要取决于对案例的阅读质量，为了达到有效的阅读，可以从以下几方面入手。

1. 案例阅读的目的与时间安排

案例阅读的目的，不仅是为了了解案例的内容和所提供的情况，而且要以尽可能高的效率做到这一点，并且学习负担总是那么重，谁能以最短时间读完并理解它，谁就能占据优势。不过所说的最短时间，不是指到了次日进行课堂讨论时，当晚才急匆匆翻阅、囫囵吞枣，不花工夫是无法理解、分析和消化案例的，大多数案例至少要读两次，若要分析深透，两次也不够，要知道教师们可能已经把案例反复读得很熟，甚至能背诵了，学生当然不必下这么大工夫去阅读，但至少要读两遍。

记住这一要求，便可以作时间安排了。一般情况下，一个大型综合案例，需 2 小时 30 分至 3 小时精读一遍，外文案例当然要更长些。如果同时有几门课，全有案例分析，合并专门时间（比如一整天或两个下午等）集中阅读的效果较好。有经验的学生，总是安排在每周五、周六和周日，先把下周要学习的案例阅读一遍，以便能有充足时间思考，以有备无患，万一下周出了紧急情况，无法再读，但由于已知道大概，不至于进课堂后脑内空空、仓皇应战。

2. 案例阅读的步骤与方法

不要开始就一味地细读，而应分两步走：先粗读，待知其概貌后，再精读，究其细节。粗读是浏览式的，而且要掌握诀窍，就是先细看第 1、2 页，其中往往交代了背景情况，以及主要人物所面临的关键问题。如果有时候开始没有介绍背景，那么应该先读末页，因为在文章最后介绍背景也是常见的。如果还没有读到，就只好老老实实，从头读下去直到找到背景情况为止。背景介绍找到后，要反复看，不可浮光掠影，要透彻了解，直到能用自己的语言描述出来为止。在了解了背景后，应快速浏览正文中余下的部分，注意小标题，把每一节头一段文字的头几句先看看，不必齐头并进下同样的工夫。因为粗读的目的，是做到心中有数。很快读完正文，接着就要迅速翻阅正文后面所附的图表，先注意是些什么类型的图表，如有资产负债表和损益表，有组织结构系统图，有主要人物的简历表，搞清这些可以节省不少分析时间，否则盲目地读，做了许多分析，最后再看附图表时才发现已经提供了这些分析，岂不白白浪费了时间与精力。图表分为两大类：一类是多数案例都常有的，如一般财务报表、组织结构图等；另一类是某案例独有的。对于前者，要注意有什么不同于一般的特别之处，如财务报表里有一笔你没见过的特殊账目，就得标出来留待以后细加探究，若能在这些常被人忽略的地方有所发现，那么在全班讨论时就可能有独到见解。

对正文与附图有了大体了解，就可以从容地从头到尾再仔细阅读，如记眉批和备注，但不要重复文中所述，应点出要害。引入观察结果、发现、体会与心得，记住与下一步分析有关的概念。如果是外文案例，做摘要是有好处的。一边读正文，一边要对照有关附图，找出两者的关联。对于技术、组织方面的复杂描述不要不求甚解，一定要搞清楚。要把事实和观点分开，还要分清人物说的和他们实际做的，看两者是否一致。不但要注意他们说过和做过什么，还要注意他们有什么没说和没做的事以及为什么会这样。千万不要对文中人物所说的看法和结论都照单全收，信以为真，而要想一想，真是这样吗？正文全看完，要再细看附图，搞清其中每个主要的组成部分。在全班讨论前夕，最好挤出时间把案例重读一遍，温习一下。不过步骤可不全同于上次。先看背景情况，但接着先不要读正文，而是先看图表，顺序最好倒着看，即先从最后一幅看起，弄清细节，反常的图表或项目应特别留心。这样做的原因，是因为粗读时往往越读越累、越厌烦，也就越马虎，对结果虎头蛇尾，对后面的理解不如前面的深入，尤其是时间紧迫时，倒读更为保险。

（二）做好分析准备

个人分析与准备是管理案例学习的关键环节，其目的是完成信息的取舍，以及找到有效信息的因果关系，是学生创造性学习的过程。这个环节的基础打好了，不但可以为个人的决策提供可靠的根基，而且可以将全班的讨论交流朝着高质量、高水平推进。同样做好个人分析和准备有其内在的规律，需要学生认真琢磨、体会。

1. 案例分析的基本角度

案例分析应注意从两种基本角度出发。一是当事者的角度，案例分析需进入角色，站在案例中主要角色的立场去观察与思考，设身处地地去体验，才能忧其所忧，与主角共命运，这样才能有真实感、压力感与紧迫感，才能真正达到预期的学习目的。二是总经理或总负责人的角度，这当然是对综合型案例而言。高级课程就是为了培养学生掌握由专业（职能）工作者转变为高级管理干部所必需的能力。因此，这种课程所选用的案例，要求学生从全面的综合的角度去分析与决策，是不言而喻的。

2. 案例分析的基本技巧

这种技巧包括两种互相关联和依赖的方面。一方面，就是要对所指定的将供集体讨论的案例，作出深刻而有意义的分析。其中包括找出案例所描述的情景中存在的问题与机会，找出问题产生的原因及各问题间的主次轻重关系，拟订各种具有针对性的备选行动方案，并提供它们各自的支持性论据，在权衡对比后，从中作出抉择，制定最后决策，并作为建议供集体讨论。另一方面的技巧易为人们所忽视，那便是以严密的逻辑、清晰而有条理的口述方式，把自己的观点表达出来，没有这方面的技巧，前面分析的质量即使很高，也很难反映在你参与讨论所获得的成绩里。

3. 案例分析的一般过程

究竟采用哪种分析方法，分析至何种深度，在很大程度上取决于分析者对整个课程所采取的战略和在本课中所扮演的角色。但不论具体战略如何，这里提供了一个适用性很广、既简单又有效的一般分析过程，它包括五个主要步骤：① 确定本案例在整个课程中的地位，并找出此案例中的关键问题；② 确定是否还有与已找出的关键问题有关但却未予布置的重要问题；③ 选定适合分析此案例所需采取的一般分析方法；④ 明确分析的系统与主次关系，并找出构成自己分析逻辑的依据；⑤ 确定所要采取的分析类型和拟扮演的角色。

4. 关键问题的确定

有些教师喜欢在布置案例作业时，附上若干启发性的思考题。多数学生总是一开始就按所布置的思考题去分析，实际上则变成逐题作答，题答完了，分析就算做好了。作为学习案例分析的入门途径，此法未尝不可一试，但不宜成为长久和唯一的办法。教师出思考题，确实往往能够成为一个相当不错的分析提纲，一条思路，但却不是经过独立思考后拟定的分析系统。按题作答不可能是一套综合性分析，多半只是一道道孤立的问题回答。最好是在初次浏览过案例后，开始再次精读前，先自我提几个基本问题，并仔细反复地思索它们：案例的关键问题，即主要矛盾是什么，为什么教师在此时此刻布置这一案例，它是什么类型的，在整个课程中处于什么地位，它跟已学过的哪些课程有关，它的教学目的是什么，除了已布置的思考题外，此案例还有没有别的重要问题，若有是哪些？ 这些问题的答案往往不那么明显，不那么有把握，不妨在小组里跟同学们讨论一下。这些问题要互相联系起来考虑，不要孤立地去想。最好一直抓住这些基本问题不放，记在心里，不断地试图回答它们，哪怕已经开始课堂讨论了。一旦想通了此案例的基本目的与关键问题，得出的分析自然纲举目张、命中要害。要是在全班讨论后还没搞清，可以再去请教教师和同学。

5. 找出未布置的重要问题

真正很好地把握住案例的实质与要点，这是必须做的一步。一般凭自己的常识去找就行，但要围绕本案例的主题并联系本课程的性质去发掘。找出这些问题的一个办法，就是试着去设想，假如你是教师，会向同学们提出些什么问题。有些教师根本不布置思考题，或讨论时脱离那些思考题，不按思考题的思路和方向去引导，却随着大家讨论的自然发展而揭示出问题，画龙点睛地提示一下，使大家提出有价值的见解。你还得想想，在全班讨论此案例时可能会提出什么问题。总之，要能想出一两个题，做好准备，一旦教师或同学提出类似问题，你已胸有成竹，便可沉着应战。

6. 案例分析的一般方法

案例的分析方法，取决于分析者个人的偏好与案例的具体情况。这里介绍三种可供选用的分析方法。所谓一般分析法，也就是分析的主要着眼点，要着重考察和探索的方面，或者是分析时的思路。

（1）系统分析法。把所分析的组织看成是处于不断地把各种投入因素转化成产出因素的过程中的一个系统，了解该系统各组成部分和它们在转化过程中的相互联系，就能更深刻地理解有关的行动和更清楚地看出问题。有时，用图来表明整个系统很有用，因为图能帮助你了解系统的有关过程及案例中的各种人物在系统中的地位与相互间的作用。管理中常用的流程图就是系统法常用的形式之一。投入—产出的转化过程一般可分为若干基本类型：流程型、大规模生产型（或叫装配型）、批量生产型与项目生产型等。生产流程的类型与特点和组织中的各种职能都有关联。

（2）行为分析法。分析着眼于组织中各种人员的行为与人际关系。注重人的行为，是因为组织本身的存在，它的思考与行动都离不开具体的人，都要由其成员的行为来体现，把投入变为产出，也是通过人来实现的。人的感知、认识、信念、态度、个性等各种心理因素，人在群体中的表现，人与人之间的交往、沟通、冲突与协调，组织中的人与外界环境的关系，他们的价值观、行为规范与社交结构，有关的组织因素与技术因素，都是行为分析法所需要关注的。

（3）决策分析法。这不仅局限于"决策树"或"决策论"，而且指的是使用任何一种规范化、程序化的模型或工具，来评价并确定各种备选方案的方法。要记住，单单知道有多种备选方案是不够的，还要知道这些方案间的相互关系，要了解某一方案在实现前，可能会发生什么事件及此事件出现的可能性。

7. 明确分析的系统与主次

所谓"明系统、分主次"，就是通常所说的"梳辫子"，即把案例提供的大量杂乱的信息，归纳出条理与顺序，搞清它们之间的关系是主从还是并列，是叠加还是平行，并在此基础上分清轻重缓急。你的观点或建议，都要有充分的论据来支持，它们可以是案例中提供的信息，也可以是从其他可靠来源得来的事实，还可以是你自己的经历。但是案例中的信息往往过多、过详，若一一予以详细考虑，会消耗大量精力与时间，所以要筛选出重要的事实和有关的数据。最好先想一下，采用了选中的分析方法分析某种特定问题，究竟需要哪些事实与数据，然后再回过头去寻找，这可以节省不少时间。此外，并不是所需的每一件事实都能找到，有经验的分析者总是想，若此案例未提供这些材料，我该做什么样的假设？换句话说，他们已对某一方面情况作出恰当的、创造性的假设准备。分析的新手总以为用假设就不现实、不可靠，殊不知在现实生活中，信息总难以完全精确，时间与经费的限制往往决定了难以取得所需要的全部信息，这就需要用假设、估计与判断去补充。既然是决策，就不可能有完全的把握，总是有一定风险。最后还应提醒一点，能用一定的定量分析来支持你的立场，便可以大大加强你的分析与建议的说服力。有些人总是自觉或不自觉地讨厌或抵制"摆弄数字"。然而，能创造性地运用一些简单的定量分析技术来支持自己的论点，正是学生在案例学习中所能学到的最宝贵的技巧之一。这种技巧一旦成为习惯或反射性行为，就能使你成为一个出类拔萃的管理人才。

8. 案例分析的类型与水平

案例分析的类型，可以说是五花八门，不胜枚举，每一种都对应有一个事实上的分析深度与广度（或称分析水平），不能认为在任何情况下都力求分析得越全面、越深入才好。有时你还有别的要紧事要做，时间与精力两方面都制约着你。所以，究竟采取何种类型的分析为宜，这要取决于你具体的战略与战术方面。这里举出五种最常见的分析类型：① 综合型分析，是对案例中所有关键问题都进行深入分析，列举有力的定性与定量论据，提出重要解决方案和建议；② 专题型分析，不是全线出击，而只着重于分析某一个或数个专门的问题。所选的当然是你最内行、最富有经验，掌握情况最多、最有把握的、可以充分扬长避短的问题。这样你就可以比其他同学分析得深刻、细致、透彻，并提出独到的创见。讨论中你只要把一个方面的问题分析透了，就是对全班的重要贡献；③ 先锋型分析，即分析你认为教师可能会首先提出的问题。这似乎也可以算是一种专题的分析，但毕竟有所不同。开始时往往容易冷场，要有人带头破冰"放响第一炮"。所以这种一马当先式的分析，不一定要求太详尽，还要具体视问题的要求和教师的个人特点而定。这种分析，因为是第一个，所以还常有引方向、搭架子的作用，即先把主要的问题和备选方案大体摊出来，供大家进一步剖析、补充、讨论。这点做好了，也是功不可没的；④ 蜻蜓点水式或"打了就跑"式的分析，多半是一般性的、表面的、肤浅的。这种游击式分析，只是个人因故毫无准备，仓促上场时采用，是一种以攻为守性战术，目的是摆脱困境，指望收瞬间曝光之效。这当然只能是万不得已时，偶尔为之，仅表示你积极参与的态度；⑤ 信息型分析，这种分析的形式很多，但都是提供从案例本身之外的其他来源所获得的有关信息，如从期刊、技术文献、企业公布的年度报表乃至个人或亲友的经历中得来的信息。这种信息对某一特定问题作深入分析是很可贵的。

9. 案例分析的陈述与表达

完成了上述分析，不等于准备工作完全就绪，还差很重要的一步，就是把你的分析变成有利于课堂陈述的形式。学生分析做得颇为出色，可惜不能流畅表达，无法将观点传播得让别人明白，以至于感觉尴尬。表达与说服他人是一种专门的技巧，它是管理者终身都要提高的技巧。关于这方面的一般要点，在此只能提出以下三点供参考：一是要设法把你所说的东西形象化、直观化。例如，能不能把你的发言要点用提纲方式简明而系统地列出来；能不能用一幅"决策图"或"方案权衡四分图"表明备选方案的利弊，使比较与取舍一目了然；能否列表表明其方案的强弱长短？学生为课堂讨论预制挂图、幻灯片或课件应当受到鼓励并提供方便，因为这可以大大提高讨论的质量和效率。二是可以把你的分析同班上过去分析某一案例时大家都共有的某种经历联系起来，以利用联想与对比，方便大家的接受与理解。三是不必事先把想讲的一切细节全写下来，那样不但浪费精力，而且反而不易找到要点，还是列一个提纲为好。要保持灵活，不要把思想约束在一条窄巷里，否则当教师或同学针对一个简单的问题请你澄清时，会使你茫然不知所措。

（三）参与小组学习

以学习小组的形式，组织同学进行讨论和其他的集体学习活动，是案例教学中的重要的、不可或缺的一环。这是因为许多复杂案例，没有小组的集体努力，没有组内的相互启发、补充、分工合作、鼓励支持，个人很难分析得好，或者根本就干不了。而且，有些人在全班发言时顾虑甚多，小组发言时很活跃，充分作出了贡献并获得锻炼。此外，案例学习小组总是高度自治的，尤其在院校的高年级与干部培训班，小组本身的管理能使学生学到很多有用的人际关系技巧与组织能力。

1. 案例学习小组的建立

学习小组建立的方式对它今后的成败是个重要因素。这种学习小组当然还应由学生自行酝酿，自愿组合为好，使其成为高度自治的群体。但小组能否成功地发挥应有的作用，却取决于下述五个条件。

（1）建组的及时性。建组的及时性指建组的时机问题。据某些院校对上百位管理系学生所作的调查显示，搞得好的小组大多是建立得较早的，有些在开学之前就建立了。组建早的好处是，对组员的选择面宽些，组员间多半早就相识，对彼此的能力与态度已有所了解，学习活动的起步也早些。

（2）小组规模的适中性。调查表明：最能满足学习要求的小组规模都不大，一般 4~6 人，过大和过小都会出现一些额外的问题。小组超过 6 人（调查中发现有的组多达 10 人），首先集体活动时间难安排，不易协调。当然，人数多达 7~8 人的组办得好的也有，但都符合下列条件：一是建组早，彼此又了解在各自工作与学习方面的表现；二是时间、地点安排上矛盾不大且容易解决；三是第 7、第 8 位组员有某些方面的特长、专门知识或有利条件，还有的是组员们知道有一~两位同学确实勤奋，但因某种原因需要特别额外辅导、帮助，再就是有个别组员因某种正当理由（半脱产学习等），事先就说明不可能每会必到，但小组又希望每次学习人数不少于 5~6 人时，就不妨多接纳 1~2 人。

（3）组员的自觉性与责任感。这是指组员们对小组的负责态度与纪律修养，尤其指对预定的集体学习活动不迟到、不缺勤。否则，常有人不打招呼任意缺席，小组的积极作用就不能充分发挥。你可能会问：干脆每组只要 2~3 人，短小精悍，机动灵活，有什么不好？也许确实是没什么不好，避免了大组的那些麻烦，但有可能因知识与经验的多样性不足，虽然可以收到取长补短之效，但不能满足优质案例分析的需要，同时，也难以造成小组讨论的气氛。而且与大组相比，分工的好处不能充分显现，每人分配的工作量偏多。很显然，小组规模的大小因对应课程的不同而异，课程较简单，对分析的综合性要求较低，且并不强调与重视对小组学习形式的利用，则规模宜小，2~3 人即可；反之，则至少应有 4 人，但增到 6 人以上就得慎重了。

（4）组员间的互容性。如果组员间脾气不相投，个性有对立，话不投机，互容性低，就不会有良好的沟通，易产生隔阂。调查中就有学生反映，尖子生不见得是好组员，要是大家被他趾高气扬、咄咄逼人的优越感镇住了，就不能畅所欲言。当然，强调互容性并不是认为一团和气好，不同观点之间的交锋也是有必要的，关键是要保持平和、平等的态度。

（5）组员间的互补性。指相互间感到有所短长，需要互助互补。可惜的是，希望组内气氛轻松随和，就自然去选私交较好的朋友入组，以为亲密无间，利于沟通，却忽略了互补性。调查中有人说，我悔不该参加了由清一色密友们组成的学习小组，我们之间在社交场合已结交了很久，相处得一直不错，但却从未一起学习、工作过，结果证明不行。遗憾的是，学习没搞好，友谊也受影响了。这不是说非要拒绝好友参加不可，最好是根据课程性质和对个人特长的了解来建组，以达集思广益之效。

2. 案例学习小组的管理

根据经验，要建设并维持一个有效能的管理案例学习小组，应该在管理方面注意下列事项。

（1）明确对组员的期望与要求。如果你有幸成为组长，你首先要让大家知道，一个组员究竟该做什么。所以必须在开始小组会就预先向大家交代清楚这些要求：一是小组开会前，每人必须将案例从头到尾读一遍，并备以适当的分析；二是人人尽量每会必到，如与其他活动冲突，小组活动应享受优先；三是要给予每个人在小组会上发言的机会，人人都必须有所贡献，不允许有人垄断发言的机会；四是个人作出了有益贡献，应受到组员的尊敬与鼓励，首先让他（或他们）代表小组在全班发言；五是组内若有人屡屡缺席，到会也不作准备，无所作为，毫无贡献，就不能让他分享集体成果，严重的要采取纪律措施直到请他退组。有时小组会为了程序方面的琐事（如定开会时间、地点、讨论顺序等）而争吵，或因为性格冲突，话不投机，拂袖而去，甚至为争夺影响力与控制权而对立。但关键是看小组是否能出成果，对大家学习是否确有帮助，如时间花了，却没有收获，小组对大家没有凝聚力，各种矛盾就会接连出现。

（2）建立合理的程序与规则。所谓合理，即指有利于出成果。建立合理的程序与规则要注意以下几个方面。一是要选好会址，这是第一个程序问题，会址除了要尽量照顾到大家，使人人方便外，最要紧的是清静无干扰。最好有可以坐和写字的桌椅，能有一块小黑板更好。二是要定好开会时间，一经商定，就要使之制度化、正规化。这可以节省每次协调开会或因变化而依次通知的时间，也不致因未通知到而使有的人错过了出席机会。不但要定好开会时间，也要定好结束时间，这更为要紧。每一案例讨论 2 小时，最多 3 小时就足够了，时间定了，大家就会注意效率，玩笑、海阔天空的闲谈就少了。三是要开门见山，有什么说什么，节省时间。四是要尽早确定和发挥小组领导功能，可以用协商或表决的方式公推出组长，以主持会议和作业分派，也可以轮流"执政"，使每个人都有机会表现并锻炼组织领导能力。五是要尽早确定每个案例的分工。这种分工是允许的，甚至是受到鼓励的。多数老师允许同小组的同学，在各自书面报告中使用集体搞出的相同图表（但报告分析正文必须自己写，不得雷同），有的组为了发挥每个人的特长，把分工固定下来（如某某总是管财务分析等）。但由于案例各不相同，若每次小组会能根据案例具体特点，酌情分工，可能会更有利于出成果。但由谁来分工，较多情况下是授权组长负责，他得先行一步，早把案例看过，并拟出分工方案。六是要在整个学期中，使每个人都有机会承担不同类型的分工，以便弥补弱点与不足。人们的长处常与主要兴趣一致，或是本来主修的专业，或是自己的工作经历。通常开始时总是靠每人发挥所长，才能取得最佳集体成效。但长此以往，人们的弱点依然故我，难有长进。因此，组长得考虑安排适当的机会，使每个人在弱项上能得到锻炼。事实上，个人弱项进步了，全组总成绩也水涨船高。好的组长会巧妙地安排不善演算的组员偶尔也去弄一下数字，而让善于财会的同学适当分析一下敏感的行为与人际关系问题。至少学会在自己的弱项上能提出较好的问题，并观察在这方面擅长的同学是怎么分析的，对已在管理岗位上当领导者的同学更需如此。

（3）学习小组的改组。有时我们会发现，由于各种无法控制的原因，小组不能作出富有成果的集体分析，这时可以考虑与另一个较小的组完全或部分合并。后者是指仅在分析特难案例时才合到一起讨论，可先试验几次，再正式合并。较大的组可能体验到相反的情况，指挥不灵，配合不良。这时，可以尝试把它分解为两个小组以增加灵活性，不是指彻底分解，而是有分有合，有时分开活动，有时集中合并举行全体会议。

（4）争取实现"精神合作"。从行为学的角度看，小组也像个人那样，要经历若干发展阶段，才会趋于成熟，变成效能很高、团结紧密、合作良好的工作单元。但有的小组成长迅速，有的经历缓慢痛苦的过程，有的却永远不能成熟。成长迅速的小组，表面看来没下什么工夫，其实他们为了发展群体，是作出了个人牺牲的。他们注意倾听伙伴的意见和批评，仲裁和调解他们间的冲突，互相鼓励与支持，尊重并信任本组的领导。组员只有作出了这种努力，才能使小组完成既定的集体学习任务，满足各位组员的个人心理需要，成为团结高效的集体，这里心理需要指的是集体的接受、温暖、友谊、合作与帮助。案例学习小组的成熟过程，一般包括五个阶段，一是互相认识；二是确定目标与任务；三是冲突与内部竞争；四是有效的工作合作；五是精神上的合作。小组若是能具备适当的构成条件，又制定出合理的工作程序与规范，就易于较快越过发展的前三个阶段而直接达到第四个阶段，并有可能发展到最高境界即精神上合作默契的成熟阶段。那时，小组的成果就更多、水平更高、学习兴趣更强，组员们也就更满意了。

（四）置身课堂讨论

课堂讨论对于教师来说是整个案例教学过程的中心环节，对于学生来说则是整个案例学习过程中的高潮与"重头戏"。因为学生在个人及小组的分析准备中所做的工作要靠课堂讨论表现出来，这也是教师对学生整个课程中成绩评定的重要依据。事实上，课堂讨论的表现也决定了随后书面报告质量的高低，并已为大量实践所证明，但有不少教师不太重视书面报告的评分。

1. 注意聆听他人发言

这是指注意倾听别人（教师与同学们）的发言。许多人认为，参加讨论就是自己本人要很好地发言，这的确很重要，但听好别人发言也同样重要。课堂讨论是学习的极好机会，而"听"正是在讨论中学习的最重要的方式。有人还以为，只有自己"讲"，才是做贡献，殊不知听也同样是做贡献，听之所以重要，是因为课堂讨论的好坏不仅取决于每一个人的努力，而且也取决于全班的整体表现。集体的分析能力是因全班而定的，它的提高不仅依靠个人经验的积累，也要靠全班整体的提高。重要的是，要使全班学会自己管理好自己，自己掌握好讨论尺度，不离题万里，陷入歧途。初学案例的班常会发生离题现象，原因就在于许多人从未经过要强制自己听别人发言的训练，只想自己打算讲什么和如何讲，而并不注意听别人正在讲什么，并对之作出反应。监控好全班讨论的进程，掌握好讨论的方向，从而履行好你对提高全班讨论能力的职责，这也是重要的贡献。光会讲的学生不见得就是案例讨论中的优等生，抢先发言，频频出击，滔滔不绝，口若悬河，还不如关键时刻三言两语，击中要害，力挽狂澜。许多人在讨论刚一开始，总是走神，不是紧张地翻看案例或笔记，就是默诵发言提纲，或沉浸在检查自己发言准备的沉思里。其实正是一开头教师的开场白和头一问，以及所选定的第一个回答者的发言最重要，是定方向、搭架子，你得注意听教师说什么，你是否同意教师的观点，有什么补充和评论，并准备作出反应。

2. 具备主动进取精神

前面提到有人总想多讲，但对于多数人来说，却不是什么克制自己想讲的冲动问题，而是怎样打破樊篱，消除顾虑，投身到讨论中去的问题。针对这一点，教师必须尽力做好说服教育工作。就像生活本身那样，案例的课堂讨论可能是很有趣的，也可能是很乏味的；可能使人茅塞顿开，心明眼亮，也可能使人心如乱麻，越来越糊涂；可能收获寥寥，令人泄气，也可能硕果累累，激动人心。不过归根结底，从一堂案例讨论课里究竟能得到多少教益，还是取决于你自己。为什么？因为案例讨论是铁面无私的，既不会偏袒谁，也不会歧视谁。正如谚语所云："种瓜得瓜，种豆得豆。"你参加讨论并成为其中佼佼者的能力如何？你讨论中所取得的收获怎样？关键的决定性因素是你有没有一股积极参与、主动进取的精神。足球界有句名言："一次良好的进攻就是最佳的防守。"这话对案例讨论完全适用。反之，最糟糕的情况就是畏缩不前，端坐不语，紧张地等着教师点名叫你发言。这种精神状态，完全是被动的，怎么会有所收获？积极参与的精神能使你勇于承担风险，而做好管理工作是不能不承担风险的，这种精神正是优秀管理者最重要的品质之一。指望每次发言都绝无差错，这是不现实的，无论是分析推理还是提出建议，难免会出错，但这正是学习的一种有效方式。人的知识至少有一部分来自于教训，当教师或同学指出你的某项错误时，切不要为争面子而强辩，为了满足自己"一贯正确"的感情需要而拒不承认明摆的事实，正是蹩脚管理者的特征。

（五）记录学习心得

参加案例课堂讨论的过程，是一个学习和锻炼的过程，也是一个积极进行思考从事复杂智力劳动的过程，在这一过程中萌发一些心得体会和发现一些自己原来未曾想到的问题是常有的事，这正是在案例学习中已经意识到的点滴形态的收获，为了不使这些收获被遗忘或丢失，有必要做好记录。

做心得和发现的记录，要讲究方法。有的同学过于认真，从讨论一开始就从头记录，结果记录一大篇，却不知精华之所在，这就是方法不妥。正确的方法是在认真听的基础上记重点，记新的信息。有的学生采取"事实、概念、通则"一览表的格式，颇有参考价值。这里不妨引一实例以作借鉴。

春季学期：××××年××月××日课堂讨论"兴办新事业"。

事实：

（1）在美国的所有零售业企业中，50％以上营业两年就垮台了；

（2）美国企业的平均寿命是 6 年；

（3）在经营企业时想花钱去买时间，是根本办不到的；

（4）美国在 2000 年有 235 万个食品杂货店。

概念：

"空当"，各大公司经营领域之间，总有两不管的空当存在。大公司不屑一顾，小企业却游刃有余，可有所作为。例如，给大型电缆制造商生产木质卷轴，就是个空当。

通则：

（1）开创一家企业所需的资源是人、财、物，还有主意；

（2）新企业开创者的基本目标是维持生存。

记录要精确、简明，对素材要有所取舍、选择。在课堂上，主要注意力要放在听和看上，确有重要新发现、新体会，提纲挈领，只记要点。此外，最佳的笔记心得整理时机是在案例讨论结束的当天。

（六）撰写分析报告

管理案例书面分析报告，是整个案例学习过程中的最后一个环节，是教师在结束课堂讨论后，让学生把自己的分析以简明的书面形式呈上来可供批阅的一份文字材料，一般由 2 500 字以下、最多不到 3 000 字的正文和若干附图组成。但并不是每门课程所布置的案例都必须撰写书面报告，有些案例教师可能要求只作口头分析就够了。有些报告可能完全布置给个人去单独完成。书面报告是在全班及小组讨论后才完成的，其本身已包括了集体智慧的成分，教师允许同一小组的成员使用小组共同准备的同样图表，但报告正文照例要由个人撰写，禁止互相抄袭。还有的要求学生在全班讨论前呈交个人书面报告或案例分析提纲。这主要是为了掌握学生的分析水平，也便于在下次全班讨论前进行小结讲评。一般来说，要求写书面报告的案例比要求口头讨论的案例要长些、复杂些、困难些，也就是说教师希望在这些案例的阅读与分析上花的时间和工夫要更多些。其实在书面报告上下点力气是值得的，书面报告的撰写是一种极为有益的学习经历，这是在学习管理专业的整段时期内，在本专业领域内检验并锻炼书面表达技巧的极少而又十分宝贵的机会之一。多数学生在如何精确而简洁地把自己的分析转化为书面形式方面，往往都不怎么高明和内行。这种转化确实并非易事，尤其篇幅与字数的限制又很紧，所以花点时间去锻炼提高这种可贵的技巧是必要的。

1. 做好撰写准备与时间安排

撰写书面报告，先要认真地考虑一下计划，尤其要把时间安排好，这不单指报告本身，还要把阅读与个人分析及小组会议（一般是开两次）统一起来考虑。一般的计划是，在两三天内共抽出 12~15 个小时来完成一篇案例分析报告（包括上述其他环节，但课堂讨论不包括在内）是较恰当的。如果案例很难，也许得花 20~25 小时以上。但是如果长达 25 小时以上，就会使人疲乏而烦躁，洞察力与思维能力会下降。不能满足于拨出整段时间，还得仔细划分给每项活动的时间，这种安排是否恰当将影响整个工作的效率。下面是一种典型的时间计划安排，共分六项或六个步骤，分析的作业是一篇较长的、具有相当难度的典型综合性案例，书面报告要求 2 500 字以下，图表最多八幅。

（1）初读案例并作个人分析　　　　　　　　　　　4~5 小时
（2）第一次小组会（分析事实与情况，找出问题及组内任务分工安排）
　　　　　　　　　　　　　　　　　　　　　　　2~3 小时
（3）重读案例并完成分析　　　　　　　　　　　　4~5 小时
（4）第二次小组会（交流见解及讨论难点）　　　　2~3 小时
（5）着手组织报告撰写（确定关键信息，列出提纲，完成初稿）
　　　　　　　　　　　　　　　　　　　　　　　5~7 小时
（6）修改、重写、定稿、打字、校核　　　　　　　2~3 小时

这六项活动可分别归入"分析"与"撰写"这两大类活动。根据对 3 000 多份案例报告的调查，无论是得分高低，大多数学生花在写稿方面的时间普遍不足，而花在分析上，尤其是小组会上的时间过多。要知道，既然总时数已经限定，多分析一小时，写稿就少了一小时，而且又多出来一批需要筛选和处理的信息，这会加重写稿的工作量，这种连锁反应式的影响，使得一些同学无法细致地利用、消化、吸收他们的分析成果，并准确表达、陈述、综合归纳成一份有说服力的文件，很难使阅读他们的分析报告的人信服和接受他们的意见。

下面是一段典型的对话。

学生：我花了那么多时间，没想到只得到这么点分数！不过我把自己的报告又读了一遍，还是看出不少问题。怎么我在写稿的时候竟一点儿没意识到它会这么糟呢？

教师：怎么会没意识到呢？仔细谈谈你是怎么写的？

学生：报告是星期二早上上课时交的，我们小组是上星期五下午开的第一次会，开了好长时间，第二次会是星期一下午开的，会开完，已经很晚了。当晚我就动手组织材料，拟提纲，动笔写初稿，搞到凌晨两点多才写完，但还来不及推敲修改誊正，就交卷了。

很明显，这位同学根本没时间修改、重写，初稿就直接誊正，一气呵成，也没留足够时间消化、吸收并组织好他个人和小组分析的结果。遗憾的是，这种现象十分典型，是经常出现的。有人说："根本不会有高质量的初稿，只可能有高质量的定稿。"这就是说，要写好分析报告，在报告的构思上得肯花时间，并安排足够的时间用在修改和重写上。

2. 书面报告的正确形式与文风

要写好报告，当然要以正确的分析作为基础，问题还在于怎样才能把最好的分析转化为书面报告，由于受篇幅、字数的限制，这就引出了对文风的要求，那就是简明扼要。写案例报告可不是搞文学创作，不需要任何花哨的堆砌修饰，但要做到一针见血、开门见山，却非易事。不许你多于 2 500 字，你就只能把代表你分析的精髓的那一两点关键信息说出来，并给予有力的辩论和支持。

一般来说，2 500 字加图表的一份报告，教师评改得花 15～20 分钟，一位老师通常每班带 50 位学生，每一班他就要批阅 50 份报告，每份 20 分钟，就要花 17 个小时才能批阅完。若同时带两个班，每班平均每周两次案例作业……算算就知道，一份报告最多能占 20 分钟，所以，一定要干净利落，把你的主要见解及分析论据写得一目了然就行。手头有了分析与讨论所得的大量素材，但别忙于动笔，要花点时间好好想想，怎样才能有效而清晰地把你的意见表达出来，到这一步为止，就已经花了不少时间在案例阅读、分析和讨论上。一般是按照自己分析时的思路，一步步把报告写出来，可是，教师和读者要知道的是你分析的结果，所以你的报告若不以你的分析为起点，而是以分析的终点入手，会显得明智得多。试考虑一下，能不能用一句话概括出你所作的分析的主要成果和精华所在？这应该成为报告的主体，并要在几段中就明确陈述出来，报告的其他部分，则可用来说明三部分内容：一是为什么选中这一点来作为主要信息；二是没选中的其他方案是什么及其未能入选的理由；三是支持你的表现及其所建议方案的证据。较慎重的方法是，把报告剩下这部分中的每一段落，都先以提纲的形式各列出一条关键信息来，最好每一段落只涉及一条重要信息，一个段落若超过 700 个字，就一定包含有几条不同见解，这会使读者抓不到要领。报告定稿后，在正式打字前，最好要自己读一遍，以便发现问题，及时修改，打字后还应校阅一遍，看有无错别字和漏句、漏字等。你若素来文笔不强，建议你搞一本入门性的写作小册子来翻翻，并安排更多时间在改稿和写稿上。要注意学习善写的同学的技巧和经验，并在老师批阅完发回报告后重读一遍，记下写作方面的问题，以免下次再犯。

3. 图表的准备

把数据以图表方式恰当安排与表达出来，能经济而有效地介绍出你的许多支持性论证，但一定要使图表与正文融为一体，配合无间，让读者能看出图表的作用，还要使每幅图能独立存在，即使不参阅正文，也看得懂，每幅图表应有明确标题，正文中要交代每幅图表的主要内容，图表应按报告正文中相应的顺序来编号。

（七）提高表述水平

口头表述是管理案例教学中的一个重要教学环节。它的基本要求是：分析者将自己的分析研究成果当众表述，让他人了解。在管理案例分析中学生将自己的分析成果进行口头表述，不仅可以引发学生的热烈讨论，让其相互启发、相互学习，还可以使学生尽快提高演讲水平。

1. 案例分析表述的要求

为了使管理案例分析中的表述达到预期的训练效果，对每个表述者都应提出具体要求，而这些要求应在学生尚未进行表述之前就予以明确，以便让表述者在其表述过程中切实注意到这些问题。

（1）时间要求。案例分析教学阶段不同，表述时间的长短也不一致。一般来说，在规范性案例学习的课堂讨论阶段，分析成果表述的时间应长一些，但每个学生的表述时间不应超过 20 分钟。这一时间要求是出于以下三方面的考虑。其一，听众注意力的局限性。大量研究表明，人们对演讲的注意力，是受一定时间限制的，一般在演讲的 20 分钟以内是听众注意力最集中的时间，20 分钟后注意力开始下降，1 个小时后注意力急剧下降。因此，我们规定时间，就是要表述者注意演讲的时间观念，培养自己利用演讲最佳时间的好习惯。其二，培养表述者的概括力。要在有限的时间内将自己的演讲成果清楚地表述出来，自然就啰唆不得，必然要注意思路的条理、语言的精练、恰到好处的概括，否则就不可能在规定的时间内讲完自己的分析成果内容。其三，教学总体时间的限制。一个教学班每个人都得表述，每个人 20 分钟，10 个人就是 200 分钟，20 个人就是 400 分钟。显然，如果 1 个人占用时间太长，势必会使其他的人失去表述的机会，同时，时间占得太长，不仅会使听众感到疲劳，而且整个教学时间也不会允许。

（2）表述前应有充分的准备。演讲大致可分为娱乐性演讲、传授性演讲、说服性演讲和鼓动性演讲四大类。管理案例分析成果表述演讲可以是介于传授性和说服性之间的演讲，或者说是二者兼而有之的演讲。传授性的演讲要向人们传授某种知识，说服性演讲要使听众放弃自己的看法，同意演讲者的观点。对于案例分析的成果表述者来说，就是要将一个案例分析透，让听众从你的分析中得到新的知识，受到启发，并按你提的方案去从事管理，这绝不是信口开河所能办到的，需要的是深思熟虑。与其缺乏思考、意见不成熟甚至荒谬，还不如闭口不讲。因此，要想使表述达到好的效果，表述者对自己表述的内容应有充分的准备。一般在表述前教师应检查表述者的讲稿。讲稿和书面分析成果有区别，二者的表述形式不同，在表述的思路、结构和详略上也有所区别。讲稿可以是逐字逐句式的，也可以是纲目式的。为了体现案例分析成果表述教学的严肃性，没有讲稿的学生，在原则上不允许上讲台。

（3）克服习惯性口头语病。习惯性口头语病是演讲的大忌，它分割了演讲的内容，淡化了演讲的气氛，严重地影响着演讲的效果。

习惯性口头语病有多种表现，例如，有的人开口是"这个"闭口也是"这个"，有的人每说完一句话后就"啊"一下，往往讲完一段话"啊"高达十几次和几十次，这样会使听众不去注意你讲的内容，而是在数你说了几次"这个"、"那个"或"啊"了多少回。试想，这会有演讲的效果吗？

习惯性口头语病是由于长期说话习惯所形成的不良思维形式的外在表现，要克服它，绝非一日之功，但也不是不可克服的。克服这种习惯口头语病的重要方法，就是引起说话者本人的高度重视，使他从习惯性状态转变到自我意识的感觉。为此，需要外界的刺激，让其下决心根除坏习惯。在分析成果表述中，我们将此作为一条要求明确提出，并在听取表述的过程中做好记录，统计这种习惯性口头语病出现的次数，进而从成绩上反映出它对演讲效果所造成的损害。当然，要使具有习惯性口头语病的人克服这一毛病，需要一个过程，过于性急也是不对的。但是，只要我们作出了明确要求，并采取了一定的措施，习惯性口头语病就一定可以得到克服。

对管理案例分析成果口头表述提出要求，其目的在于造成一个真实的演讲环境，并让表述者在这种环境和气氛中严格地按正确的方式造就自己，并逐步掌握演讲这一门艺术，获得影响他人、打动人心的能力。

2. 口头表述的训练

案例分析成果的口头表述是一种演讲。一篇好的演讲实际上是语言、情感和姿态的综合。它是一个人知识、智力积累和品德修养的反映，而且还是长期进行语言、思维、姿态等方面训练的结果。管理案例分析的成果表述，既是一种真正的演讲，又是一种对具有更大的社会性演讲的训练。为了取得表述的良好效果，方法技巧应特别注意从以下几个方面进行训练。

（1）正确选择演讲方式。演讲的方式大致有四种，分别是照本宣读式演讲、背诵式演讲、即兴演讲和准备式即兴演讲。四种演讲方式各有利弊，分别适应不同的人物和场合。我们的案例分析成果口头表述，宜采用什么样的演讲方式呢？在教学实践中，我们发现不少同学采用的是照本宣读式，一字不漏地往下念，结果使表述变得死板、僵硬，也表现不出表述者的演讲神采，这种方式显然效果不佳。针对案例分析的内容，在口头表述之前就已有研究。因此，完全可以在有准备的基础上作即兴演讲，根据听众的情绪、时间的长短来调整自己讲话的内容，使其生动、活泼，以达到理想的效果。

在表述时，也有采取背诵式演讲的。但我们发现，这种方式过于死板，同时一旦忘却某一段文字，演讲就很难继续下去，甚至会出现"卡壳"现象。

到底采用何种方式表述自己的分析成果，这要根据自己的实际情况来定。应根据自己的心理状况和对演讲的适应能力，确定适合自己情况的表述方式。如果是初次演讲，对即兴演讲又没有把握，就不要勉强采取这种方式，不如暂时采取照本宣读式演讲，慢慢向即兴演讲过渡。

（2）嗓音的正确应用。演讲是通过声音发出信息的。好听的声音，不仅能准确、恰当地表情达意，而且能声声入耳，娓娓动听，使听众心潮激荡，如痴如醉，完全沉浸在演讲中。相反，如果声音不佳，不但不能准确无误地表述出自己的思想感情，反而会使听众厌恶和感到枯燥无味，影响演讲效果。

演讲声音要达到理想的效果，应从以下三个方面下工夫。第一，声音要正确清楚。声音的清楚正确是演讲者有效传达自己思想感情的前提。如果读字不准、吐字不清，听众不知所云，自然难以达到演讲的目的。为使自己演讲时的声音清楚，需从三个方面努力：一是正确运用发音器官，形成正确清楚的语音；二是注意按会场空间的大小来控制音量，一般案例分析成果的口头表述是在教室里进行的，声音比较好控制；三是注意声音的走向，即要面对全体听众，而不能只将声音输给一部分听众，而忽略了另一部分听众。第二，注意声音清亮圆润。清亮圆润是演讲运用的一种艺术。所谓清亮圆润，是指演讲者的声音清脆悦耳，对人有一种吸引力，使人愉快。声音是否清亮圆润既受制于发音器官的先天条件，又取决于后天的训练。例如，有的人有口吃的毛病，但经过苦练之后也是可以克服的，如果先天条件较好，经过训练就会更理想。第三，声音要富于变化。声音的高低、大小强弱的变化，不仅是听众的要求，还是表达思想情感的需要。如果声音平淡没有变化，就像念文章缺乏抑扬顿挫一样，令人烦躁，或使人昏昏欲睡。总之，甜美的声音，有利于使演讲达到理想效果，经过刻苦的训练，可以掌握正确应用声音的规律。

（3）要给听众留下美好的印象。演讲者的形象对演讲的效果也十分重要，如果演讲者形象不佳，使听众看不顺眼，产生一种厌恶的心理，自然就难以打动他们的心了。

演讲者演讲时，在塑造自己的形象上应注意的就是：精神要饱满，要充满信心，潇洒大方，站立姿势要端正，面部表情要自然，服饰要适合演讲的场合。

精神饱满，信心十足，这是许多著名的政治家、演说家在演讲时所表现出的风格。从电影《列宁在一九一八》里，可以看到列宁在工人中间演讲时就是那样，他饱满的精神、百倍的信心，加上那富有号召力的演说，使人振奋不已。周恩来总理每次演讲时也是如此，即使是在他身患重病的情况下，只要公开露面讲话，他都是精神饱满、信心十足的，给人以极大的鼓舞。

演讲者在演讲时要注意站在听众前面的正中间，让光线照到自己的脸上，使不同位置的听众不仅能看到演讲者，还能看到演讲者的面部表情。

演讲者的面部表情应以微笑为基础，要正视听众，切忌头抬得过高，或低头盯着地面和讲稿。演讲者的面部表情，可以起到感染听众的作用，从听众的表情上可以了解到听众对演讲的内容是否感兴趣。

演讲者服饰以整洁大方、庄重朴素为宜，过于随便有损形象，同时也是对听众缺乏礼貌的表现。

除此之外，还应讲究站立姿势，原则上讲，站立姿势应以有利于走动和发音为宜。

（4）语言简洁、明快。在当今的信息时代，人的生活、工作节奏大大加快，因此说话、演讲都应该注意语言的简洁和明快。在案例分析成果表述会上，每个人发言只有 10～20 分钟，如果语言不简洁、明快的话，就不可能表述完你的分析成果，而且我们还要认识到，要打动别人的心，要使自己的演讲给人留下深刻的印象，语言并不在多，而在于精。在这方面，中外不少的名家为我们树立了榜样。

1863 年 11 月 19 日，在美国葛提斯堡国家阵亡烈士墓园落成仪式中，有两个人发表了演说，一个是当时享有盛名的演说家爱德华·埃费雷，另一个是当时的美国总统林肯。埃费雷是那天的主要发言人，讲了两个小时，而林肯只讲了两分钟，十句话。可是至今人们能记下的不是埃费雷的演说，而是林肯的两分钟的讲话，原因就是林肯的演说十分简洁、明快，正如古人所说："言不在多，达意则灵。"连演说家爱德华·埃费雷在给林肯的信中，自己也承认说"我花了两个小时才刚刚接触到主题，您几句话就表达了……"

由此可见，语言的简洁、明快是多么重要！我们在案例分析成果的表述中要有意识地尽量做到这一点。

（5）正确开头和结尾。演讲的开头和结尾对演讲效果都会产生重要影响。在案例分析成果表述会上，常常听到有的同学这样开头："同学们，我不会讲话，讲得不好的地方，请大家见谅。"这些谦辞其实是废话，这里根本不存在原谅和不原谅的问题，你讲得好能说服人，能打动人的心是事实，你讲得不好，别人的印象就是不好，也是事实，这与见谅无关，而且这样一说，反而使听众信心顿减，因此这种开头不足取。演讲的结尾也十分关键，它是走向成功的最后一步，如果平平淡淡收尾，尽管前面讲得可以，也给人一种"虎头蛇尾"的感觉。

演讲如何开头？没有一定之规。有的学者提出以下四点可供参考：一是形式要力求新颖、别致、风趣，目的是引起听众的注意，集中听众的精力；二是内容要出新意，出奇制胜，能给听众耳目一新之感；三是提纲挈领地点明演讲的宗旨，这可以很自然地引起下文；四是要有声势和气魄，几句话就能使听众对你折服。有不少名人在演讲的开头作出了好的示范。革命烈士恽代英，有次在晚上演讲，由于前面已有几个人讲过话，听众有些疲倦，他走上讲台大笑三声作为自己演讲的开头。而郭沫若先生在 1949 年应邀到北京大学讲北伐战争问题。当时听众"爆满"，连广场旁的树上都爬着人，他的第一句话是："同志们！今天我面对青春的海洋，摆革命的龙门阵！"话音一落立即获得全场雷鸣般的掌声。

演讲的结尾一般有三个方面的问题值得注意：一是进一步揭示主题，加强听众对演讲的认识；二是采用一些启发性的语言，有意地启发听众去思考一些问题；三是在必要的时候还应鼓起听众的激情，促进听众的行动。

演讲的开头和结尾的上述技巧和方法，在案例分析成果口头表述中是完全可以借鉴的。只要坚持训练，表述能力就一定会提高。

3. 口头表述的评估

学生在案例分析成果表述会上表述完自己的分析成果之后，即意味着一轮案例分析的结束。因此及时进行分析成果的评估，是案例分析教学不可缺少的一项重要工作。定向分析和定量计算相结合是案例分析评估的基本方法。具体的做法是将学生的案例分析从五个方面予以计分考核，在进行定量计算的基础上，按优、良、中、及格和不及格五个档次对成果进行分析评估。计分考核的五个方面及其要求如下。

（1）案例是否清楚完整。案例是分析研究的直接对象，学生的案例分析不论采取何种表述（包括书面和口头表述）方法，都应该让读者或者听众明了案例的内容，了解案例大致的轮廓。如果不能从其分析中明了案例的情况，那就根本无法判断分析内容的正确性。

要求学生案例表述得清楚完整，这可以检验和进一步训练学生观察问题和表述问题的能力。如果观察问题不细致、不深入，就不可能取得更多的信息，甚至包括那些属于案例实体运行的关键材料也不能得到，那么这就会直接影响下一步的分析；如果对客观存在的管理活动不能清楚完整地予以表述，就说明缺乏起码的分析问题的能力，所谓进一步的分析也是不可能的。因此考核案例表述是否清楚完整，其意义十分重要。

（2）分析研究角度是否正确。如前所述，案例分析的研究角度有既定的要求，那就是立足于管理技术的探索和管理水平的提高，这一既定要求不仅仅是为了降低学生分析案例的难度，还在于这一规定体现了管理案例分析的专业性质。案例分析的书面表述即是一种写作，但是它不是单纯的写作，它是在管理专业知识的学习和运用中所进行的一种写作。显然，如果分析研究的角度脱离了既定的要求，使案例分析带有随意性，那就更难以把握了。没有一定规范的训练是不会有什么成果的，必须考核分析的角度是否正确。

（3）分析是否新颖。管理劳动的创造性决定了案例分析的价值所在。如果分析总是重复已有的结论，毫无新颖之处，这种分析就不可取，而且，也不会有实际价值，因为现实中的管理是充满生机和活力的，不可能千篇一律，亘古不变。因此，学生的案例分析特别要从是否新颖的角度进行必要的考核。

新颖是一个较抽象、伸缩性较大的概念。最大的新颖莫过于从无到有，莫过于重新制造。如果用这样的标准去评价学生的分析，显然不符合实际，勉强这样做不仅无益，反而会违背开设案例分析课程的初衷，不利于该课程教学目的的实现。在案例分析中，所说的新颖性，主要是指学生有自己的见解，而且在分析表述其见解时，能够自圆其说，具体表现为以下三种情况。

其一，通过案例分析，能概括出一些基本观点。尽管这些观点并不是学生创造的，但从总体上看，这些观点在案例分析的基础上能够形成一个独立的见解。应该说，学生的独立见解，就是一种分析的新颖性之所在。

其二，对自己分析的管理案例，在分析中能够解释其中一些管理行为，并能总结出经验，甚至还能提出建设性的意见，对实际的管理工作有现实参考价值，也是分析的一种新颖性所在。

其三，在案例分析中，对有些管理现象虽不能圆满解释，但是能够发现问题并指出有进一步研究的必要，以期引起更多人的重视，这又是一种新颖性的表现。

当然，上述分析新颖性的说明，是针对学生的现实基础，面对学生的实际所作的解释。

这里并不排斥某些学生在分析中发表创造性、独到见解所表现出来的新颖性。

（4）建议是否合理可行。管理案例分析课具有很强的实践性，寻求管理的最佳方法、方案是分析研究的内容之一。因此，作为一篇案例分析，原则上都应有这方面的内容。在文中可以以建设性意见、启示、认识或希望等形式出现。这方面的内容，从某种意义上说是分析的落脚点，在一定程度上，反映了整个案例分析的实际价值。因此，当对一案例分析进行评估时，很有必要考虑这些建议的可行性，看其是否合理。

（5）口头表述能力鉴定。前面说到的管理案例分析，是在学习和运用管理知识的基础上所进行的一种读、写、说综合训练，作为一个管理者，必须具备一定的表述能力，特别是口头表述能力。正确运用语言对一个管理者来说十分重要，正是出于这一原因，在案例分析的教学中，才安排一个案例分析成果口头表述的教学环节。口头表述能力鉴定，就是通过参加案例分析成果表述会，在认真听取学生口头表述后，对其表述能力作出的评价。

上述五个方面在具体的评估过程中可以采取列表的形式制成"案例分析成果评估表"，按 100 分分摊到五项内容上，每一项再划分为 3～5 个（不等）档次，每一档次按一定比例再细分。其评估见表 0-1。

表 0-1　口头表述评估表

考核项目＼档次	好（20 分）	中（15 分）	差（10 分）
案例是否清楚	清楚	较清楚	不清楚
研究角度是否正确	正确	较正确	不正确
分析是否新颖	新颖	较有新颖性	无新颖性
建议是否可行	可行	基本可行	不可行
表达能力鉴定	好	中	差
定量分析合计/分			

案例分析成果口头表述评估，可采取在教师支持下由学校领导、学生和有关方面人员组成的评估小组进行，先由评估小组的成员对学生的分析进行逐项考核，然后由教师集中确定学生的分析成绩。分析的评估资料在教师进行该轮次案例分析评讲和总结之后，暂由教师妥善保管，待期末考试之后，一起计入总成绩。

四、管理案例教学范例

（一）管理案例讨论提纲实例

案例：中日合资洁丽日用化工公司

十几年前，洁丽公司与日本丽斯公司进行技术合作，向国内引进该公司丽斯品牌的化妆品，双方各投资 40％，另有 20％ 由建厂当地乡镇的个体户出资建成。日本丽斯品牌在日本不出名，由于中国当时开放不久，日用化工品和化妆品缺乏，大家也不在乎名牌。十几年来，合资生产的丽斯牌，在江南一带颇具知名度，有数百个专柜遍布城乡各地的小百货商店，并有几百位化妆师（销售与推广）和美容店。由于近两三年人们消费水平提高，以及不少欧美品牌进入中国市场，丽斯牌在人们心目中地位下降，销路萎缩，此时那几个 20％ 份额的小股东希望出让股份撤资。假使你是洁丽公司的负责人，你有哪些应对策略和方案？

中日合资洁丽日用化工公司案例课堂讨论提纲。

1．有三种可能方案

（1）品牌重新定位。

（2）收购散户小股东的股份，使洁丽公司控股超过 50％，然后找一流的厂商技术合作或代理一流产品。

（3）寻找机会脱售持股。

2．方案的分析

方案 1：

利：可利用原来已建立的销售渠道、服务人员及与经销商的良好关系、化妆品本身的价值、较难衡量的较高附加值，重新定位目标市场。

弊：因为市场变化快，进口关税率逐渐降低，会使整个企业转型有较高的风险。

方案 2：

利：可利用原有的销售渠道与服务人员，除可重新定位外，还可与其他知名品牌厂商合作，进入其他市场；控股权扩大，经营方式较有弹性。

弊：投资金额较大；日方态度不易掌握。

方案 3：

利：避免激烈竞争，可将资金转做他用。

弊：原有的渠道和人员、队伍全部放弃相当可惜。

3．建议

采用方案 2，接受小股东的退股建议。

本题的关键点是：第一，想要放弃原有的市场或产品，而进入全新的陌生领域。第二，只想创造新产品，放弃原有产品改善的可能，可能使企业受到更大的损伤。

但是产品的创新或多角度化使用，也有可能为公司创造更好的将来，成败的关键在于信息的收集是否齐全、利弊评估是否真实。

（二）学生案例分析实录

以下学生案例分析实录选自梅子惠主编的《现代企业管理案例分析教程》，现转录于此供参考。

蔡×同学的案例分析

1. 实例选择统计表

学生姓名：蔡×　　　　指导教师：方××

实例命名	选能干的，还是选会说的
实例表述	C 集团是欧洲著名连锁超市集团，在某市筹建一家超市时，需要招聘超市工程部经理，在众多应聘者之中，有两位表现比较突出，如下所述。 　　马卫达，27 岁，已于机械制造专业大专毕业 4 年。大专毕业后进入某中法合资汽车厂设备动力部，任助理工程师，一直从事汽车制造设备配件的采购工作，在业余时间自学并取得科技英语专业本科毕业证。英语口语流利。余海宏，33 岁，设备管理专业本科毕业，22 岁毕业后到武汉一家大型百货商场任中央空调操作班长、配电设备主管，已任工程部经理 3 年，熟悉大型百货商场的配电、照明、动力、通风空调等设备的运行维护管理，自己机械维修的动手能力也很强，但英语口语不行。 　　在由店长法国人罗伯特主持的面试中，马卫达直接用英语回答了罗伯特的提问，并用流利的英语陈述了超市工程部的工作设想。余海宏在面试时，由于超市的翻译不熟悉设备管理的专业词汇，他对面试问题的回答没能准确地翻译给罗伯特，罗伯特给他的分数远远低于给马卫达的。在店长的坚持下决定录用马卫达为工程部经理。三个月后，德国 M 集团也在该市开了一家超市，余海宏成功应聘上了工程部经理的职务。 　　一年后的 8 月份，由于中央空调操作工辞职，临时招聘不到操作工，马卫达自己亲自操作机器，由于他不熟悉操作规程，使中央空调超负荷运行，导致空调电机烧毁，给超市造成设备直接损失 10 万余元，而这次事故使超市室内温度超过 36℃达一周之久，给超市营业收入和声誉带来重大的损失。 　　根据市商业管理委员会的统计，余海宏所在的 M 集团超市的各项设备经济技术指标如单位面积用电量、设备维护费等大大优于马卫达所在的超市
选学和重温有关的资料和管理原理	1.《人力资源管理》； 2.《跨国公司的人力资源管理》

2. 案例分析

正确把握岗位能力要求，避免招聘失误

从案例中的情况来看，以下几点是 C 集团某市超市工程部经理招聘甄选失败的主要原因。

（1）母公司的岗位能力要求不能照搬到子公司，虽然一个跨国公司旗下的连锁超市的经营方式、组织结构、职位设置几乎完全相同，但由于所在国政府法规、供应商特点、客户需求等内外经营环境不同，其设置的职务名称虽然一样，但其工作内容差异可能很大。同样是超市工程部经理，在法国店里手下只管两个人，主要工作是选择设备维修服务商、配件供应商，监督服务的质量、进度和工作安全等，不必自己动手操作设备。在中国，由于设备运行维修服务市场还不成熟，缺少优秀的设备管理服务公司为超市提供全方位的运行和维修服务，再加上中国劳动力廉价，设备服务外包的成本远远高于自己组建一支队伍进行自我服务。因此同样面积的超市，中国店的工程部人员比法国多得多，工程部经理的工作内容也因此相差很大。拿法国店工程部经理的甄选标准来招聘中国店的经理，显然是错误的。店长罗伯特以前在法国店当过工程部经理，以法国店的要求来衡量中国的应聘者，按这个要求马卫达是合格的。但中国的情况不一样，中国店的工程部经理不仅要善于跟供应商打交道，还要熟悉超市的各种设备的性能，基本掌握操作和维修技术，既要当好指挥员，在必要的时候还能亲自动手操作维修机器，又要当好战斗员。

外籍主试人应该克服语言障碍，客观地对应聘者进行评价。

在面试时语言的交流是否通畅影响到主试者的判断，壳牌石油公司的经验是："对沟通能力的评价已经降低。从理论上讲，沟通技巧是评价候选人的一项很好的指标，但实际上，如果应聘者的英语不流利，而面试人又不会说当地话，应聘者的得分肯定低于其应得分数。"因此当马卫达能不通过翻译用英语与罗伯特进行良好的沟通时，由于晕轮效应的影响，他参加工作时间不长，没有商场设备运行维修管理经验，机械专业的学历是大专，技术职称只是助理工程师等缺点就显得不那么重要。但工程部经理这一职务对这些技能的要求是客观存在的，如果不具备这些技能，工作绩效肯定不高，从这一点来说，后来出现设备事故也是迟早的事。相反，余海宏由于英语口语能力不强，需要通过翻译回答罗伯特的问题，翻译词不达意，使具有决定权的罗伯特认为他不行，其实是他口语能力不强的缺点掩盖了他具有多年商场设备管理经验、本科毕业、专业对口、有工程师职称等比马卫达强很多的优势。

（2）不同的职位对外语能力的要求应该不一样，超市中各职位对外语能力的要求应该是不一样的。外企一般对不同级别的人外语水平要求不同，如对收银员外语要求肯定是比财务经理低，但同级别的中高层的管理人员对外语的要求也应该不同。需要经常与外籍经理和总部进行沟通的人外语要求高一些，如店长秘书、财务部经理等。不同职位对外语听、说、读、写能力要求的侧重点也有所不同。对店长秘书的英语口语能力的要求肯定比工程部经理要高。当然在案例中，如果余海宏是一个全才，英语水平与马卫达一样，罗伯特也会选他而不会选马卫达。但全才的工作选择余地大，对薪酬的要求高，雇用他们企业所付出的工资会

比专业技能强、外语水平不高的人多得多，而且还不见得能找得到这种人。因此，必须对每一个职务进行科学的工作分析，依据不同职位对外语能力、技术技能、组织指挥能力、学习创新能力的不同侧重要求，得出对各种能力要求层次不同的招聘甄选标准，依照这样的标准才不会选错人。

跨国公司管理人员本地化是一个大趋势，在这个进程中，我们必须按照人力资源管理的客观规律认真做好分析工作，制定科学的招聘甄选标准，努力克服语言交流不通造成的评价偏差，让本地人在招聘过程中拥有更多的决定权，只有这样才能顺利完成本地化的战略目标。

3. 案例分析见解口头表述评估

案例分析见解口头表述评估见表 0-2。

表 0-2　案例分析见解口头表述评估

考核项目＼档次	好（20分）	中（15分）	差（10分）
案例是否清楚	清楚	较清楚	不清楚
	√		
研究角度是否正确	正确	较正确	不正确
		√	
分析是否新颖	新颖	较有新颖性	无新颖性
		√	
建议是否可行	可行	基本可行	不可行
		√	
表达能力鉴定	√		
定量分析合计/分	85		

4. 评语

本地化是许多跨国公司的重要战略。随着生产、研发、销售、采购本地化的推进，人力资源本地化变得越来越迫切。在执行层和管理层，只有本地人才完全能够达到职位要求，其本地化程度比决策层的高级管理职位高得多。招聘甄选这些员工的标准是与母公司所在国一样呢，还是应该根据子公司的实际情况，重新进行工作分析编写出新的职务说明书，并按其要求招聘甄选？对员工外语能力的要求应该根据不同职务工作内容的不同而有所不同，不能用一个标准来要求。外籍主试人应该尽量克服语言障碍客观地对应聘者进行评价。在派往子公司的高级管理人员中，要有能使用驻在国语言和熟悉其文化特征的人，这样才可以更好地执行人力资源本地化的战略。

实例叙述得清楚、简洁、完整，这是正确展开案例分析的前提和基础，本实例分析的成功之处在于，能从外资超市管理的实际事例中，发现跨国公司人力资源管理这一伴随着我国改革开放程度的提高出现的新问题，并对人力资源本土化中最关键的环节——招聘中出现的问题进行比较深入的分析。在分析中应用的理论依据正确，提出的建议具有可行性。

由此可以看出，该生能够运用所学管理理论知识分析和解决实际问题。

指导教师：方××

××××年×月×日

（三）哈佛商学院案例课堂讨论实录

下面是哈佛商学院的一次案例课堂讨论课的写实，内容是关于新日本制铁公司面临的人力资源管理问题。

戴着一副深度近视眼镜的乔克第一个被教授叫起来发言，他说：

"我不清楚这里的问题究竟是什么。看起来很明显是新日铁公司无力将员工的退休年龄从 55 岁延长到 60 岁，但这是日本政府已经宣布并在全国企业中推行的，而且工会也要求公司这么做。"

擅长定量分析的乔克在这次有关人力资源管理的案例课堂讨论中，说了这样一句话作为开场白。他接着说：

"根据我的计算，由于钢铁市场需求减少，这家公司已经有 3 000 名富余员工，而这些人占了员工总数的 10％。这种局面正在吞噬着企业的盈利。如果延长员工的退休年龄，那么，公司在今后五年时间内，还要承担 7 000 多名富余人员。"

刹那间，所有的人都沉默了。要是在往常，"开局者"总会受到许多人的围攻，他们都试图对其逻辑中的漏洞予以曝光。而领头发言的学生，常常会畏畏缩缩地回到座位上等待着一场哄堂大笑。接着，教授请第二个学生起来，对这个问题增加一些定性的分析。

"我们应该回顾一下过去，在作出草率判断之前，应该先考察一下这种情况的动态变化过程。首先，我们要看一看当时作出这项决策的条件。国际市场对日本钢铁的需求很大，只是在过去的两年时间里才开始减少。在这种环境下，新日本制铁公司采取了降低劳动力成本的经营战略，使它成为了世界钢铁生产行业的领先者。这个战略的具体实施办法就是，当旧的工作岗位被撤销后，公司把现有的工人调换到新的工作岗位上去，这样就同时解决了辞退和新招工人的矛盾，而且没有花太大的代价。

另外，社会上普遍认为这家公司有一个开明的雇主。这种认识对行业的发展很重要。因为这是一个重群体甚于个体的社会。尽管日本政府现在开始减少干预，但在历史上，政府一直在资助这家公司和钢铁行业的发展。劳资关系一直很融洽，工人们没有进行过罢工，也得到了较好的福利。日本银行与这家公司也一直合作密切，实际上银行给该公司的经营提供了

100％的资金。现在的退休年龄虽说是 55 岁，但人的寿命在不断延长，工人们已经不能再接受这么早就退休的现实了。

我们再看看公司目前的人力资源政策。这些政策适用于钢铁行业的环境，并且相互之间妥当配合，与社会价值观保持一致。有许多利益群体牵涉进来，他们参与子公司的决策。管理人员希望与劳动者保持和平共处，同时也希望能减少劳动力规模，并且对钢铁行业中出现的衰退现象进行负责任的管理，以便维持在本行业中的领先地位并取得长期的利润。管理人员和工人们与工会紧密联手，共同建造对各方都有利的工作环境。管理人员总是将决策问题摆在员工面前，并且会向他们提供所有的有关的材料，决策过程还是相当透明的。

工会希望把退休的年龄延长到 60 岁，同时希望避免罢工并维持一个全面有效的人力资源计划。工会领导者还希望继续保持他们的中立立场，以便使工人们既得到应有的福利，又不至于发生罢工现象。

工人们通过自主管理小组，对企业中各项工作如何开展，具有相当程度的发言权。他们希望保持他们的工作，并有一个良好的工作条件，同时也希望延长退休年龄。

政府也希望延长退休年龄，这样做的好处是可以减少社会的福利保障。政府还认为，钢铁是日本工业发展的一大关键行业。

到目前为止，公司人力资源流动方面的政策和程序，也还适应环境条件的要求。比如说，公司实行了员工终身雇佣制。这项对员工的投资，使得这家公司可以实行缓慢的晋升政策。这种缓慢的晋升与强有力的培训和发展机会相配合，这才确保了在组织的各个层次中，有知识的人都能够轻易地在水平方向上移动。尤其是在工作堆积、需要加班的时候，员工的调动就更加普遍。公司对员工进行了投资，反过来，员工也对公司给予了相应的回报。

公司的奖酬系统很好地支持了人员流动政策，公司按资历计付报酬，这样也就为员工忠诚于公司起了激励作用。而且外在的激励也不仅仅是公司提供的唯一奖酬。

这家日本公司的工作系统设计，反映了公司对工作的内在激励极为看重，比如，工作职责说明一直是灵活的、不那么正规的，只设置了少数几个职务层级。决策总是在尽可能低的组织层次中作出。第三层次的管理人员负责开发和考评工人；第一层次和第二层次的管理人员就负责制定经营战略并与银行和政府部门打交道。

从案例中我们还可以看出，由于决策权的适当下放，蓝领工人组成的自主管理小组，能在几个小时之内，开发出一个新程序来改进工作中的安全保障问题。

最后，我们再来看看这些管理政策到目前为止所产生的效果。由于公司实行一整套人力资源政策，在降低成本、提高员工对公司的忠诚度等方面，都取得了良好的效果。公司中有才干的员工数量正在增加，他们只要求中等水平的工资，并通过自主管理小组活动，使公司的年度成本开支节约了相当于雇佣成本 20％的水平。公司的员工也获得了自尊和安全的感觉。而对于整个社会来说，这样一种企业正在成为经济发展的一大推动力量。

依我看来，这里的管理者们正在进行一件有益的事。社会人文因素的变化，使得劳动力队伍和社会逐渐老年化，加之市场对钢铁需求量的减少，这些因素都会促使公司的人力资源政策必须作出相应的改变。的确，人员配备过多会造成成本上升，但鉴于该公司有银行提供财务资助，所以利润并不那么紧要。如果公司与劳方发生对抗，可能对所有各方的利益都没有好处。

为了保持公司在世界范围内成本水平的领先地位，关键是要在维持生产率水平的同时，尽可能地减少劳动力成本。也许他们应该延长退休的年龄，忍受人员富余可能造成的成本增加，然后再努力寻找办法精简未来的员工。这样做是与公司的战略和行业传统的成功因素相吻合的。"

当这第二位发言者的长篇大论刚结束，坐在教室另一角的一位焦虑不安的女同学急忙抢着说：

"原则上我同意你的意见，尽管我到现在才终于搞清楚你的意见是什么。如果他们想赢得时间，产生创造性解决问题的方案，那么有一个现成的办法，即先不要执行新的退休年龄计划，而应该等到一年以后。"

坐在她左边的一位男同学持反对意见。他说：

"你这个办法仍然不能解决这种长远性的问题，也就是对劳动力队伍的中期影响问题，它会使劳动力结构向老年化倾斜，而且在年功序列工资制下，还会使公司的工资支出增加。另外，减少招聘新员工，不就没什么新主意了？"

坐在教室中间的一位"高瞻远瞩者"认为，不管采用什么方案，都必须对利弊得失作出衡量。他补充说：

"所选定方案的执行方式，对于成功有着至关重要的影响。我认为，决策应该按他们传统的自下而上方式和惯用的程序来做出。然后，像往常一样，还要在所有有关情况都有充分介绍的基础上，才能提出最终的决策。而劳资双方的密切合作，是一笔巨大的财富，不能轻易破坏。"

尽管已经进行了近 100 分钟热烈、激烈的课堂讨论，但教授和同学们心里都很清楚，案例中仍有许多问题尚待解决，许多事实需要明确交代。下课时间快到了，教授在做了简短的总结后宣布这堂讨论课就此结束。同学们边离开教室边带着意犹未尽的劲头争论着。像其他案例讨论课一样，有些同学离开教室时仍然遗憾课堂的讨论没有取得更一致的意见，心中纳闷最好的解决方案是什么。另一些同学不以为然地反驳说：

"我们在这么短的讨论时间内就触及了这么多的问题，想到了这么多的好主意，该知足了吧？"

有人甚至引用教授前些日子曾说过的话来这样开导学友：

"现实中的管理问题本来就没有一个唯一正确的答案嘛！关键是把握分析问题的角度，学会怎样去分析问题和解决问题。过程是第一位的，结果是第二位的。教授不是说了嘛，技能的锻炼才是最重要的，问题的解决方案可能因时、因地甚至因人而异！"

（四）课堂案例教学实录

郑州大学升达经贸管理学院陈怡老师完成了一堂精彩的管理学案例教学课①，现录于此供大家参考。

1. 案例背景

（1）时间。按照正常教学计划，在讲完第一章"人力资源管理概述"之后，安排一次案例讨论课，针对本章的重点、难点知识进行复习回顾，以加深理解。

（2）地点。应使用多媒体教学手段，安排在多媒体教室内，学生的桌椅最好可以自由移动，方便进行下一步分组讨论。

（3）学生情况。课堂案例讨论课程，学生是重要的教学参与者，也是教学的主体。对于学生情况的分析和把握，决定了此次课程的成败。所以，教师要提前做好课堂以外的准备工作，为课堂教学的成功打下基础。

① 学生情况分析。此次案例讨论课是针对一年级的新生，他们第一次接触管理学知识，第一次参加案例讨论课这种课堂教学形式，主讲教师针对这两个"第一次"做出以下学生情况分析，见表0-3。

表0-3 学生情况分析表

年级	专业	班级人数	学生情况	优势	劣势	对策
07级	财务管理	58人	第一次接触管理学课程，相关背景知识较少，无基础	无思维定式，求知欲强烈	理论功底薄弱，分析和解决问题的能力欠缺	提前补充相关理论知识，加强启发引导
			第一次参加课堂案例讨论	好奇心强，参与意识强烈	没有团队合作意识	提前划分学习小组，培养组织意识

② 组建学习团队。大学阶段的学习，有时会由"个体学习"上升为"团队学习"，在完成一个较为复杂的学习目标时，单靠个人的力量和智慧，解决程度十分有限。要通过"团队学习"充分发挥集体的智慧，顺利完成学习目标。同时也锻炼了自身的组织、协调能力。分组原则：第一，每组最多不超过10人，否则难以控制；第二，注意男女生比例搭配，以利于不同思维模式的交流。

③ 确定讨论程序。要事先将讨论的程序告知学生，避免出现混乱的课堂秩序，影响课堂效果。具体程序见图0-1。

---

① 一堂精彩的管理学案例教学课：联系实际生活，认清管理本质.管理观察，2008（10）.

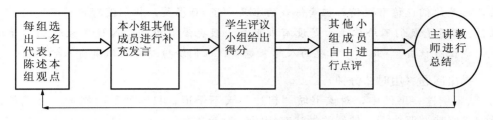

图 0-1 课堂案例讨论流程图

2. 案例主题

（1）主题确定。主题是案例讨论课的灵魂，它贯穿于整节课的全过程。案例主题的确定是重中之重。所有的教学形式和手段都要为案例主题服务。本节案例讨论课主题的确定，首先要以学情分析、课前准备、教学程序设计等作为铺垫，针对学生对于管理学的本质认识的不明确，对于什么是管理的目的，什么是管理的手段，两者混淆不清的教学难题而确立。而对于初学管理的新生，基本概念、基本原理又是至关重要的，是必须掌握的内容。

（2）案例导入（用时 15 分钟）。运用多媒体 PPT 课件，将案例情景打在大屏幕上，并实现滚动放映效果，教师用画外音形式，进一步介绍案例情景。

谁来承担损失

田野是某大学的一位大学生，为了准备全国英语六级考试，在 A 书城购买了一本历年全国英语六级考试全真试题，没想到等到准备做试题时，却发现该书缺页达 40 页之多。无奈，他只好找出购书时电脑打印的列有所购书名的付款小票，准备去调换一本。

到了书城，田野直接到总服务台说明了情况，营业员甲接过书和付款小票看了看，说："没问题，可以调换。请您直接去 5 层找营业员调换。"随即，田野来到 5 层，找到相应专柜的营业员乙，营业员乙马上在书架上找，结果却发现该书一本都不剩了，于是对田野说，"这本书已卖完了，不知仓库里有没有，你去找总台问问"。此时，田野显得有些不耐烦了，问营业员乙为什么不能帮助顾客联系解决，而要顾客楼上楼下来回跑。营业员乙一边抱怨一边打电话给总台说，"书架上已没有该书，请你们处理吧"。田野一脸的无奈，只好再次跑下楼去找总台。

没想到总台营业员甲查完电脑记录后，田野却被告知，该书已脱销了，现在厂家也没有此书了。田野十分生气，本来只想调换一本，结果自己楼上楼下跑，跑的结果却是一本不剩，他要求退书。可是，营业员甲说："退书必须在购书 7 日之内，您所购的书是 8 天前买的，我们不能给您退。"田野此时已气愤至极，买了一本缺 40 余页的书本来已经够恼火的了，专门来调换却没有书可换。于是，他找到书城负责人理论说："我从你们书城买的书缺了 40 多页，我是来换书的，并不想退书，可现在因为你们该书脱销不能给我换书我才退书的。"书城负责人不无遗憾地说："可这是单位规定，超过 7 天不予退，只能换。"田野据理力争道："如果因为我个人的原因在 7 天之后要求退书，你们可以不退。但现在不是因为我的原因,而是你们说该书脱销,但卖给我的书又少了 40 多页,你们没有理由不给退。"书城负责人说:"不是我们不给你换,是没有书可换,我也没有办法,超过 7 天我们不予退书,要退,你找出版社去。"此时,围观的人越来越多,人们纷纷谴责书城负责人的做法。

(3) 提出问题(用时 2 分钟)。

① 从案例这一事件中,对该书城"超过 7 天不予退,只能换"的规定,书城负责人、营业员始终坚持遵照执行,他们的做法有错吗?为什么?

② 如果你是该书城的负责人,对田野的退书要求,你该怎样处理?

(4) 自由讨论(用时 15 分钟)。

给学生充分讨论的时间,让不同的思想交流碰撞,只有通过深入的讨论,才能归纳总结出不同的论点,为下一步小组发言做铺垫。此时教师可以在各小组之间巡视,激发调动学生讨论的积极性,但要注意此时教师扮演的是倾听者和推动者角色。暂时不要回答学生提出的关于案例的问题,以免先入为主,影响学生的不同思路,难以产生创新思维。

(5) 小组发言(用时 48 分钟,每组发言平均 5 分钟,评分每组 3 分钟)。

请各小组代表,走上讲台陈述本组论点,此时帮助学生克服紧张心理,在规定时间内顺利完成任务,就显得尤为重要。要充分发挥教师的指导性和控制性的作用。此步骤需遵循的原则如下。① 尊重每位发言者的论点,鼓励不同观点的出现,无论此观点正确与否。② 尽可能不打断学生发言,让本人独立完成目标。③ 给予鼓励,调动积极性。为帮助发言学生克服紧张、胆怯的心理,教师要示意其他同学,在恰当的时机用掌声给予鼓励。调动课堂气氛,激励更多的学生积极参与。④ 适度控制。因为课堂时间有限,对时间进行控制是重要的一环,既要充分讨论,又不可发挥过度,延误时间。教师要提示发言者时间限制。⑤ 教师要随时观察并记录每位发言者的表现,及时给予简短的评价和引导,见表 0-4。

表 0-4　学生讨论发言记录表

组别	发言人姓名	重要论点	优点	不足	改进建议
第一组					
第二组					
第三组					
第四组					
第五组					
第六组					

(6) 案例分析(用时 40 分钟)。

① 教学功能。本案例主要涉及管理本质。管理从本质上而言是人们为了实现一定的目标而采用的一种手段。如何对待规章制度,是本案例的焦点。是照章办事还是酌情处理?通

过本案例，学生们会真正体会到：获得良好管理效果，取决于人们对管理的正确认识和管理手段的妥善运用。

案例分析关键词是规章制度、管理的定义、管理者角色。

•规章制度：企业规章制度是指由企业权力部门制定的以书面形式表达的并以一定方式公示的不针对个别事务的处理的规范总称。首先，规章制度必须出自企业权力部门，或经其审查批准；其次，规章制度必须按照企业内部规定的程序制作，如果法律对企业规章制度的制定又规定了特定的程序，就必须遵循该程序；再次，规章制度必须向劳动者公示；最后，规章制度是规范，是有关权利义务的设定，而非针对个别人、个别事件。

•管理的定义：管理（Management）是管理者在特定的环境条件下，对组织所拥有的资源进行有效的计划、组织、领导和控制，以便实现组织既定目标的过程。

•管理者角色，见图 0-2。

图 0-2　管理者角色

②　知识点链接。如何对待规章制度？正确的态度应该是：在一般情况下，照章办事；在特殊情况下，酌情处理。正确对待规章制度的关键是正确界定特殊情况的范围和酌情处理的原则。特殊情况的范围主要包括违反规章的目的与确立规章的目的一致，或已有的规章制度已不能发挥其应有的作用。酌情处理的原则是对违反规章的有益行为，按目标有利原则处理并采取相应行为。

③　参考答案。第一题：规章制度就其本质而言，是一种管理手段，任何组织为了实现共同的目标，都会制定一系列的规章制度以规范群体的行为。可以说，规章制度是一种有效的管理手段，任何组织都不可缺少。但与此同时，要明确规章制度只不过是一种手段，绝不能为了维护规章制度而置组织的目标于不顾。对于该书城"超过 7 天不予退，只能换"的规定，书城营业员、负责人在任何情况下都照章办事，是典型的教条主义，他们错把手段当成目的，因此其做法是错误的。

第二题：对于规章制度，正确的态度应该是：在一般情况下，照章办事；在特殊情况下，酌情处理。正确对待规章制度的关键是明确界定特殊情况的范围和酌情处理的原则。在本案例中，主人公田野所购书缺 40 页之多，因为该书脱销，在无法调换的情况下要求退书，他退书的目的和书城制定该规章的目的是一致的，即都是为了维护消费者的合法、合理利益。该情况属于违反规章的目的与确立规章的目的一致，在这种特殊情况下，书城负责人应按照目标有利原则进行处理，对田野的退书要求给予妥善解决。在此特殊情况下，规章制度可以打破，但目标原则不能违背。同时，要进一步完善书城关于退换书的相关规定，如可以考虑在规章制度中将所有可能出现的特殊情况列出来，以便指导员工妥善运用。

3. 案例反思

（1）选材目的。首先因为本案例文字较为浅显，内容单一，同时案例情景贴近学生现实生活，比较适合一年级初次学习管理的非专业学生。学生容易找出讨论的切入点，有话可说，有感可发，这是展开讨论的第一步。其次，本案例出现一定的矛盾冲突点，即严格遵守规章制度究竟是对还是错？各小组之间可能会出现论点不一致的地方，有矛盾、有冲突才会进一步挖掘深层次的原因，这利于讨论的深入展开。最后，此案例运用的背景知识是第一章的重点内容——管理学的概念、管理的本质、管理者的角色等相关知识。起到复习巩固基础知识的目的，这也是本节案例讨论课最重要的教学目标。

（2）学生反应。本节案例讨论课对学生的要求，就是恰当运用理论知识，解释日常管理现象。提高学生分析问题、解决问题的能力。本次课同学们表现出极高的热情和积极参与的意识。团队合作精神也相当不错。但欠缺之处就是，原理应用不够准确、分析问题不够深入、全面，陈述论点缺乏层次性。鉴于以上不足，教师又针对此次案例分析，布置了书面作业，让同学们整理自己的思路，形成书面文字，进一步巩固课堂效果。

（3）教学反思。教师最后的总结性分析，是本次课程的核心部分。教师既要全面总结评价各组学生的发言，又要充分说理，将案例层层剖析。因为低年级学生的发言条理性较差，作为主讲教师没有充分考虑到这一点，对于各组学生的点评，只能点到为止，无法详细深入指导。只能将普遍出现的问题指出，无法做到个别辅导。

第一章
企业文化概述

文明以止，人文也。观乎天文，以察时变；观乎人文，以化成天下。

——《易经》

我们最重要的财产就是全体员工，他们就是公司。你可以取代我们的技术、数据、声誉和客户，但你不可能复制出聚在一起的这群人和由他们共同发展起来的企业文化。

—— [美] 布隆贝格

- 重点理解企业文化的概念；
- 掌握企业文化的特征和功能；
- 明确企业文化的影响因素；
- 掌握企业文化形成和发展的时代背景；
- 了解企业文化理论和实践在我国发展的主要阶段。

故 | 事 | 导 | 入

猴子和香蕉

四只猴子被关到了一个笼子里，由于每只猴子都来自不同的地方，原先互相不认识，所以总是会发生冲突。前两天，四只猴子总是接连不断地打架。

两天以后，在笼子的顶上挂了一串香蕉。但是，一只猴子是无法单独拿到这个香蕉的。于是，四只猴子开始相互协作，取下香蕉来大家一起分享。

但过了一个星期以后，情况发生了变化。不管哪一只猴子，每当它快要取到香蕉的时候，都会有一只高压水枪向它喷水，稍不留神，猴子就会摔落到地上。由于这种情况从无例外，于是，四只猴子都不敢去取香蕉了。

过了些日子，笼子里又来了一只猴子。它看到香蕉的时候，非常想去取。但其他的猴子一起来告诉它，香蕉不能取，并且告诉它以前的那些痛苦经历。于是，这只新来的猴子从此就打消了去取香蕉的念头。

过了几天，又来了一只新猴子，而一只第一批入笼的猴子被带走了。当然，这只新来的猴子也很想去取香蕉，但其他的猴子，包括那只从来没有上去取过香蕉的猴子都来告诉这只新猴子，不能去取香蕉。

经过几次轮换，笼子里的猴子越来越多，而第一批被高压水枪喷过的猴子全部都离开了笼子，但笼子里所有的猴子都知道不能去取香蕉。

然而，事实上当第二批进入笼子的猴子不再去取香蕉的时候，管理员已经把喷枪取走了，只是香蕉还是每天挂在那里，但没有一只猴子敢去尝试摘取。

　　可见，企业文化的塑造需要一个过程，是长期规范一种行为形成的习惯。当习惯形成的时候，后来的人们也许并不理解文化的含义或是缘由，但是会自动接受这种企业文化，并且继续延续企业文化。

　　（资料来源：http：//bbs. gxbs. net/showtopic. aspx？forumid＝62&forumpage＝1&topicid＝462933&go＝prev，2011-04-24.）

企业文化理论产生于 20 世纪七八十年代的西方企业界。第二次世界大战以后，社会生产力得到了迅速发展，随着科学技术的不断进步，市场呈现出全球化倾向，竞争日趋激烈，企业员工文化素质、生活水平、参与管理的意识和能力不断提高，并且有不断要求进一步改善的趋势。在这样的背景下，传统的刚性管理日益显现出无法满足管理发展需要的弊端。企业管理出现了许多新的管理理论、方法和思想。其中，企业文化理论正是新的管理理论丛林中的一个热点，并以其开阔的视野、全新的管理思想把企业管理推向一个新的发展阶段。

一、文化与企业文化的内涵

文化伴随着人类的诞生、成长与发展，从远古社会蹒跚而来，时至今日已经蔚为大观。一则幽默故事说：一群商人在一条船上谈生意，船在中途出了故障，人们只能跳水逃命。船长命令大副快通知各位先生穿上救生衣，从甲板上跳下去。可是大副怎么劝说大家也无济于事，谁也不愿意跳下去。船长经验丰富，对各民族的不同文化个性了如指掌，于是他转过身来对一名英国商人说："跳水是一种体育运动。"英国商人听罢，纵身跳入水中，因为英国人一向喜爱体育运动。他对法国商人说："跳水是一种时髦，你没看见英国人已经跳下去了吗？"法国人爱赶时髦，也随之跳入水中。船长面对德国人，表情非常严肃，"我是船长，现在你必须跳水，这是命令！"德国人一向遵守纪律，服从了船长的命令，也跳进水中。于是，船长走到一向具有逆反心理的意大利人面前大声地说："乘坐别的船遇险可以跳水，但今天你乘坐的是我的船，我不允许你跳水！"对于意大利人来说，你越不让我跳，我非跳不可，于是也纵身跳入水中。现在剩下的是一个美国人和一个中国人。船长对美国商人说："我这只船已经办理了人寿保险，跳吧，没你亏吃！"美国人一向非常现实，听罢也跳进水中。最后，船长转向中国商人说："先生，你家里不是有一位 80 多岁的老母亲吗？你不逃命对得起她老人家吗？"中国商人听罢也跳入水中。这样，船长依据不同民族人们所具有的鲜明文化特性，让所有的人都按他的意图做了。虽然这仅仅是一个小故事，但在某种意义上，它揭示的正是一种文化现象。

1. 什么是文化

文化究竟是什么呢？中国社会的文化概念最早见于《易经》。《易·贲卦》说："观乎天文，以察时变；观乎人文，以化成天下。"这里的"人文化成"便是最早出现的文化概念，指典籍和礼仪风俗。西汉时期，刘向在《说苑·指武》中说："圣人之治天下也，先文德而后武力。凡武之兴，为不服也，文化不改，然后加诛。"此处的"文化"指武力相对的文治教化。西方社会的"文化"概念从辞源上说，主要都来源于拉丁文的"cultura"，具有居住、留心、耕种、培养、敬神等含义，可见指的是生活方式和礼仪风俗。文化的专门研究源于 19 世纪西方社会学和文化人类学对原始形态社会的探讨，而文化作为一个重要范畴、作为一个中心概念则首次被英国人类学家爱德华·泰勒在其 1871 年出版的著作《原始文化》中提了出来。根据泰勒的解释，文化或者文明就其民族意义而言，指的是一个复杂的整体，包括知识、信仰、艺术、道德法律、风俗，以及作为社会成员的个人而获得的任何能力与习惯。自泰勒以来的一百多年里，世界各国学者对文化做了多方面的深入研究，提出了许许多多关于文化的定义。历史学派常常把文化看作是社会遗产，或者传统行为方式的总和。心理学派往往把文化视为个体心理在历史屏幕上的总印象，或者是满足个人心理动机所选择的行为模式。结构功能主义强调文化是由各种要素或文化特征构成的稳定体系。发展论者则说文化是社会互动及不同个人交互影响的产品。文化社会学者则把文化定义为人类创造的不同形态的特质所构成的复合体。

文化的定义是多种多样的。我们认为文化是人类（或特定人类群体）在特定环境中因生存和发展的需要而适应改造环境，以及在适应和改造环境时彼此之间相互适应、相互改造的过程中，在自发和自觉的交替中经过创造、尝试、选择、提炼而逐渐共同认可并沉淀为心理习惯、可以通过符号来传播和遗传的共同价值观，以及由这种共同价值观决定并反作用于这种共同价值观的群体行为模式（含生活方式）和物质财富、精神财富等一切人化物。它导致了不同群体行为、思维、价值判断方面的差异。

2. 企业文化的内涵

企业文化是在一定的社会经济文化大背景下形成的、与企业同时存在的一种意识形态和物质形态，是企业这种人类经济活动的基本组织之中形成的组织文化。它与文教、科研、军事等组织的文化同属于组织文化的大范畴，但在表现形态上又具有独特的性质。当你走进企业，所感受到的气息与军营和大学所感受的气息显然是不同的。这些不同就是各种组织文化的差异性，这也正反映出组织文化的客观存在性。

企业文化是企业的灵魂，企业文化的变革、创新直接影响着企业的核心竞争力。企业文化是指企业全体员工在长期的创业和发展过程中培育形成并共同遵守的最高目标、核心价值观和行为规范等，是企业理念形态文化、行为形态文化、制度形态文化和物质形态文化的有机复合体，是企业在各种活动及其结果中，所努力贯彻并实际体现出来的以文明取胜的群体竞争意识，并且表现为企业的风采和独特的风格模式。

企业文化是企业成员共享的价值观体系和行为规范，是一个企业具有独特性的关键特征，企业文化的内涵大致上包括以下几个方面。

（1）创新：企业管理者在多大程度上允许和鼓励员工创新和冒险。

（2）团队导向：企业管理者在多大程度上是以团队而不是以个人来组织企业活动的。

（3）集体学习能力：企业管理者在多大程度上注重整体学习能力的提升，而不是特别看重个人能力。

（4）进取心：企业员工的进取心和竞争性如何。

（5）注意细节：企业管理者在多大程度上期望员工做事缜密、严谨细致、精益求精且注意小节。

（6）结果定向：企业管理者在多大程度上集中注意力于结果而不是强调实现这些结果的手段与过程。

3. 企业文化的四个层次

企业文化是一个完整的系统，由多个层次构成，各层次之间是相互联系的，又相互作用。一般地企业文化由物质文化、行为文化、制度文化和精神文化四个层次构成。

企业物质文化是由企业创造的产品和各种物质设施构成的文化。主要包括两方面内容：一是企业生产的产品和所提供的服务，如 TCL 手机、耐克运动鞋、海尔电冰箱等；二是企业的生产环境、企业建筑、企业广告、产品包装等，如青岛啤酒厂房、麦当劳的"M"形标识、可口可乐的红色标识、娃哈哈的"妈妈我要喝"的广告词等。

企业行为文化是以人的行为为形态的企业文化的形式，包括两个方面的内容：一是为规范员工行为而制定的"行为规范"；二是由于员工的行为所折射出来的"文化"。企业行为文化包括企业家行为、企业精英（模范人物）行为、企业普通员工行为，一般来说，企业员工的行为规范包括仪容仪表、岗位纪律、待人接物、素质修养、言行举止等。成功的企业家都是以创新和做正确的事为首要任务，注重效率与效能的提高，总是将主要精力集中在考虑企业未来的发展上。而一个企业的精英（模范人物）大多是在各自的岗位做出了突出的成绩而被推举的优秀分子，是企业价值观的综合表现。企业精英（模范人物）的行为是全体员工的努力方向，其示范作用对于营造良好的氛围具有重要的作用。通常所说的重塑企业文化，实质上是重塑企业员工的行为。

企业制度文化是指企业中的各项"正式制度"，是企业精神文化的具体化。精神文化必须转化为具有可操作性的正式制度与规范，才能被广大员工所接受。如果企业的制度文化与精神文化相冲突，企业就会陷入"知行不一、言不由衷"的病态文化中。企业的行为规范大体上可以分为两大部分，即对内行为规范与对外行为规范。对内行为规范能够使企业的价值观理念得到员工的认同，从而创造一个和谐的有凝聚力的内部经营环境。对外行为规范通过一系列对外的行为，使企业的形象得到社会公众的认同，以创造一个理想的外部经营环境。

企业精神文化在整个企业文化体系中处于核心地位，是制度文化、行为文化和物质文化之根本，是指企业在生产经营过程中，受一定的社会环境氛围、时代精神及企业发展战略等影响所形成的一种"精神文化"。它包括企业价值观及与之相关的企业愿景、企业使命、企业经营哲学、企业精神、企业宗旨、企业作风和管理风格。

二、企业文化的特征

1. 独特性

一流的企业要有一流的文化，一流的文化是企业发展的根本动力。如同"世界上没有两片完全相同的树叶"一样，任何企业都有自己的特殊品质，从生产设备到经营品种，从生产工艺到经营规模，从规章制度到企业价值观，都各有各的特点。即使是生产同类产品的企业，也会有不同的文化设施、不同的行为规范和技术工艺流程，所以，每个企业的企业文化都具有其鲜明的个体性、殊异性特色。差别在于它们用不同的方式方法来凝聚企业的合力；

差别在于针对各自存在的不同的薄弱环节；差别在于企业处于不同行业、生产不同产品、面对不同服务对象、经济效益处于不同阶段等。劳斯莱斯车的"精益求精"，大众车的"豪华气派"，丰田车的"经济可靠"，沃尔沃车的"耐用"。正是这些差异，成就了企业令其他企业难以超越甚至无法企及的核心竞争力，成就了企业的成功。

成功是不能复制的，企业文化也同样不能拷贝。企业只有根据自身的特点，因时制宜、因人制宜地培养适合自己需要的企业文化，才能使企业文化全面、系统地发挥作用。世界500强企业之所以具有在全球攻城略地的能力，靠的都是约束和激励机制健全的企业制度的支撑，以及在其之上的独特的企业文化理念。美国英特尔公司的企业文化鼓励尝试风险，该公司的领导人对于风险较大的创新工作，总是鼓励员工去大胆尝试，提倡自主创新。而以直销模式创建 IT 业奇迹的戴尔计算机公司，则会被自主创新的倡导者斥责为"思想的坟墓"和"文化的废墟"。因为戴尔几乎从不进行产品研发，任何专业的思索与创新就像零部件交由 OEM 厂商一样，全部外包，可戴尔在业务流程上竟有 500 多个专利。惠普公司曾经有一项引起人们争议的"量入为出"财务制度：反对借出任何长期债务的制度。但正因为这一项强力型的制度约束，驱使惠普公司员工学会如何完全从公司内部争取资金，结果培养出一大批规矩的令人难以置信的企业经理。惠普的一位副总裁曾经描述说："这种（量入为出）制度为公司规定了完美的纪律。如果你想创新，就必须自力更生，这是贯彻公司上下的最有力却最不为人了解的影响。"可见，虽然同是高科技行业，但是在成功的背后，各有差异。出色的企业之所以出色，究其原因，是由于它们都有自己独具特色的优良的企业文化。正如斯蒂芬·P·罗宾斯所说的，"企业文化就如同一个人的个性"，它有自己独特的特点，而这些特点又"如同个性一样相对稳定与持久"。

2. 渗透性

企业是人的集合体，企业文化是一种团体文化，是获得大多数员工认同的、共享的文化。西方企业文化专家说，企业文化像空气一样无处不在。从存在的形式上看，价值观、信念、经营哲学等都是隐形的，它存在于员工和经营者的内心，存在于员工的无意识领域；从企业文化的形成方式和影响来说，也同样是潜移默化的、悄无声息的；企业文化无论形成还是传播，如同春雨一般，是"随风潜入夜，润物细无声"的过程，让员工在经常性的灌输和熏陶中，启智益脑，由朦胧到清晰，由抵制到自觉，由个体到群体，从而形成企业群体共有的思想和意志。

3. 既定性

既定性指一定的企业文化一旦形成，就具有相对的稳定性和世代相承的连续性，作为一个传统而存在。一个企业有了成熟的企业文化，就犹如"有一个'已编好的程序'去适应将来可能发生的变化"。一个企业在人事上、产品、经营方式，随着形势变化，是很容易变化的，但是，企业的文化却难以改变，因为一个企业文化的传统是经过多少人物榜样、多少传奇故事等慢慢积累、提炼出来的。这个成熟的企业文化，对于一个新进公司的人来说是既定的、早已存在的了，好像一个人出生在东方文化圈里（比如中国），东方的儒家文化传统对他而言是既定的、早已存在的了。

当然，企业文化的既定性也只具有相对的性质，从总体来看，企业文化随着社会生产力的不断发展，在生产关系调整变化过程中不断向前发展，形成动态开放的系统。企业文化需要考虑时势变迁，与时俱进，不断塑造、改变与创新。只有在立足于企业特色的基础上不断吸收社会文化和外来文化的精华，剔除原文化中积淀的消极成分，才能使企业文化不断地升华与提高，保持企业内部的感召力和凝聚力的长久不衰。这对建设符合时代特色的、顺应潮流的企业文化而言是至关重要的。"即使在年久根深的老牌公司里，企业文化也在不断地发展变化着，每一代人都留下了自己特有的痕迹。"但是，这种变化，是在保持企业基本信念和价值观相对稳定基础上的变化，而不是企业文化的根本改变。

4. 人文性

"以人为本"是企业文化管理的核心内容。所谓企业文化的人文性，就是从企业文化的角度来看，企业内外一切活动都应是以人为中心的。企业的价值准则、精神道德、经营哲学、行为规范等是依靠企业全体成员的共同努力才建立和完善起来的，只有广大员工认可的企业文化，才是有生命的企业文化。

一个人一生中最宝贵、历时最长的时间与空间都是用于职业生涯的，所以，要力求企业的成长与发展需求与个人的成长与发展需求在企业文化这个层面达到完美的契合，尊重和重视人的因素在企业发展中的作用，这样的企业文化建设才能赢得广大员工的拥护。

5. 强制性

所谓强制，是针对企业文化的"软约束"而言。企业中可以有非正式群体的存在，甚至也可以有非正式群体的文化，但是这种文化及员工个体的文化都必须在企业文化的框架之下，否则就会受到企业文化的排斥。当员工试图挣脱企业文化的束缚时，企业文化的"软约束"表现得尤为明显。比如在日本企业，虽然没有规定员工要孝敬父母，但是如果员工不孝敬父母，那么他在企业很难立足，他不仅会受到企业的疏远，也会遭到他人的冷漠。企业文化所形成的企业环境氛围、风俗、习惯等，对不融入这种氛围、风俗、习惯的任何员工或行为的"软约束"，往往会比硬性的强制更有力。

6. 民族性

任何一个企业的文化都深深打上了本民族文化的烙印，都是以本民族传统文化为基础的，离开了本民族文化，企业文化就成了无源之水、无本之木。因此，民族性特征是企业文化的重要特征之一。如美国推崇"创新、个性、冒险"，日本推崇礼教习俗，德国强调"严谨、精益求精"，我国强调"诚实、守信、儒家风范"。也可以这么说，不同国家企业文化的差异实际上就是每个国家不同民族文化的差异。企业文化带有强烈的民族性特征，而这种民族性特征，更多的是通过企业价值观体系来影响企业的经营管理风格、组织结构和传播渠道的，企业文化的民族性决定着企业的价值观选择，影响着企业的管理风格并渗透在企业的伦理道德中。

国情不同、传统文化不同，企业文化也不一样。企业文化建设必须从国情出发，对民族传统文化进行挖掘、筛分、利用，培育有民族特色的价值观和伦理精神，只有这样，才能因地制宜地建设出具有民族特色的企业文化。1999年，一向以美国文化、美国风格著称的肯德基，首次打破全球惯例，入乡随俗，换上了整套中式装修。位于北京前门箭楼古城墙附近的肯德基中国第一店，装修后以长城、四合院等中国传统建筑风格为主要基调，辅以天津和无锡彩塑泥人、山东潍坊风筝、山西皮影、民俗剪纸和民间布制手工艺装点各层餐厅。在前门餐厅三楼的空间内，还特意布置一个文化长廊，免费不定期地展出民间艺术家们的作品。现在，肯德基的形象已经在中国有了根本的改变，为了摆脱外界对于洋快餐不健康的抨击，肯德基正在重新定义新快餐，不健康的油炸食品只剩下香辣鸡翅等极少数产品，取而代之的是多种烹饪方式的多品种的产品。为了迎合中国人爱吃蔬菜及喝汤的习惯，各种蔬菜沙拉、蔬菜鲜汤推陈出新。目前，中国市场是肯德基除美国市场以外最大的市场，占了美国之外收益的50％。2005年中国销售额达到133亿元人民币，是全球增长最快的地区。中国内地肯德基以每天开一家新店的速度，以18％的增长速度扩张。这与肯德基在企业文化建设中融入中国文化是分不开的。

7. 实践性

企业文化是企业长期实践的结晶，企业文化源于实践，它是企业在实践过程中形成的思想成果和精神力量，既体现了一个企业的文化素养和文化内涵，又代表着这个企业全体员工的意志和愿望。没有扎实的实践基础，就不会有坚定不移的企业文化，没有丰厚的文化底蕴也不会有经久不衰的企业发展。企业文化是企业在实践过程中形成的思想成果，并逐渐成为企业的一种精神力量，它不仅反映了全体职工的意志和愿望，也反映了企业的追求和希望。企业文化源于实践，并要在实践中不断丰富和发展，因为企业文化一旦形成，不可能是一劳永逸、一成不变的，企业文化是动态的、发展的，它不仅仅是理论上的归纳、整理，而且是实践中的提炼、总结。严格地说，只有在企业经营管理实践中真正实行的价值理念，才能构成企业文化的一部分，那种渴望的、正在倡导的价值理念，还不是真正意义上的企业文化。

8. 系统性

企业文化具有整体性、全方位性，是从企业群体的精神文化、制度文化、行为文化、物质为化等方面全方位展开的。这些要素在企业内部不是单独发挥作用，而是经过相互作用和练习，融合成为一个有机的整体。"整体大于局部的总和"的原则再次完全适用。企业文化内各要素一旦构成自身强有力的文化，就会发生难以估量的作用。

三、企业文化的基本功能

企业文化作为一种新的管理方式，不仅强化了传统管理方式的一些功能，而且还具有很多传统管理方式不能完全替代的功能。这些功能主要总结如下。

1. 凝聚功能

企业文化通过企业成员的习惯、知觉、信念、动机、期望等微妙的文化心理来沟通企业内部人员的思想，使人们产生对企业目标、准则和观念的认同感，使企业人员乐于参加企业事务，发挥自己的聪明才智，为企业群体的发展贡献自己的力量，企业文化比企业外在的硬性管理方法本能地具有一种内在的凝聚力和感召力，使每个员工对企业产生强烈的归属感、荣誉感和目标服从感。同时，企业群体对企业成员进行鼓励和认可，又会大大加强员工的"主人翁"意识，增强对群体的归属感，使企业形成强大的凝聚力和向心力。企业文化的凝聚功能，还反映在企业文化的排外上。外部的排斥和压力的存在，使企业中个体产生对企业群体的依赖。同时，也促使个体凝聚在群体之中，形成"命运共同体"，大大增强了企业内部的统一和团结，使企业在竞争中形成一股强大的力量。企业文化的这种凝聚功能尤其在企业的危难之际和创业之时更显示出其巨大的力量。

2. 导向功能

企业文化反映了企业整体的共同追求，共同价值观和共同利益，这种强有力的文化，能够对企业整体和企业的每一个成员的价值取向和行为取向起导向的作用。一个企业的企业文化一旦形成，就会建立起自身系统的价值和规范标准，对企业成员个体思想和企业整体的价值和行为取向，发挥导向作用。这种导向功能对多数人来讲是建立在自觉的基础之上的。他们能够自觉地把自己的一言一行经常对照企业价值观进行检查，纠正偏差，发扬优点，改正缺点，力求使自己的行为符合企业目标的要求。对少数未取得"共识"的人来讲，这种导向功能就带有某种"强制"性质，企业的目标、规章制度、传统、风气等迫使他们按照企业整体价值取向行事。

企业文化的导向功能，主要是通过企业文化的塑造来引导企业成员的行为心理，使人们在潜移默化中接受共同的价值观念，自觉自愿地把企业目标作为自己的追求目标来实现。如美、日企业的价值观中都有着"顾客至上"的意识，都有着强烈的创新意识，这种价值观就引导员工为顾客提供一流的产品和服务，引导员工在工作中不怕风险和失败，勇于打破旧框框，实现产品和技术的革新。中国企业的价值观中有诸如集体意识、创业意识和勤俭意识等，这些意识对中国企业员工的行为也起到相应的引导作用。

3. 激励功能

日本人提出"车厢理论"，即强调在一个目标轨道上，每节车厢（个人）都有动力，这样的列车动力强劲，速度就快。这种理论比单纯强调"火车头"的作用更科学。一种积极的企业文化就具有这种良好的激励功能，能够使员工士气步入良性循环轨道，并长期处于最佳状态。企业文化的核心是形成共同的价值观念，优秀的企业文化都是以人为中心，形成一种人人受重视、受尊重的文化氛围。这样的文化氛围往往能形成一种激励机制，使企业成员在内心深处自觉产生为企业奋斗的献身精神。而企业群体对企业成员所做贡献的奖励，又能进一步激励员工为实现自我价值和企业发展而不断进取。

企业文化给职工多重需要的满足，并能对员工各种不同的合理的需要用它的"软"约束进行调节，通过产生企业群体积极向上的思想观念和行为准则，形成员工强烈的使命感和驱动力，成为帮助员工寻求工作意义，建立行为的社会动机，从而调动其积极性。正因为这样，企业文化能够在企业成员行为心理中持久地发挥作用，避免了传统激励方法引起的各种企业行为的短期化和非集体主义性的不良后果，使企业行为趋于合理。

4. 约束功能

作为一个组织，企业为进行正常的生产经营，必须制定必要的规章制度来规范人在生产经营中的行为，进行"硬"约束。企业文化的约束功能除了这一方面外，更强调以一种无形的群体意识、社会舆论、共同的习俗及风尚等精神因素，在组织群体中培养出与制度的"硬"约束相协调的环境氛围，形成文化上的约束力量，对职工行为起到约束作用，这就是软约束。它虽然不是明文规定的硬性要求，但它以潜移默化的方式，形成一种群体道德规范和行为准则（即非正式规则体系）以后，某种违背企业文化的言行一经出现，就会受到群体舆论和感情压力的无形约束，同时使员工产生自控意识，达到内在的自我约束。企业文化把以尊重个人感情为基础的无形的外部控制和以群体目标为己任的内在自我控制有机地融合在一起，实现外部约束和自我约束的统一。企业文化的这种无形的"软"约束具有更持久、更强大的效果。

5. 优化功能

优秀的企业文化一旦形成，就会产生一种无形力量，对企业经营管理的方方面面起到优化作用。如当企业目标、决策偏离企业价值观轨道时，它可以自动加以纠正；当企业组织机构不合理或运转失灵时，它可以自动进行调节；当领导者的行为和员工的行为有悖于企业道德规范时，它可以自动加以监督和矫正。实际上，企业文化的优化功能，不仅体现在"过程"之后，即对错误结果进行修正，而且也体现在"过程"之前和"过程"之中，对组织活动和个人行为起到必要的预防、警示和监督作用。

6. 教化功能

人的素质是企业素质的核心，人的素质能否提高，很大程度取决于他所处的环境和条件。优秀的企业文化体现卓越、成效和创新意识。具有优秀文化的集体是一所"学校"，为人们积极进取创造良好的学习、实践环境和条件，具有提高人员素质的教化功能。它可以使人树立崇高理想，培养人的高尚道德，锻炼人的意志，净化人的心灵，使人学到为人处世的艺术，学到进行生产经营及管理的知识、经验，提高人的能力，有助于人的全面发展。

7. 辐射功能

企业文化比较集中地体现了企业的基本宗旨、经营哲学和行为准则。企业文化一旦形成较为固定的模式，不仅在企业内发挥作用，而且还通过各种途径对社会产生影响。企业文化的辐射作用主要是通过企业形象的塑造和传播来实现的。企业文化向社会辐射的途径很多。优秀的企业文化通过企业与外界的每一次接触，包括业务洽谈、经济往来、新闻发布、参加各种社会活动和公共关系活动，甚至通过企业制造的每一件产品、企业员工在社会上的每一次言行，向社会大众展示着本企业成功的管理风格、良好的经营状态和积极的精神风貌，从而为企业塑造良好的整体形象，树立信誉，扩大影响。企业文化是企业一项巨大的无形资产，为企业带来高美誉度和高生产力。

8. 示范功能

评估一个企业的经济实力如何,主要看企业规模、经济效益、资本积累、竞争力和市场占有率等。而企业文化则是企业在其发展过程中逐步形成和培育起来的具有自身特色的企业精神、发展战略、经营思想和管理理念,是企业员工普遍认同的价值观、道德观及其行为规范。如果企业能够形成一种与市场经济相适应的企业精神、发展战略、经营思想和管理理念,形成自己的品牌效应,就能产生强大的示范作用,激发员工的积极性和创造性,从而不断提升企业经济的实力和持续发展的能力。无论是世界著名的跨国公司,如微软、福特、通用电气、可口可乐,还是国内知名的企业集团,如海尔、华为、康佳等,都具有独特的企业文化和强大的经济实力,形成了优良的品牌效应。而其品牌的价值既是时间的积累,也是企业文化的积累,是企业长期经营与管理积累的价值所在。其不仅在企业文化中具有深远的影响,而且可以成为社会文化的一部分。如可口可乐已成为了美国文化的一部分,同仁堂则构成了中华民族文化的一部分。一旦企业文化融入到社会文化之中,则又会通过社会文化向各个领域、各个层面渗透,其强有力的示范功能就会得到彰显,形成强大的社会效应,使企业文化发挥出更大的作用,实现更大的社会价值。

四、企业文化的影响因素

对企业文化的上述静态分析,虽然使我们对企业文化的构造从整体上有一个较为清晰的认识。但还不能为我们提供改造旧企业文化,塑造新企业文化的线索。因此,这里要对企业文化的形成和演变进行系统分析,寻求影响企业文化的主要因素。概括地讲,影响企业文化的因素主要有以下方面。

1. 民族文化因素

现代企业管理的核心是对人的管理。作为企业文化主体的企业全体员工,同时又是作为社会成员而存在的,在他们创办或进入企业之前,已经长期受到社会民族文化的熏陶,并在这种文化氛围中成长。广大员工在进入企业以后,不仅会把自身所受到的民族文化影响带到企业中来,而且由于其作为社会人的性质并未改变,他们将继续承受社会民族文化传统的影响。因此,要把企业管理好,绝不能忽视民族文化对企业文化的影响。建设具有本民族特色的企业文化,这不仅是个理论问题,更是企业管理所面临的实际问题。

2. 制度文化因素

企业文化的另一个重要因素是制度文化,包括政治制度和经济制度。我国实行的是以工人阶级领导的、以工农联盟为基础的人民民主专政的社会主义制度,这是社会主义初级阶段的基本政治制度。在经济制度方面,我国正在建立和完善社会主义市场经济体制,这是当前我国的基本经济制度。我国这样的政治制度和经济制度决定了我们区别于其他国家,要建立具有中国特色的企业文化,同时这也为我国企业文化发展提供广阔的生存和成长空间。深入研究我国当前的政治和经济体制,所有企业都必须重视充分发挥社会主义制度的优势,建立具有中国特色的企业文化。

3. 外来文化因素

严格地说，从其他国家、其他民族、其他地区、其他行业、其他企业引进的文化，对于特定企业而言都是外来文化，这些外来文化都会对该企业文化产生一定的影响。随着世界市场的融合和全球经济一体化的进程，各国间经济关系日益密切，不同国家之间在文化上的交流和渗透日益频繁。中国实行改革开放以来，从西方发达国家引进了大量的技术和设备，在引进、消化、吸收外国先进技术的同时，也引进了国外的文化，包括先进的管理思想，增强了企业的创新精神、竞争意识、效率观念、质量观念、效益观念、民主观念、环保意识等，成为我国企业文化中的新鲜血液，但同时也受到拜金主义、享乐主义、个人主义、唯利是图等腐朽落后思想的冲击。西方资本主义企业文化中的糟粕对我国企业文化建设有相当大的破坏作用，应当引起警惕。在经受外来文化影响的过程中，必须根据本企业的具体环境条件，有选择地加以吸收、消化、融合外来文化中有利于本企业的文化因素，警惕、拒绝或抵制对本企业不利的文化因素。

4. 企业传统因素

应该说，企业文化的形成过程也就是企业传统的发展过程，企业文化的发展过程在很大程度上就是企业传统去粗取精、抑恶扬善的过程。因此，企业传统是形成企业文化的重要因素。中国工业企业自开办以来虽仅有百余年历史，但却给我们创造了宝贵而丰富的企业文化精华，我国企业文化的优良传统主要来自四个方面。①在旧中国，艰难成长起来的一些中国民族资本主义企业开创了勤劳节俭、善于经营、实业救国为特色的企业精神。②新中国成立前，在解放区的一些军工企业及工业企业为了夺取抗日战争和解放战争的胜利，也产生和形成了艰苦奋斗、勤俭节约、无私奉献、顽强拼搏的企业精神和传统。③新中国成立以后，在我国一些老企业中反映出许多由于历史传统而形成的文化特色，成为现今我国企业文化特色的重要因素。如爱厂如家、艰苦创业的"孟泰精神"，三老四严、拼搏奉献的"铁人精神"等。④改革开放以来，在一些新兴的高新技术企业和搞得比较好的工业企业，经过二十多年的发展历程，开始孕育、产生和形成不少好的现代文化观念，比如重视技术和人才、重视效益、重视管理，以及市场观念、竞争意识、服务意识等，对我国企业文化的影响是非常巨大的。以上这四部分企业文化的优良传统和经验，对形成、更新和发展我国当前的企业文化、影响和塑造明天优秀的企业文化都是十分重要的。

5. 个人文化因素

个人文化因素，指的是企业领导者和员工的思想素质、文化素质和技术素质。由于企业文化是企业全体员工在长期的生产经营活动中培育形成并共同遵守的最高目标、价值标准、基本信念及行为规范，因此企业员工队伍的思想素质、文化素质和技术素质直接影响和制约着企业文化的层次和水平。一个村办企业的企业文化与一家高新技术公司的企业文化差异之大是显而易见的，前者的企业文化更多地集中在安全第一、艰苦奋斗的实干精神上，而后者的主导需要基本上处在自尊和自我实现的层次上，反映出对高层次企业文化的追求。员工中的英雄模范人物是员工群体的杰出代表，也是企业文化人格化的体现，"铁人"王进喜对大庆的精神、张秉贵对一团火的精神、李双良对太钢的精神都发挥了这种作用。向英雄模范人物学习的过程，就是企业文化的培育过程。个人文化因素中，企业领导者的思想素质、政策水平、思想方法、价值观念、经营思想、经营哲学、科学知识、实际经验、工作作风等因素对企业文化的影响也是非常显著的，甚至其人格特征也会有一定的影响。

6. 行业文化因素

不同行业的企业文化特点是不一样的。从广义上来说，可以分为工业、农业、建筑业和服务业。每个行业还可以进一步细分，比如工业可以分为电子工业、化工工业、机械制造业等。由于各个行业在管理模式和要求上存在很大差异，所以，企业文化也必然有差异。

7. 企业发展阶段因素

企业处于不同的发展阶段，决定了它的不同特点，进而影响到企业文化。企业从导入期、成长期、发展期到成熟期，再到衰退期，便完成了一个循环过程。在这个过程中，企业会积累一些优秀的文化传统，也会不断摒弃一些不良风气，处于导入期的企业往往关注企业生存和市场情况，而对内部规范管理还顾及不到，可能产生一切以"挣钱"为导向的文化氛围，这时的企业家要特别注意对短期行为的及时纠正。中国有句古话叫"以义取利"，这是关系企业存亡的大事。进入成长期的企业，随着企业各项工作的顺利开始，企业文化渐渐成形，这时是企业文化建设的关键时期，企业家要抓住这一时机，考虑长远发展，塑造可以永久传承的优秀文化。企业一旦进入成熟期，文化就基本成形了，这时的领导都要特别小心惰性习惯的产生，使企业文化缺乏生命力。在这个阶段，许多企业家采取了变革文化的办法，在原有优秀文化的基础上，剔除糟粕，不断发展，用企业文化这只无形的手，避免企业走上衰退之路。

8. 地域文化因素

地域性差异是客观存在的，无论国家与国家，还是同一国家的不同地区，都存在很大差异。正是由于不同地域有着不同的地理、历史、政治、经济和人文环境，必然产生文化差异，即使是同处美国的纽约和加利福尼亚也存在很大差异；德国的东西部由于经济和历史原因，价值观有所不同；在法国，不同地方的人们都保留着自己的特点，包括语言、生活习惯和思维方式。文化差异即使在城市和郊区之间，都会有所体现。丰田汽车把自己的总部从大城市移出来，把自己培养成"乡巴佬"的样子，因为它热衷于英国和美国的乡村俱乐部式的风格。世界上最大的轮胎制造商 Michelin 公司，把它的总部设在家乡，而不是巴黎，因为公司领导要摒弃"浮于表面和趋于时尚"的巴黎，他们更喜欢以谦逊、简朴和实用著称的郊区爱瓦房地区。正是由于这种地域差异产生的文化差异，使企业家在设厂时不得不考虑地域因素。日本在"进军"美国时，尼桑等大公司纷纷入驻田纳西州，因为他们认为，这里有着强烈的工作道德、和睦相处的氛围，这些对于日本企业来说至关重要。

五、企业文化理论的发展

1. 企业文化理论的准备阶段

现代企业产生于 19 世纪中期，它是一种与老式店铺、手工作坊完全不同的"组织"。任何一个组织，其功能的发挥都依赖于管理，管理是使企业有效率、有凝聚力、有生命力的根本手段，是使企业内在机制得以发挥的可靠保证。企业文化是一种以人为中心的管理理论。既然如此，追根溯源，要了解企业文化的产生和发展，首先必须了解现代企业管理理论的产生和发展。

现代企业管理理论发展的第一阶段就是所谓的"古典管理理论"阶段（1900—1930年）。这个理论主要包括三大部分：一是美国人泰勒创立的"科学管理理论"；二是德国人韦伯创立的"行政管理理论"；三是法国人法约尔创立的"管理要素或管理职能理论"。

古典管理理论有四个最明显的特征。①它是世界历史上首创的管理理论。它把管理当做一门科学来研究，提出了许多原理和原则，奠定了管理学的基本理论框架，具有历史性、革命性的意义。②古典管理理论的创造者们，是以国家官僚机构和军队组织为榜样来要求企业的，希望把企业组织得像军队一样，严守纪律、步伐整齐。③古典管理理论不重视人的感情，采取的是非人道的管理措施，重点考虑的是工作效率。④古典管理理论把机械学原理引进管理。就像美国喜剧演员卓别林所表演的那样，把人当做机器来管理。

现代企业管理理论发展的第二阶段是行为科学管理理论阶段（1930—1960年）。这个管理理论是以霍桑实验为标志的。这个阶段的主要工作就是把心理学的研究成果引入企业管理，建立了管理心理学；同时，社会学的研究成果也被用于企业管理，建立了管理社会学。这个阶段产生了两大管理学派：一个是人际关系学派；另一个是社会系统学派，它们抛弃了机械论，以社会工作者的身份进行研究，推进了管理科学。

行为科学理论的基本特征如下。①行为科学克服了古典管理理论中把人视为机器的缺点，把心理学的研究成果和研究方法引进到企业管理中来，主要从人的心理来解释人的行为，从而满足人的不同需要，实现人的不同动机，激励和调动人的积极性。②行为科学是"以人为中心"的管理理论，但是行为科学所研究的人，主要是单个的人。个体是行为科学研究的出发点和归宿，这并不是说行为科学没有涉及群体，而是说行为科学的着眼点是组成这个群体的各个成员，而不是群体的整体性。③行为科学家们也像古典管理学家们一样，一点也不关心顾客、竞争、市场及企业以外的任何其他事情，他们把企业看做一个"封闭系统"。④这个阶段上的社会系统学派，把组织看成是一个协作系统，把管理看成"一种艺术"，强调把握整体，并首次谈到企业价值观的重要性，这是很难得的。遗憾的是，社会系统学派创始人的著作，在 20 世纪 60 年代末期之前很少有人谈过，更没有人加以推崇，直到80 年代企业文化兴起，才引起人们的广泛注意。

现代企业管理理论发展的第三阶段是所谓的"管理丛林"阶段（1960—1980 年）。这个阶段的主要特点是：多种管理学派并存，管理科学日趋成熟，同时又为管理理论的发展准备了条件。这个阶段产生的新管理理论有决策理论、系统理论、经济主义理论、权变理论和管理科学理论。其相应的代表人物是西蒙、理查德·约翰逊、彼得·德鲁克、弗雷徒·卢由斯、伯法等。管理科学在这个阶段上已日趋成熟。一方面，管理学家们把第二次世界大战后迅速发展起来的系统论、控制论、信息论和计算机科学等最新研究成果运用到企业管理，使管理活动能够采用建立数学模型、进行定量分析的方法。正如马克思所说："一种科学只有当它达到了能够运用数学时，才算真正发展了。"数理分析在管理学中的成功运用，正是管理科学成熟的标志。另一方面，这个阶段的管理理论家们明确地把企业看做一个开放系统，比较清醒地考虑到了各种外部力量对组织内部活动的影响，着力于解决企业在多变环境中求得生存和发展的问题。这个阶段管理所取得的成绩是极其辉煌的，一般的管理问题都能够得到比较满意的解决。世界上许多国家，特别是美国，应用这个阶段已日趋成熟的理论，使企业生产效率有了很大的提高。法国人塞凡·舒雷伯在 1967 年发表的著作《美国的挑战》中说："闯进来的这些美国佬确实是高人一等的，但靠的并不是他们的资金或技术，而是他们公司的组织能力。"这就是说，美国人是靠管理上的高明而胜过西欧各国的。

在"管理丛林"发展阶段上，也存在着一些需要克服的倾向。

①偏重吸收自然科学研究成果，忽视吸收社会科学研究的成果。许多管理学家，把这个吸收称为"管理科学"阶段，并把它看成是泰勒"科学管理"的延续，而不是"行为科学"阶段之后的向前发展。著名管理学家凯恩脱与罗森·茨韦克就说："在许多方面，管理科学是科学管理运动的一种继续。"西蒙也认为这个阶段上的管理科学与科学管理在其原理上并无差异。如此抛开行为科学，导致了管理科学中"重理工、轻文科"的倾向，某种方面是"行为科学理论"的倒退。

②重视物的因素，忽视人的因素。这个阶段上占主导地位的管理学理论，没有说明怎样才能使员工感到工作有意义，没有说明如何给员工以一定的自主权来调动他们的积极性，没有说明如何培育员工的自觉性，没有说明企业如何去与用户建立起真挚的感情等。

③过分强调理性因素，忽视感情因素。崇拜逻辑与推理，贬低了直觉和热情的作用。

④过分依赖解析的、定量的方法，片面地认为只有数据才是过硬和可信的。

正是由于上述这些需要克服的倾向，导致企业文化理论的诞生和发展。

2. 企业文化理论的诞生和发展

企业文化（又称公司文化），这个词出现于 20 世纪 80 年代初。具体使企业文化作为一种有意识的企业实践，是发展于第二次世界大战后的日本；而作为一种在管理理论基础上发展起来的企业文化理论体系，则是创建于 20 世纪 80 年代初期的美国。

第二次世界大战以后，日本开始了在一片战争废墟上重建家园的创业阶段。在美国的扶持下，日本人发扬敬业、忠诚、团队的民族精神，除了向西方学习管理科学理论外，还学习中国的传统文化，在实践基础上独创出日本的企业文化。在日本企业里，特别重视人的作用，员工和企业是命运共同体，员工稳定性好。日本企业特别重视产品质量、重视企业的宗旨。在这样的情况下，日本企业的劳动生产率大大超过美国，并夺走了大量原来属于美国企业占领的市场。日本在战后仅仅用了不到 30 年的时间，就成为世界第一大经济体。日本企业的实践，既给美国政府和企业界以极大的震撼，同时也对管理丛林阶段的管理科学理论予以沉重的打击。美国的一些管理学家在总结日本企业的实践经验之后得出结论，必须克服管理科学三个发展阶段上的某些错误倾向，保留其科学的精华部分，重新创立新的管理科学理论。这就是企业文化理论诞生的背景。

从 1981 年到 1982 年，美国企业管理理论界接连出版了四本畅销书：著名美日比较管理学者威廉·大内的《Z 理论——美国企业界怎样迎接日本的挑战》、斯坦福大学教授帕斯卡尔和哈佛大学教授阿索斯合著的《日本企业管理艺术》、企业管理咨询顾问托马斯·彼得斯和小罗伯特·沃特曼合著的《追求卓越——美国八大名牌企业成功秘诀》、著名的麦肯锡管理咨询公司顾问阿伦·肯尼迪和特伦斯·迪尔合著的《企业文化——企业生活中的礼仪》。这四本书的出版，标志着 80 年代风靡全球的"企业文化"思潮的兴起。

1985 年，企业文化理论再次掀起新热潮，其标志是另外四本更具影响力的书的出版：莫尔·刘易斯等人的《组织文化》、基尔曼·萨克斯顿的《赢得公司文化的控制》、谢恩的《组织文化与领导》、托马斯·彼得斯的《赢得优势——领导艺术的较量》。

20 世纪 90 年代以后，知识经济、网络经济已经逐步取代了过去的传统经济。在这种情况下，互联网文化、知识管理、学习型组织、企业再造工程、企业伦理与企业文化的交叉研究等，大大拓展了企业文化的研究领域。企业文化理论更加成熟，也进一步向纵深发展。它把"触角"伸到了企业内外部社会环境的诸多领域，如企业的诚信价值观、企业的社会责任、企业的全球责任（如环保）等。

3. 中国的企业文化理论

（1）中国企业文化理论的引进（1978—1992 年）。中国企业文化理论是在改革开放的大背景下诞生的。1978 年，党的十一届三中全会的胜利召开，吹响了中国大地解放思想、改革开放的号角。1983 年，党的十二届三中全会制定了关于中国经济体制改革的决定，第一次在党的正式文件上提出了"建立社会主义有计划的商品经济"的概念。从此，对外开放不断扩大，私营企业、商品经济迅速发展，中国终于走上了多种所有制共同发展的康庄大道。

在改革开放，社会主义商品经济迅速发展的背景下，1986 年，中国理论界首先从国外翻译了一些企业文化的论著，如威廉·大内的《Z 理论——美国企业界怎样迎接日本的挑战》、帕斯卡尔和阿索斯的《日本企业管理艺术》、彼得斯和沃特曼的《追求卓越——美国八大名牌企业成功秘诀》、沃格尔的《日本的成功与美国的复兴》等，同时明确提出了"企业文化"的概念。1988 年 9 月全国企业文化研讨会在成都召开；1988 年年末，中国企业文化研究会成立。改革开放以后，政府不断下放国有企业的管理权力，使国有企业由过去计划经济时代的"车间"，转变为相对独立的经营单位。当时承包制风行全国，租赁经营也时有所闻，国有企业经营者逐步向职业经理人过渡。越来越多的国有企业厂长、总经理认识到企业文化对企业管理的重要性。理论界与外国的交流越来越多。国外的管理学专著越来越多地被翻译成中文，使许多企业经营者和理论学者感受到西方国家企业文化的巨大精神力量和物质力量。同时，一些反映企业良好经营成果和员工队伍建设的企业文化不断出现。比如当时山东邹县发电厂提出"拼搏"精神，常州自行车总厂提出"敢于攀登、质量求新、工艺创新、服务文明"的"金狮"精神；白云山制药厂提出"爱厂、兴利、求实、进取"精神；四川长城特钢公司确立"以振兴中华为己任，把最优秀的产品贡献给社会主义现代化建设事业，向各行各业提供日益增多的高温铁合金产品、优质特殊钢材和其他深加工产品，竭尽全力为国内外客户服务"的企业宗旨等。广州部分酒家还提出"诚暖顾客心"的服务价值观。

当然，这个时候的中国企业文化，还是初步的、不成熟的、不完善的和不成体系的。

(2) 中国企业文化理论的发展（1992—2000年）。1992年春天，邓小平同志"南方谈话"再次吹响了中国改革开放进军的号角。1992年10月，中国共产党第十四次全国代表大会明确提出："我国经济体制改革的目标是建立社会主义市场经济体制"，同时提出，在精神文明建设方面要"搞好企业文化建设"。1993年，中国共产党十四届三中全会通过了《关于建立社会主义市场经济体制的若干问题的决定》，其中，在关于建立现代企业制度一节明确提出："加强企业文化建设，培育优良的职业道德，树立敬业爱厂、遵法守信、开拓创新的精神。"1997年，中国共产党第十五次代表大会重新明确了"建设有中国特色社会主义文化"这一科学概念，并提出了基本政策，使之同建设有中国特色社会主义的经济、政治一起，构成了党在社会主义初级阶段的基本纲领，这为企业文化的大发展再次注入强大动力。

至此，中国企业文化建设的实践和理论都得到了空前的发展，其主要表现在以下几方面。一是所有制发生了深刻变革，以公有制为主体的多种所有制共存共荣的局面已经出现。股份制经济得到了迅速的发展，民营经济、私营经济迅速壮大，成为中国企业的生力军，社会主义市场经济的格局基本上得到确立。而企业文化建设是最能适应市场经济规律和要求的。在市场经济条件下，企业文化发挥了独特和积极的作用，受到了市场的肯定。二是现代企业制度逐步建立和完善。企业文化作为当代最先进的管理理论和管理模式，体现了现代企业制度对现代企业管理的要求。企业通过企业文化建设，确立企业使命、宗旨，提出并实践企业的价值观，培育了企业精神和企业道德，规范了企业行为，履行了社会责任，大大促进了企业经济效益的提升。三是国内研究机构、大学及一大批专家、学者对企业文化建设的研究逐步深入，中国企业文化建设的理论探讨风气越来越浓。随着国外资本大量引进，世界500强企业大量落户中国，由它们带来的国外先进企业文化理念与中国本土企业文化理念相融合，又进一步推动了中国企业文化建设的理论和实践的发展。

(3) 中国企业文化理论的成熟（2000—2007年）。这个阶段以江泽民同志提出的"三个代表"重要思想，把"始终代表中国先进文化的前进方向"作为党的先进性标志之一，以中国加入WTO为大背景。党的"十六大"以后，党中央在继承邓小平理论和"三个代表"重要思想的基础上，又提出了以人为本的科学发展观、建立社会主义和谐社会、建设社会主义新农村等一系列重大战略思想，进一步发展了中国化的马克思主义。所有这些都为进一步发展和完善企业文化理论提供了有利的条件。

从那时开始到现在，中国企业文化建设的理论和实践不论在广度、深度和独创性方面都可以和世界先进国家的企业文化相媲美。中国企业文化理论成熟的主要标志如下。① 对西方管理理论研究更加深入，结合中国企业的实际应用更加广泛。不管是西方古典管理理论、行为科学理论、现代管理理论还是企业文化理论，理论界和企业界都在理论与实践的结合上进行了研究、探讨和实践，并且出现了许多论著。② 对中国传统文化如何促进中国现代企业管理的研究和实践也不断深入，已经取得成功的许多企业在文化建设中，都深深地打上了中国传统文化的烙印。例如，中国儒家学说、法家学说、道家学说、兵家学说等，都在企业文化建设中有相当的体现。③ 对中国计划经济时代创造的一些优秀文化，如"鞍钢宪法"、"大庆精神"、"雷锋精神"等，进行了再研究和再实践，并在许多企业中结合市场经济和现代企业制度的特点加以深化、推广和提升。④ 对全世界的华商企业文化，特别是港、台地区企业文化，通过一些管理专家的推广，正逐步深入到大陆企业。⑤ 把马克思主义理论特别是毛泽东思想中的精华部分广泛地应用到中国企业文化建设中，这是中国现代许多企业的一种很好的尝试，而且许多企业由此取得成功。⑥ 越来越多的中国企业家开始逐渐重视企业文化建设，让企业文化建设落地的呼声越来越高。中国企业中出现了一大批优秀的企业文化并得到了世界各国的认同。中国企业文化建设方兴未艾，前途一片光明。⑦ 创立独具特色的中国企业文化建设理论的任务已经提出，而且越来越多的理论工作者深入到企业文化建设的第一线，与企业经营者们密切结合。有中国特色的现代企业文化理论呼之欲出。

党的"十七大"提出要推动社会主义文化大发展大繁荣，建设社会主义核心价值体系，建设和谐文化，弘扬中华文化，推进文化创新，增强文化发展活力，这体现出党中央已将社会主义文化建设放在了前所未有的高度，为我国文化，包括企业文化的发展展现了十分美好的前景。特别是党的十七届六中全会总结了我国文化改革发展的丰富实践和宝贵经验，研究部署深化文化体制改革、推动社会主义文化大发展大繁荣，进一步掀起社会主义文化建设新高潮的各项工作，提出了建设以科学发展为主题的社会主义新型文化的时代命题。我们相信越来越多的中国企业将乘此"东风"，以良好的精神状态和工作作风，围绕社会主义核心价值体系，进一步加大企业文化建设的推进力度，把企业文化建设融入国家社会主义文化建设的洪流中。我国企业文化一定会自立于世界企业文化之林，并且放射出更加耀眼的光辉！

 充满活力的海尔文化

一、案例介绍

1984 年以前，海尔集团还是一家濒临倒闭的集体工厂，亏损达 174 万元，自 1985 年海尔集团公司与联邦德国利勃海尔公司合作生产出中国第一代四星级电冰箱（青岛-利勃海尔）以来，目前已开发出 12 个系列、百余种规格的"青岛海尔"牌电冰箱、电脑程控式微波护、微电脑电磁炉等高科技、高附加值系列产品，成为年产冰箱 60 万台、固定资产近 3 亿元、年销售收入 25 亿元的全国十佳优秀企业之一，正向成功的"中国松下"目标奋进。海尔集团不仅在经济管理和现代化生产方面，为中国企业的现代化发展开辟了新的前景，而且在企业文化发展方面也开了历史的先河。

在中国经济体制改革和发展的进程中，当别的企业还在忙于靠行政管理与经济手段树立与维护企业形象时，青岛海尔已经在丰富自身文化涵养素质。海尔的企业精神是"无私奉献，追求卓越"；确定的管理战略是"高标准、精细化、零缺陷"；确定的质量战略是"质量是企业永恒的主题"；确定的生产战略是"唯一和第一"；确定的销售战略是"售后服务是我们的天职"；确定的市场战略是"生产一代，研究一代，构思一代"，这些构成了严密的海尔文化网络。当你走进海尔公司，首先映入眼帘的正是有着强烈企业特色的巨型徽标"青岛海尔"，镶刻在公司三楼的"无私奉献，追求卓越"八个金色大字闪闪发光。走进接待室，身着礼服的礼仪小姐热情地打开闭路电视，让你通过电视了解青岛海尔集团的全部风貌；在产品陈列室礼仪小姐以标准的国际公关水准向你一一介绍几十个品种的"青岛-利勃海尔"系列产品；在奖品陈列室，陈列着无数个国家、部、省级奖杯、奖章、锦旗和奖品，不用介绍你就能体验到青岛海尔的企业文化效益。青岛海尔把公共关系活动确认为企业文化的有机组成部分，充分运用公关职能，有效地开展内部和外部公共关系活动，使青岛海尔的企业精神得到了充分的发挥。

海尔集团位于中国儒家文化的发祥地，道家文化在这里也有深厚的根基，同时这里又是中国较早实行对外开放的沿海地带。这种特殊的文化背景和区位优势，造就了海尔集团立足中国传统而又不故步自封、博采众长而又独具民族特色的文化思维品格。靠着这种思维品格，海尔集团在管理实践中将中国传统文化的精髓与西方现代先进管理思想融会贯通，"兼收并蓄、创新发展、自成一家"，创造了富有中国特色、充满活力的海尔文化。

（一）海尔的精神内核

张瑞敏特别崇尚道家文化，又兼备儒家风范，是企业界公认的"儒商"。他认为，"做企业要求本然，而不是丧失耐心"。老子说"上善若水"，意即最高的善就像水，心胸要像水纳污流那样开阔，交友要像水清见底那样坦诚，行动要像流水归大海那样执著，以达到"天下莫柔弱于水，而攻坚强者莫之能胜"的精神境界。在海尔文化层面上，这种精神境界反映在以下方面。

1. 坚持"敬业报国，追求卓越"的企业价值目标

"'敬业报国'的核心就是中国传统文化的'忠'字观念，'忠'就是回报，就是要用最好的产品和服务来回报用户、回报国家、回报社会。"海尔集团正是靠着这种追求，赢得了社会公众的普遍赞誉，成为中国境内最受尊敬的企业。同时也"正因其'生而不有，为而不恃'，不求索取，其自身也得到了永恒的存在"（引自海尔 CEO 致辞），从而跨越了许多企业"风流总被雨打风吹去"、"各领风骚三五年"的尴尬境地，成为连续十八年高速成长（年均

增长 73.8%）的著名企业集团。海尔应像海，唯有海能以博大的胸怀纳百川而不嫌弃细流，容污浊且能净化为碧水。正如此，才有滚滚长江、涛涛黄河、涓涓细流，不惜百折千回，争先恐后，投奔而来，汇成碧波浩淼、万世不竭、无与伦比的壮观。

2. 遵循"真诚到永远"的社会服务宗旨

始终以"海尔人就是要创造感动"作为企业的服务理念，以"为用户创造价值"作为企业的服务目标，广泛推行"一站到位"式服务。在市场营销中，坚持做到"先卖信誉，后卖产品"。为此，不惜在集团公司最为困难的时候用大锤砸掉 76 台不合格的冰箱，以唤醒职工的质量意识；在售后服务中，时刻牢记"用户永远是对的"行动准则，并公开承诺："只要您拨打一个电话，剩下的事由海尔来做"，彻底消除顾客的一切后顾之忧；在各类产品的形象用语中，处处传递真诚与亲情，例如："海尔冰箱，为您着想"，"海尔电脑，为您创造"，"海尔洗衣机，专为您设计"等。这些"亲情"化的语言和"诚信"行为，正是铸就中华文化独具欢乐祥和意蕴的内在要素。

3. 发扬"海纳百川"的精神，广泛吸收各种人才和现代先进管理理念

海尔集团决策层经常研究韦尔奇和 GE，探索和挖掘它们的成功经验，同时广泛采纳和应用西方现成的科学管理方法，如双因素管理理论、向国外市场扩张的"本土化战略"、激活"休克鱼"的企业兼并机制等。海尔集团还经常请管理咨询机构人员到企业作培训讲座，密切跟踪世界先进管理动态。在一些媒体提出质疑的情况下，海尔毫不犹豫地选择了"走出去"战略，张瑞敏公开宣称"我们靠速度来打造世界名牌"，即通过加快向国内和国外市场的扩张速度来缩短与国际跨国公司的差距，进而实现海尔品牌的国际化。目前，海尔集团正在 e 时代革命的道路上，大力开展业务流程再造活动，力争实现企业新一轮经济快速增长。

（二）海尔的思维模式

到过海尔集团的人都会发现，海尔总部大楼从外面看四四方方，大楼的四周则环绕着两圈"活水"，环绕的道路和大楼周围其他的小建筑上有一些对称的雕塑，暗含着道家文化的意味。这种独具匠心的布置，体现了海尔人"思方行圆"的原则。"思方"，亦即思考问题时要体现自己的思维风格，发展自己的思维模式。具体表现为如下。

1. 以中华民族的传统思维智慧为根基

众所周知，中华传统文化极具思辨智慧，对现代管理哲学的发展具有重要的启迪作用。海尔集团较好地继承发展了中华文化的精髓，使之成为思考和处理问题的重要原则。这种原则内化在海尔集团的管理思维中，就是在观察与思考中解决问题，张瑞敏把这比作中医诊疗。他说："就我而言，我愿意称自己为中医，中医就是望闻问切，对于企业来说，不可能都用量化来定。怎么说呢，就是一种感觉。"（《经济观察报》2003.3.23）这也验证了西方学者德鲁克在《二十一世纪管理挑战》中的一句话："对经理人来说，到头来只有一个方式去取得资讯，那就是：御驾亲征。"

2. 营造积极向上的人文气氛

人是决定企业兴旺发达的最重要因素。与片面追求先进技术与设备的企业相比，海尔集团更注重营造团结和谐的人文气氛。他们坚持"人人是人才，赛马不如相马"的用人观，强调要充分挖掘和合理使用人才。为此，他们创办了海尔大学，搭建起通畅便捷的职工自我提高的平台；建立了"挑战满足感，经营自我、挑战自我"的人力资源开发机制，要求每一个人都要像经营自己的店铺一样经营自己的岗位。对干部，他们强调要用《干部自我警示录》等进行自我约束；对员工，他们强调要以"宠辱不惊，自强不息"、"得意不忘形，失意不失态"、"胜人者有力，自胜者强"等作为个人修养标准。海尔集团这种以"人"为中心的经营理念得到了国内外企业界的广泛赞誉，日本能率协会会长富坂良雄对此评价说："中国人在经营过程中把人作为经营的主体，这种逆向思维显示出中日两国在经营理念和企业文化方面的差异。目前日本企业正在对企业经营体制、理念等进行改革探讨，在这关键时刻，海尔为我们提供了先进经验。"

3. 遵循"知行合一，行之唯难"的思维定式

一方面，海尔集团强调无论干什么事情，都要按照"5W3H1S"要求，明确工作的目的、标准、地点、责任和进度（5W），掌握工作的方法、数量和成本（3H），确保工作的安全可靠（1S）。特别是对管理人员，海尔集团强调要把"知"放到第一位，因为对于他们来说，"看不出问题就是最大的问题"。另一方面，海尔集团更专注于行动，认为"管理是一种实践，其本质不在于'知'而在于'行'，其验证不在于逻辑而在于成果"；"天下难事必做于一，天下大事必做于细"；只有"把别人认为非常简单的事持之以恒地坚持下去"，才能创造持续永恒的企业价值。张瑞敏曾说："伟人就是恶人，恶在哪里？恶到把小事抠住不放，非常认真，不做到就不行。"（摘自艾丰《悟道海尔》）海尔的德国老师在评述海尔为什么成功时曾说："海尔能够成功，是因为海尔有梦，梦就是远大的理想。但海尔也非常务实，务实到令人难以想象的程度。"海尔人正是靠着这种"不积跬步无以至千里"的务实精神，从大事着眼，从小事入手，一步一步发展壮大，最终成就了今天的辉煌。

（三）海尔的行为准则

海尔人思考问题非常谨慎，隐含着"永远战战兢兢，永远如履薄冰"的忧患意识，行动起来却雷厉风行，从不放过任何稍纵即逝的机会。

1. 海尔集团的工作作风

面对瞬息万变的市场，始终做到"迅速反应，马上行动"，这就是海尔集团的工作作风。他们认为"大家都在比速度，但是真正握住用户的手，还必须有'第一速度'。产品开发要有第一速度，销售要有第一速度，纠错不过夜要有第一速度"。2001年，在"全球海尔经理人年会"上，美国海尔贸易公司总裁迈克反映说，有的消费者抱怨普通冰柜太深，取东西不方便，希望能买到一种上层为普通形式、下面为抽屉的冷柜。海尔集团冷柜产品总部得知这一消息后，迅速组织四名科研人员连夜奋战，仅用17个小时就完成了样机，随之又进行了

第二代更新。当这些样机披着红绸出现在答谢宴会上时，所有客商都惊讶不已，随之报以长时间的热烈掌声，海尔人就这样靠速度征服了客商。

2. 坚持做到"以变制变，变中求胜"

海尔集团认为，"市场唯一不变的法则是永远在变"，只有不断对市场变化作出灵活反应，才能把握商机，赢得主动。前些年，海尔上海中心总经理解居志看到一则新闻报道，说上海将推出分时电价，用电低谷时的电费是高峰时的一半，同时了解到上海市民有了这样一个愿望，即"家电要是能晚上用电、白天工作就好了！"由此他联想到，海尔已经有了具备这种功能的产品，只是原先没有把它广泛宣传出去。于是，解居志立即组织人员重新制定产品宣传策略，提炼出"分时家电"这一新的宣传点，接着召开信息发布会，很快就把这一记重拳打了出去。同时，他又以最快的速度将这一信息反馈给集团各产品事业部，定制更多的适应这一市场需求的产品。解居志的快速反应不仅抢占了市场先机，也引来了社会舆论界对海尔人竞争精神的惊叹，《解放日报》当天发表评论："上海这么多企业都没有抓住这一商机，远在青岛的海尔却紧紧抓住了！"

3. 不断推进企业创新

海尔人认为，"没有创新只靠速度赢得的市场难以为继"。创新在海尔集团的经营宝典中居于核心地位，整个海尔集团就是以观念创新为先导、以战略创新为基础、以组织创新为保障、以技术创新为手段、以市场创新为目标的创新集体，而这些创新的最终目的又是为了"创造用户价值"。十几年来，海尔集团就是靠着这种自强不息、锐意创新的精神，走出了一条具有自身特色的企业发展之路，逐步成长为家电行业中的"航母"。

（资料来源：于明．上善若水　思方行圆：海尔企业文化探析．中外企业文化，2005（2）．孙凤英．企业文化对提升企业竞争力的作用：青岛海尔集团企业文化发展的启示．经济师，2004（6））

二、思考·讨论·训练

1. 海尔的企业文化具有什么特点？
2. 海尔企业文化的中国特色体现在哪些方面？
3. 企业文化是怎样提升企业竞争力的？

 案例2　苹果公司的企业文化

一、案例介绍

苹果公司前总裁乔布斯真正的秘密武器是他具有一种敏锐的感觉和能力，能将技术转化为普通消费者所渴望的东西，并通过各种市场营销手段刺激消费者成为苹果"酷玩产品"俱乐部的一员。

1997 年 7 月某个工作日的一大早，因连续 5 个季度亏损，时任苹果公司 CEO 的吉尔·阿米利奥（Gil Amelio）带着难以掩饰的痛苦向公司高管做最后告别："我很难过地说是到了我该离开的时候了。保重！"然后他就离开了。几分钟后，穿着短裤、运动鞋，蓄短胡须的史蒂夫·乔布斯（Steve Jobs）走进来，他坐在旋转椅里缓慢地转着，说："告诉我这里发生了什么？"在几声咕哝的回应之后，他跳起来："是产品的问题！那么，产品到底怎么了？"高管们又一阵的咕哝声之后，乔布斯咆哮着打断他们："现在的产品都是废物！这些产品根本没有任何人性化特色！"

作为苹果公司的联合创始人，乔布斯曾在 1985 年被当时外聘的 CEO 扫地出门。那时，他还被很多人认为是一个喜怒无常的微观管理者，他曾经倡导的花哨的创新变革及他所坚持的全面控制也带来诸多枝节问题。1997 年，乔布斯又重新掌管苹果。10 年后，苹果的股票每股已从 7 美元飙升至 74 美元，市场价值 620 亿美元。随后，迪斯尼以 74 亿美元收购 Pixar 动画工作室的股票，由于乔布斯是 Pixar 的主席和执行总裁，并持有其 50.6％股份，作为交易的一部分，乔布斯拥有了迪士尼集团约 7％的股份，从而成为该集团最大的个人股东。至此，乔布斯大步迈入一个集音乐、电影和科技于一身的梦幻王国。

（一）执意创新

所有这些成绩的取得就在于乔布斯将他的旧式战略真正贯彻于新的数字世界之中，采用的是高度聚焦的产品战略、严格的过程控制、突破式的创新和持续的市场营销。

重回苹果后的乔布斯采取的第一步就是削减苹果的产品线，把正在开发的 15 种产品缩减到 4 种，而且裁掉一部分人员，节省了营运费用。之后，苹果远离那些用低端产品满足市场份额的要求，也不向公司不能占据领导地位的临近市场扩张。

第二，发扬苹果的特色。苹果素以消费市场作为目标，所以乔布斯要使苹果成为电脑界的索尼。1998 年 6 月上市的 iMac 拥有半透明的、果冻般圆润的蓝色机身，迅速成为一种时尚象征。在之后 3 年内，它一共售出了 500 万台。如果摆脱掉外形设计的魅力，这款利润率达到 23％的产品的所有配置都与此前一代苹果电脑如出一辙。

第三，开拓销售渠道。让美国领先的技术产品与服务零售商和经销商之一的 Comp USA 成为苹果在美国全国的专卖商，使 Mac 机销量大增。

第四，调整结盟力量。同宿敌微软和解，取得微软对它的 1.5 亿美元投资，并继续为苹果机器开发软件。同时收回了对兼容厂家的技术使用许可，使它们不能再靠苹果的技术赚钱。

随着个人电脑业务的严峻形势，乔布斯毅然决定将苹果从单一的电脑硬件厂商向数字音乐领域多元化出击，于 2001 年推出了个人数字音乐播放器 iPod。到 2005 年下半年，苹果公司已经销售出去 2200 万枚 iPod 数字音乐播放器。

在 iPod 推出后不到一年半，苹果的 iTunes 音乐店也于 2003 年 4 月开张，通过 iTunes

音乐店销售的音乐数量高达 5 亿首。在美国所有的合法音乐下载服务当中，苹果公司的 iTunes 音乐下载服务占据了其中的 82%。与此同时，苹果也推出适合 Windows 个人电脑的 iTunes 版本，将 iPod 和 iTunes 音乐店的潜在市场扩大到整个世界。通过 iPod 和 iTunes 音乐店，苹果改写了 PC、消费电子、音乐这三个产业的游戏规则。

每当有重要产品即将宣告完成时，苹果都会退回最本源的思考，并要求将产品推倒重来，以至于有人认为这是一种病态的品质、完美主义控制狂的标志。波士顿咨询服务公司共调查了全球各行业的 940 名高管，其中有 25% 的人认为苹果是全球最具创新精神的企业。"在苹果公司，我们遇到任何事情都会问，它对用户来讲是不是很方便？它对用户来讲是不是很棒？每个人都在大谈特谈用户至上，但其他人都没有像我们这样真正做到这一点。"乔布斯说。

（二）推崇精英人才文化

与对产品和战略高度聚焦的做法相似，在人才的使用上，乔布斯也极力强调"精"和"简"。乔布斯曾创立并管理的 Pixar 公司倡导的是没有"B 团队"，每部电影都是集合最聪明的漫画家、作家和技术人员的最佳努力而成。"质量比数量更加重要。"乔布斯表示从若干年前看到 Stephen G. Wozniak 为制造第一台苹果机而显示出的超凡工程学技能的那些日子开始，乔布斯就相信由顶尖人才所组成的一个小团队能够运转巨大的轮盘，仅仅是拥有较少的这样的顶尖团队就够了。为此，他花费大量精力和时间打电话，用于寻找那些他耳闻过的最优秀人员，以及那些他认为对于苹果各个职位最适合的人选。

乔布斯还在 2000 年苹果的一度停滞期喊出了"Think Different"（另类思考）的广告语，他希望这个斥资上亿美元宣传的广告不仅让消费者重新认识苹果，更重要的是，唤醒公司内员工的工作激情。

而乔布斯本人也将一个企业家的能量贡献于众多别的 CEO 认为是自己不需要亲自做的事情中，不论是校对合作协议，还是给记者打电话讲述一个他认为非常重要的故事，他都会去做。而同时，与很多 CEO 不同的是，他很少参加华尔街分析家的研讨会，倾向于做一些自己的事情。在员工的眼中，乔布斯承担了很多责任，但在很多富于创造性的层面上他又果断放手而不参与。

前苹果产品营销主管 Mike Evangelist 离职后在他的博客中透露，乔布斯每一场演讲都需要几个星期的预先准备和上百人的协同工作，经过精确的细节控制和若干次秘密彩排之后，乔布斯总是以激情四射的演讲者面目出现在现场。当乔布斯邀请百事可乐总裁约翰·斯高利加盟苹果时，他这样说："难道你想一辈子都卖汽水，不想有机会改变世界吗？"

在这样的个人化文化指引下，乔布斯以用户个人化引导产品和服务，以员工个人化来塑造公司文化和创新能力，以自身个人化获得一种自由和惬意的人生。

（资料来源：晓冰．苹果的企业文化．中国质量技术监督，2009（3））

二、思考·讨论·训练

1. 苹果公司的企业文化有何特点？
2. 乔布斯对苹果公司企业文化的形成发挥了怎样的作用？
3. 苹果的产品风行全球，畅销不衰，这其中企业文化发挥了怎样的作用？

 案例3　《亮剑》——企业文化塑造的活教材

一、案例介绍

企业现行的习惯、惯例，以及以往的做事方式在很大程度上归因于企业过去的行为及这些努力所取得的成功程度。企业文化的最初来源通常反映了企业创始人的愿景或使命。由于创始人具有独创性的思想，他们可能对如何实施这些想法有一定的倾向。他们可能关注于积极进取或是像家人一样关爱员工。创始人通过描述企业应该是什么样子的方式来建立早期文化。他们不为已有的习惯或意识所束缚。而且，大多数新成立的组织规模较小，这就有助于创始人向企业的全体成员灌输他的愿景。下面是电视剧《亮剑》中李云龙在南京军事学院毕业论文答辩时的演讲，他指出，任何一支部队都有自己的传统，这种传统表现为一种性格和气质，这是由这支部队组建时首任军事首长的性格和气质决定的，是这支部队的灵魂。

李云龙：论军人的战斗意志——亮剑精神

同志们，我先来解释一下什么叫亮剑，古代剑客们在与对手狭路相逢时，无论对手有多么强大，就算对方是天下第一剑客，明知不敌，也要亮出自己的宝剑，即使倒在对手的剑下，也虽败犹荣，这就是亮剑精神！事实证明，一支具有优良传统的部队，往往具有培养英雄的土壤。英雄或是优秀军人的出现，往往是由集体形式出现，而不是由个体形式出现，理由很简单，他们受到同样传统的影响，养成了同样的性格和气质。例如，第二次世界大战时苏联空军第十六航空团P39飞蛇战斗机大队竟产生了20名获得苏联英雄称号的王牌飞行员；与此同时，前苏联空军某部施乌德飞行中队产生了21名获得苏联英雄称号的模范飞行员。任何一支部队都有自己的传统。传统是什么？传统是一种性格，是一种气质，这种传统和性格，是由这支部队组建时首任军事首长的性格和气质决定的，他给这支部队注入了灵魂。从此，不管岁月流逝、人员更迭，这支部队灵魂永在！同志们，这是什么？这就是我们的军魂！我们进行了22年的武装斗争，从弱小逐渐走向强大，我们靠的是什么？我们靠的就是这种军魂！我们靠的就是我们军队广大指战员的战斗意志！纵然是敌众我寡，纵然是身陷重围，但是我们敢于亮剑，我们敢于战斗到最后一个人！一句话，狭路相逢勇者胜！亮剑精神就是我们这支军队的军魂！剑锋所指，所向披靡！

这一情形实际上适用于任何企业或其他组织。确实，企业文化从企业设立之时起就存在于其中，与企业本身一样，也是一个逐步"制度化"的过程。通过企业文化的形成，使企业成员对基本的、合适的、有意义的行为有了共同的理解，逐渐形成了一种确定的行为模式，这将有助于解释和预测员工行为的能力。

当企业开始制度化后，它就拥有了自己的生命力，独立于企业创建者和任何企业成员之外。企业的制度化运作，使企业成员对于恰当的、基本的、有意义的行为有了共同的理解。因此，一个企业具有了制度化的持久性后，可接受的行为模式对企业成员来说就是不言而喻的事了。我们将看到，这其实是企业文化要做的事。

企业文化不是一蹴而就的，它也需要经历一系列的发展阶段才能逐渐被制度化。一般来说，企业文化的形成可分为以下四个阶段。

（1）创建阶段。这一时期的企业文化，主要是企业的创始者对组织的形成和运转的一些基本构思，它包括建立一个什么样的企业、对企业成员的要求、最终的目标是什么、企业的政策及策略等都有了基本的雏形。

（2）群体认同阶段。这一时期的企业文化是群体对已有的"构思"进行认同的过程，包括群体对已有文化的认知，直到取得一种共识。

（3）共同价值观的形成。在前一阶段的基础上，企业成员按照创始者的思想进行活动，并逐渐形成有共识的价值观和理念。

（4）共同价值观的普遍化。当企业规模进一步扩大后，创始者的这种共同价值观被更多的组织成员所接受和认同，形成确定的行为模式，并作为与其他组织相区别的明显标志。到了这时组织文化便进入成熟和稳定时期。[1]

这里，请允许我们把李云龙的部队看做一个"企业"，下面就以《亮剑》为例，对企业文化的上述四个阶段进行分析，以李云龙的演讲为诠释，《亮剑》完全可以作为一部关于企业文化塑造的"活教材"。[2]

（一）领导者气质和性格为组织注入灵魂——创建阶段

《亮剑》是一部战争艺术和传奇色彩融会贯通的主旋律作品。剧中，爱国精神与英雄主义、铁血丹心与人世常情、斗智与斗勇、友情与爱情交相辉映。故事内容是讲述我军优秀将领李云龙富有传奇色彩的一生，尤其描写了他任八路军某独立团团长率部在晋西北英勇抗击日寇的故事。"面对强大的敌手，明知不敌也要毅然亮剑。即使倒下，也要成为一座山，一

---

① 张晓阳，赵普．管理理论与实务．贵阳：贵州人民出版社，2001：291.
② 本部分选用根据都梁同名小说改编的，由张前、陈健导演的电视剧《亮剑》片段场景作为案例，分析论证企业文化形成的四个阶段。

道岭。"——这句话就是李云龙,这位"巴顿"式的将军的一生写照。电视剧《亮剑》从李云龙率领 129 师 386 旅新 1 团在与日本坂田联队的交战中,率部凭借过硬的战术战法,干掉了坂田,并成功从正面突围开始。由于战场抗命,李云龙被副总指挥调到后方做被服厂厂长,日军派出战斗小分队突袭了独立团,因团长孔捷指挥不力致使全团损失惨重,总部首长不得不再次抽调还背着处分的李云龙去独立团任职。

李云龙接到命令,带着被服厂的 200 套棉服来到 386 旅独立团。面对沮丧、委屈而渴盼雪耻的孔捷和士气低沉的独立团全体指战员,李云龙向副总指挥力争让孔捷留任副团长,并与孔捷一起让旅长喝下了孔捷奉上的酒。下面是旅长走后,李云龙在独立团的就职演说:

> 孔　捷:我孔捷感谢旅长!也感谢大家!现在请新团长李云龙给大家作指示!
> 李云龙:我怎么瞧着这一个个的都跟新姑爷似的。
> 众士兵:(一起哄笑)
> 士兵甲:李团长,是不是老总说咱们是"发面团"?有这个话吗?
> 士兵乙:打一次败仗就成"发面团"了,可我们打过多少胜仗啊?

可见,此时的独立团不仅因为打了败仗而士气低落,而且还存在着不满和抵触情绪。看看李云龙是怎样来面对和处理的。

> 李云龙:确有此话,老总是说了。老总说咱是"发面团",咱没啥可说的,咱们确实打了败仗,挨骂是活该。弟兄们,知道我李云龙喜欢什么吗?我喜欢狼!狼这种畜牲又凶又滑。尤其是群狼,老虎见了都要怕三分。从今往后,我李云龙要让鬼子知道,碰到我们独立团,就是碰到了一群野狼,一群嗷嗷叫的野狼。在咱狼的眼里,任何叫阵的对手,都是我们嘴里的一块肉。我们是野狼团!吃鬼子的肉!还要嚼碎他的骨头!!狼走千里吃肉!狗走千里吃屎!咱"野狼团"什么时候改善生活呀?就是遇上鬼子的时候!
> 众士兵:(一起大笑、鼓掌)

这样的场面往往是管理者上任之际会遇到的,这对于领导者的智慧是个挑战,处理得好,容易赢得下属的尊重和接纳,处理不好则会被下属所轻视和排斥,带来今后工作的被动。貌似"草莽英雄"的李云龙,其实是"粗中有细"的,甚至可以说是"精明无比",他在这里展现出了高超的领导艺术,用一句话就活跃了氛围。当然,这句话其实也是在暗示和提醒战士们留意自己所带来的礼物,这不仅是自己的心意,也体现了自己的能力和关系——自己一上任就给大家带来了过冬的棉衣,这在当时是最稀缺也是最宝贵的。此举既有"布恩"的性质,也可以说是"示威"——展示能力和水平,借此树立威信。管理者征服下属的关键通常有"布恩"、"树威"和"立信"三部曲。面对战士的"挑衅",李云龙并没有回避,而是作为团长代表全团承认了失败,指出"挨骂是活该",进而借机阐释了自己的价值观,也由此对自己所带的团提出了要求和期望。应该说，李云龙很好地把握了战士们的心理，通过三言两语便成功地化解了战士们的沮丧、委屈、不满和抵触情绪。这确实是一个"临危授命"的管理者成功的就职演说，值得学习与借鉴。

一个企业的创建者或者一个组织的新任领导者，对于如何带领自己的企业总有自己的理想、理念、价值观和经验，总有自己处事为人的原则和风格，这就是所谓的"领导者文化"。一个有作为的领导者，总期望按自己的想法去要求企业成员，用自己的思维方式去总结组织成败的经验，这就是领导者文化向企业文化的转换。当领导者的一套文化理念被企业的广大成员所认同时，领导者个人的文化就完成了企业化过程，也就是说领导者文化就成了企业文化。[①]

（二）企业成员对领导者价值观的认同——倡导阶段

作为上级委派的新任长官，并不是拥有职权就可以赢得下级无条件的服从和追随的，管理者往往会面临各种各样的挑战，其中最常见的就是副手的支持和配合，如果这位副手还是企业原来的领导，或者这位副手在内心认为这个企业本来应该是属于自己的，这就更有问题了。如何处理好与副职的关系，并赢得其支持和配合，至少做到消除其可能存在的负面影响，也是"走马上任"者所面临的一道难题，请看李云龙是怎么做的。

八路军386旅独立团团部，新任团长李云龙正与副团长孔捷分析研究上次与日军小分队的遭遇战。

李云龙：老孔啊，我看了半天，怎么觉得这股部队不是专门冲着你来的呢？你看啊，这儿是杨村，这儿是大夏湾，你的部队是刚从小谊庄换防到这儿的。

孔　捷（叹口气）：老李啊，别操那个心了。成者为王，败者寇。现在说什么都晚了。

李云龙（嘿嘿一笑）：你还别说，这股小鬼子还真不含糊。你看，他们在图上留下了这根穿插曲线，还真他娘的漂亮！

孔　捷：哎，老李，你刚才说这股鬼子不是冲着我来的，为什么？

李云龙：咱琢磨琢磨。如果我是这小股部队的指挥官，我才不碰你老孔呢！你小子值几个钱？要是绕过你直奔大夏湾——

孔　捷：我的天哪！老总可是在大夏湾哪！照你这么说——

李云龙：嘿嘿……可能是他们事先不知道你老孔调到杨村来了。本来是想绕过杨村直插大夏湾，结果一下撞到你老孔的怀里了。

照你这么说，我的独立团是为老总挡了子弹？

李云龙：我看八成是这么回事。杨村一响枪，再去大夏湾也就没有多大意思了，小鬼子就撤了。

---

① 王超逸，李庆善.企业文化教程.北京：中国时代经济出版社，2006：68.

孔　捷：要是这样，咱全团打光了都值！

李云龙：嘿嘿，我说孔二愣子，你还先别美，你的部队反应太慢，本来近战夜战是我们的拿手好戏，可是人家突然跟你玩起这个，你们怎么还不会打了呢？这是你指挥上的事，赖不了别人。

孔　捷：是，我承认。撤我的职也没什么好说的。老李啊，现在独立团由你来挑大梁，你得琢磨琢磨，怎么才能把人心拢到一块儿。这次的战斗，二营损失最大，建制残了，人员不齐，士气也……

李云龙：我们先把拳头攥紧了，二营先压缩一下编制，让我带来的张大彪当连长，原来的连长当排长，排长当班长，班长当战士。咱们组成一个加强连，由团部直接指挥。工作你老孔去做。

孔　捷：行！谅他们也没什么说的，我不是也官降一级嘛！

通过这样的沟通，李云龙既成功打消了老战友孔捷内心存在的委屈感，也有效地展示了自己的水平和能力——"专长权"，让其对自己"取而代之"无话可说——服气！同时也巧妙地争取到了前任团长的配合。可以说，在很大程度上消除了老战友孔捷作为前任团长可能带来的负面影响，从而使自己能够按照自己的想法和风格来对独立团进行改造。

接下来，李云龙的性格和气质遇到了上级为他专门选配的政委——燕京大学的大学生赵刚的"约束"。两人的磨合过程也堪称"经典"，如何不受政委的约束，按照自己的性格和气质带领独立团，成为李云龙所面临的现实挑战。这也是企业的管理者无法回避的问题：班子成员的性格和气质之间的互补和融合。让我们来看看下面两个经典的场景。

根据丁伟的暗示，李云龙找到了国民军骑兵营，并派孔捷带领一营去万家镇偷袭。政委赵刚闻讯后前来质问李云龙擅自调动部队——

赵　刚：团长，我找你有事。

李云龙：赵政委，有何指示？

赵　刚：我想问问团长，有作战任务吗？

李云龙：作战任务？没有啊，有我能不告诉你吗？

赵　刚：那一营去哪儿了？还有，孔副团长也不在，我想问问团长，团里究竟怎么了？为什么要瞒着我？

李云龙：你看我这记性，我把这事给忘了。对不住了，大政委，是这样，我让孔副团长带着一营去搞一点儿副业，天黑之前准回来。

赵　刚：副业？什么副业？请你说清楚。

李云龙：万家镇来了一批军马，我让一营把马牵回来，就这么简单。

赵　刚：万家镇？伪军第八混成旅的骑兵营？

李云龙：你也知道万家镇？

赵　　刚：万家镇挨着正太路，我上个星期路过，当时一个县大队的兵力掩护我，那儿的敌情很复杂，你怎么能够——

李云龙：你放心吧，我的大政委，那些伪军不过是摆设，那些马简直就是白送的。多好的马呀！放到他们手里头糟蹋了。

赵　　刚：团长，你这哪是什么搞副业啊？这是作战行动。你有什么权力擅自调动部队？你这是严重的违反纪律。

李云龙：赵刚，你少冲我瞪眼睛，老子在鄂豫皖打仗的时候，你还不知道在哪儿呢？我告诉你，老子干了，怎么着吧？你去向师长旅长打小报告吧！要杀要剐我李云龙顶着。

赵　　刚：团长，我们都冷静一点儿，不要吵，吵解决不了问题。你是老同志了，无论是政治经验，还是军事战斗经验都要比我丰富，我理应向你学习。可是，这件事情上，你做得确实不妥。

李云龙：赵政委，你听说过新一团吗？

赵　　刚：听说过，听政治部的同志介绍过，你李团长指挥新一团，击溃坂田联队，击毙坂田联队长，咱们整个晋察冀的部队谁不知道！

李云龙：我刚接手新一团的时候，部队还没有形成战斗力，部队缺乏训练，缺少实战经验，最重要的是缺少武器装备。轻机枪，全团不到十挺，重机枪一挺都没有；步枪，是老套筒、汉阳造，膛线都磨平了。就这样，两个人都分不到一条枪。我去找旅长要，你猜旅长怎么说？旅长说，要枪没有，要命一条。你李云龙看我的脑袋值几条枪，你就砍了拿去换枪。

赵　　刚：那你怎么办？

李云龙：我也是这么说啊！我说旅长啊，我好歹也是堂堂正规军的团长，我不能连县大队都不如吧？这不是砸咱们师的牌子嘛！你猜旅长怎么说？旅长说，我有装备我要你干什么？你既然能当团长，就有能耐自己去搞枪。要不然就回家抱孩子去。你别在这儿给我丢人现眼。得嘞，我等的就是这句话。要我搞枪，没问题呀，可是你不能给我戴紧箍咒啊，对不对？你总得给我点儿自主权吧，不能什么事都让你大旅长占了，又想让我搞枪，又想让我当乖孩子，这叫不讲理啊！

赵　　刚：嘿嘿，那旅长怎么说？

李云龙：旅长说，去去去，自己想办法，我什么都不管，我什么都不问，我警告你李云龙，我告诉你，你少拿这些屁事来烦我。就这么着，不到一年，新一团什么都有了，歪把子、九二式、掷弹筒、迫击炮……手里的家伙好，咱腰杆子就硬。没有这个家底，我敢跟坂田联队硬碰硬地去干？做梦吧！赵政委，这你就明白了吧？

赵　　刚：（点点头）好像有点明白了。团长，刚才我的态度有些急躁，还请你多多包涵。以后，以后有事，咱俩能不能商量一下？你说这么大的事，我当政委的都不知道，这总不大好吧？

李云龙：没问题，有事商量，有事商量，呵呵……

门外传来马嘶声。

李云龙：回来了，孔副团长他们回来了，看样子，发财了！走，咱们看看去！

应该说，这场"交锋"是以李云龙的完胜而告终，通过多次类似的"交锋"，赵刚渐渐适应并接受了李云龙的行事风格，逐渐认可了李云龙对独立团的"文化塑造"。这从另一桩事情上可以看出。

随着骑兵精锐连长孙得胜的到来，骑兵连开始训练并初见规模。李云龙与政委赵刚到现场看骑兵连训练。

孙得胜：快！跟紧！快！看好了吗？就这么来！快点儿！说你呢！他妈的怎么干的？快点儿！……快！都给我精神点儿！

李云龙：这就是咱们的骑兵连。

孙得胜：快！看好了吗？就这么来！

李云龙：这个骑兵连长叫孙得胜，是我刚从丁伟那挖过来的。他是我的老部下，也是一员虎将。

赵　刚：丁团长很支持我们工作呀！刚给了一个张大彪，又送了个骑兵连长。

李云龙：就他？拉倒吧！张大彪是我原来跟他讲好的，这个孙得胜是我用五挺机关枪换回来的。

赵　刚：啊？用枪换人？

李云龙：丁伟也是个无利不起早的家伙，让他支援？做梦吧！孙得胜！

孙得胜：到！

李云龙：出来！

孙得胜：（下马，小跑过来）报告团长、政委，独立团骑兵连正在进行马术劈刺训练，请首长指示！骑兵连连长孙得胜。

赵　刚：孙连长，你的骑术很不错啊！

李云龙：他过去在六十九军骑兵团干过。以前在新一团是步兵，这回又干回老本行了。

赵　刚：六十九军，石友三的部队？

李云龙：对！石友三对他有救命之恩，后来石友三当了汉奸，他就投奔我们了。

孙得胜：没错！当年我父母双亡，我在路边讨饭时，已经快要饿死了，是石友三收留了我。那年我才12岁。团长、政委，我孙得胜不是知恩不报的人，12岁从军，东征西战打了十几年的仗，长官让我打谁，我执行命令没有二话，中原大战时我两次受伤，也算是对得起石友三的救命之恩了！可这次，让我当汉奸，我决不！我孙得胜没有什么大本事，这辈子也不想升官发财。既然做了军人，就该做个不怕死的军人，国家有难，我们当兵的不上，谁上？

赵　刚：你能把个人恩怨和民族大义分开，是个有觉悟的军人，好样的！团长，这笔买卖做得真是值啊！

李云龙：嘿！我怎么能做赔本的买卖！孙连长！

孙得胜：有！

李云龙：骑兵连就交给你了！怎么训练是你的事，一句话，我要的是能打硬仗的部队！两个月之内，骑兵连没有任何战斗任务，你得把部队给我训练好！两个月之后，骑兵连应该像一把出鞘的利剑！怎么样？有把握吗？

孙得胜：有！

赵　刚：有件事情你要注意，听说在训练中，你有打骂体罚战士的现象，有没有？

孙得胜：有！政委，可有些兵实在是笨了点儿。这不给点儿厉害的——

赵　刚：那也不行。八路军部队严禁打骂体罚战士，这是原则。既然团长能拿你当兄弟，你为什么不能拿战士们当兄弟呢？

孙得胜（看看团长）：是，政委，我一定注意。

李云龙：打骂和体罚肯定是不对的，以后，碰到笨的，照他屁股上踢两脚这还是可以的。

孙得胜：是！团长！

赵　刚：是什么是？那也不行，这口子不能开！

李云龙：对对对，听政委的，要做思想工作。

孙得胜：团长，咱是个粗人，没什么文化，嘴笨，哪会做什么思想工作啊？在以前，我训练士兵的时候从来不多说话，谁他妈的要是做得不好，我上去就是一鞭子。

李云龙：（看看赵刚笑笑，走近孙得胜）我教你做思想工作，以后遇到笨的，遇到不听话的战士，你就跟他说，老哥求求你啦，啊，老哥给你跪下，行不行？

李云龙转身走了，撇下丈二和尚摸不着头脑的孙得胜。

赵刚走到孙得胜的前面，看了看远去的李云龙，对孙得胜说：尺度自己掌握，训练去吧！

孙得胜：是！

由于得到了前任团长、现任副团长孔捷的支持和配合，得到了政委赵刚的默许与接受，再加上从自己的老部队新一团挖来张大彪、孙得胜两名干将演绎自己所倡导的"野狼风格"和"亮剑精神"，李云龙成功地将自己的性格和气质注入了独立团，实现了群体的认同，"发面团"变成了"野狼团"。对山崎大队作战的过程充分地证明了这一文化塑造的有效性。

1940年日军增援部队挺进晋察冀，抗日开始了第二阶段的作战。日军华北派遣区大队长山崎冶平在一次部队行进中偏离了预定行进方向，偶然发现了我军兵工厂。八路军损失惨重，总部发出命令包围消灭长崎大队。在久攻不下的情况下，终于派出了386旅独立团。李云龙在进行了作战部署之后，下达作战命令：独立团全团出动，全部参加攻击，准备白刃战！并特别交代：记住了，见着山崎那小子，谁也不许开枪，给我留着，老子要活劈了他！
会后各营分头按作战部署做准备，骑兵连长孙得胜来找李云龙，代表骑兵连主动请战。

孙得胜：团长！我等您半天了！

李云龙：什么事？

孙得胜：我们骑兵连什么时候上？

李云龙：我不是跟你说过吗？两个月之内，骑兵连没有任何任务。你们的任务，就是
训练。

孙得胜：可是，您刚下的命令是，独立团全团出动，全部参加攻击，准备白刃战。团
长，我想问一句，我们骑兵连还算不算是独立团的编制了？

李云龙：当然是独立团的编制了。

孙得胜：那好，按照您刚才的命令，独立团骑兵连已经做好战斗准备，请团长分配
任务！

李云龙：哎哟，我怎么把这茬忘了！现在我修改一下命令，全团除了骑兵连之外，全部
参加攻击。

孙得胜：团长，军令可不是随便就能改的，既然下了命令，我们就得执行。请团长分配
任务！

李云龙：孙连长，你不要钻老子的空子，这次是高地攻坚战，而且是仰攻，骑兵目标太
大，冲上去那简直是活靶子，再说了，我李云龙就这点儿家当，我不能拿着骑兵当步兵使。
好钢使在刀刃上，是不是？

孙得胜：既然这样，那我们把马留下，骑兵连改当步兵参加攻击。

李云龙：不行，骑兵比马宝贝，你们留下！

孙得胜：政委，政委。

李云龙：（踹了孙得胜一脚，吼道）你喊什么？

赵　　刚：（听到喊声，走出屋来）怎么回事？

孙得胜：政委，您给评评理，团长的命令那是军令吧？怎么能说改就改呢？骑兵连的弟
兄，可都在等着我。我就这么回去，也不好做他们的思想工作。刚才，就在刚才，团部的一
些炊事员马夫，跑到我骑兵连去借马刀，还说一些风凉话——啊，你们骑兵连人是宝贝疙
瘩，马是宝贝疙瘩，总不能马刀也是宝贝疙瘩吧？借我们使使，砍完了鬼子再还给你们！政
委，您说，这话，谁受得了？

赵　　刚：李团长，孙连长的话说得也有几分道理。

李云龙：不行，骑兵连不能参加战斗。

赵　　刚：谁让你下命令时不加考虑，军令如山倒，如果朝令夕改，对指挥员的权威性是
一种削弱。

孙得胜：对，削弱，还是政委说话有水平！

李云龙：我说赵政委啊，你怎么总跟我叫劲呢？

赵　　刚：我的意思是，既然下了命令，就要令行禁止，全团都参加攻击，把骑兵连放在后边观战，这的确不太合适，对战士的心理也会产生不好的影响。

李云龙：我的大政委，我说不过你。好吧，骑兵连徒步参加战斗，突击顺序在全团最后，准备执行吧！

孙得胜：怎么？连团部的那些炊事员马夫也排在我们前面？

李云龙：你讲什么价钱？没听见赵大政委说叫令什么禁止吗？

最后，李云龙带领部队，向前挖战壕，依托掩体工事投掷手榴弹，打得长崎部队阵脚大乱。李云龙从新一团带来的得力助手张大彪带领突击队趁机挺进，刀枪混战令山崎大队全军覆没。而骑兵连伤亡 13 人，让李云龙心痛不已。但从上面的对话和实际战况及结果可以看出，李云龙在就职演说中所表现出的气质和个性，正在被独立团的战士们所接受，那就是"要让鬼子知道，碰到我们独立团，就是碰到了一群野狼，一群嗷嗷叫的野狼"。从孙得胜代表骑兵连的请战及由此反映出的独立团的炊事员和马夫遇到鬼子都是嗷嗷叫的野狼，李云龙把自己当初在新一团所注入的"野狼风格"和"亮剑精神"通过张大彪和孙得胜带到了独立团，并开始被独立团的广大指战员所认同和接受。

（三）共同价值观的形成——深化阶段

企业是由若干群体构成的，每个群体又是由若干个体成员构成。每个个体成员都认同企业主流文化了，这种文化才能成为强势文化。相反，主流文化仅停留在高层组织和群体领导者认同层面，而没有广大个体成员认同的基础，这种主流文化很可能不处于强势，或者处于形式主义状态。因此，一种文化的个体认同，是群体认同，乃至是企业认同的基础。个体认同过程一般是五部曲：文化接触、文化认知、文化态度的形成、践履文化理念的行为、养成行为习惯等。① 企业文化的深化阶段，是指在前一阶段的基础上，企业成员按照创始者的思想进行活动，并逐渐形成共识的价值观和理念。下面的几个场景很好地说明了这个过程的实现过程，也说明了"上行下效"的含义。

李云龙在一营长张大彪的陪同下来到训练场，对于战士们虚拟性的训练不满意。

李云龙：停停停。只练基本动作不行啊，基本动作练得再好，到了实战中就不是那么回事了。要一对一，一对二地练刺杀，这样才能提高实战经验。明白了吗？

众战士：明白！

李云龙：接着练。

张大彪：团长，我考虑过这个问题，可我们现在缺刺杀护具，即使用木枪也很容易伤

---

① 王超逸，李庆善．企业文化教程．北京：中国时代经济出版社，2006：70-74.

人。前两天，二连的四班班副失手了，一木枪把一个战士的肋骨捅断了两根。

李云龙：扯淡，还护具呢。我要是有鬼子那么富，就不练刺杀了，一人抱着一挺机关枪，见人就突突，那多痛快啊？

张大彪：团长，您的意思是？

李云龙：告诉战士们，不要怕受伤，伤几根筋骨没关系，总比在战场上丢了性命强。你跟战士说，要练刺杀，要以实战的状态练刺杀。啊，你有能耐，你把别人的肋骨给我捅断了，啊，要是本事不济，那活该自己受伤。

张大彪：是！

按照李云龙的要求，独立团全团掀起了练习实战刺杀的热潮。这天，一营和二营的战士正在实战对练，一营长张大彪和二营长沈泉在旁边观战并助威，两人各为其营，由言语冲突发展到了对决。

张大彪：一营，加把劲儿，二营快垮了。千万不能松劲儿！哎，李老六，你他妈的，有你这么打的吗？专照下三路招呼？

沈　泉：就这么打，好啊！

张大彪：一营，加油！狠狠地给我揍二营这帮兔崽子！

沈　泉：哎！哎！哎！有你这么说话的吗？这么明目张胆的护犊子，这影响可不好啊！

张大彪：老沈，你这么说话恐怕也有问题。刚才你们二营打了一营的人，你跳脚地喊，比他妈的过年还高兴，老子我说什么了吗？你不能"只许州官放火，不许百姓点灯"吧？要说护犊子也是你在先。一营，给我加油！

沈　泉：二营的战斗力就是比一营强，你得承认这个客观事实！

张大彪：扯淡，我看二营快顶不住。老沈，你就是太好面子，眼看着自己的部队不行了，还硬撑着抬杠。加油，一营！

沈　泉：大彪，说话嘴干净点儿，你也不怕闪了舌头？哎呀，好歹也是一营之长，难怪都说一营战士怪话多，关键是你这当营长的不注意影响。

张大彪：你这话咋不敢跟团长说？切，团长嘴里零碎比我还多，赵政委都没管过，你小子算个啥？啊，你还真以为你是政委啊？一营加油！

沈　泉：通讯员！

通讯员：到！

沈　泉：给我拿根木枪来。

通讯员：是！

沈　泉：我要和一营长过过招儿。

张大彪：通讯员！

通讯员：到！

张大彪：枪！

通讯员：是！

张大彪：好啊！现在没有营长了，只有一营和二营，你我都各自归建吧！

沈　泉：咱可是说好了，谁要是受了伤可不能吭声，营里的工作也不能放下。

张大彪：好说，不就是折几根肋骨嘛？来吧！

沈　泉：行！

这边一营长张大彪与二营长沈泉斗在一处，那边团长李云龙和政委赵刚还拿着望远镜远远地观战，李云龙边看口中还念念有词，不住点评：

李云龙：好，好，打得好！就这么干！张大彪，揍他肚子。

张大彪：老沈，你他妈玩阴的呀！

李云龙：哎呀，沈泉啊，你他娘的往哪儿踢呢，那地方能踢吗？那一脚下去还不断子绝孙哪！

赵　刚：老李，咱们这么练成吗？我看着心惊肉跳啊！这上级要是知道咱们这样练，非扒咱俩的皮。

李云龙：上级查下来我顶着，我宁可让战士们在训练中受伤，也不想让他们在战场上送命。

李云龙和赵刚共同分析了战士训练的问题，李云龙还专门炖了一大锅肉作为奖励，在全团找出武功过硬的战士组成加强排，千方百计地训练战士们的战斗意志和战斗能力。

（四）共同价值观的普遍化——外显阶段

当企业规模进一步扩大后，创始者的这种共同价值观被更多的企业成员所接受和认同，形成确定的行为模式，并作为与其他企业相区别的明显标志。到了这时企业文化便进入成熟和稳定时期。在电视剧《亮剑》中，共同价值观的普遍化体现在李云龙为了营救自己的老婆秀芹，同时为了给负伤的赵刚和赵家榆死难的乡亲报仇，率团攻打平安县城，将友军纷纷拉入"围城打援"的局面，使晋西北在没有任何明确作战指令的情况下打得乱成了"一锅粥"。这是该剧的高潮之一，充分展现了独立团的"野狼风格"和"亮剑精神"，对协同作战的地方部队产生了感染，给"友军"和"对手"带来了强烈的震撼。

李云龙和杨秀芹在村里成婚，战士们都来助兴。日军山本的特种部队也恰在这个时候决断进行突袭。朱干事暗中给敌军透露了此情报，日军觉得这恰是个进攻好机会。李云龙的责任心让他在新婚之夜也没忘了查哨，在查床的过程中发现朱干事连人带枪出走以后引起李的警觉，于是紧急集合。两军交火，日寇抓走了他家中的秀芹，并焚村，李云龙拖着受伤的赵政委和仅存的八名战士突围离开山本部队，来到将军岭遇楚云飞部队。楚奋勇出击，山本提出和谈。在双方僵持的时候日军残余力量趁机逃跑至平安城。李云龙得到消息，命各营队迅速集合。汇合后的各个营扩展力量已接近万人。

李云龙：通讯班集合！你们分头通知，让各营、连、排迅速归建。有重要作战任务！去吧！

众通讯员：是！

副政委：团长，部队集结起来干什么？

李云龙：还能干啥？打县城！

副政委：打县城？团长，这可是件大事，是不是向上级请示一下？

李云龙：请示什么？师部离咱们几百里，等请示完了，黄花菜都凉了。

副政委：团长，你这太草率了！你想想，咱们手上有多少兵力？弹药是否充足？有没有攻坚的重武器？敌人增援了怎么办？这些问题咱们心里都没底，再怎么说，至少也得请友邻的几个县主力部队配合一下。

李云龙：（稍作思考）作战计划已经定了，友邻的主力咱没权调动，他们愿意来也行，告诉他们，我们到县城去喝酒吃肉，谁要是眼馋了，就跟我们一起干。有我李云龙吃的，就有他吃的。谁要是不敢来，那咱也不管了，咱自己不怕撑着，我们吃饱了就行。我李云龙有多大锅，就下多少米。一个独立团，加上几个县大队、区小队、民兵，足够了！

副政委：团长，你可要三思啊！这可是牵一发，动全身哪！咱们这一打，整个晋西北就全乱套了，到时候，福安、潞阳、水泉方面的日军都会增援，这压力太大了。咱们一个团顶得住吗？

李云龙：怕什么？我是军事主官，上级要是追查下来，枪毙我就是了！

副政委：团长——

李云龙：执行命令吧！

通讯班班长：你去魏王庄通知一营。你去黑石岭通知二营六连。你去张家庄通知三营八连。

通讯员甲：部队分得太散了，咱们人手不够啊！

通讯班班长：把马跑死也得通知到！这是团长下的死命令！听着，不要在意马，要以最快的速度把命令传达到各营、各连。马累死了，给我跑步通知到各部队，大家听清楚了没有？

众通讯员（齐声应道）：听清楚了！

通讯班班长：出发！

看看，什么是"执行力"，就连通讯员都到了这样的地步，这个部队的力量可想而知。再看看下面这个场景，又是张大彪，此时已升任参谋长的张大彪正在指挥打扫战场——

张大彪：通讯员！

通讯员：到！

张大彪：快命令各连迅速打扫战场，敌人的援兵一会儿就到了。

通讯员：是！

通讯员甲（远远跑过来）：参谋长——参谋长，团部紧急命令，团长命令二营全体人员携带所有装备，火速赶往榆树沟集结待命。此命令十万紧急，违令者，军法从事！

张大彪：（稍作思考）司号员！

司号员：有！参谋长！

张大彪：吹紧急集合号全营马上集合！

司号员：是！参谋长，这些刚刚缴获的物资和俘虏怎么办？部队还没有打扫战场。

张大彪：不要了，什么也不要了！缴获的物资放弃，俘虏全部放掉。全营立刻集合！

司号员：是！

什么叫做"令行禁止"，什么叫做执行命令"不折不扣"，什么叫做"执行力"，这就是！

榆树沟部队集结地，各营、各连着装整齐、携带各类装备陆续到达。六连长老黄远远地就跟张大彪打招呼，两人亲热地拥抱在一起，互相嘘寒问暖。

张大彪：你小子现在活得挺好！

老　黄：这是你的兵呀？九二式重机枪都扛上了！你老张真是眼睛一眨，老母鸡变鸭了！

张大彪：你也不简单呀，刚才进村的时候，我还以为是二营来了呢。你看你现在的部队，比分兵前一个营的兵力都多。你可以呀，小子！你也不错，给我说说，那是个什么东西？

老　黄：唉！寒碜，寒碜。打小曹庄据点，缴获的两门山炮，意大利货，炮身上全是洋码子。只是炮弹少点，才十七发。

张大彪：我说老黄，要是有什么不济的时候，你可得炮火支援，不许撒磨！

老　黄：啥屁呀，我跟你说，咱亏不了你老张。你那里歪把子机枪够不够使，说句话，我调三挺给你。

——你看，一个个都成了"行走千里吃肉的野狼"，一个个都特别擅长"搞副业"了。

独立团从各地赶来的各指战员陆续进入团部，副政委热烈地拥抱着张大彪。

副政委：怎么样，过得还好吗？

张大彪：（作得意状）我过得好着呢，每天小酒喝着，日本的牛肉罐头伺候着，我都快走不动道喽！

副政委：好啊！哎，带了多少人来呀？

张大彪：（作得意状）不好意思，只有两千多。

副政委：（大吃一惊）两千多人？我的乖乖呀，哈哈，你看你们这些人，平时让你们报编制，一个个都藏着掖着，现在可好，家底都抖出来了吧。不像话，太不像话了，哈哈！

李云龙：（挑帘从里屋出来）吵什么？

众人立正：团长！团长！

副政委递上统计表：团长，你都快当师长啦！

李云龙接过来仔细一看：这么多人！啥时候钻出这么多人？

副政委：（笑着说）你还是问问他们自己吧！

张大彪：（接过话来）这还不算配合咱们的当地武装呢，所有加起来，有上万人吧！

李云龙：看来你们身子骨都硬了，一个个都他娘的成了"土财主"了。老天给了我这个机会，让我指挥上万人作战，我谢谢你们了！我代我老婆，代赵政委，代赵家峪死难的乡亲，谢谢你们了！说完，摘下帽子向大家深深地鞠了一躬。

这里，部队集结的场景充分表现了独立团各营各连的风格，尽管是散布在不同的地方休整，但早已深谙李云龙的风格，深得团长真传的张大彪、黄连长及其他指战员将李云龙任职演说中所推崇的"野狼精神"演绎得淋漓尽致。独立团现在真的成了"野狼团"，秉持着李云龙所说的"吃鬼子的肉，还要嚼碎他的骨头！狼走千里吃肉，狗走千里吃屎！咱'野狼团'什么时候改善生活呀？就是遇上鬼子的时候！"

"野狼风格"和"亮剑精神"不仅成为了独立团的共享价值观，也得到了协同作战的地方部队的认同和响应。就在李云龙率部攻打平安县城的同时，在八路军独立团六连阻击阵地，县大队、区小队正在向六连长老黄积极请战。

县大队长：黄连长，你就布置作战任务吧！

六连长：今天是咱主力部队和地方部队协同作战，我代表我们主力部队表个态，我的任务是盯在此地八小时，只要是八小时之内，一根鬼子毛也不能放过去。除非我们连全部牺牲，希望地方部队同志要有心理准备。如果有困难，现在就可以撤出阵地，我们绝不勉强，谁让我们是主力呢？

县大队长：黄连长，你说这话我就不爱听了，同样是八路军，你们主力部队打仗不怕死，我们地方部队也不是泥捏的。现在开始，我代表地方部队表个态，无论你们主力部队打多久，我们都将奉陪到底。你们不走，我们地方部队坚决不走！

六连长：好！

区小队长：黄连长，要不这么办，我们几个区小队摆在最前沿，等我们打光了，县大队补上，县大队打光了，独立团补上。

六连长：这是什么话？我怎么听着有点儿扎耳朵呢？你们上最前沿，我们当缩头乌龟，那还要我们主力部队干什么？

县大队长：好好好，都别说了，再说就伤感情了。黄连长，还是我刚才说的那句话，从现在开始，我们所有的地方部队，完全服从你的命令了。

六连长：我们连守北边高地，县大队和区小队守南面高地。我们这边轻机枪一打，鬼子就会往你们那边靠，你们等鬼子靠近了，就用手榴弹招呼。

通讯员：报告连长，紧急战报，鬼子集中营马上就要来了。

六连长拔出手枪，县大队长和区小队长也跟着拔出枪来，六连长下达了准备战斗的命令。

独立团所特有的"野狼风格"和"亮剑"精神不仅感染了协同作战的地方部队，同时也对友军带来了巨大的震撼。

在独立团六连、县大队、区小队通过血战坚守针对七个多小时后，晋绥军358团联络官王胜之奉团长楚云飞之命前来劝说六连长退出阵地。

六连长边射击鬼子，边说："好，友军来了，欢迎，欢迎。王联络官找我什么事？"

联络官："黄连长，根据情报，这批鬼子是完整的一个联队建制，携有重武器，考虑到你们的阵地实力太小，我们楚团长建议你们撤出阵地，派出358团阻击。"

六连长（边射击边说）："对不起，多谢你们楚团长的好意，我代表八路军独立团表示感谢。可我接到的命令是守住此地八小时，没有我们团长的命令，就是天塌下来，也要用脑袋顶住。"

联络官："兄弟，别硬抗啦，就你们那点儿兵力，又没有重武器，跟鬼子一个联队干，这不是自己往虎口里送吗？"

六连长（边射击边说）："这你就别操心了，就算进了老虎嘴，老子也能掰下它两颗牙来。通讯员，给我送客。"

通讯员："是！联络官，请！"

最后，子弹打光了，对面阵地的县大队、区小队也全部牺牲，没有一个人撤出战斗。六连长带着坚守到最后一刻的五个八路军战士唱着《八路军军歌》：铁流两万五千里，直向着一个坚定的方向，苦斗十年锻炼成，一支不可战胜的力量……六连长拉响了最后一箱炸药。

晋绥军358团阵地听到了独立团六连阻击阵地的一声巨响，立即通过电话向前沿观察哨了解发生的情况。

副官："前沿观察哨，我是前沿指挥部，八路军的阵地上发生什么事了？"

哨兵："报告长官，鬼子刚刚冲上八路的阵地，我从望远镜里看见，几个八路伤员引爆了一箱炸药，那几个伤员和十几个鬼子都完了。"

副官："什么？"

哨兵："日本鬼子已经占领了阵地，膏药旗升起来了。"

副官："什么？"

副官：（带着哭腔，回头喊道）："团座，守阵地的八路军，全部完了！"

晋绥军 358 团团长楚云飞默默地点点头：都是好汉！

副官：（哭着说）"几百人就这么完了，他们没一个人活着的。"

楚云飞："八路军完了，该咱们干了！命令部队，准备战斗！"

以上场景显示：李云龙为独立团所注入的"灵魂"不仅在独立团指战员身上得到了充分体现，同时也深深感染了县大队、区小队等地方部队，并强烈震撼了楚云飞所率领的晋绥军，赢得了既是"友军"又是"对手"的尊重和敬意。

上述故事完整地呈现了管理者对企业文化塑造的全过程，尽管来源于电视剧这样的文艺作品，但对于现实生活中管理者对企业文化的塑造具有生动而鲜明的指导性。

需要指出的是，一种文化要真正成为企业文化，首要条件就是它应当获得文化主流地位。只有获得主流地位的文化，它才能顺畅地在企业中传播，才有可能被企业的广大成员所认同，成为企业的强势文化。一种文化如果拥有了合法性、可信性和有效性，就可以称作是主流文化了。一种文化的合法性、可信性和有效性都占有了，其主流地位就不可动摇了。剩下的问题是如何使其传播，如何促使组织成员认同和组织外人员识别和接受的问题了。

（资料来源：赵普．管理伦理与企业文化．北京：中国财政经济出版社，2010）

二、思考·讨论·训练

1. "亮剑精神"的内涵是什么？
2. 请谈谈李云龙部队的"亮剑文化"是如何形成的？李云龙在其中发挥了怎样的作用？
3. 电视剧《亮剑》对企业文化建设还有哪些启示，试举其中一个片段予以说明。

案例4 青岛啤酒的企业文化体系

一、案例介绍

2009 年 8 月 15 日，青岛啤酒（以下简称青啤）已经走过了整整 106 年的风雨历程。如今这位"百岁老人"非但没有表现出衰老与疲惫，反而激情勃发、活力十足，销售量居中国啤酒行业首位，是世界第八大啤酒厂商。到底这家百年老店是如何基业长青的呢？除了出色的产品质量以外，百年时间沉淀下来的企业文化才是青啤制胜的关键。在一百多年的发展历程中，青啤企业文化经历了自发、自觉和提升三个阶段，逐渐形成了以表层形象文化、中层制度文化及深层价值理念为核心的完整的企业文化系统（见图 1-1）。

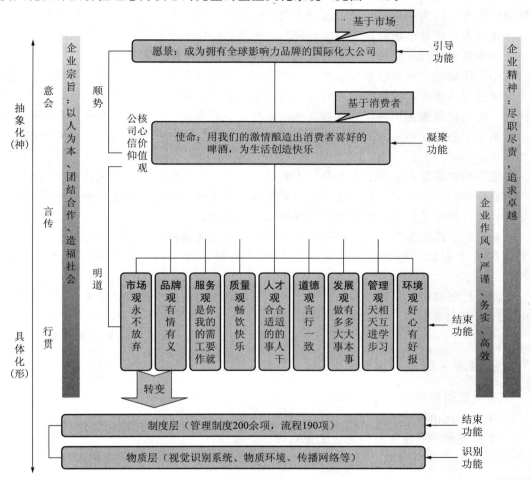

图 1-1 青岛啤酒企业文化系统

青啤文化包括精神、制度、物质三个层面。精神层面包括愿景、使命、核心价值观、理念、宗旨、精神等，是文化的核心和灵魂，是企业的"心"。制度层由精神层转化而来，目前有 200 多项制度，190 余项流程，还包括公关活动、营销活动等，将文化进行科学的、规范化的培育，表现出公司强大的不依赖任何人的制度执行力，是企业的"手"。物质层包括公司的视觉识别系统、物质环境、产品造型包装设计、企业文化传播网络等，是精神层的载体，也是文化最为外在直观的系统，是企业的"脸"。从精神层到物质层，由抽象到具体，由神到形，执行中也有意会、言传、行贯的偏重。

愿景"成为拥有全球影响力品牌的国际化大公司"位于文化框架的最上方，青啤文化是愿景领航的文化，基于市场提出，具有引导功能；使命"用我们的激情酿造出消费者喜好的啤酒，为生活创造快乐"紧随其后，阐明了公司存在的理由和价值，基于消费者提出。这两项是顺势而为，因为不管公司是否做好了充分的准备，啤酒市场已经是一个国际化市场，成为国际化的大公司是市场的客观要求；同时，啤酒的好坏由专家鉴定的时代已经过去了，必须满足消费者的喜好才会使企业生存发展，所以使命强调了消费者导向。

核心价值观是青啤所推崇的基本理念和信仰，体现公司的境界和原则。而核心价值观是基于青啤公司区别于其他组织的独特的文化细胞形成的，既有传承，又有创新，在矛盾中寻求标准，使文化细胞更加健康和有适应性，对员工具有凝聚功能。理念群由核心价值观派生而出，阐明了公司在不同方面的观念立场，有激励功能。这一部分是明道，即阐明青啤生存发展之道。

制度层和物质层部分对所有企业行为和员工行为实行系统化、标准化、规范化的统一管理，形成统一的企业形象，便于统一的经营管理，在文化中起约束作用和识别作用。与明道相对应，这一部分是优术，即寻求文化落地的具体途径。

企业宗旨"以人为本、团队合作、造福社会"和企业精神"尽职尽责，追求卓越"贯穿在文化的各个层面，理念层、制度层、物质层体现了青啤的企业作风——严谨、务实、高效。

如此，青岛啤酒文化体系中的各子系统相互协调相得益彰，使得企业文化在企业成长过程中发挥着强大的作用。青岛啤酒的案例还在 2008 年正式被国际商学院列入教程。

（资料来源：陈春花．企业文化．北京：机械工业出版社，2011）

二、思考·讨论·训练

1. 企业如何构建企业文化系统？
2. 企业文化由哪些要素构成？
3. 请描述出你所在企业的企业文化系统。

案例5 希望集团的企业文化寻源

一、案例介绍

希望集团是刘氏四兄弟——刘永言、刘永行、陈育新（刘永美）、刘永好创办的，是我国最早的私营企业之一。

（一）企业文化寻源之一：企业领导人自身

在一个对刘永行的专访录像里，他的那句"在最困难的时候一定要坚持下去"给人留下深刻印象。作为大陆首富，刘永行注解"财富"："我们创造财富，到底是为自己还是有其他的什么作用？不把这个问题解决的话，就没有了动力。我们现在创造财富，我们拥有财富，已经跟自己的生活没有什么相干了，它实际上是一种社会财富，我们可以用它来创造更多的就业机会，帮助我们的员工，不断提高自己的能力，发挥自己的能力，帮助他们成长起来，让他们产生很强的作用感。这时，你感到你的作用感越来越强，你感到你的工作才有价值。"

刘氏四兄弟创业与同期创业的多数个体户不同：在创业起点上，他们四兄弟都是大学生，都有铁饭碗，不是为了就业，而是为了事业。这无疑是希望企业文化的第一个起源。正因为如此，在他们财富上亿的时候，发出了"做大事不做大款"的倡议，提出了争做"世界饲料大王"的目标。对热血青年创业做忠告时，刘永好说，要有激情，要敢于做，要有吃苦的准备。刘永好将"艰苦创业"四个字誉为新希望事业的传家宝。这也是新希望企业文化的一个起源。

希望企业文化的另一个重要起源，就是共同致富的美好追求。刘永好四兄弟当初到农村创业时得到了新津县委的大力支持，并作出了一年带动十户农民共同致富的承诺。一年下来，他们超额完成了自己的承诺，不仅如此，在希望集团和新希望集团的发展过程中，"共富"一直是他们的不懈追求。新希望集团为光彩事业投资 2 亿多元，在贫困地区建设了 14 家扶贫工厂。白手起家，加上贷款难，刘氏兄弟艰难创业，主要通过自筹资金实现滚动发展，"有一分钱办一分事"。

另外，为了加速企业的发展，抢占时机实现规模经营，刘氏兄弟希望通过对国有企业的兼并来扩大规模。1991 年就与四川内江一国营饲料厂达成兼并协议，但由于政策的限制失败了。1993 年，刘永好当选全国政协委员并在"两会"上提出"国有加民营、优势互补、共同发展"的思路，即有名的"1+1＞2"的理论。并在此思路的指引下，七天与五家国有企业签订兼并协议，成就一段"中南七日行"的佳话，从而开始了希望集团的低成本扩张。"1+1＞2"的发展模式其实是共赢。共赢理念也是新希望企业文化的起源之一。

（二）企业文化寻源之二：推崇和执行的经营管理方式

刘永好领导的新希望集团在世界经济一体化的今天，始终强调，"跟国际的优势企业比我们还是小学生，既然是小学生我们就要练好基本功，小学生的基本功就是'加减乘除'"。新希望所定义的企业推崇的经营管理方式是做好市场经济的"加减乘除"。刘永好对此作出非常详尽而充分的定义，并领导企业具体执行和积极推广。

"加"就是增加诚信和共赢的理念——"我们要取信于我们的客户，取信于我们的员工，取信于政府，只有诚信才能兴业。所谓共赢的理念，就是指大家共同来做，企业才会发展。我们会跟我们的合作伙伴、客户、员工，以及我们的社会共赢，只有共赢事情才能做得大，做得好，做得长。'加'，也是增加国际的理念和现代管理的理念。新希望从农产业走来，我们很乡土，因此需要增加国家化的理念。通过培训、学习、合作，来增强我们现代管理的意识，我们提拔和引进更多的管理干部把他们放在重要的岗位上，这同样是做'加法'。"

"减"就是减去纯家族式管理的一些不足——"纯家族式管理的不足在于外来的管理人

才引不进来，引进来了不能充分发挥才能，这就是不足，我们要减去。减，还是减去老板过多的一些职务。不但减去过多的职务还要减去对很多具体事务的管理。"

"乘"就是要注意生产经营、品牌经营、资本运作的结合——"当我们生产经营做好了，我们就有好的产品了；品牌运作做得好，我们可以把产品卖到很好的价格；我们的资本运作做得好，在资本市场就可以求得一个增值，这个增值就是乘法。其中，生产经营是足，是基础；品牌经营是神，是躯干；资本经营是头，是灵魂；头足正立而不能倒立。新希望实现部分资产上市，成立新希望投资公司，以及引进的金融投资人才就是试图多做一些'乘法'。"

"除"就是要除去一些短期化的行为——"新希望在短期行为上有过深刻的教训。我们要做百年老店就得克服这种短期化的行为，把眼光放长远去考虑问题。还要除掉老板和老总一手遮天的习惯。如果老板或者老总一个人说了算，谁的话都不听，在他那里员工和人才总是留不住，总是会走人。这就是一手遮天的问题，这就得除去。"

（三）企业文化寻源之三：社会经济文化发展

2002 年年底，在创业 20 周年之际，新希望对自己的企业宗旨进行了修改。确立了新的企业宗旨：与客户共享成功，与员工共求发展，与社会共同进步。在此之前，新希望一直沿袭希望集团"与祖国一起发展，与人民携手致富，与社会共同进步"的企业宗旨。原宗旨表达的是一片拳拳报国之心，而刘永好认为，"这个宗旨原则上是对的，但是随着中国市场经济的进程，随着买方市场的形成，随着人本管理意识的增强，我们的企业宗旨需要落实到我们的客户和员工"。

2003 年 3 月，刘永好在新希望商学院给学员授课时对新的企业宗旨做了解释。

（1）与客户共享成功。新希望经过 20 年的发展，取得了一些成功。但是这些成功或者说我们所做的这些事要得到利才能够使我们的企业有更好的成长。另一方面，我们要在这个社会生存，就需要得到政府的满意，得到消费者的满意。我们的客户是哪方面的呢？从税务的关系讲政府是客户；从采购的角度讲供应商是客户；从销售的角度讲我们的经销商、农民朋友是客户，等等。我们要与客户共享成功，要有这样的理念。做什么事都不要做过头了，你把客户的钱赚完了，人家不可能长期还跟你做生意。

（2）与员工共求发展。做企业，单靠少数几个人是不可能的，靠一个人更不可能，新希望集团现在有 15000 名员工，要充分发挥他们的作用，要发挥他们的作用首先发挥各级管理干部的作用。集团总裁现在主要抓各个板块的负责人，各个板块的负责人再抓公司的老总，老总再抓下面的各个部门，形成梯状型的管理体系，而这个梯队管理体系要正常运作只能与员工共求发展。这个共求发展体现在什么地方呢？一是要提高企业经营效益，把企业这个舞台做得更大；二是要给员工发挥潜力、增长能力的机会，让员工随着集团的发展而发展。让普通的员工也有可能成为中层干部或者高层干部，从对公司有小贡献到有一定的贡献，甚至到大贡献。不但对公司有贡献、对社会有贡献、对国家有贡献，甚至今后在其他的岗位上或者到其他的公司去了都会有贡献。这就是我们与员工共同发展的理念所在。

与社会共同进步。社会在发展，国家在发展，给我们提供了发展的机会。党的"十六大"提出 2020 年国家经济总量要翻两番，这就意味着我们的生活水准还要提高很多，这给我们带来巨大的机会。我们应该跑过这个大势，就是说国家翻番我们肯定还要超过这个增长的速度。因为全国的企业有发展得好的，有发展得慢的，我们算是发展得好的，应该超过这个才是。这就是与社会共同进步。与社会共同进步要求我们很多地方都要规范，要创新，要有激情，要与社会同步，共同发展。这就是我们企业的宗旨。

（四）在三因素促成下形成的企业文化

上述因素的相互作用产生了企业从上到下同时又是员工共同认可的企业文化。希望集团搞企业文化从来不是疾风迅雨式的，也不是急功近利式的。在某种程度上，它是一个从自发到自觉的过程。新希望的企业文化留下了刘永好及希望集团刘氏四兄弟创业的鲜明烙印和人格特征。但是当希望集团分化之后，当新希望集团壮大之后，在集团化的管理模式之下，整个职业经理层的文化无疑起着越来越重要的作用了。

像家庭、像军队、像学校，是新希望企业文化的三个层次。一支善打硬仗的军队、一个温暖可靠的家庭、一所培养人才的学校，是希望集团一直塑造的企业形象。在此基础上和新的环境下，刘永好提出新希望的企业文化三段论：要"像家庭，像军队，像学校"。

新希望集团的企业文化具体表现为如下八个方面。

（1）领袖的自律精神。中国正处于大变革的时期。在这个时期成长起来的商界骄子能够不浮躁的委实难得。鲜花、掌声、声誉，对新希望集团董事长刘永好来说，比谁都不差。但是他清醒地认识到：一个人在困难的时候要挺住，在鲜花、掌声、荣誉包围的时候要保持清醒的头脑，看到自己的不足。虽然是亿万身家，但是不显富，不奢华，吃"老三样"，穿普通衣服，每天花费"不超过 100 元"，每天工作不少于 12 小时……正因为如此，刘永好受到了员工的敬重。他的自律是集团员工最好的榜样。

（2）稳健的经营风格。刘氏兄弟自 1982 年下海创业迄今已有 21 年，希望集团和新希望集团始终保持了稳健的发展，年年盈利。之所以如此，刘永好认为主要是抓好了主业，夯实了基础。新希望从事的饲料主业不仅是一个大产业，还是政府倡导、社会需要的"万岁产业"，可以做大做强做长。新希望在行业中扎根十几年不动摇，形成了竞争力，打下了"百年老店"需要的产业基础。

（3）旺盛的创业激情。中国传统文化里确有"小富即安"、"知足常乐"的消极因素。而在现代竞争社会里，企业的发展却可以说是无止境的。与世界优秀企业比，中国的企业还普遍较小，因此要"富而思进"，保持旺盛的创业激情。刘永好认为，激情对一个创业者来说是最为重要的，要生命不息、创业不止。

（4）开放的事业心态。在一个开放的时代必须有开放的事业心态，这样才能够"海纳百川，有容乃大"。新希望在用人上"经营人才，不经营亲情"，并且四条腿走路：内部培养，外部引进，学校招聘，熟人推荐；"土鳖"与"海归"并举，不重学历重能力，"用人不疑，加强监督"。刘永好被认为是一个能用不同风格的人的企业家。希望集团在国内较早地摆脱家族制,为职业经理人在这里找到良好的舞台提供了机会。

(5)持续的学习态度。中国的民营企业家大多是从小地方开始创业、从作坊式开始起步的,视野不开阔是普遍的弱点,因此要通过学习来提高自己的经验管理能力。"不学习,就死亡",这就是刘永好在谈到建立学习型组织时的一个观点。刘永好把学习视为日常必修课,他随身都携带着一支笔和一个本子,把学习到的东西都记在上面,并且每年花1/3的时间用在与国内国际优秀人士的交流上。

(6)团队的管理作风。民营企业大都诞生于能人企业。在一般的民营企业里,独裁专断,自以为"老子天下第一"者,比比皆是。但是新希望集团却不落此套,提倡团队的管理作风,从总部管理机构到各个子公司,都建立了领导小组,重要决策都由领导小组集体讨论作出,并且一直批评和防范"独断专行"、"一手遮天"的现象。

(7)谨严的务实品质。低调、务实、严谨,是新希望集团的内在品质,也是他们做事的风格。体现在经营上,他们认同广告的力量,但绝不搞华而不实的广告炒作和广告轰炸;体现在发展上,他们批判式地论证,不一哄而上,不盲目跟风。

(8)创新的开拓追求。新希望的特点就是不断创新和超越自己。从养殖鹌鹑到转产饲料工业企业,是创新;从推出自有专利产品填补国内空白到成长为国内主要饲料工业企业之一,是创新;从兄弟班子内部调整摆脱家族式管理到资产上市社会化,是创新;从一业为主到多元发展,也是创新;从四川走向全国、从中国走向跨国发展,更是创新。

(资料来源:陈春花.领先之道.北京:中信出版社,2004.有改动)

二、思考·讨论·训练

1.分析影响希望集团企业文化形成的因素有哪些?
2.希望集团"像家庭、像军队、像学校"的企业文化是如何体现的?
3.希望集团在文化的传承方面做了哪些工作,在哪些方面有可以改进的空间?

 培训游戏

文化的力量

训练目的:
本课目旨在让学员体会到团队文化的重要性。人都具有社会性,都渴望归属感。通过建立团队,运用文化的手段,引入激励机制,增强学员的归属感和凝聚力。

训练要求:
1.以小组为单位组织训练,将小组重新分为10~12人的若干小组。
2.教室或操场。
3.每组1面彩旗,1根旗杆,1盒彩笔。

4. 时间约 30 分钟。

操作步骤：

1. 将学员分成 10～12 人一组，每组 1 面彩旗，1 根旗杆，1 盒彩笔。

2. 每组用 30 分钟建立小组的口号、队名、队歌和标志。

3. 讨论：

你们组为什么以这种形式作为建立团队的第一步？如果不是这种形式，还可以是什么？你们的创作是从哪里得到启发和借鉴的？主题是什么？本训练对你们的启发是什么？

注意事项：

1. 刚开始可能大部分组员都不知如何下手，那是因为大家还没有理解团队的真谛，随着训练的深入，学员们的感觉会越来越好，团队的概念会渐渐深入人心，那样完成任务就会容易得多。

2. 组内的每个成员都要积极做贡献，参与团队建设。最后，组内成员要互相进行讲评。

3. 当出现意见不一致的时候，要注意是怎样解决的，这也是训练的一部分。

点评回顾：

文化是团队精神力量的集合，对于这种无形的精神力量，尽管有很多深奥的研究，但作为学员，却未必能够真正领会。通过这项训练，学员可以深刻感受到文化的力量，一个临时建立起来的团队，就因为创作了口号、队名、队歌和标志等文化标识，团队就在潜移默化地凝聚，就开始在和其他组的竞争中体现出战斗力。

作为团队的一员，要热爱团队的文化，只有把团队口号喊响，队歌唱响、牢记团队的誓言、把团队标识当作自己的生命，才会真正地融入团队，焕发出无穷的动力，成为团队真正的一员。

（资料来源：郑云正. 心理行为训练实务. 北京：长征出版社，2008）

思考与讨论

1. 阐释企业文化的内涵。企业文化与人类文化、民族文化是什么关系？

2. 企业文化理论研究的范围和重点是什么，在激烈的市场竞争中企业为什么要重视企业文化建设？

3. 为什么说企业文化的凸显是市场竞争的结果，又反过来为市场竞争服务？

4. 企业文化对企业行为产生怎样的影响？对企业成员的行为有哪些影响？

5. 什么样的企业文化有利于保证企业长期持续的发展？

6. 如何营造充满凝聚力、富有生机的企业文化环境？

7. 你认为影响企业文化的因素中最重要的是什么？

8. 企业文化是企业管理理论新的里程碑，为什么？

9. 企业文化的理论研究在中国主要经历了哪些阶段？当前我国企业文化实践的难点在

哪里?

　　10. 在你工作过的组织或社团里有着怎样的文化,它对组织实现其目标发挥的作用如何?

　　11. 对你所在的大学或学院的文化进行评价。

　　12. 假如你现在代表公司参加一个全国的企业文化交流会,如果只给你 3 分钟的发言时间,你准备就公司文化讲点什么?

　　13. 社会变革会给企业文化带来哪些有利影响?

　　14. 谈谈当前我国企业文化建设的时代特征。

　　15. 你认为本企业应该如何面对文化制胜时代?

拓展阅读

　　[1] 肯尼迪,迪尔. 西方企业文化. 北京:中国对外翻译出版公司,1989.

　　[2] 彼得斯,沃特曼. 成功的探索. 沈阳:辽宁大学出版社,1988.

　　[3] 刘光明. 企业文化史. 北京:经济管理出版社,2010.

　　[4] 刘光明. 企业文化. 北京:经济管理出版社,2006.

第二章
企业文化要素

　　文化意味着公司的工作价值观，诸如进取、守成或者灵活——这些价值观构成公司职工活力、意见和行为的规范。管理人员身体力行，把这些规范灌输给职工并代代相传。

—— [美] 威廉·大内

　　一个组织与其他组织相比较取得何等成就，主要决定于它的基本哲学、精神和内在动力。

—— [美] 小托马斯·沃森

- 掌握企业价值观的内涵、构成;
- 明确企业价值观的取向和培养方法;
- 掌握企业精神的内涵和特征;
- 掌握企业精神培育的原则和方法;
- 掌握企业伦理道德的概念、特征和建设方法。

故 | 事 | 导 | 入

海尔的"砸冰箱"事件

1985年,一位用户向海尔反映:工厂生产的电冰箱有质量问题。首席执行官张瑞敏发现仓库中不合格的冰箱还有76台!研究处理办法时,干部提出意见:作为福利处理给本厂的员工。张瑞敏却作出了有悖"常理"的决定:开一个全体员工的现场会,把76台冰箱当众全部砸掉!而且由生产这些冰箱的员工亲自来砸。张瑞敏明白:如果放行这些产品,就谈不上质量意识,不能用任何姑息的做法来告诉大家可以生产这种带缺陷的冰箱,否则今天是76台,明天就可以是760台、7600台……所以必须实行强制,必须要有震撼作用。结果就是一柄大锤,伴随着那阵阵巨响,真正砸醒了海尔人的质量意识。至于那把著名的大锤,海尔人已把它摆在了展览厅里,让每一个新员工参观时都牢牢记住它。海尔提出:"有缺陷的产品,就是废品!"海尔注重全面质量管理,提倡"优秀的产品是优秀的员工干出来的",从转变员工的质量观念入手,实现品牌经营。坚持"海尔创世界名牌:第一是质量、第二是质量、第三还是质量"的宗旨,走向世界。张瑞敏通过"砸冰箱"事件使海尔职工树立起了"有缺陷的产品就是废品"的观念,以此为开端狠抓管理制度建设、狠抓产品质量控制,使海尔迈上了飞速发展之路。通过狠抓质量管理,海尔获得了我国电冰箱的首块质量金牌,海尔的品牌得以初步树立。

作为一种企业行为,海尔砸冰箱事件不仅改变了海尔员工的质量观念,为企业赢得了美誉,而且引发了中国企业质量竞争的局面，反映出中国企业质量意识的觉醒，对中国企业及全社会质量意识的提高产生了深远的影响。

（资料来源：http：//www.qingdaonews.com/content/2010-02/05/content_8286842.html）

企业文化是一个完整的体系，由企业价值观、企业精神、企业伦理道德与企业形象四个基本要素组成。这四个基本要素以企业价值观为核心，相互影响，形成一个系统的互动结构。这里介绍前三个要素，企业形象要素将在本书第四章"企业形象与企业文化"中加以介绍。

一、企业价值观

价值观是价值主体在长期的工作和生活中形成的对于价值客体的总的根本性的看法，是一个长期形成的价值观念体系，具有鲜明的评判特征。价值观一旦形成，就成为人们立身处世的抉择依据。价值观的主体可以是一个人、一个国家、一个民族，也可以是一个企业。正如美国学者迪尔和肯尼迪所说：价值观贯彻于人的整个活动过程的始终，也贯彻于管理活动的始终。它决定了人们对待客观现实的态度、评价和取舍事物的标准，选择对象的依据及推动人们实践和认识活动的动力。价值观的一致性、相容性是管理活动中人们相互理解的基础，是组织成立、管理成功的必要前提。在经常接触的人们之间如果缺乏这种相容和一致，那么他们之间的交往就会发生困难，就无法进行正常的管理。美国管理学家彼得斯和沃特曼在对国际知名的成功企业深入考察后指出：我们研究的所有优秀公司都很清楚它们主张什么，并认真地建立和形成了公司的价值准则。事实上，如果一个公司缺乏明确的价值准则或价值观念不正确，我们很怀疑它是否有可能获得经营上的成功。迪尔和肯尼迪也指出：对拥有共同价值观的那些公司来说，共同价值观决定了公司的基本特征，使其与众不同。更重要的是，这样，价值观不仅在高级管理者的心目中，而且在公司绝大多数人的心目中，成为一种实实在在的东西，它是整个企业文化系统，乃至整个企业经营运作、调节、控制与实施日常操作的文化内核，是企业生存的基础，也是企业追求成功的精神动力。

1. 企业价值观的构成

企业价值观是由多种价值观因子复合而成的，具有丰富的内容，若从纵向系统考察，可分为如下三个层次。

（1）员工个人价值观。个人价值观是员工在工作、生活中形成的价值观念，包括人生的意义、工作目的、个人与社会的关系、自己与他人的关系、个人和企业的关系及对金钱、职位、荣誉的态度，对自主性的看法等。比如，员工是把工作看做神圣的事业还是谋生的手段；是否把为企业所做的创造、奉献，为企业所尽的责任看作是自己人生的意义；是否把企业的成败荣辱视为自己的成败荣辱；能否像关心自己的前途和荣誉一样关心企业的前途和信誉等。这些观念就形成了员工在工作上不同的价值选择和行为方式。

员工个人价值观的形成，受其年龄、个性特征、需求结构、生活经历、生活方式、学识、能力、人生理想、兴趣爱好、社会风气等多种因素的影响。马斯洛把人的需求归纳为由低级到高级的五个层次：第一层次是生理的需要，包括维持生活所必需的各种物质需要，如衣食、住房等；第二层次是安全的需要，是免除各种危险和威胁的需要，如医疗、养老保障等；第三层次是感情和归属的需要，包括与同事保持良好的关系，得到友爱等；第四层次是地位和受尊重的需要，包括自尊心、名誉的满足，事业成就的认可等；第五层次是自我实现的需要，即发挥最大潜能，实现自身价值，成就其所能达到的最大人生目标，这是最高层次的需要。人们通常按照需要的层次等级去追求需要的满足。在现代社会，人们追求低层次需要的满足一般来说不再是难题，他们的主要追求是个性的发展、自我价值的实现，因此企业员工个人价值观的多样化和复杂化不可避免。员工个人价值观是企业整体价值观的基础。如何使员工感到企业是发挥自己才能、自我实现的"自由王国"，从而愿意把个人价值融进企业整体价值当中，实现个人价值和企业整体价值的动态平衡，是当代企业管理面临的一项重要任务。

（2）群体价值观。群体价值观是指正式或非正式的群体所拥有的价值观，它影响到个人行为和组织行为。正式群体是指有计划设计的组织体，它的价值观是管理者思想和信念的反映。非正式群体是指企业员工在共同工作过程中，由于共同爱好、感情、利益等人际关系因素而自然结成的一种"联合体"。在"联合体"内部，各成员配合默契，行动一致，自觉和不自觉地影响着企业的组织行为和风气。

正式群体，尤其是科层化的正式群体，其本身就是一种体制，具有一定的等级色彩。成员的职务角色、工作内容及各种职务间包含的互助关系、服从关系、机能关系等都相当明确，群体工作目标和价值取向也十分明确。正式群体最关心组织成员是否忠诚，而易于忽略不同人的个性差异。这样，企业的正式群体价值观就有可能和非正式群体价值观发生一定程度的摩擦或矛盾。

非正式群体的形成主要基于血缘、利益或是情感等因素，其特点是：虽然没有明文规定的章程，但成员有共同的形成基础和联系纽带，具有整体性特征；目的十分明确，善于通过各种方式满足自己的需求；在正常情况下，人们习惯性地交往，自然而然地结合在一起，参加与否都是自由的，不存在任何的强制性约束。非正式群体依据一定的主客观条件而产生，条件改变就有可能解体或转型，甚至可以转化为企业的正式群体。企业中的各种非正式群体都有自身的价值取向，这些不同的价值取向与正式群体的价值取向有些是接近的，有些是偏离的，也有些可能是背离的。

有人把正式群体与非正式群体比喻为"一把剪刀的两个部分"，剪刀两部分的夹角平分线构成群体运动的实际方向线。所以，非正式群体价值观一旦形成，必然对企业员工的心理倾向和行为方式产生深刻影响，对企业目标的实现程度产生直接影响。当非正式群体价值观与正式群体价值观一致时，必然促进信息交流渠道的畅通，促进企业整体素质的提高和合力的形成，加速企业目标的实现；当非正式群体的价值观与正式群体的价值观不一致时，必然抵制企业正式群体的目标和行为，阻碍企业的正常运行。因此，企业的管理者必须正视非正式群体的作用，充分利用其特点，把非正式群体价值观引导到正式群体价值观的轨道上来；同时也要善于处理好企业内部局部与整体的关系，善于把企业内部不同正式群体的目标和价值观融入到企业整体目标和价值观之中。

（3）整体价值观。企业整体价值观具有统领性和综合性的特点。它首先是一种明确的哲学思想，包含远大的价值理想，体现企业长远利益和根本利益。其次，企业整体价值观是对企业生产经营目标、社会政治目标及员工全面发展目标的一种综合追求，它全面地体现企业发展、社会发展与员工个人发展的一致性。因此，企业整体价值观指导、制约和统帅着个人价值观和群体价值观。员工和群体只要树立了企业整体价值观，就能坚定人们对整体的信念，使企业目标变为人们的远大抱负，因而也能构筑成一种文化环境，促使每个员工超越自我，把企业视为追求生命价值的场所，引发出企业惊人的创造力。

企业整体价值观是员工个人价值观和群体价值观的抽象和升华，建立在组织成员对外部环境认识和反应态度的基础之上。企业是现代社会大生产条件下商品生产、流通和服务的承担者，是社会经济活动中的基本单位，它的经营活动既有相对的独立性，又是整个社会经济活动的有机组成部分，与社会环境存在着密不可分的复杂联系。一方面，企业需要从社会获取经营要素，如资本、设备、信息、人力资源及各种服务等；另一方面，企业又要向社会输出产品、服务、信息，向国家纳税等。正是在这种资源与能量相互交换的基础上，企业与社会环境各要素之间形成了相互依存、共存共荣的关系，产生了企业对顾客、供应商、经销商、竞争者、政府机构等相关要素的看法和态度，产生了对企业发展目标、经营目的的看法和态度，这些看法和态度成为企业价值观形成的基础。

2. 企业价值观的取向

在西方企业的发展过程中，企业价值观的内容经历了最大利润价值观、经营管理价值观和企业社会互利价值观三次演变。最大利润价值观是指企业全部管理决策和行动都围绕如何获取最大利润这一标准来进行。经营管理价值观是指企业除了尽可能地为投资者获利以外，还非常注重企业内部人员自身价值的实现。企业社会互利价值观要求在确定企业利润水平时，把员工、企业、社会的利益统筹起来考虑，不能失之偏颇。在当代，企业价值观大体包括以下四种取向。

（1）经济价值取向。主要表明企业对义利关系的看法。企业是一个经济实体和经营共同体，因此，其价值观中必定包含十分明确的"盈利"这一经济价值取向和行为准则。但这绝不意味着优秀企业在经济价值取向上是一种单纯的谋利组织，绝不意味着企业的全部经营管理在于谋取利润最大化。倘若一个企业就是一味地、不择手段地赚钱，必然成为一个不受社会欢迎的"经济动物"。企业必须作为一个社会器官在社会中存续，它基本的、直接的目的只有一个，那就是创造市场，满足顾客需求。管理大师彼得·德鲁克说："企业的目的在于企业之外。"为了达到这一"企业之外"的目的，它必须执行两项基本功能，即营销和创新，利润只是企业这两项主要功能的补偿和报酬之一，而不是经营结果的全部内容。因此，企业项目投资、产品开发、营销组合等抉择绝不会完全从盈利出发，其原始诱惑力与驱动力也多半不直接来自于利润率的高低和利润总量的多寡，它们只是事业抉择的限界条件。

（2）社会价值取向。表明企业及其成员对索取与奉献、自我与社会关系的看法。企业是社会的一个细胞，是国家、社会的一个集团"公民"，因此，在经营活动中不能只考虑自身利益，向社会无节制地索取，而应同时着眼于奉献，把增进社会利益、改善社会环境、促进社会发展作为自己的责任。一个健康有效的现代企业价值观往往把社会价值取向提升到这样的高度：其一是确认并积极处理企业的生产、经营活动造成的社会影响；其二是确认社会问题的存在并积极参与社会问题的解决，把解决社会问题视为企业发展的机会，既满足社会的需要，又为企业发展奠定基础。这样的企业社会价值取向使得企业既肩负起多重社会责任，又获得一个日益改善、日渐完美的社会环境。

（3）伦理价值取向。企业伦理价值取向主要涉及企业所有者、经营者、员工之间，企业和消费者之间，企业和合作者之间等重大关系的维持和确立。经营企业如同做人。正直、善良、诚实、讲信用，这些美德不但适于个人，也适于企业。成功的、优秀的公司都极为推崇正直与诚信，并把它作为企业文化的一部分。每个公司都坚信，在信息化和知识化的市场经济环境中，没有正直，不能善待他人、亲和顾客，不讲诚信，就无法经营企业。

（4）政治价值取向。企业是在一定的政治环境中生存的。经济问题、社会问题、伦理道德问题与政治问题紧密相连，在一定的社会历史条件下还可能转化为政治问题。如劳动关系问题和分配问题处理不好，就可能涉及人权、种族、失业等政治问题，对这一系列问题的看法和解决方式，都会使企业形成明确的政治价值取向。中国企业应具有明确的政治价值取向和政治责任感，在创造社会主义物质文明的过程中，注重社会主义精神文明的建设。在管理中坚持以人为本和按劳分配的原则，通过加强民主管理，建立良好的用人机制和激励机制，充分调动劳动者的积极性、主动性和创造性。

3. 企业价值观的培养

企业的价值观是企业文化中最核心的内容，塑造企业价值观是一项艰巨的系统工程。它要求企业遵循员工及群体心理活动规律，正确处理好企业内部因素与外部环境、企业整体与员工个人、企业与社会及传统文化与时代精神、现实与未来等一系列关系，逐步精心培育，才能使企业价值观既有坚实的现实基础，又具有一定的超前性。培育企业价值观，可从以下几个方面入手。

（1）实践总结重提升。要从企业实践中总结、提升企业现有价值观，一般来说，具有一定历史的企业，其价值观总是客观存在的，但由于这种观念形态的东西往往不易被人发现，因此它在企业发展中的地位和作用也就被人忽视了。迪尔和肯尼迪在《企业文化——现代企业的精神支柱》一书中指出，价值观和信念主要得自经验，得自经济环境下各种尝试所积累的结果。企业员工在特定经济环境中进行尝试后知道什么可行，什么不可行，再加以概括和总结，这就是价值观念的理念化过程。任何企业组织无论是处在创业阶段，还是处在发展阶段或成熟阶段，都存在一个确定、恪守或转变价值观的问题，如果企业在实践中已经取得了一些经验，就必须对之加以提炼，使之升华到价值观层次。在确认和进一步培育企业价值观时，要根据企业的性质、规模、类型、员工素质和经营的特殊性来选择适当的价值标准，从而反映出企业的特色。同时，价值观来源于企业实际又高于企业实际，要有超前性，以充分体现企业价值理想和长远目标的要求。

（2）继承传统多创新。坚持在继承的基础上多加创新是培养现代企业价值观的重要方法。企业价值观是一个动态的体系，要随着客观环境和因素的变化，不断注入新的内容，切实保证企业价值观在内容上与企业经营管理实践一样充满活力。在西方企业发展过程中，占主导地位的企业价值观随着生产力的发展和科学技术的进步，经历了三个阶段。中国占主导地位的企业价值观同样在其历史的演变中经历了国家利益至上价值观、国家企业个人三者利益兼顾价值观等不同阶段，打上了不同时代的烙印。从企业价值观的演变历程中可以看出，新的价值观的形成是对传统价值观的扬弃，是对传统价值观的继承与发展，是不断注入时代精神的创新。企业只有坚持经常审视自身的价值观，在继承的基础上不断创新，才能时刻保持企业价值观的勃勃生机。

（3）特色语言巧描述。即用赋有特色的语言来表述和界定企业价值观。富有企业特色的价值观是企业成员对自己企业价值观的高度理性概括，如宝洁的"做正确的事"，IBM 的"IBM 就是服务"，海尔的"真诚到永远"，诺基亚的"科技以人为本"，杜邦的"创造美好生活"。一方面，有特色的价值观体现了企业人的自信，是企业自信力达到成熟阶段的标志。这种价值观不仅在高级管理人员心目中，而且在企业绝大多数人的心目中，都成为一种实实在在的东西，真正起着凝聚、支配人行为的作用。另一方面，有特色的价值观可以使员工产生一种个性感，一种与众不同的自豪感，激励起企业成员的创造潜能和竞争取胜的信心。企业价值观的表述要求：既要具有特色，用与众不同的词语表示，避免雷同，又不能过于空洞和简练。

（4）全体员工皆认同。企业价值观体系的形成要得到员工的普遍认同。提出价值观并非难事，难度较大的是如何把组织倡导的价值观变为企业员工的共同信念，得到企业所有员工的认同。如果价值观仅是停留在口头上，没有融入员工的行动中，就失去了存在的意义。企业倡导的价值观，只有转化为普通员工的信念，才会成为企业实际的价值观。否则，它不仅对企业没有利益，还会扭曲、损伤企业的形象。企业价值观从确立到转化为全体成员的信念，是一个价值观内化的过程，也就是让员工接受并能够去自觉实施价值观的过程。企业价值观内化的过程中，领导者处于主导地位，领导者持续不断地灌输，以身作则，率先垂范，并应树立楷模，通过制度逐步推进。

二、企业精神

1. 企业精神的内涵

企业精神是一个企业基于自身特定的性质、任务、宗旨、时代要求和发展方向，为谋求生存与发展，在长期生产经营实践基础上，经精心培育而逐步形成的、并为整个员工群体认同的正向心理定势、价值取向和主导意识。企业精神是时代意识与企业个性相结合的一种群体精神追求，是企业员工群体健康人格、向上心态的外化，是员工群体对企业的信任感、自豪感和荣誉感的集中表现形态。每个企业都有各具特色的企业精神，它往往以简洁而富有哲理的语言形式加以概括。例如，同仁堂的"同修仁德，济世养生"、海尔的"敬业报国，追求卓越"、歌华的"创业无涯，创造无限，敢为天下先"、日本三Ｓ公司的"善的循环"、美国德尔塔航空公司的"亲如一家"等。

企业精神作为企业文化的组成部分，从形成角度看，它是企业文化发展到一定阶段的产物，是企业文化特质，即最富个性、最先进的内容的反映。企业文化与企业精神的关系，不是简单的包含和被包含的关系。用一个形象比喻，二者好比土壤与鲜花，企业文化是土壤，企业精神是鲜花，只有在肥沃的企业文化土壤上，才能栽培和繁育出绚丽多彩的企业精神之花。否则，再好的企业精神表达形式，没有肥沃的土壤为之提供营养和水分，也只能是昙花一现，或如瓶中插花，迟早总要凋谢。

企业精神决定于企业价值观，是对企业价值观的个性张扬，能够把抽象的企业价值观诠释、演绎为一种具体的信念，对增强企业向心力和凝聚力，将企业各方面的力量集中到企业的经营目标上来提到重要的引导和激励作用。企业文化管理方式的最终目标就是试图寻找一种先进的、具有代表性的共同理想，将全体员工团结在统一的旗帜下，最大限度地发挥人的主观能动性。企业精神的培育是实现企业文化管理方式的重要途径。企业精神渗透于企业生产经营活动的各个方面和各个环节，它能给人理想与信心，给人鼓励与荣誉，也给人约束。企业精神的实践过程即是一种员工共同意识的信念化过程，其信念化的结果，会大大提高员工主动承担责任和修正个人行为的自觉性，从而主动地关注企业的前途，维护企业的声誉，自觉为企业贡献自己的力量。

2. 企业精神的产生

任何企业精神的存在，都是企业生存和发展的客观要求。因此，任何企业的企业精神，都是从企业每个员工的行为、从企业产品制造过程、从企业经营管理的每一个具体环节中，培养、产生和体现出来的。

首先，企业精神首先是在企业中每个员工的具体行为中产生和体现出来的。每一个企业都有自己的经营思想和治厂方针。这就需要在生产经营和企业管理活动中，培育和产生企业精神。企业精神在规范、引导和推动员工个人行为等方面发挥的作用，可以从以下几个方面体现出来。

（1）企业精神体现了企业自己的理想。

（2）企业精神体现了企业鲜明的统一的价值观念。

（3）企业精神规定了企业自己的职业道德内涵，成为规范和影响员工行为的生活准则。

其次，企业的产品制造是最基本的活动，是产生企业精神的沃土。产品生产从形式上看是生产组织和技术问题，其实，企业生产的每一个产品都非常明显地体现着企业精神，产品品种、质量、标准和特点，无不打上企业精神的烙印。由此可见，产品究竟是"死"的还是"活"的，关键不在于产品本身，而要看生产产品的员工在生产过程中是否有一种积极进取的创业精神。只有人具有活力，产品才有活力。这就是说，一方面，企业的产品制造鲜明地体现了一个企业的精神；另一方面，企业精神又是在产品制造过程中逐步培养起来的。

最后，企业精神寓于企业管理之中。企业精神还体现在企业经营管理的各个方面，几乎在管理的每一个具体环节上，都可以感觉到企业精神的存在。长期以来，有的企业管理者只擅长抓单项管理，就技术抓技术，就安全抓安全，就思想抓思想，"各走各的道，各唱各的调，各吹各的号"，往往事倍功半。在现代企业中，企业的每一项管理，都是全面管理，单一的管理是不存在的。企业中各项管理工作，既有其相对的独立性，又有其广泛的联系性，是企业管理整体的一个组成部分。所以，不要把企业精神单纯地看作是和企业的技术、生产、经营没有联系的空洞词句和口号。只有在企业的每一项活动中都着力培养企业精神，只有企业精神本身这种广泛性、全面性得到充分体现，企业管理才能从根本上得到成功，整个企业的生产、技术、行政、经营及各方面的工作才能顺利地、有效地进行。

3. 企业精神的基本特征

从企业精神的塑造和实践过程中可以发现，企业精神具有以下基本特征。

（1）客观性。企业生产力状况是企业精神产生的基础，企业的生产力水平及其由此带来的员工、企业家素质与追求对企业精神的内容有着根本的影响。在生产力低下、企业经营管理水平十分落后的情况下，企业不会产生与高度发达的市场经济相适应的企业精神。企业精神的倡导可以适当超前，但不能脱离现实，成为"泡沫精神"。企业精神是企业现实生产力状况、现存生产经营方式和员工生活方式的反映，这是它最根本的特征。只有正确反映现实的企业精神，才能起到指导企业实践活动的作用。离开了这一点，企业精神就不具有生命力，也发挥不了它的应有作用。

（2）群体性。企业精神是全体员工共同拥有、普遍掌握的理念。当一种精神成为企业内部成员的群体意识时，才是真正意义上的企业精神。当然，企业精神在产生的萌芽时期可能只表现在少数文化楷模身上。只是企业领导者倡导的一种"口号"。如果这种"萌芽"不能生长，说明没有很好的企业文化土壤，企业精神不能形成，如果这种"萌芽"顺利生长，说明有良好的企业文化土壤，经过领导者精心倡导、培育和全体员工的体验和发展，企业精神就会发育，并逐渐走向成熟。此时的企业精神一定是群体意识和共同理想的反映，企业的绩效不是来自于"企业精神"的独特表述，而是取决于这种"企业精神"在企业内部的普及和渗透程度，取决于是否具有群体性。

（3）动态性。企业精神是对员工中存在的现代生产意识、竞争意识、文明意识、道德意识以及理想、目标、思想面貌的提炼和概括。无论从它所反映的内容和表达的形式看，都具有相对稳定性，但稳定并不是固定。企业精神是需要随着时代的变迁、企业内外环境的变化而不断发展的。首先，企业精神是时代精神的体现，是企业个性和时代精神相结合的产物。因此，企业精神的提炼应当能够让人从中把握时代的脉搏，感受到时代赋予企业的使命。从20世纪五六十年代的艰苦奋斗，到八九十年代的竞争创优，再到今天的顾客第一、理性竞争、智慧经营、共享共赢，不同时代造就的企业精神都会打上不同时代的烙印，体现不同时代的主旋律。其次，随着技术进步、市场变化，企业目标不断调整，经营观念不断更新，资产的优化重组及经营体制和管理方式不断演进，都要求企业作出与之相适应的反应，不断充实、丰富或升华企业精神的内涵，这就反映出企业精神的动态性。

（4）卓越性。企业精神是企业最先进的意识和向上风貌的反映，其中必然内生有创造、创新、竞争、进取、求精和追求卓越意识的基因。况且，企业家在企业精神的培育中具有主导作用。企业家在培育企业精神的实践中，自然要把自身敢于创新和冒险的主导意识注入其中并加以强化，具有卓越特性的企业精神是企业活力和财富的源泉。管理者的卓越意识体现在他的战略决策、市场开发、科学管理和有效激励上，员工的卓越意识体现在他对操作的改进、自我管理和自我控制上。任何企业经营的成功与事业的进步，无不是其积极创新、追求卓越的结果，因而从企业发展的角度看，追求卓越是当代企业精神的基本属性，塑造着现代企业精神。

4．企业精神的内容

目前，世界各国先进的企业都非常重视企业精神的培育。如澳大利亚69％、美国77％、德国79％、日本几乎100％的企业都有比较明确的企业精神或类似用语的表述。从其内容来看，主张参与、协作、奉献，已成为现代企业精神的主导意志，值得企业在提炼自身企业精神时作为参考。

（1）参与精神。强调参与，是企业兼顾满足员工各种需求和企业效率、效益要求的基本理念。员工通过参与企业活动，发挥聪明才智，得到比较高的经济报酬，改善了人际关系，实现了自我价值。而企业则由于员工的参与，改进了工作，降低了成本，提高了效率。根据日本公司和美国公司的统计，实施参与精神和参与管理可以大大提高经济效益，一般提高幅度在50％以上，有的可以达到一倍至几倍，增加的效益一般有1/3作为奖励返给员工，2/3作为企业增加的资产投入再生产。培育参与精神，使员工以文化主体的身份参与管理，企业要特别注意引导，要把企业当前的工作重点、市场形势和努力的主要方向传达给员工，使员工的参与具有明确的方向性。

在美国许多公司中，参与作为一种企业精神，要求每个员工每年要写一份自我发展计划，简明扼要地阐述自己在一年中要达到什么目标，有什么需要，希望得到什么帮助，并对上一年的计划进行总结。自我发展计划，一方面是员工实行自我管理的依据；另一方面给每个员工的上级提出了要求：如何帮助下属实现自己的计划，它既可以作为上级人员制订自我计划的基础，又成为对上级人员考核的依据。每个员工应随时提出合理化建议并定期填写对公司意见的雇员调查表，这个调查表可以使那些没有参与管理积极性的人也参加进来，他们对公司工作的评价会成为管理部门主动了解意见和建议的基础。雇员调查表的内容比较广泛，涉及公司业务的各个方面。企业每年进行一次员工评议，包括总经理在内，都要受到他的上级和下属、与他有关的平行部门（企业内外）的评议。

（2）协作精神。协作是大生产的基本要求，也是企业谋求创造整体放大效应的要求。协作不仅能放大整体价值，也能更好地实现个体价值。因此，协作是现代企业精神中的基本要素。

促进协作精神的方法是多种多样的，可以通过确定明确的分工、制定清晰的岗位职责及协作制度等，还可以利用工作后的聚餐、郊游等形式来增进同事之间的私人感情和协作精神，使同事的联系之外加上朋友的关系。日本的企业界，很多经理几乎每天晚上都要和年轻的职员一起聚餐、聊天，直到深夜，这种聚餐已成为日本各公司的普遍做法。在美国，过去有工作后社交的习惯，但一般不涉及同事，近年来，这种社交活动逐渐向同事关系扩展。协作精神还可以通过非正式组织、团队（或以班组，或以部门、临时任务组织，或以兴趣小组为基础）形式来促进企业员工的协作精神。团队在许多现代企业中已成为促进企业员工协作精神的有效手段和组织形式。美国管理学家哈默指出，团队是一个伟大的创造，是现代企业管理的基础，是重新构建公司的一个基本出发点，具有强大的生命力。

（3）奉献精神。奉献精神是与企业的社会责任相联系的。它体现在企业运营中关心整个社会的进步与发展、为社会多做贡献的境界。企业只有坚持公众利益至上，才能得到公众的好评，使自己获得更大的、长远的利益。这就要求企业积极参加社会公益事业，支持文化、教育、社会福利、公共服务设施等事业。通过这些活动，在社会公众中树立企业注重社会责任的形象，提高企业的美誉度，强化企业的道德责任感。

比如，在美国，处于最激烈的市场竞争中的企业深知人才的重要，他们希望有更多的人才涌现，因为那里面就有他们公司的未来。因此，教育成为企业资助最多的领域。芝加哥商学院院长哈马达说，许多公司，无论大小都积极赞助像芝加哥商学院这样的学校，他们的出发点是为了振兴社区和经济，并不是出于一时的利润动机。1995年，芝加哥商学院获得了一项诺贝尔经济学奖，这是他们第四次获奖，是与公司的大力捐助分不开的。资助教育事业不仅对大学科研是重要的，对中小学校的教育同样是重要的，特别是对那些贫困的孩子，给了他们以金钱买不到的精神力量，使他们一生受用。讲奉献精神，不光体现企业对社会的责任感，在企业内部，也体现员工对企业的责任感。尽管在等价交换原则和劳动契约制度面前，不能硬性推行无私和无偿奉献，但企业倡导奉献精神，员工践行奉献精神，每个人都十分清楚，这不仅于企业有益，于个人也有利，倡导奉献精神能够使企业找到企业价值最大化和个人价值最大化的平衡点。

当然，现代企业精神的内容远远不止这几个方面，如创新精神、竞争精神、开拓精神、进取精神等都是现代企业精神的突出表现。这些精神从源泉上讲，多是市场经济条件下企业内生的精神，是企业精神的本质属性。在中国不发达的市场经济条件下，这种内生的精神也应同现代企业所需要的参与精神、协作精神和奉献精神同样加以倡导。

5. 企业精神培育的原则

企业精神的培育是有意识、有目的地进行的，并非自然形成的。培育企业精神，必须遵循以下几个方面的原则：

（1）目标融合原则。人们都有"肯定自我价值"的需要，如果不献身于某个崇高的目标，就不会得到自我价值。但是，员工的自我价值是在为企业目标实现的过程中得到实现的，若是企业目标无法实现，那么，员工个人的自我价值也就无法实现。在培育和塑造企业精神的过程中，只有将个人价值目标和企业目标融合起来，才会在企业的发展方向上形成合力。世界上许多优秀公司成功的经验表明，对于经营成功具有根本意义的，是一个价值观念问题，必须有一种基本的信念，以维系、动员、激励企业的全体员工，去充分调动人的积极性。这正是企业精神所必需的群体价值观念，这种群体价值观念能将员工个人价值目标与企业目标有效地融为一体。

（2）企业优势原则。世界上所有经营成功的企业无一例外都具有自己的企业精神，而每一个企业的企业精神又都有着各自的特色，这是企业优势的特色，没有特色的企业精神或者说体现不出企业优势的企业精神也就无法称其为企业精神。这种所谓的特色正是由于在企业精神的培育过程中，遵循了"企业优势"这一原则的结果。如日本松下公司的"松下七精神"的形成正是体现了松下公司的经营管理特色，因而也就成为松下公司成功的象征，甚至成为日本成功的象征。当前，我国企业改革正向纵深推进。随着新的企业制度的建立，企业精神也会相应地得到建立和发展。但是，应注意的是在企业精神的培育和塑造过程中，不能一味地模仿国内和国外成功的经验，要根据本企业的特点、优势去发展和建立具有本企业特色的企业精神，真正建立起一个具有民族特色、时代特色、企业特色的社会主义企业精神。

（3）亲密原则。这是培育企业精神过程中所应遵循的重要原则。企业是由人组成的群体，在这个群体中，人们相互间必然要结成一定的关系，也就是所谓的人际关系。企业内部的人际关系融洽，员工就会有一种置身于自己家中的安全感、舒畅感和归属感，员工个人就会与企业融为一体，以企业为家、以企业为荣也才能从空想变成现实。于是，企业的发展目标也就成为员工的个人目标，两者在前进的方向上才能形成合力。在这方面，日本的一些企业有其独到之处。日本一些企业家认为，每一个人都有经济、社会、心理和精神上的需要，在他们看来，照顾一个人的整个生活是公司的责任，这个责任不应当推给其他机构（比如政府、家庭或宗教组织）。他们认为，个人的需要能在企业内得到满足，才能努力工作。从这样一种观点出发，日本的一些公司不仅十分重视经营管理，而且十分重视员工的业余生活。日本的某些优秀公司，不仅以高效率的生产和高质量的产品而著称，而且以注重"家庭情感"而著称。

可见，企业的成败，固然有赖于管理水平的高低，同时也有赖于情感维系作用的强弱。每一个员工，不仅希望自己的工作有意义，希望自己在事业上有奔头，而且希望工作本身就是一种有人情味的生活，或至少是这种生活的重要组成部分。在一种融洽的家庭式气氛中，工作上必然会碰到的焦虑、压力才能以种种方式得到缓解，获得成就的喜悦也会有人分享。这种情感需求的满足，必然形成强大的工作动力和职业精神。

（4）共识原则。企业作为一个经济组织，无疑需要加强管理，然而大部分的企业领导者对于管理的概念、领导的概念仅仅理解为"指挥"，或者虽然意识到管理或领导更重要的是组织与协调，但在行动的时候却习惯于"指挥"和发号施令，这样的领导方式往往是不成功的。特别是在现代社会，组织、领导一个企业，与指挥军队打仗有着天壤之别。只有在战斗中的危急气氛中，指挥行为才能成功。企业的经营能否成功，主要应看企业是否能够聚集创造性，企业领导是否能够激励企业的员工和管理人员一道，为企业的发展进行创造性的思考和创造性的工作。由于社会生产力的不断发展，科学技术水平的不断提高，人们通过各种途径都可以获得继续学习、继续教育的机会，因而企业员工的文化素质和文化构成都将得到不断的提高和改善。所以，员工不愿意心甘情愿地被动地接受别人的"指挥"，不愿意放弃自己的独立思考，积极主动地参与企业管理已成为员工的自觉愿望和行动。因此，为适应这种变化了的情况，企业领导必须从"指挥"变成"共识"，也就是说，要善于把领导者的思想、观点和员工的思想、观点融合起来，形成促成企业发展的"共识"。这一原则，在企业精神培育和塑造过程中也是相当重要的。

6. 培育企业精神的方法

企业精神不是自然形成的。既然如此，那么，培育企业精神就有一个方法的问题。归纳起来，这些方法大致有以下几种。

（1）舆论宣传法。加强舆论宣传是培育企业精神的一个重要方法。企业精神虽然本身具有深入人心的渗透力，但其培育和塑造离不开舆论宣传。这是因为，现代社会是"知识爆炸"、"信息爆炸"的时代，信息量的剧增正在改变着人们的生产方式和生活方式，也孕育着人类社会新的文明，即工业文明。特别是今日的中国社会正处于急剧变革的大潮中，信息的及时传播与沟通对于生产的发展和社会的变革是十分重要的。在企业的生产经营活动中，关于企业精神方面的信息是否能够及时迅速地进行沟通和传播，则直接依赖于企业内部的传播媒介，即舆论宣传工作开展得如何。通过舆论宣传可以造成为培育和塑造企业精神服务的舆论环境，使企业精神通过舆论的作用达到深入人心的效果。例如，以铁人王进喜为代表的大庆精神，如果不通过大量的舆论宣传工作，那么是无法达到家喻户晓，人人皆知的效果的。做好企业精神的舆论宣传工作，可以通过办厂报、厂广播站、闭路电视、板报、墙报、文艺演出、报告会、演讲会等多种形式进行。但不论采取哪种形式，都要力戒假大空，要具有真实性、可信性。

（2）领导垂范法。企业精神的培育和塑造总是与模范人物的榜样作用和企业领导的垂范作用紧密相连的，而后者的作用更大，更具实际意义。企业精神培育和塑造的目的在于为企业员工提供一个群体价值观及共同接受和认同的信念与理想。然而，企业的领导人若不受群体价值观和共同信念、理想的制约，并对此无认同感，那么企业精神的培育和塑造就失去了存在的意义，企业也就不会具有向心力、凝聚力，在激烈的市场竞争中当然也就无法战胜竞争对手，求得企业的生存和发展。因此，企业领导必须带头按照企业精神的要求去做，凡是要求员工群体做到的，领导者必须首先带头做到，即使不要求员工做，而对于企业发展有利的事情，领导者也要做。这样，领导的率先垂范作用就会在促进企业精神的培育和塑造过程中得以充分表现出来。

（3）典型启迪法。企业精神包含着企业中先进人物的模范精神，榜样的力量是无穷的。先进模范人物的作用对于企业的广大员工常常具有鼓励、鞭策的作用，而广大员工也正是在先进人物的精神感召下努力向上，为企业的发展贡献他们的力量的。企业精神的培育和塑造可以通过先进人物的模范事迹和榜样作用给广大员工以启迪，从而使广大员工学有榜样，干有奔头。

（4）目标激励法。企业精神的培育和塑造要利用行为科学的研究成果，利用目标激励的方法来进行。所谓目标激励的方法，就是采用种种措施去激发人的动机，使人有一股内在的动力，朝向群体价值目标前进，以利于实现企业的目标。企业员工的表现有好、中、差之分，通过目标激励方法，就是要不断地使表现好的员工，继续保持积极行为，使表现一般的和差的员工，逐步地变成主动积极为企业做贡献的人，促使更多的人能够自觉自愿地去为实现企业目标而奋斗。目标激励的方法在调动员工积极性、实现企业目标、培育和塑造企业精神方面有重要作用。首先，通过目标激励方法，可以把有才能的、企业所需要的人吸引进来，为企业发展而工作，从而增强企业的向心力和凝聚力。其次，通过目标激励方法可以使企业员工最大限度地发挥他们的聪明才智，变消极为积极，从而保持工作的有效性和高效率，以利企业群体价值观的形成。再次，通过目标激励方法还可以进一步激发员工的创造性和革新精神，大大提高企业的经营效果，从而培育企业员工的创新精神和竞争意识。

（5）感情投资法。感情投资的方法在企业精神的培育和塑造过程中尤为重要。因为企业的员工不仅是"经济人"，更重要的还是"社会人"。员工除了关心个人收入以外，更注重工作上的成就感、归属感和工作中犹如家庭一样的亲切、愉快、舒畅的氛围。企业的经营管理人员要自觉地和广大员工融为一体，形成一个民主、平等、和谐的生产经营环境。还要采取多种措施帮助员工解决生活中的困难，改善员工的工作环境和工作条件，关心员工的物质利益和精神生活，尽量满足员工的合理要求。感情投资的方法可以增加企业精神的渗透力，使企业精神能很快地深入人心，成为企业员工的精神支柱。感情投资的方法对于企业精神的培育和塑造，对于企业目标的实现都是十分重要的。

（6）形象教育法。形象教育的方法是企业精神的培育和塑造过程中最直观、最生动的一种方法。所谓形象教育的方法就是通过厂容、厂貌、厂徽、厂旗、厂歌甚至厂服，通过口号、标语等来体现企业的战略目标，同时也通过企业的拳头产品和先进技术不断丰富企业形象，以激励员工的自豪感、责任感的一种方法。整洁的厂容，壮美的厂貌可以激发员工的自豪感；明亮而富有特征的厂徽、鲜艳的厂旗可以激发员工的责任感；嘹亮的厂歌可以鼓舞员工的士气；醒目的标语口号可以感召员工奋发努力；走向全国、甚至世界的拳头产品可以增强员工的创新意识和竞争意识；先进的生产技术可以使员工为社会生产更多、更好的产品。所以，形象教育的方法是培育和塑造企业精神的重要方法。

三、企业伦理道德

企业伦理道德是企业文化的重要内容之一，是一种特殊的意识形态和行为规范，贯穿于企业经营活动的始终和管理活动的各个层面，对企业文化的其他因素及整个企业运行质量都有深刻影响。

1. 企业伦理道德的概念

理清企业伦理道德的概念，应首先看什么是伦理、道德。在印欧语系中，伦理、道德两词分别源于希腊语和拉丁语，其原来含义都是"风尚"、"习俗"的意思。在中国，古代哲学以"道"表示事物运动变化的规律或规则，而把"道"对自己有所得的东西称之为"德"。而"伦理"一词中的"伦"是指人们之间的关系，"理"则是道德或规则。可见，伦理比道德前进了一步，是指人与人之间关系的道德和规则。当代人们常常把伦理和道德合并使用。所谓伦理道德，是指人类社会依据对自然、社会和个人的认识，以是非、善恶为标准，调整人们社会关系的行为规范和准则。企业是一个小社会，企业内部存在着股东、管理者、普通员工相互之间的错综复杂的关系，企业对外与社会公众也有多方面复杂的社会关系。正确处理和协调好这些关系，促进企业的健康发展，就必须有相应的伦理道德。企业的伦理道德就是指调整企业与员工、管理者与普通员工、员工与员工、企业与社会公众之间的关系的行为规范的总和。

2. 企业伦理道德的特征

（1）企业伦理道德与社会伦理道德既有一致性，也有独特性。所谓一致性，是指企业伦理道德反映了社会伦理道德的基本精神和要求，是社会伦理道德的具体体现。但企业伦理道德产生于企业特定的经营活动过程，是企业处理各种经济关系时遵从的特定道德规范和道德要求，因此，又有自己鲜明的独特性。高尚的企业伦理道德是先于社会伦理道德而产生的，是社会伦理道德中的积极因子，显示着社会伦理道德的发展方向。

（2）企业伦理道德与企业规章制度紧密相连，又具有独立性。企业伦理道德与企业规章制度都是企业中调节人们行为的力量。企业规章制度的内容体现着企业伦理道德的基本要求；企业伦理道德渗透在企业规章制度中，通过有关的"章程"、"条例"、"制度"、"守则"、"准则"、"规范"、"规程"、"流程"等形式发挥作用。伦理道德与规章制度具有统一性。必须看到，任何企业，规章制度再严密，对员工行为的约束也有鞭长莫及之处，伦理道德在此时起到补充作用，从而使企业规章制度与企业伦理道德相互结合，产生更大的约束力。企业伦理道德与规章制度存在着职能上的区别，前者要求企业员工"应该怎样做"，但不是靠强制来实现的，后者要求企业员工"必须这样做"，它是一种对禁止性后果的确认，是靠强制力量实现的。企业不能对员工所有的行为均采用强制手段，需要强制的只是员工与企业生产经营正常秩序相联系的行为。而对于倡导的行为，一般要通过倡导某种先进的道德风尚来实现，这就是道德的独立性。

（3）企业伦理道德具有稳定性。企业伦理道德是同企业事业定位、员工的职业生活及职业要求相适应的。由于企业的事业定位及经营特点、员工职业性质和工作岗位保持相对稳定性，因而在企业经营实践中，会形成比较稳定的职业心理、职业习惯和职业道德评价。这种心理、习惯和评价，就会铸成企业员工稳定的道德品质，从而决定了企业伦理道德的稳定性。企业伦理道德与社会伦理道德的一致性，也使其与员工所受的家庭和社会教育相一致，这也强化了企业伦理道德的稳定性特征。

3. 企业伦理道德建设

企业伦理道德建设是一个长期的过程，需要企业与精神文明建设及思想政治工作创新相结合，做好长期规划，作出积极努力。从实践角度看，应做好以下几点。

（1）确立正确道德规范。要发掘企业的优良传统和道德习俗，确立正确的道德规范。企业的优良传统和道德习俗是企业经营及各种交往活动中经常重复出现的、带有一定道德取向的习惯性行为，具有稳定性和大众性。企业进行伦理道德建设，必须善于发掘和吸取传统道德观念和习俗中的精华，注入符合时代要求和本企业实际情况的新内容，建立完善的伦理道德体系和标准，要使员工明确：哪些是对的，哪些是错的；哪些应当做，哪些不应当做。经过长期不懈地灌输、说服、示范、疏导，最终使这些抽象的伦理道德观念，转化为员工可操作的道德规则、规范和标准。

（2）与员工教育相结合。伦理道德建设同员工教育相结合，良好道德的形成不是孤立的，它同员工的政治、文化素质紧密相连。员工具备一定的政治素质和科学文化知识，不仅是提高思想水平和业务技术水平及能力的前提，也是企业伦理道德建设的基础。因此，企业在伦理道德建设过程中必须坚持对员工进行理想信念教育、基础文化教育、科学技术教育、企业文化教育等，使员工能够自觉地意识到自己是企业伦理道德建设的主体，自觉地对自己的行为负责，逐步做到不管是否具有外界的监督，自己都能不断战胜自身的非道德因素，不断提高自身的道德境界和道德层次。

（3）坚持管理创新。企业伦理道德建设要与管理创新相结合。企业伦理道德建设的基本目的之一，就是规范员工的行为，使员工在良好的道德环境中积极工作，发挥主动性和创造精神，为此，企业的管理者应充分利用社会学、行为学、心理学等知识，不断进行管理理念与方法创新，在强化硬性管理的同时，注重发挥软性管理的作用，如改善管理者与员工的关系，尊重员工的意见与建议，扩大民主管理的范围，使员工有更多的机会参与管理与决策等。只要员工有了主体意识和主人翁责任感，就会表现出良好的敬业精神和道德风貌。

（4）强化规章制度建设。企业伦理道德建设要与规章制度建设相结合。企业伦理道德建设是一种心理建设，主要诉诸于舆论与良心。从建设方法上看，一方面要通过对员工进行反复、系统的伦理道德教育，强化员工道德意识，使之形成道德自律，养成道德习惯。另一方面，当某种先进道德被多数人认同后，也需要适时通过规章制度的形式固化下来，使其体现企业伦理道德的要求，成为硬性约束，起到严格规范员工行为的作用。

（5）个人示范和集体影响相结合。个人示范和集体影响是企业伦理道德建设中相辅相成、缺一不可的两个方面。个人示范有两种，一是企业管理者在经营管理过程中身先士卒，以身作则，以自己模范的道德行为成为员工的表率；二是先进人物的典型示范作用，也就是通过挖掘、培养、宣传典型人物，以典型的力量来引导员工自觉遵从企业的道德规范。重视集体影响，主要是利用各种集体活动、礼仪，形成良好的道德风气，使员工置身其中，通过整体氛围的熏陶和互相影响，促进员工提高道德水平。

案例1 弘扬和培育企业精神的长丰集团

一、案例介绍

作为湖南省推进工业化进程的十大标志性企业之一，长丰"猎豹"以其强大的活力赋予了企业无限的生机，同时也给人们留下了许多想象空间和耐人寻味的思考话题。一家曾经烙有浓厚计划经济色彩的国有企业，为什么能在日趋激烈的市场竞争中脱颖而出？一个昔日名不见经传的军械修理小厂，何以一跃成为拥有总资产 37 亿多元的国家大型企业？是什么使它迅速崛起为中国越野汽车市场的一颗最耀眼的明星，而且自 2000 年以来连续三年进入全国工业企业 500 强之列？为此，我们走进了长丰（集团）有限责任公司，领略到一种独特的精神气质，感受到一种浓郁的精神氛围，触摸到一种律动的精神脉搏。

（一）以理念铸就企业精神

任何一个企业都不是物的堆积和人的简单集合，在物的背后，在人的心灵深处，总有精神的基因、精神的力量和精神的足迹，一个优秀企业必定内含着先进的精神理念。正是这些精神理念，成为企业凝聚人心、激励斗志、催人奋进的原动力。长丰集团的企业精神贯穿于 50 多年风霜雪雨、三度艰苦创业之中。

1. 军营铸就的艰苦奋斗精神

很少有企业像长丰集团那样至今还保留着清晨吹响嘹亮军号的习惯，在阵阵军号声中人们开始警醒，机器开始复苏，流水线开始活跃。这是一种形象：军队的形象；这是一种标志：军营的标志；这是一种作风：军人的作风。这一切都源于长丰集团的前身是军工企业，长丰员工的先辈是军人。军队是一所大学校，也是一座大熔炉。这所大学校，这座大熔炉，铸就了长丰企业的军人作风、军人气魄和军人精神。这种作风，就是临危不惧、知难而进的作风；这种气魄，就是团结拼搏、敢打硬仗的气魄；这种精神，就是坚韧不拔、艰苦奋斗的精神。

长丰集团的前身是 7319 工厂，始建于 1950 年 6 月，当时只是广东军区后勤部军械处一个修理所。他们凭借着艰苦奋斗的精神，凭借着坚忍不拔的毅力，硬是敲打出 275 万元的年产值，成功地实现了长丰发展史上的第一次艰苦创业。1965 年 7 月，工厂从繁华闹市广州迁往湖南的偏远小镇冷水滩。迁址意味着白手起家、异地新建。长丰人没有怨言，在穷乡僻壤之间谱写最新最美的乐章，开始了第二次艰苦创业。1996 年 10 月，7319 工厂按照现代企业制度的要求改制为长丰（集团）有限责任公司，真正开始演出猎豹奔腾的时代剧。这是长丰集团的第三次创业。艰苦奋斗终于迎来了春华秋实。2001 年，长丰集团年产值达 25.4 亿元，实现利税 4.2 亿，总资产近 20 亿元。猎豹汽车占领了中国国内轻型越野车市场 43%

以上的份额，成为湖南重点扶持的年销售收入过100亿元的大型企业集团。尽管历史走过了50多个春秋，长丰集团也已成为名副其实的现代企业，但它的军人作风没有变，军人气魄没有变，军人精神没有变。正是这种作风、气魄和精神，成就了长丰企业的精神基石。

2. 市场催生的开拓进取精神

1984年新上任的厂长李建新率领全厂职工勇敢面对市场，积极走向市场，以生产经营为中心，把各项工作转移到生产经营上来；以新产品开发为龙头，把技术工作重点转移到新产品的开发上来；以提高经济效益为目的，把生产经营工作重点转移到经营效益上来，在产品上求新，在技术上求精，在体制上求变，在效益上求好。从传统的军工产品到开发长丰旅行车、猎豹轻型越野车；从普通的维修技术到创造自主知识产权；从铁饭碗、大锅饭到企业实行干部聘任制、用工合同制和工资浮动制，一项一项突破，一步一个台阶，企业面貌迅速改观，企业效益迅速提高，并在引进外资的基础上将企业改造成有限责任公司，实现了由传统企业制度向现代企业制度的根本性转变。

在市场经济的大潮中，他们不仅成功地实现了产品转型、企业转制，同时也发展了企业文化、提升了企业精神。这种精神以艰苦创业为源，以开拓进取为魂，以创新发展为体，是真正具有现代市场经济理念的企业精神。

3. 开放陶冶的追求卓越精神

1992—1994年厂长李建新率人先后赴美、英、德、韩、日等国参观，学习外国汽车制造的先进技术，招商引资，结识了一批外商。从学习国外先进技术，到引进国外先进技术设备和资本，长丰集团逐渐从封闭走向了开放，从国内市场走向国外市场。开放不仅引进了技术和资本，同时，也造就了长丰集团融合多元文化的优势。这种优势不仅是军旅文化与企业文化的融合，也是传统文化与现代文化、民族文化与西方文化的融合。正是在多元文化的相互激荡和碰撞中，长丰集团以其宽广的眼光、博大的胸怀，取长补短，兼收并蓄，形成了奋发向上追求卓越的精神。

（二）以目标激励企业精神

企业精神是企业之魂，它内蕴于员工之中，外显于发展之上。伴随着长丰集团的发展，长丰的企业精神展现其独特的本质和非凡的价值，这种本质和价值既体现在长丰猎豹的图腾之中，也体现在作为领头雁的李建新的生动话语之中——"我崇尚猎豹那种对目标追逐不放的执著精神和奔向目标的快速行动，这就是我们工厂开拓进取的精神"。

1. 以猎豹的敏锐选准目标

企业发展目标是企业的精神动力，也是企业前进的方向。前进与目标相生，机遇与目标为伍，激励以目标为源。在长丰集团的每一个发展阶段，集团的班子总能适时地提出企业的发展战略。20世纪80年代中期至90年代中期，从开发新产品到引进新技术，长丰集团实际上实施的是"科技兴企"和"开放引进"的发展战略；当企业走出困境跃上新的发展台阶时，长丰集团又开始从民族产品市场中寻找商机，从用户对产品需求的变化中发现商机，从产品的不足和缺陷中找准商机，实施产品开发战略；我国加入 WTO 之后，汽车行业面临更多的机遇和更严酷的挑战，企业需要重新确定战略目标，实现跨越式发展，再次推出了行业领先战略；跨入新世纪的门槛，进入全面建设小康社会，加快推进社会主义现代化建设新的发展阶段，长丰集团又适时总结提高，确定了"以专制胜"的战略，即以国家的方针政策为依据，猎豹理念为指导，改革创新为动力，应用现代管理理论和方法，在对企业内外环境进行分析的基础上，避开竞争中的强势企业，抓住市场中的前瞻性产品需求，采用"避强击隙，借名创牌，聚优提炼，以专制胜"的路径和方式，建立自己的专业产品、专业市场、专业技术和专营渠道，并集聚企业资源，形成核心竞争力，保证企业战略目标的实现。

目标昭示着长丰人艰苦奋斗、开拓前进、追求卓越的精神，也激励着长丰人不懈努力、奋力攀登，创造一个个成功，走向一个个辉煌。

2. 以猎豹的勇猛追逐目标

要实现企业发展目标必须迎难而进，勇往直前。长丰人的可贵之处在于为了目标锲而不舍的精神。由汽车修理到整车生产是一场根本性的转变、实质性的突破。为了研制"长丰"牌旅行车等一系列产品，全厂工程技术人员曾经连续奋战三个月；为了研制 CJY6420A 猎豹车，全厂干部职工和工程技术人员一道卷起铺盖住进工棚，不顾春寒料峭，不顾夏日炎炎，夜以继日地干；为了摆脱技术改造、新产品开发资金严重不足的困境，他们一不等，二不靠，解放思想，顶住压力，敢担风险，大胆引进外资，建立现代企业制度；面对中国加入世贸组织给民族汽车工业带来的巨大冲击和挑战，长丰集团积极拓展市场营销渠道，建构市场营销网络，伸展市场营销触角，到 2001 年长丰集团已建立了相对健全的覆盖全国所有大中城市的销售网络和售后服务体系。以猎豹的迅捷实现目标。市场如战场，商机如战机，机遇只垂青于思维敏捷、决策果断、行动迅速的人。长丰的速度是惊人的，从 1996—2002 年，长丰集团的总资产已由 3.75 亿元增至 25.6 亿多元，增幅近 6 倍，汽车产量从 618 辆增至 15 067辆，销售收入由 1.25 亿元增至 29.2 亿元，增幅 22 倍；利税总额由 2220 万元，增至 7.01 亿元，增幅 31 倍；实现利润由 1003 万元增至 3.99 亿元，增幅 39 倍。难怪，当戴克东北亚公司总裁李博德先生看到长丰每 3 分钟就有一台车走下自动化生产线时，连连感叹："真没有想到，在这么个偏远的地方竟有这么一家优秀的汽车制造企业。"

（三）以创新彰显企业精神

"创新发展是企业之魂，是不断超越自我，赶超世界一流的动力之源"，这是长丰员工的座右铭，也是长丰集团企业精神的真实写照。长丰的发展历程就是坚持创新的历程。从技术创新到产品创新，从体制创新到管理创新，从文化创新到环境创新，从营销创新到战略创新，从局部创新到整体创新等，林林总总，方方面面，合成了长丰大发展、大跨越的交响曲。

1. 以忧患意识催生创新

"生于忧患，死于安乐"，在大多数军工企业按部就班照计划行事之时，长丰集团就积极地冲向了市场，当许多人还留恋在政府的襁褓中，嗷嗷待哺之际，长丰集团就勇敢地面对竞争。因为在长丰人的心目中形成了一个共识："一年不出新，没有出路；两年不出新，没有退路；三年不出新，只有死路。"长丰集团随时关注着企业的发展、员工的心态。当长丰创造辉煌、职工小富之后产生骄傲自满、小富即安、不思进取的思想苗头时，他们及时将一个大问号摆在全体员工的眼前：猎豹汽车虽然成为中国越野汽车市场的龙头，但与世界"龙头"老大还有多大差距？现在企业形势虽好，但入世后的国内汽车市场硝烟四起、群雄逐鹿，长丰的优势能保持多久？董事长李建新经常引用摩根的名言告诫自己的员工，"一个企业离破产时间永远不超过 18 个月"。长丰在浓浓的忧患意识中求得企业的生存和发展。

为了将忧患意识植入员工的思想深处，长丰全面推出了危机教育。2001 年，开展产品危机教育，倡导新型质量观，强化猎豹品牌意识；2002 年，开展入世危机教育，讲入世的机遇，讲入世的挑战，激发员工接受入世考验的主动性、积极性、创造性；2003 年开展目标危机教育，强化企业加快发展的主题，鼓舞员工的斗志，增强员工的信心。同时，将危机教育引入企业经营管理机制，建立末位淘汰制，下岗后需经培训后方能重新上岗。这样，真正在企业内部营造了居安思危，不断创新的浓厚氛围，广大员工人人知目标，个个想目标，事事追目标，积极性被调动起来了，自觉求学求新的风气兴起来了，谱写了居安思危，创新发展的新篇章。

2. 以发展战略引导创新

长丰集团在不断创新自己的发展战略过程中，用创新战略引导创新发展，用创新发展推动战略创新，长丰的发展创新实际上就是一个个企业战略的链接与延伸。在长丰的创新过程中，每一次企业战略的实施都给长丰产品一次提升和收获。技术创新使企业有了产品自主开发权，是因为实施了"科技兴企"战略；猎豹品种能不断更新换代，是因为实施了"产品领先战略"；猎豹汽车在国内越野车市场的份额不断扩大，是因为实施了"以专制胜的竞争战略"。战略创新推进了企业创新，战略资源是企业的无形资源。

3. 以开发人力资源推进创新

长丰集团坚持每年从销售收入总额中提取 3％用于产品开发研究，不断加大研发经费的投入；他们把"激活现有人才、引进专业人才、培育创新人才"放在突出位置，从 1995 年以来先后派遣 50 多人出国培训考察，选送 100 多名员工到湖南大学汽车制造专业学习，企业 200 多名中层干部全部在湖南经济干部管理学院接受了工商管理知识培训，2003 年又选送 12 名职工攻读 MBA 硕士学位，近四年来，还从社会上招聘各类专业人才 300 多名。在人才选拔上更是大胆起用新人，先后有 120 多名大学生被选拔到管理岗位，现有的班组长 95％达到了大专以上文化。最近，长丰又在长沙市建成了一个具有相当规模和实力的研发中心，并与湖南大学携手打造长丰汽车工程学院品牌，公司将在未来五年中向湖南大学投资 3000 万元，湖南大学则为长丰培养输送 500 名与汽车专业相关的本科生和研究生，同时双方还将在汽车产品开发、重点攻关项目、企业管理研究与创新等方面开展全方位的合作，这将为长丰的高速发展和不断创新储备战略资源。

4. 以自我超越展示创新

"做企业，一是做人，二是做产业。做人是首位，做产业是关键。"长丰人在创新中实现自我超越，在自我超越中不断创新。他们在产品开发中塑造企业人格，展示技术精良、造型美观的"猎豹"形象；他们在班子建设中凸显政治人格，展示廉洁奉献，团结创新的"领头雁"形象；他们在员工队伍建设中塑造自主人格，展示爱国、爱企、爱岗的"主人翁"形象。长丰的改革形成了自我超越的激励机制，长丰的管理建构了自我超越的约束机制，长丰的教育营造了自我超越的文化机制，努力打造学习型企业。为了调动企业员工的积极性、主动性、创造性，长丰集团在收入分配上实行岗位工资制，向科研岗位倾斜，向营销岗位倾斜，向重要的管理岗位倾斜，向关键的操作岗位倾斜，而且每年拿出巨额奖金重奖创新发明的功臣，仅 2002 年长丰集团就拿出 400 万元奖给公司近 70 名"功臣"；为了在质量上精益求精，在服务上好上求好，长丰集团制定了《劳动用工管理条例》、《经济责任考核办法》、《星级班组考核标准》等制度，真正做到了"工作有标准、岗位有责任、管理有制度、考核有依据"；为了营造自我超越的文化氛围，长丰集团以人为本，创设内外合一、人企合一的人文氛围。创新理念，抢占战略制高点；创新产品，展现企业风采；创新形象，展示企业的文化魅力；创新环境，追求"人企合一"的境界，真正让员工和企业同呼吸共命运，这就是长丰人能够自我超越的雄厚资本和坚实基础。

（资料来源：中共湖南省委讲师团课题组．猎豹奔腾展雄风：长丰集团弘扬和培育企业精神的调查．求是，2004（3）；品牌中国网：http：//www.jipp.cn）

二、思考·讨论·训练

1. 长丰（集团）有限责任公司是怎样弘扬和培育企业精神的？

2. 怎样将企业精神灌输给企业的每一位员工？

3. "创新"在长丰（集团）有限责任公司的企业精神内涵中占有怎样的地位？长丰集团是怎样实现"创新"的？

案例2　德胜：中国当代工商文明的践道者

一、案例介绍

德胜（苏州）洋楼有限公司成立于 1997 年，是美国联邦德胜公司在中国苏州工业园区设立的全资子公司，它的前身是美国联邦德胜公司在中国上海设立的代表处。德胜公司从事美制现代木（钢）结构住宅的研究、开发、设计及建造。

在德胜走过的企业历程中，我们列出如下事项来展示这个公司。

1998 年 2 月，德胜公司被美国住宅协会吸纳为海外会员，成为中国境内唯一一家进入此协会的企业。

2003 年 9 月，江苏省科技厅批准德胜公司成为江苏省高新技术企业。

2003 年 10 月，德胜公司一次性顺利地通过了 ISO 9001：2000 质量管理体系和 ISO 14001：1996 环境管理体系的认证。

2003 年 10 月，经教育部门批准，由德胜公司捐资创办的德胜—鲁班（休宁）木工学校正式开学，首批学生于 2005 年 6 月毕业，并获得中国首批"匠士"学位。中国政府相关领导及美国、加拿大和芬兰等国的驻华大使馆官员参加了隆重的毕业典礼。

2004 年 4 月，同济大学德胜住宅研究院成立，成为同济大学在住宅领域的研发基地。

2005 年 8 月，由德胜公司捐资成立的、专门招收家境困难的农村学生的休宁德胜平民学校正式开学。凡进入该校的学生，衣、食、住、行、学杂费等费用一律全免。

2005 年 11 月，德胜公司被苏州市科技局、苏州市知识产权局确定为苏州市培育自主知识产权重点企业。

2006 年 1 月，"TECSUN 德胜洋楼"被江苏省工商行政管理局认定为江苏省著名商标。

经过数年的发展，德胜公司现已拥有固定资产超过 2 亿元，在定制别墅类行业中具备强大竞争力，多年来一直稳占行业首位，目前约占 80％以上的市场份额。目前，公司年生产的加工能力可以满足 1000 幢以上的木结构别墅工程所需全部材料（以每幢 300 平方米计）。

（一）德胜员工守则

在《德胜员工守则》中记载着德胜董事长聂胜哲讲过的一段话："我就是为了追求秩序，为了使我们这个民族能够符合现代人的准则而追求民主、自由，追求法制，我绝对不能容忍我熟悉的人、我曾帮助过的人蔑视制度，绝对不可以，百分之百的不可以。"从这段话中可以清楚地看出德胜的追求不仅在于做企业赚钱，更在于一种以企业为载体，改变中国人人格和社会的决心与勇气。

1. 英雄

在中国，一般人都崇拜英雄，家庭的教育是让小孩子学习英雄。然而德胜人不这样，他们只推崇踏实的工作作风，只鼓励员工做一个合格的现代人。德胜董事长聂胜哲这样告诫员工："今天无论你是杨振宁也好、李政道也好，无论你是陈逸飞也好、张艺谋也好，只要你在德胜工作，你每天早上一定要默诵这句话：我实在没有什么大的本事，我只有认真做事的精神。"

2. 商业腐败

德胜从来不搞政府关系，更不搞商业贿赂，也不偷税漏税，"做事就靠实力和诚实，能做就做，不能做就不做"。作为买方的德胜，奉行严格的自律，自觉拒绝腐败和暗箱操作，规定"采购过程中，坚决禁止向供货商索要钱财，不准吃请"，"不得接受客户的礼品及招待"，"不得接受 20 支以上的香烟或 100 克以上的酒为礼品，禁止享用 20 元以上的工作餐"，并向供应商发送"反腐公函"，要求"不得向我公司人员回扣现金、赠送礼物、宴请等"。

3. 智慧

德胜人坚决反对阴谋（权谋、谋略），"千万不要把成绩归于自己，把责任推给别人。也不要把阴谋当做智慧"。这句话在每一次德胜公司的会议上都会被反复强调。

4. 公正

中国人一般喜欢根据关系的亲疏来裁定事情的是非，德胜人却崇尚公正。《德胜员工守则》中明确写道："血浓于水"是封建社会留下来的宗族观念。在今天的文明社会里，只有一些落后的原始部落依然依靠"血浓于水"来区分员工关系的疏密及等级的划分。德胜不认同"血浓于水"的观念。竞争必须是在公平状态下的竞争。任何违背公平原则的价值观都是违背现代文明的。

5. 员工

中国人一般喜欢将集体置于至高无上的地位，对个体却极端漠视，德胜正好相反，它尊重每一个员工个体，视"员工的生命为公司最宝贵的财富"。

德胜对员工的塑造着重于人格和修养两个方面。诚实、善良和责任感，是德胜人既要求自己不断追求，也在努力向身边其他的人渗透的高尚人格。媚俗、说假话、职业腐败，在德胜毫无立足之地。

由于长期注重人格的修养，在德胜人身上自然地表现出了正义感、责任感、荣誉感和直至心底的幸福感。在德胜，除了漂亮、干净的洋楼和精心的小区布局外，就是公司充满自信和自尊的工人，"他们长着农民的脸庞，却有白领的气质"。

在中国，人际关系是最让人费心思，也最让人头疼的。德胜公司提倡的却是员工关系简单化。例如，他们规定，"员工之间不得谈论其他员工的表现，不得发表对其他员工的看法，更不得探听其他员工的报酬及其隐私"。

6. 君子文化

德胜的制度和眼光对于君子具有无限的情怀，而对于小人则毫无半点的怜惜。在选才上，德胜一方面以君子的胸怀接纳君子，看人做事，为君子者行，非君子者止。另一方面也在努力塑造君子风范，让员工沉浸于君子文化中，精神借此升华。德胜公司首先以君子示人：

- 不实行打卡制；
- 可以随时调休；
- 可以请长假去另外的公司闯荡，最长可达 3 年，并保留工职和工龄；
- 对处于试用期的员工提出特别提示——您正在从一个农民工转变为一名产业工人，但转变的过程是痛苦的；
- 费用报销不必经过领导审批，签上自己的名字即可，涉及证人的需加上证人的签字；
- 公司不能接受因办公事而自己垫付（支付）的事情发生；
- 工人发现劳保用品、劳保设备欠缺或质量太差无法使用，可以拒绝工作，此间仍享受正常的上班待遇；

- 带病工作不仅不会受表扬，而且会受到相应处罚；
- 公司不认同职工冒着生命危险去抢救国家财产、集体和他人财产的价值观，奉行"生命第一"的原则；
- 公司对包括执行长在内的施工现场工作人员实行强制休息法，强制休息期间享受休息补助，但不允许逛街或娱乐。

7. 程序

德胜成立了程序运作中心，这在中国企业中是第一家，管理者别的什么活都不干，只管所有员工是不是按程序做事。不管你是什么职务，资历多老，不按程序做事就一定要处罚。德胜认为，一件事即使做成了，如果不按程序做，也等于没有成功，即使执行程序有一些浪费，但也是必需的。开车系安全带是程序，一生系几千次安全带，可能没有一次派上用场，但一旦产生作用了，就是性命攸关的事。所以执行程序必须认真。

德胜根据程序的要求，提出许许多多细节规范：

- 拧空调的塑料螺丝，用拧铁螺丝的方法旋是不行的；
- 2593 这栋房子，工地上 3 寸的 L 形弯头，计划用 3 个，结果用了 5 个，得写出理由来；
- 每 6 寸钉一个钉子，就不可以在 6 寸半或 7 寸处钉钉子；
- 洋楼里的一个死角，按程序要花 20 元的油漆，就不可以偷工减料；
- 钉石膏板要把施工者的名字写在板头上；
- 接待室规定晴天开哪几盏灯、下雨天开哪几盏灯，必须严格执行，接待参观的样板房，规定范围内的灯、音乐唱机和电视机必须打开；
- 小区的绿化有虫害，必须弄清楚是食叶类还是食汁类的不同类别的害虫，前者用"敌杀死"，后者用"绿叶通"。

8. 仪式

在德胜有三种类似宣誓、声明之类的做法，使人进一步理解了制度与文化的关系。

(1) 所有的员工都能够并且必须领取一本《德胜公司员工解读手册》，此手册的封二有一段话："我将认真阅读这本手册的内容，努力使自己成为德胜公司的合格员工，靠近君子，远离小人。"下方要慎重地签上自己的姓名。

(2) 公司开工前所有施工人员必须参加时长不短于一小时的会议。会议重申职工守则、施工责任书、施工安全及劳动保护措施和奖惩条例。

(3) 员工在财务报销时必须认真聆听财务人员宣读一份《严肃提示——报销前的声明》，任何时候任何人的每一份报销都要有这个程序。《声明》内容为："您现在所报销的凭证必须真实及符合《财务报销规定》，否则将成为您欺诈、违规甚至违法的证据，您必将受到严厉的惩罚并付出相应的代价，这个污点将伴随您一生。"

9. 价值观

德胜人并不认为道德就是一切，相反，他们相信"没有哪一个人的道德是永恒的"。为此，他们确定了权力制约的规则，公司的管理者包括最高管理者都受到权力的制约。但德胜无疑是中国企业中实践商业伦理的急先锋，他们在制度、技术与道德之间寻求平衡，并努力通过贯彻良好的商业伦理来推动并保障企业的发展。无论是在工厂，还是在平民学校、木工学校，德胜最重要的一件事就是贯彻"诚实、勤劳、有爱心、不走捷径"的德胜价值观。这样的价值观所指向的正是让每一位员工成为一个合格的现代公民，让企业成为一个合格的企业公民，因此，德胜价值观在很大程度上昭示了中国人心灵转变与人格进步的方向。

（二）商业伦理实践

德胜90%的员工来自农村。刚来工作时，这些员工并没有很多的学识、高超的技能，但他们都拥有一颗谦逊、朴实的心。公司认为，这些员工唯一需要的便是爱的提升。通过公司文化的熏陶，让员工散发出人性的光辉。员工的成长也让公司在产品价值生产过程中，有效地坚守了自己的商业伦理底线。

在德胜，从工地上由农民身份转变而成的建筑工人，到公司的行政管理人员直至公司总裁，每一个人都受到同等尊重。在这里没有明确的等级制度。德胜的干部每月换岗一次，把管理工作交出来，手机存放到办公室，实实在在地做一名普通员工，拿工具做诸如打扫并保持公共卫生之类的小事。公司总裁聂圣哲自己做事也常常是"这个事情我在电话里说不清，我要到现场来"。到现场给下属做示范，交代清楚，直到下属满意才离开。这种工作态度已经成为德胜干部的工作作风。

这里的员工有很强的归属感。很多员工喜欢用很浅显的话来表达对公司的感觉：公司既是大家的儿子，又是大家的老子。说是儿子，因为要在公司辛勤地劳动，随着公司的发展壮大，公司会为所有的员工养老送终。说是老子，这就要求所有的员工都能拥有一颗爱心，尽职尽责地为公司服务。大家已经把公司当做自己的家了。一个很明显的例子就是，德胜公司办公的地点，无论你什么时候去看都非常干净。除了经过德胜管家中心的员工打扫外，所有的德胜员工都非常注意保持清洁并主动地处理自己所看到的不洁。

住宅这种高档消费品，客户在购买时非常慎重。因而在交易之前需要以明白的服务、优质的产品消除客户的顾虑。德胜人认为，他们的客户都是一些有修养、重诚信的精英。所有要小聪明的经营对于这些聪明的客户来说都没有意义。客户需要的是诚实、朴素的厂商供应给他们的高质量的产品。而德胜正致力于做诚实、朴素、不要小聪明的高质量住宅供应商。

德胜坚持凡事不走捷径，坚持行有义、正确的事情。同时，德胜相信，只要你认真了，你就有可能成为这个国家的第一名。关于认真，有一个小例子：德胜制造的美制住宅质量广受赞誉。如果仔细观察这些住宅里的接口螺丝钉，便会发现所有的螺丝凹槽都是横平竖直的，绝对无一例外！这是他们严格控制安装工艺的结果。事实上，他们甚至规定了每一个螺丝应该拧多少圈。正是这种精确的标准控制，使得房屋的质量得到最大保证。这样的标准之所以能够被贯彻，就是得益于德胜"不走捷径"的商业伦理。

德胜标准化管理除了使得房屋的质量工艺更加可控之外，更让人对他们一丝不苟的工作态度心生敬意。

作为现代美制木式住宅制造业的佼佼者，德胜一直恪守稳健发展的商业信条。为了保证每一道环节的质量，德胜采用了以产定销的策略，严格控制接单数量。

在选择客户时，德胜也有自己的筛选原则。比如，德胜提出"反腐条款"，即不向客户提供任何的回扣及其他贿赂性回报。他们所能保证的就是在明确的价格下提供优质的产品。这样，那些热衷于做内幕交易的开发商便不愿问津，而德胜正好借此完成了对能够长期合作的客户的筛选。在这种情况下，能成为其客户的公司必然都是一些守信、不会拖欠工程款的高尚公司。从长远看，这对德胜是有利的。

德胜的市场开拓选择的是稳步的标杆式策略。他们建立起反映公司实力并具有公司特色的样板房，供所有的潜在客户参观体验。由于品质及服务的卓越，越来越多的客户认同了德胜的产品，德胜的君子条款也慢慢深入客户的心里。于是，市场之门向德胜敞开了。

为了开拓员工的视野，增强专业技能，从 2001 年开始，德胜公司每年都会派送一批普通员工和技术骨干赴美国、加拿大、芬兰等国家参加学习和培训，以便更好地服务于德胜的客户。

德胜的社会责任感也让德胜精神得到升华。德胜公司一贯重视环保事业，2004 年 3 月 17 日，德胜公司被苏州工业园区评选为"2003 年度环保先进企业"。2005 年 11 月，德胜公司获得"中国生态建筑奖"，是全国唯一获得该荣誉的施工企业。

德胜公司自创建以来，一直积极参与社会公益事业，尽最大努力回报社会。据不完全统计，截至 2005 年年底，德胜向西部大开发事业、贫困人群、各种学术团体、学校及其他文化事业捐款已过千万元。

（三）德胜的核心竞争力

良好的商业伦理及在此基础上形成的产品和服务质量保证已成为德胜的核心竞争力所在。

德胜所在行业并不是一个高科技行业，而是一个需要使用大量农民工的行业，其工作性质决定了他们格外需要员工认真的工作态度，这样才能确保产品与服务的质量。而德胜"诚实、勤劳、有爱心、不走捷径"及其他做人的价值观与此完全一致，因而很好地支持了德胜的市场竞争力。

到底是什么因素使得德胜能够在美制住宅建设方面独树一帜呢？首先是优异的产品质量。早在 1998 年，德胜公司便被美国住宅协会吸纳为海外会员，成为中国境内唯一一家进入此协会的企业。2003 年 10 月，德胜公司一次性地顺利通过了 ISO 9001：2000 质量管理体系和 ISO 14001：1996 环境管理体系的认证。其次是严格的管理制度。由于德胜管理严谨、细致入微，对于客户来说，这就大大降低了产品在生产质量上的风险。再次是独特的企业文化。德胜所倡导的企业文化是既要求自己的员工做君子，也要求公司做君子企业。这种高标准的交易规范，给合作者以很强的信心，使合作者觉得和德胜合作非常放心。

事实表明，很多客户也非常认同德胜对阳光交易的推崇和倡导，这些发展商希望引入德胜的因素，为自己注入新的活力，以提升自己的品牌，并通过展现这种交易品质和优良产品吸引更多精英阶层的消费者。

德胜自己做到诚实守信严格自律，同时对于交易伙伴也提出了守约的要求。对于违反合约的合作者，他们会给予最严厉的惩罚，如停工直至强行拆楼。这种惩罚既维护了公司自己的利益，同时也在践行诚实守信的原则，使得这些不守信者无所遁形。

（资料来源：周志友. 德胜员工世界. 合肥：安徽人民出版社，2006）

二、思考·讨论·训练

1. 德胜（苏州）洋楼有限公司的企业文化有哪些特点？
2. 德胜（苏州）洋楼有限公司的企业伦理建设有哪些具体做法？
3. 《德胜员工守则》在德胜（苏州）洋楼有限公司的企业文化建设中发挥了哪些作用？

 案例3 沃尔玛的企业精神和文化表达

一、案例介绍

2000年4月中旬，美国《财富》周刊公布了一年一度的美国企业500强排行榜，世界最大的零售业公司沃尔玛由1999年的第四位跃至第二位，引得世人瞩目。在40多年前，《财富》首次评选500强时，沃尔玛还没有诞生，但自从1962年第一家沃尔玛商店创办以来，在创始人山姆·沃尔顿的领导下，沃尔玛不断扩张，一步一步地走上世界零售业的巅峰。沃尔玛的成功，首先归功于闪现在沃尔顿身上的杰出的企业家精神。因为正是这种企业家精神促使沃尔顿在关键时刻作出选择，领导企业对环境的变化作出反应，从而不断地创造优势并获得成功。

（一）创新精神

1. 创新的前提：把握机会，突破自我

第二次世界大战胜利后的1945年，沃尔顿从军队复员，他在阿肯色州的新港（Newport）小镇租下一个店面，加盟Ben Franklin小杂货连锁成为一个特许分店，开始经营自己的第一家零售店。20世纪五六十年代，沃尔顿把自己名下的Ben Franklin连锁分店拓展到15家，成为业绩最为突出的分店。

1962年，沃尔顿觉察到折价百货商店（Discount store）有着巨大的发展前景，但Ben Franklin总部却否决了其关于投资折价百货商店的建议。为了把握这千载难逢的机会，沃尔顿决定背水一战，以全部财产做抵押获得银行贷款，终于在同年7月创办了第一家折价百货商店沃尔玛，并获得了巨大成功。

在这次历史转折中，首先沃尔顿必须富有远见，能发现其他人忽视的商业机会。其次，沃尔顿必须具备不断突破自我的创新精神。当时的沃尔顿，已经拥有 15 家 Ben Franklin 连锁分店，如果是常人很可能选择安安稳稳地过日子，但他并没有满足于现状，而是不断突破自我，追求新的成功，尤其是在关键时刻以全部财产做抵押去获得贷款，破釜沉舟、背水一战，终于使新事业得以顺利地发展。

2. 创新的途径：避实就虚，出奇制胜

沃尔玛是一家从偏远地区小城镇发展起来的巨型零售企业，而且在其发展过程中一直遵循避开大城市的战略。在其高速发展的 20 世纪 70 年代，几乎所有的沃尔玛分店都开在人口几千到 2.5 万以内的小镇。

一般折价百货公司认为，人口这么少的小镇，难以支持折价商店低价竞争所需的销售规模，但沃尔顿认为，只要价格确实低，品种确实多，就能吸引来周围几十英里范围内的居民。事实也确是如此，并且由于大型连锁公司往往忽视小城镇，故在小城镇开店的最大好处是难以遇上竞争对手，从而可以一路顺利发展。

沃尔玛采取的战略在兵法上讲就是："避实就虚，出奇制胜。"不可否认，大城市的市场规模大，但许多大型连锁商已经稳居其中，沃尔玛作为一个市场新进入者，想要在大城市占有一席之地，必须付出沉重的代价，并且由于实力有限，很可能"出师未捷身先死"。此时，最理智的战略就是避开对手主力所在的大城市，到竞争较为薄弱的小城镇发展，先一步步地控制小城镇市场，再谋求进一步的发展。"专注于他人忽视的市场，才能取得他人注视的成就。"这就是"避实就虚，出奇制胜"这一伟大的军事原理在商业上的运用。

3. 创新的终极模式：不断尝试，持续创新

进入 20 世纪 80 年代，沃尔玛的目标是进一步发展成为全国性的零售公司，这时，它必将在竞争一贯激烈的美国东北部和西海岸人口稠密、大都会密布的地区遇到强有力的对手。

沃尔玛尝试的经营新形式有：①超级中心（Super center），它的出发点是将沃尔玛式的折价百货店增加一个以食品为主的城区超市以吸引顾客更频繁地光顾商店；②会员制批发俱乐部（Sam's club），主要位于大城市的郊区，经营周转快的家庭用品，经营面积大但品种少，同时提供较大的价格折扣；③特级市场（Hypermart USA），是一个集百货、食品、美容、维修、干洗等服务于一身的购物中心，目的是让消费者一次购齐所需要的一切商品。

特级市场由于过分强调大而全面遭遇挫折，前两种形式却获得了较大的成功。可以说，尝试未必导致成功，但不敢尝试、故步自封最终将导致失败。在全球经济一体化的今天，经营环境正在发生深刻的变化，创新已成为企业生存和发展的最高法则。只有进行持续创新，不断地超越自我，企业才能走上持续发展的道路。

（二）合作精神

1. 企业的内部合作

沃尔顿一直强调的是：公司不仅仅将顾客视为上帝，而且将员工也视为上帝。在沃尔玛，员工被视为"合伙人"，而不是简单的雇员。在物质层面，公司设立了一项利润分享计划，使每位员工都能因公司盈利而获利，而且员工还享有购买公司股票的优先权。在精神层面，沃尔顿重视公司内部员工相互之间的思想沟通，创造了一种让员工感到自己是公司重要的一员的文化氛围。沃尔顿用合作精神去再造企业，通过各种方式不断地改革不合理的因素，创建和谐的企业文化，使部门和个人都充满高度的合作精神，最终通过部门之间、个人之间的合作行为促进企业的发展。

2. 企业间的合作

沃尔玛在计算机通信和配送系统方面有竞争优势，而这种优势恰恰是与其他企业合作的结果。公司在 20 世纪 80 年代初就与休斯公司合作发射了一颗人造通信卫星，先后投资近 7 亿美元建立起据说是世界上最大的民用电脑与卫星通信系统，通过该通信网，每天各个分店各种商品的销售信息将会迅速地传到公司的信息中心和相关制造商的信息系统，从中得出哪种商品畅销、哪种商品滞销的信息，并促使其及时地补充供应。沃尔玛的分店提出的订货要求，最多在两天内就可送到，而一般的零售商需要 5 天的时间，从而在资金周转速度上有很大的优势。由于先进的设施和良好的管理，沃尔玛的配销成本仅为大多数连锁商的一半。通过企业间的合作，沃尔玛低成本、高效率地获得了一系列资源，扩展了自身的能力，为其进一步的成功打下了坚实的基础。

3. 企业与非营利组织合作

沃尔玛在美国与许多非营利组织合作，开展了一系列的社区援助活动。其中包括：为高年级学生升学投保；为儿童医院捐款；同受过特别训练、负责商店环境问题的"绿色协调员"一起，帮助人们了解有关再利用等环保知识。在全国范围内，沃尔玛还致力于以下工作：每年为小镇及城市提供工业捐款以支持其经济发展；为那些攻读工程技术学位的大学生提供捐款。

（三）幽默的文化表达

在沃尔玛内部有一种独特的文化氛围，它体现了一种团队精神，一种美国人努力工作、友善待人的精神，可以称之为企业文化的幽默表达。沃尔玛人一方面辛勤工作，另一方面在工作之余自娱自乐。业内专家认为，沃尔玛的这种文化氛围是员工们努力工作的动力之源，也是沃尔玛获得成功的最独特的秘密武器。

董事长山姆是一位在工作上非常严厉，但在工作之余却非常喜欢寻求乐趣的人。著名的"沃尔玛式欢呼"就是山姆的一大杰作。1977 年，山姆赴日本、韩国参观旅行，对韩国一家看上去又脏又乱的工厂里工人群呼口号的做法颇感兴趣，回沃尔玛后马上试行。

"来一个W！来一个M！我们就是沃尔玛！来一个A！来一个A！顾客第一沃尔玛！来一个L！来一个R！天天平价沃尔玛！我们跺跺脚！来一个T！沃尔玛，沃尔玛！呼—呼—呼！"这就是著名的"沃尔玛式欢呼"。在每周六早上7：30公司工作会议开始前，山姆总会亲自带领参会的几百位高级主管、商店经理们一起欢呼口号和做阿肯色大学的拉拉操。另外，在每年的股东大会、新店开幕式或其他一些活动中，沃尔玛也常常集体欢呼口号。长期以来，它使沃尔玛公司的同仁们紧紧团结在一起，显示出沃尔玛员工的朝气蓬勃，团结友爱，从中可以感受到一种强烈的荣誉感和责任心。

"沃尔玛式欢呼"不仅在美国盛行，而且还"出口"到其他国家。尤其令人不可思议的是，素以严谨著称的德国雇员也同样练习"沃尔玛式欢呼"，而且他们表现出的热情甚至比美国本土的员工还高。公司国际业务负责人博比·马丁说："老实说，谁都知道没人能让德国人这样大声欢呼。然而，沃尔玛做到了。"

的确，没有多少大公司会这样集体喊口号，做操或干一些更疯狂举动的事，大部分公司的董事长更不会在这类活动中亲自带头，并乐此不疲。但山姆就是这样，他对此由衷地喜爱，并认为这正是沃尔玛独特文化的一部分，它有助于鼓舞员工的士气，增强公司内部的凝聚力，促进员工们更好地工作。

1. 以幽默赢得顾客

沃尔玛是从小镇上发展起来的，小镇生活总的来说相当乏味，因此需要自己想办法制造一些热闹气氛。例如，举办户外大拍卖；请乐队和小型马戏团表演；参与小镇拉拉队、花车游行等传统活动。总之，凡是能增添乐趣的事，山姆都不忘尝试，虽然有时也会把事情弄糟。有一年乔治·华盛顿诞辰纪念日时，沃尔玛的一家分店在报纸上刊登广告说，当天在店里将有一台特价电视机只卖22美分，电视藏在店内的某个地方，谁最先找到就优惠卖给谁。结果，该天那家店开门之前就被围得水泄不通，店门打开时，五六百人蜂拥而上，几乎把店给拆了。那天该店的确卖了不少东西，但整个店的秩序完全失控。

沃尔玛经常组织各种各样的游戏，让顾客娱乐其中，包括诗歌朗诵、小朋友钻草堆寻宝、圆月馅饼竞吃大赛等。沃尔玛的这些轻松、愉快的促销方式获得了巨大的成功，它不仅提升了公司在顾客心目中的形象，增加了公司的销售额，也让顾客感受到了购物的乐趣。

2. 以幽默激发员工创造力

沃尔玛的经营哲学是：以轻松创效益。轻松愉快的工作环境缓解了员工们的工作压力，增加了员工的工作兴趣，提高了员工的工作效率。

即使是一些较严肃的会议，沃尔玛也是在轻松中度过的。如沃尔玛星期六早上的晨会，并不都是严肃的话题，有时还会邀请一些店外人士做特别来宾。有鼎鼎大名的商业巨子，如通用电气公司总裁；也有与公司有业务关系的乡下小企业的老板；有时还可能是NBA的体育明星，或俄克拉荷马的乡村歌手。有位喜剧明星被邀请过好几次，每次都会把参会的经理们笑得前仰后合。甚至是一年一度的股东大会，公司也经常会邀请一些演艺人员如歌手等出席助兴。有时候，正事在会上反而被搁在一边，大家在一起做拉拉操，唱唱歌，吵吵闹闹，做些瞎闹、起哄的事。沃尔玛的这种独特的会议风格，并不影响会议的进程；相反，它还更有利于到会者畅所欲言，从而达到有效信息沟通的目的。

心理学家认为：心情愉快时，人的创造力更强。因此，不应该忽略为员工创造幽默、愉快的工作环境。

沃尔玛非常重视为员工创造一个宽松的工作环境，在这样的环境下，员工可以充分发挥自己的聪明才智。其中，一年一度规模盛大的圆月馅饼竞吃大赛就是一位员工在情急之下的幽默创作。1985年亚拉巴马州一分店的助理经理订货时出了差错，一下子多订了四五倍的馅饼，他自己也吓坏了，这东西又无法长时间存放。灵机一动，他想出了吃馅饼比赛的主意以救急，结果反映出乎意料的好。现在，圆月馅饼竞吃大赛已成为每年秋季的大事，因为此项活动给公司带来的销售额高达600万美元。

如果雇主与经理表现出幽默并鼓励员工们在工作时享受乐趣的话，员工就会对工作持有更积极的态度。沃尔玛在这一方面做得很成功。山姆和他的高级主管都非常懂得幽默，只要是能令大家开心的事，他们都会很高兴地去做。山姆·沃尔顿可称为典型代表。有一次，他答应，如果公司业绩出现飞跃，他会穿上草裙和夏威夷衫在华尔街上跳草裙舞。当年公司营业额的确超出了他的预料，于是他真的在美国金融之都——华尔街跳起了欢快的草裙舞。当时被报界大肆曝光，还特别注明他是沃尔玛公司的董事长。公司副董事长也曾穿着粉红色裤袜、戴上金色假发，骑着白马在本顿维尔闹市区招摇过市。

还有一次，山姆俱乐部的员工告诉当时的总裁格拉斯，说是要送他一件猪皮大衣，结果在销售竞赛后，送了格拉斯一只活猪，意为连皮带肉一起送给他。在沃尔玛，高级主管遭受善意愚弄的事是相当常见的，山姆认为这也是公司文化的一部分，它使公司上下级更加贴近，沟通变得更加容易。

尽管有些人认为沃尔玛有一群疯疯癫癫的人，但了解沃尔玛文化的人会懂得它的用意旨在鼓励人们打破陈规和单调生活，去努力创新。"为了工作更有趣。"这就是山姆·沃尔顿的"吹口哨工作"哲学。

（资料来源：中国沃尔玛主页：http：//www.wal-martchina.com；杨刚，向泽映，戴旻等．现代企业文化学．对外经济贸易大学出版社，2007）

二、思考·讨论·训练

1. 沃尔玛的企业精神究竟是什么？
2. 假如你是一个商店经理，你如何赢得顾客？沃尔玛的经营理念和幽默的文化表达对你有什么启示？
3. 当今企业需要怎样的合作精神？
4. 请走进一家沃尔玛店，体会其独到的企业文化。

案例4 新同创企业文化森林论

一、案例介绍

（一）同创的基本情况

南京同创信息产业集团有限公司（以下简称同创集团），是中国跨地区的国有控股集团公司，是国家经贸委重点支持的全国 520 户重点国有企业之一，是国家科技部重点支持的全国千户高科技企业之一，是国家 863 重点项目承担单位和国家火炬计划重点高技术企业，是国家计委网络示范工程项目承担单位，是国家科技部科技创新型基金重点支持单位，是江苏省八大信息示范工程建设单位，是江苏省和南京市信息产业的"窗口"企业。同创集团以互联网产业化为核心，以硬件规模制造、卫星通信宽带接入营运、软件开发生产、信息增值服务为主营方向，同时兼营房地产，是集科、工、贸于一身的中国大型信息产业集团。从创新计算机公司开始算起，到 2003 年，同创已经走过了 12 年的发展历程，经历了三个发展阶段：

创新阶段（1991—1995 年）：同创的前身是创新计算机公司，公司以 300 万元起家，通过艰苦创业，由珠江路的一家不知名的小贸易公司，做到 AST 在中国的总代理，成为南京乃至华东地区最大的计算机公司，并成功地实现了由贸易型公司到产业集团的转变，实现了带动珠江路成为全国闻名的电子一条街的企业战略规划。

同创阶段（1995—2002 年）：同创集团于 1995 年 12 月 8 日成立后，仅用 3 年时间就完成了一举冲上全国 PC 排名第二的历史性跨越，同创集团和"同创"品牌成为中国 IT 业的知名企业和知名品牌。同创与大庆、长春、贵阳、南充等地的企业联合，优势互补，组建了中国规模最大的信息产业群，PC 产能率先突破百万大关。同创的崛起，被 CCID 评价为迄今为止中国 IT 发展的最快速度，为发展民族信息产业作出了历史性的贡献。但是，从 1999 年开始，同创进入战略调整期，遭受了严重的挫折。

新同创阶段（2003 年至今）：企业通过艰苦奋斗，体现成果，创造效益。打好翻身仗，重新确立在中国 IT 业的地位，继续为发展民族信息产业作出应有的贡献。

（二）"森林论"释义

"森林论"是新同创企业文化的核心。

1. "森林论"的表述

"森林论"，即强调新同创在团结起来做大事，员工与企业的共同成长。

（1）"森林论"认为，员工可以存在个性差异，但都能在新同创找到适合自己发展的土壤和空间，并在这种土壤和空间中，使个人的聪明才智得到最充分的发挥，成为企业的有用之才。

（2）各同创企业也可以具有自己的特色，但各具特色的企业都能在新同创找到适合自己成长壮大的条件和机会，并通过这些条件和机会，使企业的能量得到最充分释放，实现各自的企业目标。

（3）在新同创，个人的发展一定是企业的发展，企业的成功一定是新同创的成功。郁郁葱葱的同创森林奉献给社会的，是绿色，是养分，是爱心。

2."森林论"的本质

（1）人是企业核心，我们强调人不是木头而是有生命的群体，发挥人的作用，实现人与企业的共同进步，这是新同创全部生产和经营活动的主线。

（2）新同创人是同学、同志、同事，但更是同人，我们有着共同的目标和价值观。

（3）新同创将通过人的作用的发挥，创造出一个对社会、对家庭、对股东可持续发展的同创生态园。

3."森林论"的外在表现

（1）要乘凉，先种树——自主意识；

（2）前人种树，后人乘凉——奉献精神；

（3）大树底下好乘凉——团结作风；

（4）谁种树，谁乘凉——激励机制；

（5）多种树，种大树——开放心态；

（6）乘凉不忘种树人——职业素养。

（三）"森林论"的产生：历史的承传与创新

1."森林论"来自对企业目标锲而不舍的追求

当同创还只是珠江路上一家不知名的小贸易公司的时候，同创人就在简陋的办公室里盘算着如何以尽可能短的时间，通过艰苦奋斗，把企业做成南京乃至长江流域IT产业的领军企业，不但要在中国IT业界有重要影响，还要争取在亚太乃至在世界都有一定的知名度，并带动珠江路成长为又一个"中关村"。这个当初被人讥笑为"痴人说梦"的狂想，仅用了短短几年的时间，就一步一个脚印地得到实现了！当同创面临着有灭顶之灾的危急关头，有一群同创人毅然舍去了令很多人目眩的政府官员身份和其他"明智"选择，破釜沉舟，与企业生死与共，并且带领企业，历经千辛万苦，终于冲出了乌云压顶、恶浪滔天的黑暗包围圈，进入到艳阳高照的发展新境界。一批批同创人置个人身家性命于不顾，前赴后继，锲而不舍，追求的到底是什么？就是"兴民族产业，创自有名牌"的大业！

这是幼稚的想法吗？当你从"伊拉克战争"中，看到美国的精确制导武器准确地击中伊方的坦克和掩体，伊方却毫无还手之力而土崩瓦解的时候；当你得知在中国仅仅卖20元人民币的日本彩券，在俄罗斯却要卖到20元美金，其原因仅仅是因为俄罗斯当时是没有彩券产业的时候；当你得知中国购入的高型号波音飞机，一吨重量可以卖到 1/5 吨重的黄金，而同等重量的中国产服装，不够买回飞机的轮子，而这又仅仅是因为中国的大型客机产业没有发展起来的时候，你就不会持这种看法。早期的同创一台 PC 卖 4 万元人民币，但同创的志向不是维护这个价格，而是要通过民族产业和自有品牌的发展，把这个价位降下来，并一直降下去！新老同创人坚持认为，在当今世界上，一个没有属于自己高技术产业的民族，不可能真正自立于世界民族之林。因此，当同创人明确选定了"产业报国"的理想和志向后，不论形势如何变化，企业的制度如何变化，都会一如既往地朝着这一目标坚定地前进。

2. "森林论"来自对企业经营运作主要特色和基本经验的深刻总结

同创在 12 年的奋斗中，积累了丰富的经验，初步形成了独具特色的经营战略和运作方法，概括起来，有下列一些特点：

- 站在巨人的肩膀上达到所需的战略高度；
- 审时度势的谋略和敢为天下先的决策；
- 先建市场，后建工厂；
- 以市场换订单；
- 盘活存量资产，实行低成本扩张；
- 致力于激发一切潜能的目标体能论（巧妇敢为无米之炊）；
- 把一件大事分成许多件小事同时推进的并行原则；
- 时间成本大于人力成本；
- 持续创新永不停步的陀螺论；
- 蓝体系、虹品质、绿色服务的质量体系；
- 把炮弹送到最需要炮位上的保障办法；
- 变与不变的哲理；
- 反映"团结、奋争、严明、创新"企业精神的同创人十大标准。

新同创对上述主要特点进行了概括，形成了可资借鉴的同创基本经验。同创的基本经验从根本上进行总结，就是"创新同创"四个字。即自觉把创新的原则贯彻于企业发展的各个环节和各个阶段，用创新的思路和办法解决企业面对的各种矛盾和问题，实现各个阶段的目标任务。并且始终致力于国际国内的广泛合作，联合并运用一切可以联合和运用的资源，壮大同创事业，实现"携手同创，共享成功"。

"创新同创"有以下三个含义。

（1）"创新—同创"：同创是从创新计算机公司发展而来，历史不能忘。一切曾经支持、关爱过企业的领导、各界朋友和合作伙伴不能忘。一切曾经为同创事业奋斗过的全体同创人不能忘。所有过去的、现在的同创用户不能忘。

（2）"创—新同创"：创造一个新同创是企业的目标，为了实现这个目标，我们要继续向困难挑战，向自我挑战，向极限挑战，任何艰难险阻都不能挡住我们坚定的脚步。

（3）"创新，同创"：创新，是新同创的企业根基，也是新同创的历史责任，新同创将永远高扬创新的旗帜，广泛团结各界朋友及国内外合作伙伴。共同创新，不断推进企业的进步。

3. "森林论"来自对企业原有文化的继承和创新

在12年的奋斗历程中，同创也曾经形成了极富特色的企业文化。"木盆论"是早期同创企业文化的核心，也是早期同创企业文化的基本形态。"木盆论"强调，同创的核心理念是共同创造。"木盆论"认为，同创事业是大家共同的事业，全体员工都是同创发展的参与者；做成一件事的诸多要素往往分散在几个人手中，大家团结起来共同做事，就能够发挥各自所长，弥补各自所短，如同在有限的条件下，短板子可以做成能盛更多水的大木盆一样，实现企业的目标。

"木盆论"反映了同创当时在企业宏伟目标和企业自身有限条件巨大反差下的昂扬的精神面貌，区别于联想强调通过不断摒弃短板子来实现更长板子组合的精英理念"木桶论"。作为具体条件下的产物，"木盆论"当时的激励和感召力是巨大的，但是其缺陷也是显而易见的。它带有明显的"军事共产主义"空想色彩，不符合日益完善的市场经济的内在要求；它明显表现出的人本主义缺失，很快转化为"要素寻租"现象，形成管理上的明显缺憾；当企业遭遇重大挫折后，这种难以逾越的人本主义缺失的后果，导致巨大的凝聚人心的控制风险。因此，当企业对市场经济客观要求的认识逐步深化以后，当企业不断反思陷入困境的深刻教训后，当铁的规律性强烈呼唤人本主义回归的时候，当企业确定了重新再来、建设新同创的时候，从"木盆论"走向"森林论"就成为历史的必然。

"森林论"是"木盆论"的继承和创新。它根据与时俱进的时代要求，赋予了新同创崭新的内容；它克服了"木盆论"和"木桶论"的不足和缺陷，又使"木盆论"的合理内核在新形势下得到充分展开；它面向的是新同创的新实践，不是对"木盆论"的简单怀旧，而是着眼于指导新同创的实践；它是新同创企业文化的总概括，是新同创一切运作的总要求，是新同创一切战略决策的总依据。

（四）新同创企业文化："森林论"的基本内容

（1）新同创的核心价值观："同人大有，客户成功。"

（2）新同创的发展战略：① 国际化；② 集团化；③ 知识化；④ 资本化。

（3）新同创的发展思路：① 外联内合，创新发展；② 分工产生专业，协作产生效益。

（4）新同创的企业精神：① 团结；② 创业；③ 诚信；④ 创新。

（5）新同创的企业标识如图 2-1 所示。

释义："同人"与"大有"的组合，喻示着"同人归大有"的易变之理与经营理念。

- 珠算图蕴涵民族文化关于算学的自豪感；
- 卦象图所代表的八卦，被公认为二进制计算机和现代计算机语言的鼻祖；
- 集成电路图反映集成电路是 IT 业发展的基石；
- 键盘图喻示同创人对于计算机的掌握；

图 2-1 新同创企业标识

- 围棋图喻示中国文化对天、地、方、圆的哲学认识。

（6）新同创人的哲学观：① 思维创造世界；② 态度决定一切。

（7）新同创人的使命：① 为社会创造价值；② 为股东创造回报；③ 为家庭创造财富。

（8）新同创人的行为要求：① 问题就是机会，困难就是台阶，成功就是标准；② 做实事，做成事，做共赢的事；③ 从现在做起，从自己做起，从细节做起；④ 把困难留给自己，把便利让给别人，把成功与人分享；⑤ 对工作要勤奋，对股东要忠诚，对自己要自信。

（9）新同创人的自律准则：① 同创利益高于一切，不做任何侵害公司利益的事；② 讲团结，讲协作，讲奉献，不说不做任何不利团结的话和事；③ 勇于批评与自我批评，敢于负责，不争功诿过，遇事不推卸责任；④ 勤于学习，善于创新，不故步自封，不夜郎自大；⑤ 遵纪守法，自觉执行公司规定，不徇私舞弊，不贪污受贿；⑥ 树立家庭意识，遵守社会公德，注意人品端正，讲究文明卫生。

（10）新同创员工守则：① 利润是公司的命脉；② 我们是同人，没有他们，只有我们；③ 问题到我这里结束；④ 每天做最重要、最紧急、最有效果的事；⑤ 不要纵容能力不足的人；⑥ 自动报告工作进度；⑦ 对工作不能说不行；⑧ 不犯第三次同样的过错；⑨ 不忙的时候主动帮助别人；⑩ 无功便是过，有功不自傲。

（资料来源：金思宁，张鸿钧．中国特色企业文化建设案例（第一卷）．北京：中国经济出版社，2005）

二、思考·讨论·训练

1. 新同创的企业文化"森林论"是如何形成的？
2. 结合案例分析如何使企业文化能够带有鲜明的企业个性特征？
3. 企业文化的核心理念的设计应该考虑哪些因素？

 案例5 **首都机场集团的企业文化理念体系**

一、案例介绍

企业文化是企业的灵魂，是企业科学发展的内在动力源泉。首都机场集团始终高度重视企业文化建设工作。随着事业的发展和环境的变化，集团于 2009 年启动了企业文化创新工作，通过广泛调研、评估诊断、设计创新和修订完善，于 2010 年工作会发布了以"天地之道大国之门"为文化主旨的企业文化新体系，开启了首都机场集团企业文化建设的新篇章。

（一）首都机场集团文化创新的背景

首都机场集团于 2002 年 12 月 28 日组建成立。经过不断发展，集团目前全资控股和托管了北京首都机场、天津滨海机场、南昌昌北机场、武汉天河机场、重庆江北机场、贵阳龙洞堡机场、长春龙嘉机场、呼和浩特白塔机场、哈尔滨太平机场等近 40 家机场，另参股沈阳机场、大连机场，并参股管理哥伦比亚 6 家机场，资产规模 1270 亿元，员工 51000 余人。目前，集团在机场管理、机场服务保障、机场建设等方面已初步构建起一体化的发展平台，并在金融证券、临空地产、物流、酒店等领域也有较大发展。

近年来，首都机场集团基础设施迅速升级、经营效益显著提高、国际影响力日益提升，积累了丰富的文化新元素，制定了战略新规划，亟待创新的文化与之匹配和协同。特别是 2008 年 6 月 25 日，胡锦涛总书记视察首都机场时指出：首都机场是"中国第一国门"，首都机场的形象代表了国家的形象；时隔一年，李家祥局长在首都机场大讲堂明确提出："机场是国门，展示的是国家的形象。"多重的内外部因素，为首都机场集团企业文化的创新提供了历史契机。

（二）首都机场集团企业文化体系架构

首都机场集团企业文化创新成果于 2010 年年初正式发布。经过设计创新的首都机场集团企业文化，形成了"一主多元"的企业文化体系架构，具体包含两层含义。①形成了"一主多元"的企业文化架构体系。以文化主旨"天地之道大国之门"为统领，建立了结构完备、系统严谨的理念文化，提炼出新的愿景、使命、核心价值观和企业精神；形成了鲜明的行为文化，制定出简明扼要、导向清晰的员工共同行为准则和管理人员行为准则；丰富了视听文化内涵，重新诠释了企业标识，谱写了企业之歌。文化主旨作为理念文化、行为文化、视听文化的灵魂一以贯之。②确立了"一主多元"的大集团企业文化建设模式：以集团文化为统领，统一文化主旨和标识，在强调整体协同、形象统一的基础上，允许成员单位结合行业特点、地域文化和历史传承，在集团文化的指引下设计彰显个性的子文化体系，兼顾了母文化的整体性和子文化的多样性，形成百花齐放、"形"散"神"聚的企业文化建设格局。

（三）文化主旨：天地之道大国之门

首都机场集团作为天地间广阔事业的开拓者，上承"天时"，弘扬行健自强之毅志；下载"地利"，秉承厚德载物之精神。在汲取优秀传统文化、结合企业经营管理实际的基础上，创新提炼出集团企业文化主旨——"天地之道大国之门"。"天地之道大国之门"是集团广大员工智慧的结晶，是集团企业文化创新成果的代表，是集团发展的思想基础和文化灵魂。

1．天地之道

《周易·泰卦》："天地交，泰。后以裁成天地之道，辅相天地之宜。"天地阴阳交通往来，促进万物生长发育，永葆蓬勃生机，这是宇宙自然所遵循的普遍规律。"天地交而万物通，上下交而其志同"，企业文化正是沟通天地、上下，使"同欲者胜"的重要工具。

"天地之道"的"道"，核心是规律，是认识论。规律是指事物运动发展过程中固有的、本质的、必然的、稳定的联系。善于把握规律，是企业和员工应有的科学态度和追求真理的精神。首都机场集团是以北京首都国际机场为龙头的机场管理集团，机场业是集团的主体。连接天地的跑道是机场最突出的特征，集团要把握企业发展普遍规律和机场业自身的特殊规律，铺设连接天空和大地的跑道，开创广阔的事业。《周易·恒卦》："天地之道，恒久而不已也。""恒"是恒久，指事物存在的一种稳定平衡正常的秩序。恒与动、常与变是一种辩证统一的关系，在创新中趋于稳定平衡，达到恒久不已的持续发展。集团志存高远，脚踏实地，专心、专注、专业，坚持机场作为公共基础设施的定位，致力于发挥机场在国民经济社会发展中的战略作用，努力提升顾客对机场工作的满意度，打造让员工拥有喜悦和未来的广阔平台，追求基业长青，实现企业的"恒久不已"。

2．大国之门

伟大的中国不仅具有五千年光辉灿烂的文化底蕴，同时伴随着经济的快速崛起，吸引了越来越多的世界目光。经济持续发展，综合国力不断增强，国家地位日益提升……在世界局势的发展变化中，中国已成为举足轻重、不可或缺的大国。

随着中国综合国力的增强和在世界格局中地位的崛起，中国也开始逐步由民航大国向民航强国转变。民航是一个国家与世界连接的重要渠道。机场，作为民航发展的先导和基础，是一个国家或地区的门户。首都机场集团作为中国民航机场事业的开拓者、引领者，作为国家的门户和链接世界的窗口，担负着推动民航事业、驱动经济发展、传播社会文明、展示大国形象的光荣使命。因此，首都机场集团麾下每一个机场、每一个岗位都应努力提升安全服务水平，着力打造安全之门、便捷之门、舒心之门、开放之门，展示伟大中国全面复兴的形象。

（四）核心理念

1．愿景：具有国际竞争力的机场集团

愿景是首都机场集团全体员工共同追求的具有挑战性的远大目标和发展蓝图，回答了"我们会成为什么"。构筑企业愿景，既能够调动员工的积极性、创造性和群体智慧，激励大家为实现这一共同目标而努力奋斗，同时也是创建学习型企业的基本途径之一。首都机场集团结合发展战略和战略目标，确立了"具有国际竞争力的机场集团"的愿景。

"机场集团"明确了首都机场集团的企业特性，突出了集团以机场管理、机场服务保障和机场建设为主业的战略导向，力求通过机场集群建设和产业链管理发挥得天独厚的规模效应与资源优势。

"具有国际竞争力"既是建设民航强国的应有之义，也是实现民航强国目标的核心要素之一。首都机场集团作为中国机场业的引领者，应致力于培育卓越的国际竞争力，着眼国家经济战略，放眼全球化发展，打造行业标杆，塑造品牌形象，为社会进步持续贡献力量。着眼集团发展，结合集团实际，"具有国际竞争力的机场集团"应当体现在七个方面：①成为国际机场业安全和服务的典范和标杆；②具有良好的社会效益和经济效益；③能够形成规模效应和集群效应的良性循环；④具有可输出的先进标准体系和管理模式；⑤具有经验丰富并能解决复杂问题的专家型管理团队；⑥形成了独特的文化和具有影响力的品牌；⑦具有持续引领行业发展的创新能力。

2. 使命：倡行中国服务，展示国门形象

使命体现了首都机场集团对社会、国家、合作伙伴及员工等利益相关者所担负的责任，体现集团作为一个社会经济组织存在的价值和意义，回答了"我们要做什么"。机场是一个国家或地区的门户，展示的是一个地区乃至国家、民族的形象。首都机场集团要做"中国服务"的首倡者，要做具有世界领先水平、富有民族文化底蕴的"中国服务"的践行者。

"中国服务"是具有中国传统文化特征、体现现代世界先进服务理念的服务。全面透视改革开放30年来中国企业和中国经济的发展历程，"中国制造"见证了这一辉煌历史。随着改革发展的深化，中国社会正由工业化向现代化迈进，如何推动"中国制造"向"中国创造"转变？联系中国正处于制造业向服务业发展的阶段，联系首都机场集团所在的服务行业的特点，集团领导通过主流媒体创造性地提出了"中国服务"这一颇具挑战性的理念。"中国服务"是"中国创造"在服务业的体现，是中国现代产业转型和发展的必然产物。首都机场集团力争在品牌形象的树立、服务标准的引领、服务创新的推动、全球范围的影响等方面达到世界领先水平，成为"中国服务"的重要形象代表。

首都机场集团不断深化对"倡行中国服务"内涵的认识，"倡行中国服务"需要我们具备安全、高效、优质的保障能力；需要我们给顾客创造简单、顺畅、便捷的服务流程；需要我们给顾客带来舒适、愉悦、超值的服务体验；需要我们成为新科技与环保手段应用的典范；需要我们践行向世界展示中国文化魅力的使命；需要我们打造一支感恩、友善、诚信的专业团队；需要我们建设让所有员工感到幸福和归属的家园；需要我们践行超越组织边界管理的服务文化；需要我们创新与众不同的特色化服务。

我们相信，已经创造出"中国制造"品牌的中国企业，也有能力在不久的将来，让"中国服务"走向世界，让"中国服务"举世瞩目。

3. 核心价值观：诚效知行　和谐共赢

核心价值观是集团和员工基本的价值取向和价值评判标准，是集团持续发展的基石，回答了"我们是非取舍的标准是什么"。

在集团的发展历程中，"诚效知行和"的价值元素发挥了重要作用，并且在员工中认同度高，广为传诵、记忆深刻。同时，前瞻集团未来发展，这五个价值元素仍然有助于企业的发展。在尊重员工共识和选择的基础上，首都机场集团继承了原来企业文化中"诚效知行和"的价值元素，根据时代发展的要求，提出了"诚效知行和谐共赢"的核心价值观。

"诚效知行和谐共赢"是"天地之道大国之门"文化主旨在价值取向和评判标准方面的具体体现。同时，与以往"诚效知行和"的表述形式相比，不仅在形式上有所变化，还进一步突出了"诚"、"和"在核心价值观中的地位，"诚"、"和"是核心之核心。

"诚"是"诚效知行"的核心。《中庸》："天地之道，可一言而尽也。其为物不贰，则其生物不测。""为物不贰"即"诚"。《孟子》："诚者，天之道也；诚之者，人之道也。"诚是"天地之道"的价值体现。我们以"诚"为立身之本，以"诚"为立业之基。经营讲诚信，视诚信胜于生命，以诚信打造百年老店；服务讲真诚，视客户为亲人，创造优质服务；事业讲忠诚，爱岗敬业，发挥潜能，奉献才智，实现个人发展与企业发展的有机统一；对员工要坦诚，集团通过建立管理层与员工沟通渠道，上下意志相通，心灵相通，同心同德，共同创造美好事业，这一切都建立在"诚"的基础之上。

《周易·泰卦》："天地交，泰。后以裁成天地之道，辅相天地之宜。""泰"是平安、美好，寓意企业发展欣欣向荣；《周易·恒卦》："天地之道，恒久而不已也。""恒"是恒久、永恒，寓意企业发展基业长青。"泰"和"恒"反映在企业中，就是"效"的表现。"效"是"天地之道"的效用。从这个意义上说，"诚"、"效"都源于"天地之道"，彼此同根。作为企业，我们运营求效率，经营求效益，管理求效果。"诚效"在企业经营管理实践中，强调要以义取利，见利思义，追求合于"义"的利，以效助诚，义利共生。

"知"是认识，"行"是实践。"知行"是"天地之道大国之门"内在认识论、方法论的体现。王阳明提倡"知行合一，格物致知"，一方面要穷究事物的原理法则而总结为理性知识，找寻规律，觅"道"；另一方面，不仅要懂得道理，还要不断进行实际运用，循"道"。首都机场集团的企业文化，主张知行合一，建立学习型组织，改善心智模式，提高执行能力，使思想和行为合于企业管理的规律、机场运营的规律、社会发展的规律。

"和"是"和谐共赢"的核心。"和"是中国传统文化的基本精神之一，也是中华民族不懈追求的理想境界。举世瞩目的 2008 北京奥运会开幕式巧妙地将中华之"和"展现在世人面前，展示了博大精深的中华文化。奥运前夕，胡锦涛总书记视察北京首都国际机场指出：首都机场是"中国第一国门"，代表着国家的形象。因此，"和"应当是"大国之门"形象的集中体现。"和"为形象之魂，"和"为发展之翼。"和而不同"为"谐"。五音各有高低，只有各组成部分之间协调地相互联系在一起，谐合于音律，才能谐奏出美妙和谐的乐章。我们是跨行业的企业集团，各成员单位均有各自的定位和职责，以及不同的专业化分工，为了共同的愿景、使命，彼此协作配合，就能共同创造集团美好和谐的未来。

"和谐"需要我们和善修身，和睦共事，和衷共济，配合得当，协调得宜，营造稳定和谐的企业内外环境。"共赢"是中国传统价值文化和现代对外开放相融合的产物，是发展自己、成就他人的智慧，是相关者价值取向的统一，因此，"共赢"是"和谐"的基础。我们要奉献国家、社会，要与客户、合作伙伴、员工及各种利益相关者建立利益共同体和命运共同体，共创共享，共同发展。

4. 企业精神：勇担重任　敢于创新协同奋进

企业精神是首都机场集团全体员工在生存发展过程中所形成的群体意志、思想境界和理想追求，回答了"我们做事要具有什么样的精神状态"。"勇担责任敢于创新　协同奋进"的企业精神是集团全体员工长时间奋斗、实践过程中的精神浓缩，是推动首都机场集团持续、健康、科学发展的动力。

（1）勇担重任。"勇担重任"取自首都机场"团结协作、勇担重任、甘于奉献、使命必达"的T3工作精神，源自"战争时期怕死不当共产党员，和平时期怕苦不干扩建工程"的新扩建精神，吸收了重庆机场企业文化"责任和奉献"的精神内涵，是首都机场广大员工牢记为国争光的责任，克服困难取得胜利的决心和勇气；是全集团各成员单位和广大员工责任精神的结晶。集团所肩负的责任要求，需要每一名员工对从事的每一项工作、每一个环节负责；勇于担当急难险重任务，推进民航强国战略；勇于肩负国家和社会赋予我们的政治、经济、社会责任。

（2）敢于创新。创新是集团承担重任、发展事业的必然选择。面对新形势、新任务，集团唯有以改革创新的精神，应对挑战，不断开创集团发展的新局面。集团和各成员单位的发展实践从不同层面反映了创新的精神，集团原宗旨中"创造、创新、创业"的"三创"精神深入人心，湖北机场集团的"敢为人先"，江西井冈山精神的"敢闯新路"，建设集团提出的"创新为魂"等，都是创新精神的体现和结晶。新的历史时期，集团全体员工仍然要敢为人先、敢闯新路、敢于创新、积极探索；用创造满足客户需求，用创新谋求集团发展，用创业实现人生价值。

（3）协同奋进。"协同"是集团发展的客观需要。机场是各成员单位展示形象、服务旅客、实现价值的舞台；集团是广大员工成长发展、共荣共进的平台。所有成员单位和员工都应当深刻体会"同在国门下，同是一家人"的深刻内涵，铸造集团化、跨边界的协同精神。"奋进"是集团发展的真实写照。"奋进"源自湖北机场企业文化的"奋进不息"、民族证券企业文化的"和谐、进取"，源自"天地之道"的深刻内涵——"天行健，君子以自强不息；地势坤，君子以厚德载物。"自强是员工成长、发展的动力源泉，奋进是企业发展过程中员工必备的精神状态。集团员工唯有同心同德，团结协作，自强不息，奋发有为，融个人目标于企业目标之中，才能最终实现企业与个人的共同发展。

（五）行为准则

1. 员工共同行为准则：爱岗敬业，好学上进，友爱互助，遵纪守法

首都机场集团始终坚持以人为本，历来重视员工（特别是一线员工）在企业文化建设和发展中的价值。共同行为准则是企业核心价值观和企业精神的显化，既是集团期望员工在工作中代表企业履责行权时所应遵循的基本指导，又是员工提升个人修养的方法和途径。

员工共同行为准则是集团理念文化的动态表达，是把集团倡导的价值理念转化为企业员工自觉行动的文字表述。"诚效知行和谐共赢"的核心价值观和"勇担责任敢于创新协同奋进"的企业精神作为每一个员工的行动指南融入准则之中,与理念文化形成了一个完整的系统,有机互补、相互支撑。如:"爱岗敬业"体现了"使命"与"责任";"好学上进"展现了"奋进"精神和"知行"的价值标准;"友爱互助"强调了"诚"、"和"的核心价值观;"遵纪守法"是"行"的起点。同时,员工共同行为准则又化为原文化体系中行为准则的表述方式,从不同维度阐释了员工对工作、对同事、对自己的不同态度,并以更为精练的语言予以表述,朗朗上口,易懂易记。

2. 管理人员行为准则:率先垂范,务实创新,团结协作,公正廉洁

管理人员行为准则是在员工共同行为准则的基础之上对管理人员提出的更高的要求,是核心价值标准和管理人员"德、能、勤、绩、廉"标准的形象化要求。管理人员行为准则是集团理念文化体现在管理人员行动上的动态表达,设计内容对应基本的员工共同行为准则,又进行了深化与升华,充分体现了首都机场集团对于管理人员的综合素质要求。言约蕴广,辞浅意丰。

(六)集团标识

标识由首都机场集团公司的"首"字艺术化而构成。下半部英文字母"CAH"是Capital Airports Holding Company的英文缩写。如图 2-2 所示。"首"表明集团总部位于首都、首善之地,标志集团在中国机场业的引领地位。上半部形象化为凌空起飞的飞机,寓腾飞、发展之意。下半部为跑道,寓甘为阶梯、服务客户之意。飞机和跑道的组合形象化了集团机场业的主业定位。标识由蓝色和金色组成,寓意广阔蓝天和金色大地。通过延伸的跑道使大地与蓝天相接,寓意我们遵循"天地之道",致力于机场发展,要做"中国服务"的首倡者和践行者,展示"大国之门"的形象。

图 2-2 首都机场集团公司标志

(七)文化传播用语

1. 对外树立形象,传播用语

(1)天地之道大国之门。A cause to link sky and earth, A gate way to great China 可译为:"连接天空和大地的事业,伟大中国的门户。"将集团文化主旨作为传播用语,恢弘大气,个性鲜明,彰显了集团机场行业特色,展示了大国之门的气魄形象,蕴涵着深厚的民族文化底蕴。

(2)倡行中国服务。Proposing and promoting China service 可译为:"中国服务的倡导

者和实践者。"将使命的前半部分用于传播用语,反映了集团首倡中国服务的角色定位,践行中国服务的角色意识,体现了对国家、行业、社会的多重责任。成员单位可在其后加上与自身实际相符的后缀,如首都机场股份公司传播用语:"倡行中国服务打造国际枢纽。"

2. 对内凝聚人心,宣传用语

(1)同在国门下同是一家人。用"国门"把不同地域、不同业态、不同层级的广大员工统一起来,喻示集团的员工队伍是为展示国门形象的使命而凝聚在一起的团队,具有共同的理想和追求,以情感凝聚人心,以使命催人奋进。

(2)真诚的机缘之门,开放的心灵之门,卓越的事业之门。"真诚的机缘之门 开放的心灵之门 卓越的事业之门"深刻地阐释了我们"展示国门形象"的途径和方法,真诚的机缘之门倡导以"诚"结缘,开放的心灵之门强调"智慧(知)、创新、融合(和)",卓越的事业之门注重"责任与使命"。三句话从不同的角度,阐释了集团核心价值体系的根本要义,既凝练丰富,又明白晓畅,便于文化理念的推广传播。

(3)用创造满足客户需求,用创新谋求集团发展,用创业实现人生价值。原企业文化宗旨"三创"理念的延用,既是对优秀元素的继承,又将"敢于创新"的企业精神一以贯之,也符合客户、集团、员工三位一体"和谐共赢"的价值取向,是引领广大员工践行核心价值体系、追求美好愿景的方法和途径。

创新的首都机场集团企业文化,在中华民族深厚文化底蕴的背景下,探寻出一条符合科学、健康、可持续发展的"天地之道",开启了一扇展现雄魂壮志与使命责任的"大国之门"。我们相信,这套全新的企业文化体系,必将在首都机场集团新的发展阶段发挥其独有的引领力、凝聚力和文化魅力,必将激励数万名员工把首都机场集团这艘中国机场业的巨型航母驶向更加辉煌的明天!

(资料来源:黄伟,郭巍,文飞飞,等. 中国民用航空,2010(6))

二、思考·讨论·训练

1. 首都机场集团的企业文化理念体系的形成有哪些特点?

2. 结合本案例谈谈企业文化理念在企业文化中的地位和作用。

3. 在让企业文化核心理念深入人心方面首都机场集团做了哪些努力?

 "佳人"何处寻

游戏规则:

1. 男女双方人数相同。

2. 游戏前,培训师先在纸上写上诸如"罗密欧"与"朱丽叶"、"王祖贤"与"齐秦"、"梁山伯"与"祝英台"等佳偶的名字。

3. 将这些已写好男性名字的纸贴在男性背后，女性名字的纸贴在女性背后。同时，不可让所有参赛者看到彼此背后所贴的名字。

4. 一切就绪后，所有参与者，个个竭尽所能，说出他人背后的名字，然后推想自己背后的名字。倘若读出了所有参与者背后的名字，就不难推想出自己背后的名字了。

5. 推想出自己背后的名字后，要赶快与自己搭档的对象凑成一组，互相挽胳膊。

6. 游戏结束后，没有成对的人，就算输。

游戏编排目的：

因为不需要任何烦琐的准备工作，人人都可愉快胜任，轻松尽兴，所以本游戏一直深受人们的喜爱。每位参与者在最短的时间内，说出对方背后贴着的名字，进而推想自己背后的名字。

本游戏的重点在于寻觅的过程，所以人人都应相处得宜，相互配合，以期找出彼此的最佳搭档。

1. 增进学员间的感情。

2. 增强团队精神。

相对讨论：

1. 有谁知道第一个动作是谁最先发起的吗？

2. 当某人先开始后，你的反应如何？

3. 这个游戏是如何模拟你的团队在现实生活中的做法的？

游戏主要障碍和解决：

1. 这个游戏很有趣，既可以激发学员的学习热情，又可以活跃气氛。对于学员来说，他们从这个游戏里应该学到：一方面，作为团队的成员，他们有义务维护团队的规则并与队员密切配合；另一方面，当团队的秩序出现混乱的时候，需要有成员及时出来叫停，这是需要勇气和智慧的。

2. 一个好办法就是选出一个领导，他的作用就是监督团队活动，发现违规操作时能及时叫停。

参与人数：合计 10 个人最为恰当。

时间：30 分钟。

场地：不限。

道具：纸，笔，透明胶带。

（资料来源：经理人培训项目组．培训游戏全案·拓展：升级版．北京：机械工业出版社，2010）

思考与讨论

1. 解释企业价值观、企业精神和企业伦理道德的概念。

2. 针对一个国内或国外的著名企业，了解其企业价值观、企业精神和企业伦理道德的主要内容。

3. 企业价值观包含哪些取向？联系实际重点说明如何正确处理好"义与利"的关系？

4. 企业价值观在企业文化中的地位如何？成功的价值观体系包含哪些内容？

5. 结合成功企业的实践谈谈如何培育现代企业价值观？

6. 结合实际谈谈如何塑造现代企业精神？

7. 企业家精神、企业英雄人物、员工风貌与企业精神的关系如何？何为决定性因素？

8. 结合实际谈谈如何培育企业伦理道德？

9. 如果你负责为即将成立的一家高科技企业设计企业文化，你认为它的企业价值观、企业精神和企业伦理道德应该具有哪些特点？

10. 假如你被任命为一家长期亏损企业的总经理，你将如何面对该企业原有的企业价值观、企业精神和企业伦理道德？

11. 谈谈你对我国目前企业伦理道德状况的看法？

12. 结合实际谈谈如何建设新型的企业伦理道德？

拓展阅读

［1］王成荣. 企业文化学教程. 北京：中国人民大学出版社，2003.

［2］张德. 企业文化建设. 北京：清华大学出版社，2003.

［3］李建华. 现代企业文化通识教程. 上海：立信会计出版社，2008.

［4］方光罗. 企业文化概论. 大连：东北财经大学出版社，2002.

［5］董平分. 企业价值观管理与企业文化场. 北京：航空工业出版社，2008.

［6］陈少峰. 企业文化与企业伦理. 上海：复旦大学出版社，2009.

第三章
企业文化建设

　　企业文化是什么？企业文化就是每个员工的行为，尤其是道德文化行为。

——德力西集团有限公司总裁胡成中

　　企业文化是企业所有人过去的行为的积淀，是我们的行为积淀出了这个文化。要提升企业文化，唯一的办法就是提升我们的行为。

——康佳集团董事局主席兼总裁侯松容

- 明确企业文化建设的主体；
- 明确企业文化建设的原则；
- 重点掌握企业文化建设的步骤；
- 掌握企业文化建设的方法；
- 明确企业文化传播的内涵、要素、种类和时机；
- 掌握企业文化传播的规律；
- 明确企业文化建设的保证体系。

故|事|导|入

松下写给员工的信

松下幸之助有一个习惯，就是爱给员工写信，述说所见所感。

有一天，松下正在美国出差，按照他的习惯，不管到哪个国家都要在日本餐馆就餐。因为，他一看到穿和服的服务员，听到日本音乐，就是一种享受。这次他也毫无例外地到日本餐馆就餐。当他端起饭碗吃第一口饭时候，大吃一惊，出了一身冷汗。因为，他居然吃到了在日本没吃过的好米饭。松下想：日本是吃米、产米的国家，美国是吃面包的国家，居然美国产的米比日本的还要好！松下说："此时我立刻想到电视机，也许美国电视机现在已经超过我们，而我们还不知道，这是多么可怕的事情啊！"松下在信末尾告诫全体员工说："员工们，我们可要警惕啊！"

以上只是松下每月给员工一封信中的一个内容，这种信通常是随工资袋一起发到员工手里的。员工们都习惯了，拿到工资袋不是先数钱，而是先看松下说了些什么。员工往往还把每月的这封信拿回家，念给家人听。在生动感人之处，员工的家人都不禁掉下泪来。

松下几十年如一日地每月给员工写封信，专写这一个月自己周围的事和自己的感想。这也是《松下全集》的内容。松下就是用这种方式与员工沟通的。员工对记者说："我们一年也只和松下见一两次面，但总觉得，他就在我们中间。"

松下就是通过这种方式倡导和传播松下公司的企业文化的。

（资料来源：杨沛霆. 管理故事与哲理. 中外管理增刊，2003）

　　企业文化建设是一项工作程序复杂、操作技术要求高的大系统工程，它不仅要求有一批具有很强策划能力的设计者，而且还要求有社会制度的保证、文化制度的影响和广大员工的积极参与和普遍认同，这些必要前提条件的存在，昭示了建设优秀企业文化所面临的困难性和艰巨性。企业文化就像空气一样存在于企业之中，作为一种氛围，企业文化看似无形，却渗透企业生产、经营和管理的每一个细节当中，它不是管理方法，而是形成管理方法的理念；不是行为活动，而是产生行为活动的原因；不是人际关系，而是人际关系反映的处世哲学；不是工作状态，而是这种状态所蕴涵的对工作的感情；不是服务态度，而是服务态度中体现的精神境界，企业文化虽然流溢于一切企业活动之外，却又渗透于企业一切活动之中，员工的一切行为都可以在这里找到标准和方向，因此建设企业文化，发掘原有的企业文化优秀因子，加入适合企业发展的新的文化因子，重视对企业文化的积累、选择、传播、创新与整合，才能形成有助于企业发展的优秀的企业文化。

一、企业文化建设的主体

　　被《商业周刊》称为"当代不朽的管理思想大师"的美国著名管理学家，现代管理学理论奠基人彼得·德鲁克认为，日本人经营的秘诀在于把现代企业变成一个家族；而中国人经营的秘诀应该说是，将家族变成现代企业。因此，中国在进行现代化建设的过程中，应结合本土企业实际，进行企业文化建设，从而形成有中国自身特色的企业文化，最终推动我国企业的长远发展。

1. 企业员工

　　企业员工是企业文化建设的基本主体，也是企业文化建设的基本力量。企业文化建设的过程，实际上是企业广大员工在管理实践中不断创造、不断实践的过程。

　　从企业文化的概念可以知道，广义的企业文化一方面可以指企业在经营过程中所创造的具有自身特色的物质财富和精神财富的总和，也即企业物质文化、行为文化、制度文化、精神文化的总和。狭义的企业文化是指以企业价值观为核心的企业意识形态，也正因如此，可以说企业员工是推动企业生产力发展的最活跃的因素，也是企业文化建设的基本力量。

　　为什么说企业文化建设的过程，本质上说是企业员工在生产经营活动中不断创新、不断实践的过程呢？众所周知，虽说企业文化离不开企业家的积极创造、倡导和精心培养，企业家的创造、倡导的培育也加速了文化的新陈代谢，即扬弃旧文化、创造新文化的过程。但是，企业文化也源于员工在生产经营实践中产生的群体意识。这是因为企业员工身处生产经营第一线，在用自身勤劳的双手创造物质文明的同时，也创造着精神文明。所以，企业文化既体现企业家的智慧，也体现员工的智慧。在企业生产经营管理过程中，企业员工在新技术、新产品开发过程中，接触到大量信息，迸发出很多先进思想的火花。这样，其技术与产品的开发过程也往往就成了文化的变革过程。在生产作业与管理过程中，员工们认识到现代企业生产要注意人与人之间的合作。企业在生产经营过程中，员工的创新思想、员工团结协作精神、宽容精神等文化思想理念也就由此而产生。对于不同企业，员工从事的工作也不同，商业企业的员工，在营销活动过程中，要与供应商、经销商、竞争者及顾客交往，就要树立强烈的市场意识、竞争意识和风险意识，树立正确的服务、诚信理念，并认清企业与企业之间的相互依存关系，认清竞争与合作、企业经济效益与社会效益之间的关系。

企业员工不仅是企业文化的创造者，同时也是企业文化的实践者。企业文化不仅是蕴藏在人们头脑中的一种意识、一种观念、一种思维方式，而且从实践角度来看，企业文化是一种行为方式、一种办事观念、一种思想、一种思维、一种精神风貌。企业文化如果只停留在精神层面，不能通过员工行为表现出来，也就没有任何价值。在企业文化由精神向行为及物质转化的过程中，企业员工是主要的实践者。全体员工只有在工作和生活中积极实践企业所倡导的优势文化，以一种正确的行为规范、一种优良的工作作风和传统习惯、一种积极向上的精神风貌来爱岗敬业，才能生产出好的产品，推出优质的服务，创造最佳的经济效益。

企业文化建设过程就是在企业家的引导下，企业员工相互认同、自觉实践的过程。企业员工实践的好坏，直接表现为企业文化建设是否有成果，最终形成企业的价值观。它反映企业员工的人生观、世界观和劳动观。当然这些观念是一些企业员工在好制度下，通过物质、精神文化、心理、成就感等方面的需求而逐步实践形成的。

2. 企业精英

企业精英是企业文化建设的骨干主体，也是企业文化建设的榜样力量。企业精英人物是在现代企业民主管理过程中产生的，这里所谓的"精英"是一批在企业伦理道德上和企业经营管理理念上的卓越人物，他们是与企业一般员工相对应的一个群体，如在我国企业中的劳动模范、先进生产者、"三八红旗手"、"五一"劳动奖章获得者、"五四"青年奖章获得者等。

从个体来看，企业精英人物可以有以下标准。① 卓越地体现了企业精神的某个方面，与企业的理想追求相一致。这可以称之为"理想性"。② 在其卓越地体现企业精神的那个方面，取得了比一般职工更多的实绩。这可称之为"先进性"。③ 其所作所为离常人并不遥远，显示出普通的人经过努力也能够完成不寻常的工作。这可称之为"可学性"。但是，对个体精英，不能求全责备。既不能要求个体精英能够全面体现企业精神的各个方面，要求他们在所有方面都先进，也不能指望企业全体职工从一个企业精英人物身上能学到一切。

从群体来说，企业精英人物群体必须具有以下特性。① 是完整的企业精神化身。这是其全面性。② 群体中不仅有体现企业精神的模范，而且有培育企业精神的先进领导，还有企业精神的卓越设计者。这就是其层次性。③ 企业精英辈出，群星灿烂，却几乎找不出两个完全相同的、可以相互替代的人。这是其内部具有的多样性。

企业精英，一方面是企业文化建设的领头人，是进一步发展企业的最大希望；另一方面是企业建设成就的最高体现。同时这些企业创造的文化也潜移默化地改变着人们的观念，改变着世界。

3. 企业家

企业家是企业文化建设的核心主体，也是企业文化建设的基本力量。在我国企业家常指企业的董事长及执行董事、经理或厂长，是一个企业的主要领导人物，一般是企业法人代表。他们是企业文化的倡导者、塑造者、传播者、培育者和发扬者，企业家以自己的哲学理念、价值观、理想、素质、作风等融合而成的个性，精心塑造企业精神。第二次世界大战后，日本经济快速发展的一个重要原因是日本企业形成像松下幸之助那样一些企业家，IBM的创始人老沃森亲自为公司确立了"尊重每一个人"，"为顾客提供尽可能好的服务"、"追求卓越"三大信条。企业家拥有对企业员工的感召力和影响力。企业家的权威对企业精神的贯彻具有强大的推动作用。企业家还是企业精神的表率，是企业精神的具体化身。

事实上，许多成功公司的领导者倡导的价值观、制定的行为标准，常常激励着全体员工，使公司具有鲜明的文化特色，且成为对外界的一种精神象征，如美国电话电报公司的西奥多·韦尔强调服务，以满足顾客的需要；犹太人企业文化里强调"信守合同"、"以善为本"的经营理念。公司领导人创造的企业文化、组织文化可以导致完全不同的管理模式。

二、企业文化建设的基本原则

1. 目标原则

在管理学中，目标是指人们通过自身的各种活动，在一定时期内所要达到的预期结果（即工作内容＋达到程度）。目标管理是一种重要的管理思想和方法。人们从事任何管理活动，都应该有设想，有目标。没有设想和目标的管理是盲目的管理，盲目的管理导致事倍功半，造成巨大的资源浪费，或者完全走到事物的反面，给组织带来在短时期内不可挽回的损失。企业文化建设作为企业管理活动的高层次追求更不可缺少目标。

在企业文化建设中，坚持目标原则的目的如下。一是有效地引导企业员工的认识与行为。告诉人们工作应如何做、做成什么样才是企业文化所要求的，避免因强调个人价值、个人目标和眼前利益而忽视企业整体价值、整体目标和长期利益的倾向。二是激励人们的工作热情和创新精神。目标本身就具有激励性，更何况企业文化目标直接反映着企业全员的理想信念和价值追求，为人们展示着企业美好的发展前景和良好的文化状态，因此对员工会产生巨大的激励作用。三是为考核与评价企业成员的工作业绩和文化行为提供依据，使考核与评价过程成为总结经验、杜绝"第二次失误"、推进工作良性循环和文化进步的过程。

在企业文化建设中坚持目标原则，首先，意味着要科学合理地制定企业文化的发展目标，即明确企业的基本信念和基本哲学。这些基本信念和基本哲学目标不同于企业经营目标，不像经营目标那样具体和可量化、可操作，它只是一种理念性的目标，这种目标一旦确定下来，一般不会轻易改变，它决定着经营管理目标的方向和实施的成效。其次，意味着要采取有效的办法实现既定文化目标。一般来讲，一个企业的创始人或执掌企业帅印时间较长的企业家，往往是企业基本信念和基本哲学的最初倡导者。开始企业成员对此并未产生共识，只有经过企业创始人和企业家的长期灌输、精心培育，并使员工及时得到认同和实践这些目标的反馈，才能使他们的目标行为不断被强化，进而为实现目标而献身于事业之中。

2. 共识原则

所谓"共识"，是指共同的价值判断。创造共识是企业文化建设的本质。人是文化的创造者，每个人都有独立的思想和价值判断，都有自己的行为方式，如果在一个企业中，任由每个人按自己的意志和方式行事，企业就可能成为一盘散沙，不能形成整体合力。企业文化不是企业中哪个人的文化，而是全体成员的文化，因此，只有从多样化的群体及个人价值观中抽象出一些基本信念，然后再由企业在全体成员中强化这种信念，进而达成共识，才能使企业产生凝聚力。可以说，优秀的企业文化本身即是"共识"的结果，因此，建设企业文化必须不折不扣地贯彻这一原则。此外，在现代企业中，员工受教育的程度越来越高，脑力劳动者在全体劳动者中所占的比例越来越大，人们的主动精神和参与意识也越来越强。只有把握员工的这种心理需求特点，创造更多的使员工参与管理的机会和条件，才能激发人们把实现自我价值与奉献企业结合起来，促使全员共同信念的形成。

贯彻共识原则首先要充分发挥文化网络的作用。企业文化的形成过程，就是企业成员对企业所倡导的价值标准不断认同、内化和自觉实践的过程。而要加速这一过程，就需要发展文化网络。在迪尔·肯尼迪的《企业文化——现代企业的精神支柱》一书中，"文化网络"被认为是企业文化的组成要素之一。它是企业内部主要的非正式的沟通手段，是公司价值和英雄式神话的"载体"。通过正式的或非正式的、表层的或深层的、大范围的或小范围的等各种网络系统，相互传递企业所倡导的这种价值标准和反映这种价值标准的各种趣闻、故事及习俗、习惯等，做到信息共享，以利于全员共识的达成。其次要逐渐摒弃权力主义的管理文化，建立参与型的管理文化。权力主义的管理文化过分强调行政权威的作用，动辄用命令、计划、制度等手段对人们的行为实行硬性约束，在决策与管理中，往往用长官意志代替一切，这样做肯定不利于共识文化的生长。因此，打破权力至上的观念，实行必要的分权体制和授权机制，是充分体现群体意识，促使共识文化形成的重要途径。

3. 和谐原则

所谓和谐原则，即坚持企业管理人员和一线员工之间和谐相处，实现关系的一体化。在企业文化建设中，坚持和谐原则能够有效地建立起组织内部人与人之间相互信赖的关系，为实现价值体系的"一体化"创造条件。传统的管理模式人为地把管理人员与一线员工分割开来，企业就像一座金字塔，从上到下实行严格的等级管理。这种管理模式的前提是，把管理人员视为管理主体，把一线员工视为管理客体，管理的含义即管理主体如何去控制管理客体按照管理主体的意图和规划目标去行事。依照这种管理思路，为了研究如何管好人，管理学家们曾对企业员工的"人性"做过多种假设，如"经济人"、"社会人"、"自我实现人"、"复杂人"等，以不同的假设为前提，提出若干相应的管理理论与方法，但都未从根本上缓解管理主体和管理客体紧张对立的关系状态，也未能解决管理效率的最大化问题。尤其是在信息社会，随着科技进步、生产自动化和现代化程度越来越高，脑力劳动越来越占主导地位，脑力与体力劳动之间、管理者和被管理者之间的界限越来越模糊。坚持和谐原则建设企业文化，有助于打破管理人员和一线员工之间的人为"文化界限"，使二者融为一体，建立共同的目标和相互支持、相互信赖的关系，组织上的一体化最终促成精神文化上的一体化。

在企业文化建设中，实行和谐原则，最重要的是要弱化等级制度的影响。把原来"干部——工人"、"脑力劳动者——体力劳动者"、"管理者——被管理者"等带有浓厚等级文化色彩的关系转变为一种带有人情色彩的分工协作关系，千方百计赋予一线员工更大的权力与责任，建立内部一体化关系。实践证明，这样做的结果是，一线员工大多数希望负责任，希望接受富有挑战性的工作，希望参加各种竞赛并希望获胜。只有给他们创造了这种条件，他们才能减少不满情绪，主动思考如何把工作做得更好、更出色，由过去纯粹的外部控制和外部激励变成自我控制和自我激励。

从所有权的角度讲，伴随着企业改革的深化，尤其是股份制的推行，应创造条件使员工持有部分股份，变过去的名义所有为实际所有，这是实现"一体化"的物质基础。企业员工持股并非只是一种法律状态，它也是一种心理状态。一个人拥有一定的股权，他会认为自己个人利益与企业休戚相关，愿意为了企业整体的长期的利益而牺牲个人的眼前的利益，愿意以实际行动保护企业，使其免受伤害。从情感上讲，个人所有权心理存在时，员工会为企业的成功而感到喜悦，为企业的失败而感到痛苦，为了公司的进步与繁荣愿意奉献自我，这恰恰是企业文化所追求的"价值一体"和"命运共同体"的理想境界。

4. 卓越原则

卓越是一种心理状态，也是一种向上精神。追求卓越是一个优秀的人，也是一个优秀的企业之所以优秀的生命与灵魂。竞争是激发人们卓越精神的最重要的动力，一种竞争的环境，促使一个人或一个企业去努力学习、努力适应环境、努力创造事业上的佳绩。显而易见，坚持卓越原则是企业文化的内在要求，因为无论任何企业在竞争的环境里都不甘于做平庸者，构建文化的目的都是为了创造卓越的精神，营造卓越的氛围。

卓越是人的社会性的反映，人都有追求最佳的愿望，也可以说这是人的本性。但人的这种本性不一定在所有的情况下都能完全释放出来，取决于他所处的环境给予他的压力大小，取决于有没有取得最好最优的条件。企业文化建设的任务之一就在于创造一种机制、一种氛围，强化每个人追求卓越的内在动力，并把他们引导到一个正确的方向。有无强烈的卓越意识和卓越精神，是区别企业文化良莠的标志之一。

贯彻卓越原则首先要善于建立标准，建立反馈和激励机制。当人们知道什么是最好最佳的标准并树立了相应的价值判断时，才能克服平庸和知足常乐的惰性心理，为实现组织倡导的目标而不懈努力；否则，尽管卓越文化的倡导者天天在喊口号，但缺乏对"卓越"应该达到的理想状态进行具体描述，人们的行为像不知终点的赛跑，因此即使有一定的卓越意识也不会保持长久。当然，反馈与激励也非常重要，反馈时由组织告诉每个人：你在卓越的路上跑到什么地点，与别人的差距有多大；激励时应及时奖励领先者，鞭策后进者，这些都能够增强人们追求卓越的动力。其次，造就英雄人物也是不可缺少的，企业英雄是体现卓越文化的典型代表，这些人物曾经为或正在为实现企业理想目标而拼搏、奉献。他们取得过显著的工作业绩，并且得到企业在物质与精神上的奖赏。在具有这类英雄人物的企业中，人们自觉不自觉地受到英雄人物卓越精神的感染，进而仿效英雄人物的行为。

5. 绩效原则

绩效是一项工作的结果，也是一项新工作的起点。在企业文化建设中坚持绩效原则，不只是要善于根据人们工作绩效大小进行奖励，以鼓励他们以更好的心理状态、更大的努力投入下一轮工作当中，而且目的还在于把人们的着眼点从"过程"转向"结果"，避免形式主义、教条主义。传统的管理与其说重视目标，不如说更重视完成目标的过程，这种管理把主要精力放在过程的标准化和规范化上。不仅告诉组织成员做什么，而且告诉他们"怎么做"，把工作程序和方法看得比什么都重要。这种管理的思维逻辑是："只要过程正确，结果就一定正确。"员工在工作中必须严格执行既定的规程、方法，接受自上而下的严密监督与控制，员工的工作个性和创新精神受到压抑。确立绩效原则的最终目的是要改变员工在管理中的被动性，增强其主动性及创造精神。

贯彻绩效原则首先要改变传统管理的思维逻辑，建立起"只要结果正确，过程可以自主"的观念。在管理实践中应引入目标管理的体制，坚持以个人为主，自下而上协商制定目标的办法，执行目标过程中以自我控制为主，评价目标也以自我检查、自我评价为主。企业最终以目标执行结果——工作绩效为唯一尺度进行奖惩，并以此作为晋级、提升和调资的依据，从而鼓励人们积极探索、创新，谋求使用最好的方式与方法，走最佳捷径，完成工作任务，提高工作效率。实际上，这一过程既成为员工自我学习、提高的过程，也成为企业促进员工勤学向上和能力开发的过程。其次要转变管理方式，减少发号施令和外部监督，多为下级完成目标创造条件、提供服务，帮助员工学会自主管理、自我控制、自我激励。

三、企业文化建设的步骤

1. 企业文化分析

建设企业文化关键在于量体裁衣，建设适合本企业的文化体系，达到这一目标的大前提就是要深入分析企业文化的现状，对企业现有文化进行一次调查，对企业文化进行全面了解和把握。当一个企业尚处在创业阶段时，需要了解创业者的企业目标定位，如果是已经发展了一段时间的企业，需要了解企业发展中的一些问题和员工广泛认同的理念。

常用的一些调研方法主要包括：访谈法、问卷法、资料分析法、实地考察法等。可以是自上而下、分层进行，也可以是大规模一次性进行，这取决于企业的规模和生产特点。企业文化的调研，其实也是一次全体员工的总动员，因此，最好是在开展工作之前，由公司主要领导组织召开一次动员大会。在调研期间，可以采取一些辅助措施，比如，建立员工访谈室、开设员工建议专用信箱等，调动员工的积极性，增强参与意识。企业文化建设是全体员工的事情，只有员工乐于参与、献计献策，企业理念才能被更好地接受。

企业文化的调研要有针对性，内容主要围绕经营管理现状、企业发展前景、员工满意度和忠诚度、员工对企业理念的认同度几个方面。一些企业内部的资料往往能够反映出企业的文化，可以从企业历史资料、各种规章制度、重要文件、内部报刊、公司人员基本情况、先进个人材料、员工奖惩条例、相关媒体报道等方面获得有用信息。为了方便工作，最好列一个清单，将资料收集完整，以便日后检阅。

在企业文化的调研当中，匿名问卷形式比较常用，它可以很好地反映企业文化的现状和员工对企业文化的认同度。可以根据需要设计问卷内容，设计原则是调查目标明确、区分度高、便于统计。对有价值观类型的调查，又不能让被调查者识破调查目的。比如，在分析员工价值取向的时候，可以提问："如果再次选择职业，您主要考虑以下哪些方面"，然后列出工资、住房、个人发展等许多要素，规定最多选三个，经过结果统计，就不难发现员工普遍性的价值取向了。

经过一系列的企业文化调研后，要进行分析，得出初步结论。分析主要集中在以下几个方面。

（1）分析企业经营特点，搞清企业在行业中的地位和企业生产经营情况。

（2）分析企业管理水平和特色，研究企业内部运行机制，重点分析企业管理思路、核心管理链、现有管理理念和主要弊端。

（3）分析企业文化的建设情况，领导和员工对企业文化的重视程度。

（4）逐项分析企业文化各方面的内容，包括企业理念、企业风俗、员工行为规范等具体内容。

根据对以上四方面内容的综合分析，可以判断目前企业文化的状况，了解员工的基本素质，把握企业战略和企业文化的关系，分析企业急需解决的问题和未来发展的障碍，这就为下一步企业文化的设计做好了准备。

2．企业文化设计

企业文化是一个有机的整体，它包括精神层（即理念层）、制度层、行为层和物质层，包含 CI 体系的全部内容，既有理念系统，又有行为系统和视觉识别系统。理念层的设计要本着以下原则：历史性原则、社会性原则、个异性原则、群体性原则、前瞻性原则和可操作性原则。制度层和物质层设计要本着与理念层高度一致的原则、系统完整性原则和可操作性原则。

企业文化的设计中最重要的是企业理念体系的设计，它决定了企业文化的整体效果，也是设计的难点所在。理念体系一般来讲包括以下几个方面：企业愿景（或称企业理想）、企业使命（或称企业宗旨）、核心价值观（或称企业信念）、企业哲学、经营理念、管理模式、企业精神、企业道德、企业作风（或称工作作风）。企业制度层主要是为了贯彻企业的理念，日常管理的每一项制度都是企业理念的具体表现，同时，有必要针对企业理念的特点制定一些独特的管理制度，尤其是对企业文化的导入期十分必要。物质层的设计主要包括标识设计、服装设计、办公用品设计等，核心是企业标识和企业标识的应用设计，这些设计都是为传达企业理念服务的。

　　企业理念是企业的灵魂，是企业持续发展的指南针。企业理念中的各个部分有着内部的逻辑性，设计时需要保持内部的一致性、系统性。企业愿景描述了企业的奋斗目标，回答了企业存在的理由；企业哲学是对企业内部动力和外部环境的哲学思考；核心价值观解释了企业的判断标准，是企业的一种集体表态；企业经营理念回答了企业持续经营的指导思想；企业精神体现了全体员工的精神风貌；企业作风和企业道德是对每一位员工的无形约束，所有内容相辅相成，构成一个完整的理念体系。

　　企业制度层的设计主要包括企业制度设计、企业风俗设计、员工行为规范设计，这些设计都要充分传达企业的理念。企业制度指工作制度、责任制度、特殊制度。这些制度既是企业有序运行的基础，也是塑造企业形象的关键。所谓特殊制度是指企业不同于其他企业的独特制度，它是企业管理风格的体现，比如，"五必访"制度，在员工结婚、生子、生病、退休、死亡时访问员工。企业风俗的设计也是不同于其他企业的标识之一，它是企业长期沿袭、约定俗成的典礼、仪式、习惯行为、节日、活动等。一些国外企业甚至把企业风俗宗教化，比如"松下教"、"本田教"。许多企业具有优秀的企业风俗，比如，平安保险公司每天清晨要唱"平安颂"，某公司每年举办一次"月亮节"，与员工家属联谊。员工行为规范主要包括：仪表仪容、待人接物、岗位纪律、工作程序、素质修养等方面。好的行为规范应该具备简洁、易记、可操作、有针对性等特点。

　　企业物质层的设计主要是指企业标识、名称及其应用。企业的名称和标志如同人的名字一样，是企业的代码，设计时要格外慎重。清华同方的名称来源于"诗经"的"有志者同方"，简明易记。企业的标识则是企业理念、企业精神的载体，企业可以通过企业标识来传播企业理念，公众也可以通过标识来加深对企业的印象。同时，企业标识出现的次数和频度，直接影响社会公众对该企业的认知和接受程度，一个熟悉的标识可以刺激消费欲望。如果把企业理念看成企业的"神"，那么企业标识就是企业的"形"，它是直接面对客户的企业缩影，因此，在设计和使用上要特别关注。

　　3. 企业文化实施

　　企业文化的实施阶段，实际上也是企业的一次变革，通过这种变革，把企业优良的传统发扬光大，同时，纠正一些企业存在的问题。最早提出有关组织变革过程理论的是勒温（Lewin），该模型提出组织变革三部曲：解冻——变革——再冻结，可以说这一模型也反映了企业文化变革的基本规律。一般来讲，企业文化的变革与实施需要有导入阶段、变革阶段、制度化阶段、评估总结阶段。

　　导入阶段就是勒温模型的解冻期，这一阶段的主要任务是从思想上、组织上、氛围上做好企业文化变革的充分准备。在此阶段内，要建立强有力的领导体制、高效的执行机制、全方位的传播机制等几方面的工作，让企业内部所有人认识到企业文化变革的到来。为了更好地完成这一阶段的工作，可以建立领导小组来落实，设立企业文化建设专项基金来开展工作，在人力、物力上给予支持。

变革阶段是企业文化建设工作的关键，在这个阶段内，要全面开展企业文化理念层、制度层、物质层的建设，即进行由上而下的观念更新，建立健全企业的一般制度和特殊制度。形成企业风俗，做好企业物质层的设计与应用。这一阶段可谓是一个完整的企业形象塑造工程，中心任务是价值观的形成和行为规范的落实，至少要花一年的时间。

制度化阶段是企业文化变革的巩固阶段，该阶段的主要工作是总结企业文化建设过程中的经验和教训，将成熟的做法通过制度加以固化，建立起完整的企业文化体系。在这一阶段，企业文化变革将逐渐从突击性工作转变成企业的日常工作，领导小组的工作也将从宣传推动转变成组织监控。这一阶段的主要任务是建立完善的企业文化制度，其中应包括企业文化考核制度、企业文化先进单位和个人表彰制度、企业文化传播制度、企业文化建设预算制度等。这一阶段常见的问题是新文化立足未稳、旧习惯卷土重来，尤其对于过去有过辉煌的企业，往往会坚持旧习惯，这一点要求管理者做好足够的思想准备。

评估总结阶段是企业文化建设阶段性的总结，在企业基本完成企业文化建设的主要工作之后，总结评估以前的工作，对今后的企业文化建设具有十分重要的作用。评估工作主要围绕事先制订的企业文化变革方案，检查变革是否达到预期的效果，是否有助于企业绩效的改善和提高。总结工作还包括对企业文化建设的反思，主要针对内外环境的变化，检查原有建设体系是否成立，具体的工作方法主要是现场考察、研讨会、座谈会等。

四、企业文化建设的基本方法

企业文化建设是一项系统工程，其方法多种多样，因企业而异。企业要善于根据自身的特点，具体问题具体分析，结合实际，综合运用各种方法，有效地建设本企业的文化。下面介绍几种基本方法，供企业选择时参考。

1. 宣传教育法

宣传教育法是建设企业文化的基本方法。企业只有通过完整系统的、长期的、多形式、多层次、多渠道的宣传教育，形成强烈的企业文化氛围，才能把企业文化转化为员工的自觉意识，成为企业和员工行为的指南。企业采用宣传教育法的具体途径如下。

（1）搞好文化意识培训。对于企业成人教育来说，最见成效的文化意识培训方法首推"在职培训法"（又叫"实干学习法"）。企业结合员工的岗位、性质、特点和需要，进行文化意识教育，可以使员工在文化素质和专业技能得到提高的同时，对企业的历史、沿革、传统、信条、宗旨和价值观念、行为规则等有一定的了解和掌握，为企业文化建设与发展奠定基础。

（2）开展多种形式的舆论宣传和教育工作。进行企业文化的宣传教育，是企业文化实践工作的第一步，目的在于在企业中形成一个浓烈的舆论气氛，让员工在耳濡目染、潜移默化中接受企业倡导的价值观，并指导自己的行为。宣传的方式和手段如下。① 厂史教育。即向新员工介绍企业的优良传统、道德风尚和价值准则，了解企业的发展历史，增强员工对企业的荣誉感、自豪感和责任感。② 编辑出版企业文化简讯、刊物、纪念册等，将企业文化内容体系向员工灌输，向社会传播。③ 厂办学校传播企业文化。大型企业可以办企业员工大学或员工学校，大张旗鼓地宣传企业的特点、风格和企业精神，激发员工的工作热情。④ 通过各种会议对员工宣传企业文化，如举办读书会、演讲会、茶话会、对话等形式，沟通企业内部经营管理信息，增进员工了解，使员工理解企业的政策与行为，参与企业事务。⑤ 开展各项活动，如在企业内部召开多层次的企业文化研讨会、开展丰富多彩的文娱体育活动、企业精神训练活动等，寓企业文化教育于丰富多彩、生动活泼的业余文化体育活动之中，使员工在参与这些活动的过程中陶冶情操，提高文化修养。

2. 典型示范法

典型示范法，就是通过树立典型、宣传典型人物来塑造企业文化。所谓典型人物，是指企业员工中最有成效地实践企业文化的优秀分子。所树立的典型，既可以是企业的领导人，也可以是企业的普通员工，而且普通员工典型往往更具影响力。典型人物就是企业价值观的化身，树立他们的正面形象，就是给广大员工提供值得效法和学习的榜样。看一个企业推崇什么、赞赏什么，从它所树立的典型人物的行为中即可判断出来。典型人物在其事迹中表现出来的精神、意识，正是企业文化倡导的内容。

利用正面树立典型和英雄模范人物，把企业倡导的价值观具体化、形象化，是我国企业文化建设的成功经验。王进喜、孟泰等，就是不同时代塑造的最能代表其企业精神的榜样。

企业运用典型示范法塑造企业文化关键在于典型人物的造就。一般来说，企业典型人物是在企业经营管理实践中逐步成长起来的，但最后作为楷模出现，需要企业组织认定、总结倡导和宣传。典型人物是本身良好的素质条件、优异的业绩条件与企业"天时、地利、人和"的客观环境形成的催化力共同作用的结果。因此，企业在造就典型人物时，一要善于发现典型人物，即善于发现那些价值取向和信仰主流是进步的、与企业倡导的价值观相一致的、具备楷模特征的优秀员工。二要注意培养典型人物。即对发现的典型人物进行培养、教育和思想意识的理论升华，并放到实践中锻炼成长。三要肯定。宣传典型人物，即对在实践中锻炼成长起来的有优异业绩、有广泛群众基础的典型人物以一定的形式加以肯定，总结其先进事迹，并积极开展宣传活动，进行广泛的宣传，提高其知名度和感染力，最终为企业绝大多数员工所认同，发挥其应有的楷模作用。四要保护典型人物，即制定鼓励先进、保护典型人物的规章制度，伸张正义，消除企业内部对先进人物嫉妒、讽刺、挖苦、打击等不良倾向。需要指出的是，对企业典型人物进行宣传必须实事求是，不要人为地进行拔高，给先进人物罩上一层神秘的光环，使一些先进人物变得不可信。在宣传和发挥典型人物的作用时，应给予典型人物必要的关心和爱护，为他们的健康成长创造良好的环境和条件。

3. 环境优化法

环境与人是密切相连的，人能造就环境，环境也能改造人。按照行为科学和心理学重点，优化企业的向心环境、顺心环境、荣誉感环境，是企业文化建设的重要方法。现代心理学认为，共同的生活群体能产生一种共同的心理追求，这种心理追求一旦上升为理论并被群体成员所公认，就会产生为之奋斗的精神。这种精神就是人们赖以生存与发展的动力。一个企业也是这样，也需要有一个蓬勃向上的指导企业整体行为的精神，从而把员工的生活理想、职业理想、道德理想都纳入到企业，乃至社会的共同理想的轨道上来。这种能使企业员工产生使命感、并为之奋斗的精神状态，称为"向心环境"。理想的价值观念也只有在这种向心环境中升华，才能使企业产生向心力和凝聚力。

（1）建设向心环境。这需要在共同理想的目标原则下，根据本企业的发展历史、经营特色、优良传统、精神风貌，去概括、提炼和确定企业的精神目标，再把精神目标具体融化在企业管理之中，使企业经营管理与思想政治工作融为一体，变成可操作性的东西，使员工产生认同感，唤起使命感。例如，一些人认为，发展市场经济和为人民服务是对立的，根本无法结合，但许多经营成功的企业都从实践上回答了这个问题，即市场经济与为人民服务可以融为一体。如商贸企业能给顾客以真情实意，处处为顾客着想，这种思想和行为就是市场经济条件下为人民服务的生动体现。任何一个企业，越能为顾客着想，越关心和尊重顾客，越满腔热情地为顾客服务，就越能得到顾客的信赖，从而企业的经济效益也就越高，员工的物质利益也越能得到保障，企业的向心力和凝聚力就越强。因此，造就团结奋斗的向心环境，就能使员工的理想在向心环境中得以升华，成为力量的源泉、精神的支柱。

（2）创造顺心环境，开发动力资源。人的才智和创造力是一种无形的、内在的动力资源，在环境不符合的条件下，一般常以潜在的形态存在，只有在心情处于最佳状态时，才能焕发出充沛的精神活力，所以，企业文化建设成效，往往来自于一个团结、和谐、融合、亲切的顺心环境。企业顺心环境的建设，非常重要的环节是企业在管理工作过程中，要善于"动之以情，晓之以理，导之以行"。不仅要关心员工对衣、食、住、行等基本层次的需要，更重要的是注意引导员工对高层次精神方面的需要。经常从生活上关心员工，体察员工的疾苦，解决员工的困难，营造企业大家庭的文化氛围，增强企业大家庭的温暖等。只要企业领导者和管理者身体力行，员工当家做主和谐融洽、团结宽松的顺心环境一旦形成，员工的工作就会充满意义，生活充满乐趣，就会为振兴企业释放出内在的光和热。

（3）营造荣誉感环境，激励高效行为。行为科学认为：人的行为分为低效行为和高效行为。荣誉感环境是消除低效行为、激励高效行为的重要因素。精明的企业领导者，总是在创造一个以多做工作为荣、以奉献为荣、以整体得奖为荣的心理环境上下工夫，以降低和消除人们的低效思想行为，保持群体蓬勃向上的精神活力。

企业要创造良好的荣誉感环境，首先要有荣誉感意识，通过各种途径培养员工对企业的归属感和荣誉感。首先，要树立"厂兴我荣，厂衰我耻"的荣誉感和为企业争光的主人翁责任感。其次要注意宣传企业的优秀传统、取得的成就和对社会的贡献，不断提高企业的知名度和美誉度，塑造企业良好的社会形象。第三，要尊重员工的劳动，及时充分地肯定和赞扬企业员工的工作成绩，并给予相应的荣誉和奖励，使员工感到企业能理解、关心他们。第四，要勇于打破企业内部所存在的消极平衡的心理状态，使员工学有榜样，赶有目标，不断强化他们的集体意识和进取意识，造成争先恐后、比学赶帮、开拓进取、奋发向上的良好局面。

4. 激励法

所谓激励，就是通过科学的方法激发人的内在潜力，开发人的能力，充分发挥人的积极性和创造性，使每个人都切实感到力有所用，才有所展，劳有所得，功有所奖，自觉地努力工作。激励法既是有效管理企业的基本方法之一，也是企业文化建设的有效方法。建设企业文化的激励法很多，视情况而定，下面介绍几种最常用的激励法。

(1) 强化激励。所谓强化激励，就是对人们的某种行为给予肯定和奖励，使这个行为巩固，或者对某种行为给予否定和惩罚，使它减弱、消退。这种工作过程称之为强化，前者称为正强化，后者称为负强化。正强化的方法主要是表扬和奖励。表扬就是表彰好人好事、好思想、好经验。奖励可分为物质奖励和精神奖励，两者必须配合得当，有机结合。负强化的主要方法是批评和惩罚，批评的方法有：直接批评、间接批评、暗示批评、对比批评、强制批评、商讨批评、分阶段批评、迂回批评等。惩罚的主要方法有行政处分、经济制裁、法律惩办等。

(2) 支持激励。支持下级的工作，是对下级做好工作的一个激励。支持激励包括：尊重下级，尊重下级的人格、尊严、首创精神、进取心、独到见解、积极性和创造性；信任下级，放手让下级工作，为下级创造一定的条件，使其胜任工作；支持下级克服困难，为其排忧解难；增加下级的安全感和信任感，主动为下级承担领导责任等。

(3) 关心激励。企业的领导者和管理者通过对员工生活上和政治上的关怀，使他感到企业大家庭的温暖，以增强主人翁责任感。

(4) 情趣激励。有情方能吸引人、打动人、教育人，也就是说，只有激发人的同情心、敬仰心、爱慕心，才能产生巨大的精神力量，并影响人们的行为。实践证明，许多效果显著的讲话、谈心，都离不开流露于言语中的激励，同时还要注意有情与有趣的结合，员工除了紧张工作外，还有更广泛的兴趣。因此，企业应采取多种措施，开展丰富多彩的活动，培养和满足员工的乐趣和爱好，从而激发其工作热情。

(5) 榜样激励。榜样的力量是无穷的。它是一面旗帜，具有生动性和鲜明性，说服力最强，容易在感情上产生共鸣。有了榜样，可使企业员工学有方向，干有目标，所以，树立榜样也是一种有效的激励方法。

(6) 集体荣誉激励。先进集体的成员会有一种荣誉感、自豪感、光荣感和信任感。每个成员都要为维护集体的名誉负责，在维护集体名誉中焕发出极大的工作热情和干劲。

(7) 数据激励。用数据表示成绩和贡献最有可比性和说服力，也最能激励人们的进取心。如球赛时公布的比分能激励队员去取胜，各种统计报表的数据能激励人们比、学、赶、帮、超。运用数据激励的主要方法有：逐月公布企业内部各部门、各班组、甚至是员工的各项生产经营指标；公布员工政治、技术、文化考核的成绩，激励员工努力学习科学技术和掌握业务技能；设立立功本、光荣册，公布各种劳动竞赛成绩，激励员工争当先进。

(8) 领导行为激励。优秀的领导行为能激励群众的信心和力量，因此企业领导人应通过自己的模范行为和良好的素养去激励员工的积极性。

当然，建设企业文化的激励方法还有很多，企业应根据实际情况和本身特点，合理选择，综合运用，以求速效。

五、企业文化的传播

传播对于企业文化的建设、完善是非常重要的，企业文化离不开传播，传播是凝练企业文化必不可少的手段。企业是社会的一个缩影，很多成功的企业正是通过传播企业文化来影响目标受众，为企业打开了广阔的市场。同时，企业如果能成功地传播自己的文化将会极大地增强企业的竞争力。

1. 企业文化传播的含义和要素

文化具有交流、传播属性，作为社会亚文化的企业文化自然也不例外。企业文化传播是指企业文化特质从一个群体或个体，传递、扩散到另一个群体或个体的过程。企业文化特质广泛而持续地传播、扩散和流动，就能为企业全体成员共同认可并享有。企业文化特质的传播只有通过企业全体成员的交往活动才能实现。企业中的各种关系是动态的交往关系，在交往中，运用各种方式和媒介沟通信息，交流观念和情感体验，这一活动过程是双向传播、相互作用的。企业成员正是在文化传播中使群体的行为得到协调，因而产生出共同的信念与目标。尽管新员工进入企业后会带来与企业主流文化不同的异质文化，但通过企业内的文化传播，多数新员工会与企业主流文化相融合，从而成为企业真正的一员。同时，企业主流文化也在不断吸纳新员工带来的异质文化中的先进因子，从而得以丰富和发展。

企业文化传播包括传播的共享性、传播关系、传播媒介及方式等要素。传播的共享性是指企业成员对企业文化的认同和理解，必须借助于共同识别的文化象征意义的符号，如企业的标志，企业内某一群体成员之间彼此能心领神会的语言、手势、姿态等。一个具有优秀传统的企业具有本企业员工所理解的代表特殊意义的符号，外来者和新成员必须通过"解读、诠释"的过程才能完全理解。传播关系是指企业文化传播中发生在传播主体和传播客体之间的相互关系，传播关系是企业文化传播中最本质的要素。由传播关系形成社会关系网络，上下左右，纵横交错，共同对企业文化传播产生影响。传播媒介及方式是指通过一定的传播渠道连接传播主体与传播客体的物质方式。人既是企业文化传播的主体与客体，又是企业文化传播中最活跃、最本质的媒介要素；企业内部各类组织也是企业文化的传播媒介。人们通过各种正式组织关系或非正式组织关系产生直接接触，在开会、聚会、闲谈中，利用口头语言、体态语言、手势语言等形式相互传递具有本企业文化特质的信息。除此，企业文化传播媒介还有书信、电话、广播、报刊及影视等，这些传播媒介可以超越时空的限制，进行广泛的、反复的传播。

2. 企业文化传播的种类

企业文化传播可以分为文化共同体内的传播和文化共同体间的传播两种。前者可称为企业文化内传播，后者可称为企业文化外传播，其中企业文化外传播包括国内企业之间的文化传播，也包括国际企业之间的文化传播。

（1）企业文化的外传播。根据组织传播理论，组织环境是组织生存的土壤，是与组织产生与发展有这样或那样关系的各种联系。它一方面可以有效地帮助组织发展壮大，顺利地实现组织目标；另一方面，也会阻碍组织目标的完成，成为制约组织扩展的主要力量。环境是组织存在的基础，没有适当的环境支持，组织便不复存在，更无所谓发展。在组织与环境之间约束和适应的辩证关系中，传播始终扮演着极其重要的角色。正是传播行为把组织与组织之间联系起来，通过组织边界把环境资源输入组织之中，又把组织信息与产品传递给消费对象，从而对环境发挥作用。因而，对外传播是组织的本性和必需。

企业这一特殊组织，需要进行对外传播活动，其中企业文化传播是其重要的内容。全面、准确地对外展示、传播本企业的文化，最终在社会公众心目中留下一个美好印象，塑造兼具文明度、知名度和美誉度于一体的企业形象，对企业发展至关重要。根据格鲁尼格和亨特于1984年推出的新的环境划分模式，按组织面对的"公众"类型，把组织环境分为四大部分，即职能部门、功能部门、规范部门和扩散部门。而一个企业的文化的对外传播对象就是这些部门，如作为职能部门的工商、税务、公安等的各级政府部门；作为功能部门的供应商、顾客、人才中心、银行等；作为规范部门的贸易协会、专业协会、竞争者等；作为扩散部门的社区和一般公众。企业将自己的企业文化向这些部门传播，让最具评价力的社会公众来充分认识自己的文化，并塑造良好的公共形象，推进企业发展。因此，企业出于自身的发展目的而主动保持并推进与外部环境的种种联系，其中企业文化的全方位对外传播是改善企业与其他组织间关系，从而保证企业具有良好的运作环境的重要方面。

（2）企业文化的内传播。如果把企业中所有的管理要素都笼统地视为文化信息，企业文化传播普遍存在于企业活动的各个方面，它既是企业活动的具体形式，也是企业行为实在的内容。企业的决策、计划、执行、监督等所有管理活动，都离不开文化信息传播，文化信息的传播内容、传播模式、传播手段、传播速度、传播频率的选择，影响企业管理活动的直接结果，也决定了企业生存及发展的状况。因此，企业文化传播活动功能发挥的程度，从某种意义上说，是企业生命力之所在。作为企业物质文化、制度文化、精神文化综合体的企业文化必须通过在全企业范围内进行传播来发挥它的振兴、导向、协调、凝聚、美化和育人等功能。

首先，任何一个企业的职工、管理者和股东，都具有双重身份。一方面，他们是本企业文化活动的主体，其自身的言论与行动，会对企业文化的客观形象作出贡献或产生损害；另一方面，他们也会像局外人那样，对本企业文化加以反映、认识和评价，并得出本企业的形象究竟如何的结论。这个结论就是他们头脑中形成的关于本企业文化的主观印象。这种印象首先是由企业文化的客观形象所决定的，但却不是由它唯一决定的，人的认识水平、价值观念和特殊需求也参与决定。一般来说，企业内部的每一个职工、管理者和股东，对于本企业都有一个理想的企业形象要求，在进行对本企业文化的评价时，他们会将认识到的企业文化的客观形象同自己的理想企业形象进行对比，并作出本单位的企业形象是好或是坏的判断。

在这种情况下，就需要通过全方位的传播让他们去更精确地了解、认识客观企业形象甚至按照他们的理想企业形象进一步改善本企业形象。因为，作为企业文化系统所有要素综合表现的企业形象的评价，尽管最主要的是由企业之外的社会公众来作出，但是企业形象归根结底是由企业之内的全体职工塑造出来的，主动权仍然掌握在企业职工手里，他们通过实实在在的工作而创造出来的客观企业形象，在任何情况下都是评价的客观基础。所以，在探讨企业文化的主要传播对象时，应首先以企业中的全体员工为一级传播客体。

其次，人们往往通过企业文化的外显部分，即一切能表现企业文化的某种特质的物质形态或运作方式来理解企业文化的内涵。外显部分是企业文化的最直接的外在体现，它容易观察，但有时其代表的意义却不易确切定义，即某种现象究竟代表哪种文化内容和意义，观察者的理解是不会完全相同的，描述和解说上总是存在着或多或少的差异，有时甚至会得出相反的意义。一个企业的价值观念、精神境界和理想追求是企业文化系统中的种子要素或称为中心要素。企业本身并无价值观，而是企业成员的价值观。人人都有基本的价值观，它通过个体行为及态度意向表现出来。当绝大多数成员的价值观呈现大致趋同化状态时，便使企业行为方式带有了共同特质，企业文化在价值观层面上达成了共识。多数情况下，企业员工的价值观是不一致的，这使企业形成了许多"次文化"。按照帕特纳姆和普勒 1987 年对冲突的解释，目标的不一致或人们观念不同造成的理解认识的偏差，总是导致冲突的根源。因此，企业文化内部传播的意义还在于通过各种手段和方式，在企业全体员工中加强、深化交流和沟通，形成对企业物质文化、制度及行为方式、企业精神和价值观的共识，以减少甚至消除企业内部冲突和分歧，从而便于以整合和一体化的风貌对外展示企业形象。

3. 企业文化传播的时机

古人云："机不可失，时不再来。"这说明时机非常重要，但时机又不是一直存在的，具有突发性、短暂性的特点。在企业文化的传播过程中，如何能够找准并抓住时机，对于提高企业文化传播的实效具有重要意义。企业文化传播的时机如下。

（1）兴奋点。当某项事情或某项活动引起公众的特别关注时，会在他们的思想上产生兴奋点，当人们处于兴奋状态时，思维活动活跃，思维能力、理解能力也随之增强。兴奋点可能是由小事引发的，也可能是由大事引起的，企业可以有意识地通过国内外企业或本企业最近发生的事情制造一些兴奋点。例如，当"安然"事件发生时，在企业引发关于诚信的探讨等。及时把握兴奋点，对企业文化的传播是很有利的时机。

（2）危机事件。企业在生存、发展的过程中，肯定会遇到一些困难、面临一些危机。然而危机却也很有可能刺激真善美的觉醒与回归，能够增强人与人之间的凝聚力，促使人的行为和意识往好的方向转变。不过，这种转变具有暂时性，想让它更持久更深刻，则需要企业做好引领工作。如果企业能够做到处乱不惊，在处理危机事件时坚持企业一以贯之的文化理念，那么当企业成功地度过危机时，也成功地传播了自己的企业文化。

（3）典型对比。在企业文化的传播活动中凡是能够折射出企业文化精华的，或是与企业文化理念相悖的，都可以作为典型。也就是说，这种典型可以是产品、事件；也可以是个人、团队，还可以是企业内部的生产、生活环境等。在这里，典型应该既包括好的典型即能突出反映企业文化核心理念的人、事、物、氛围、环境等；也包括坏的典型，这种典型与企业文化的核心理念相背离。在企业文化的传播过程中，通过对比这两种性质相反的典型，可以使受众更清楚、深刻地理解本企业的文化，对企业文化传播来说无疑是一个良好的契机。

（4）企业变动。企业变动在企业的成长发展中是不可避免的，它会或多或少地引起企业的波动，但却也是企业文化传播的良机。把握企业变动的时机，在企业改革、人员更迭、新产品开发、企业上市、组建企业集团、实施产品战略等重大变动活动中，奉行企业文化所提倡的价值观念、行为准则，会使企业文化传播收到事半功倍的效果。

（5）文化网络。文化网络是企业组织内部的、非正式的联系手段，也是企业价值观和英雄人物传奇的"载体"。充分利用文化网络的作用，放大企业理念和强势群体，是企业文化传播的良机。同时，对于企业在日常生产和生活中的惯例和常规，企业文化传播者也可以在文化网络中通过文字、语言等手段结合灌输、讨论等方式反复向企业员工表明对他们所期望的行为模式，使员工从各种细节方面更深刻地领会企业文化，形成良好的礼仪和礼节，这同样是企业文化传播的好机会。

（6）准确运用传媒。企业文化传播离不开传媒，通过媒体传播企业文化信息，受众更广、影响更大。随着信息技术的发展，传媒的形式和种类越来越多，信息的传递也更为及时和迅速，这对企业来说是一把双刃剑，既可能使企业美名远扬，也可能使企业声名狼藉。但是，如果企业了解传媒，把握了各种传媒的特点，准确地策划出在何时、何事上运用何种传媒工具，使传媒为企业所用，也不失为企业文化传播的契机。优秀的企业文化是经得起传播的文化，也只有在文化传播活动中，才能使企业文化沉淀为优秀的企业文化。创造适合企业文化传播的条件和时机，进行企业文化传播活动，以文化引领企业的前进方向，以文化留住企业员工、以文化吸引合作伙伴和消费者，培养他们的忠诚度，是现代企业获得持久竞争力的重要源泉。

4. 企业文化传播的规律

一般而言，企业文化传播具有以下规律。

（1）同构易播规律。同构易播规律是指相同或相近企业结构的企业文化共同体，企业文化在其间的传播速度快，影响大，易于奏效。不论是整体同构或部分同构，这条规律均适用。例如，第二次世界大战以后，美国的企业管理文化在日本、西欧各国很快风行起来，其原因就在于这些国家的企业面对相同或相近的社会制度、经济体制，具有相同或相近的企业制度文化。推而广之，相同或相近的企业文化环境，如相同或相近的社会制度、经济体制、法律、宗教和民族文化传统，也利于企业文化的传播。例如，欧洲各国在大的文化背景上具有同一性，在市场上又有着千丝万缕的联系，其企业间的文化互动现象频频发生。

（2）异体或异构抗播规律。异体或异构抗播规律是指相异或者全然不同的企业文化体，企业文化在其间的传播速度慢，影响小，不易奏效。因为，企业作为一个生命体，在其自身精神调理及维系过程中，存在着一种自发的排斥异己的功能。企业文化体不论是局部的还是整体上的异构，这一规律都是适用的。例如，西方市场经济条件下率先兴起的与现代企业制度相适应的企业文化在非市场经济国家，就遇到了体制和理念上的一些阻力。要解决文化抗播问题，不能寄希望于改变规律，或是绕道而行，只有尽力设法改变企业文化共同体结构，才能促进企业文化的交流与传播。

（3）优胜劣汰规律。企业文化传播过程，也是企业文化的交流、互动和竞争过程。这一过程是有规律可循的，传播的方向通常是由高到低，由强到弱，即从发达文化的高处传向文化不发达的低处；同时，在文化传播中也存在着互动和竞争现象，文化交流包含着对流、逆流，得到流传、扩散的未必是在各个接受方看来是相对发达、先进的企业文化特质，有时劣质的文化也会得到流传和扩散。但最终竞争的结果，必定是优胜劣汰，先进文化同化和改造落后文化。

（4）整合增值规律。企业文化传播过程中不仅有同质文化的传播，也存在着异质文化的传播。具有不同文化特质的企业、群体或员工在文化传播中相互接触，彼此理解，结果就使得不同特质的文化得到同化和整合，产生增值。如在企业文化内传播过程中，具有不同文化背景的企业成员学习到具有本企业特点的工作方法、生活方式和行为准则，以及进行人际交往的态度和方式，从而抛弃自身不适应于本企业的观念、习俗，将适应于或有利于企业的观念、习俗融于企业文化之中。同时，根据自身的经验和价值观念，重新认识、评价企业文化中的传统成分和特质，从而使企业文化产生增值。

六、企业文化建设的保证体系

企业文化建设的保证体系，是指企业以保持和发展优良企业文化为目标，运用系统观点，坚持以人为中心，优化企业内外环境，构建强化与固化企业文化的有效机制。企业文化不仅需要构塑成形，更需要巩固和发扬，使其转化为物质力量，转化为凝聚力和现实生产力。因此，建设一种积极、健康、向上的企业文化，必须从物质、制度、礼仪等方面采取相应的保证措施，以便巩固它、强化它，使优良的企业文化渗透到全体员工的心里，融合到企业的经营管理中去。

1. 企业文化的物质保证

企业文化的物质保证是基础保证，它是指通过改善企业的物质基础和生活条件，扩大生产经营成果，完善企业的文化设施，来物化企业的价值观，以增强企业的凝聚力和员工的归属感。这是企业文化保证体系中的"硬件"。为了把企业文化建设落到实处，企业必须建设好生产环境工程、福利环境工程和文化环境工程。

企业生产经营的物质条件（如厂房、设施、机器设备等）和物质产品既是企业文化赖以形成和发展的基础和土壤，也是企业精神文化的物质体现和外在表现。建设企业生产环境工程，就是要逐步改善企业生产经营的物质条件，生产出最优秀的产品。企业文化的发展水平同生产环境工程建设的优劣成正比。建设企业生产环境工程的重点是推进技术创新与技术改造，提高产品质量和品牌影响力，加强现场管理，创造一个文明、清洁的生产环境，搞好厂区的绿化、美化，美化生产的外部环境，使员工心情舒畅，给公众以特有的感染力。

企业福利环境工程建设是企业为满足员工的基本生产生活需要而进行的非生产性投资建设。建设企业福利环境工程，就是要逐步改善企业的生产和生活条件，为员工的生产和工作提供一个安全稳定、丰富多彩的生活环境，满足员工物质文化生活的需要。企业福利环境工程建设得好，使员工亲身感受到企业有靠头、有盼头、有奔头，才能强化员工的归属感，激发广大员工的工作热情。建设企业福利工程的重点是完善企业的工资制度和奖励机制，完善必要的生活设施，加强劳动保护措施，改善作业环境。

文化环境工程建设主要指企业的各种文化设施、标识等的建设，它们是企业文化建设的物质载体和外在标志。文化环境工程建设的重点是建设和完善教育、科技、文艺、新闻、体育、图书资料等方面的文化设施，把抽象的文化信条、警句"装饰"在环境中，使人们耳濡目染，以满足员工的精神文化需求。

2. 企业文化的制度保证

制度是企业文化理念的重要载体。制度保证在企业文化建设初期是关键性保证措施。企业文化的制度保证，是指通过建立和完善企业的组织制度、管理制度、责任制度、民主制度等，使企业所倡导的价值观念和行为方式规范化、制度化，使工的行为更趋合理化、科学化，从而保证企业文化的形成和巩固。企业文化的建设在各个方面，如企业目标的实现、企业价值观的形成、企业精神的发扬、企业风尚的保持等，都离不开企业制度的保障。

企业文化的制度保证包括如下方面：一是企业治理结构及管理组织结构建设，这是企业文化建设的组织保证，要依据《公司法》规定，建立企业治理结构，设置有效的管理组织结构，重视非正式组织的建设，弥补企业正式组织的不足，为各层次的员工发挥聪明才智提供广阔的天地。

二是企业生产技术和管理制度的建设。建立企业生产技术和管理制度既是生产经营的秩序和工作质量与效率的保证，也是企业文化建设的重要保证措施，尤其是在文化较弱，即文化未成为引导员工行为的主导力量时，这些制度是载体，对文化起着强化作用。

三是企业岗位责任制度建设。企业的岗位责任制度是以工作岗位为核心建立的责任制度。它具体规定了每个岗位的职责和权限，是一项基础性制度。企业只有建立、健全岗位责任制度，才能使其他各项生产技术、管理制度更好地贯彻执行，充分调动员工的积极性，保证企业各项工作任务的完成，使企业所倡导的价值观得以体现和贯彻。岗位责任制包括生产工人岗位责任制、专业技术人员和管理人员岗位责任制、领导人员岗位责任制等，各级各类人员的岗位责任制都可以通过制定规范的"任务说明书"的办法加以落实。

四是企业民主制度建设。优秀的企业文化必然是"以人为中心"的文化，如果不重视员工的民主权利及民主制度建设，企业文化建设就缺乏内在驱动力。企业民主制度建设可以采用召开职工代表大会、董事会、监事会等吸收员工参加管理，加强各类民主小组的建设，提出合理化建议，民主评议领导干部，让员工在本岗位上自主管理并发挥创造性等形式展开。

3. 企业文化的教育保证

企业文化的教育保证，是指通过各种培训手段，提高员工的素质（包括政治素质、道德修养、文化水平和业务技术水平等），启发员工的觉悟，挖掘员工的潜能，使之能够成为承载和建设企业文化的主力军。员工的素质与企业文化的层次成正相关，很难想象，在一个整体素质极其低下的员工群体中能够孕育或承载高品位的企业文化。因此，发展企业文化必须有良好的教育保证体系，要始终把搞好员工培训、提高员工素质作为企业的一项战略任务来抓。

实施企业文化培训，为企业文化建设提供教育保证要注意以下几个问题。

一是企业文化培训要突出个性。企业文化对于任何企业而言都是个性的，放之四海而皆准的企业文化是没有个性的企业文化，即使落实到实际中去，也变成了"形而上学"的模式。建设企业文化不能模仿，企业文化必须分析整合不同的价值观念，精心提炼出最适合本企业发展、最有价值的精神。在进行企业文化培训时，也需要形成个性，要针对不同层级和职能的人，设计不同的培训内容。从企业的层级来看，高层需要了解企业文化的本质、与传统文化的关系、与战略和核心竞争力的关系、如何实施文化变革等内容；中层的侧重点在于如何在领导下属、实施考核、团队建设中体现企业文化，即企业文化与管理技能的结合，没有优秀的领导技能就无法传扬企业文化；而基层人员则更需要理解本企业的企业文化理念，以及如何在工作中体现出企业文化；新进人员需要认识企业的历史和文化、先进人物事迹、行为规范等。从企业的职能来看，不同部门对企业文化的需求也不一样，人力资源部门需要了解企业文化与招聘、培训、考核、薪酬、激励、奖惩、任免等工作的有机结合；生产部门需要了解企业文化如何体现在工艺设计、质量控制、流程改造、操作规范等环节；财务部门则需要了解企业文化在投融资、预决算管理、成本控制等方面的应用；营销部门需要了解企业文化与品牌建设、促销推广、广告公关等内容的关系；其他部门的文化培训也应该有不同的侧重点。由此可见，如果没有针对性，实行"大锅饭"式的企业文化培训，往往没有效果。

二是企业文化培训要强化组织保证。企业文化培训是一项系统工程，必须加强管理，建立健全责任机制和激励机制，形成系统全面的组织保证体系。在企业文化中，管理者是企业利益的代表者，是下属发展的培养者，是新观念的开拓者，是规则执行的督导者。在企业文化培训中，企业管理者起着决定性作用，搞好企业文化培训，关键在于管理者特别是各部门的一把手。如果没有管理者的以身作则，要想培育和巩固优秀的企业文化是相当困难的。这就要求企业文化的培训首先要提高企业各级管理者的素质，充分发挥其在企业文化建设中的骨干带头作用，管理者的政治素质、精神状态及对企业文化建设的认知程度直接影响着企业文化培训的作用和力度，只有把企业管理者的示范作用、主导作用和战略思考同广大普通员工参与的基础作用、主体作用、扎实工作有机地结合起来，才能使企业文化真正融入企业中。同时要建立健全系统全面的企业文化管理机制，制定企业文化培训责任制，把企业文化培训纳入到各级管理者的责任考核之中，作为对管理者奖惩的重要依据之一，各部门明确各自的职责范围，逐步形成企业内部全员参与的企业文化格局。只有企业的各级管理者对企业文化建设真正给予了高度的重视，企业文化培训的组织力度才可以得到加强，培训才能扎实有效地向纵深发展。

三是企业文化培训要形成体系。企业文化培训的目的是要让员工提高综合素质，促进企业的可持续发展。要使企业文化培训能长期持续地发挥作用，就必须建立一个符合企业实际的企业文化培训体系。建立一套完整的适应自身企业文化培训体系的基本步骤是：①要对本企业现状进行系统的调查研究，把握住企业文化建设的重点；②拟出企业文化建设的构想，组织专家论证；③确定企业文化的基本要素和员工讨论，而后依据岗位不同分解为相应的要点，从而建立完整的企业文化培训体系；④广泛宣传，形成舆论，使企业文化培训体系渗透到每一位员工的头脑里；⑤编制规划，分步实施，实现管理的整体优化。

四是企业文化培训要经久创新。企业文化具有稳定性的一面，更重要的是与时俱进，随着时代的进步而不断丰富和发展。要加大企业文化培训力度，以培训创新推动企业文化创新。要在培训制度上创新，努力建立起培训、考核、使用、待遇一体化的员工培训管理制度，充分调动员工学习的积极性和主动性，转变员工学习的观念，由"要我学"变成"我要学"，大力营造全员学习的企业文化氛围，力求将企业文化培训形成一整套基本制度体系进行长期的认真贯彻执行。唯有通过培训制度的认真贯彻执行，方能提高企业员工的思想观念、技术水平和综合素质，从而实现优化企业员工队伍结构、提高企业人员整体素质、建立领先同行业的品牌企业文化竞争力的目的。要在培训内容上创新。要从以知识更新型培训为主，向以智能增强型培训为主转变，按照文化前移、技能复合、素质全面的要求，培养员工的学习能力、实践能力、创新能力、跨文化交流能力等关键能力，不仅要让员工掌握具体的技术、技能、技巧，更要突出创造性开发、创造性思维能力的培养。如今文化的发展日新月异，创新企业理念，应及时吸收文化发展中的先进因子和企业管理思想。同时要结合员工的职业生涯管理开展培训，帮助员工实现个人价值。员工个人价值得到了提升，又会促进企业的发展，从而提高企业的竞争力。要在培训形式上创新。企业文化培训中应该尽量减少单纯的课堂讲授，特别是纯理论的讲授，应该加大互动的比例，课程的内容也要以实际操作和案例为主，要变灌输为引导，加强双向交流。要以多种形式开展企业文化培训，如专家辅导讲授、针对企业文化的内容展开讨论与交流、开展定期企业文化例会等。随着计算机技术和网络技术的飞速发展，要充分借助网络开展培训，不断优化整合培训资源，创新培训载体。通过网上培训，使培训在时间和空间上得到延伸，增强企业文化培训的广泛性和持久性。

4. 企业文化的礼仪保证

企业文化礼仪是指企业在长期的文化活动中所形成的交往行为模式、交往规范性礼节和固定的典礼仪式，礼仪是文化的展示形式，更是重要的固化形式。正像军队礼仪、宗教礼仪对军人和教徒的约束一样，企业文化礼仪规定了在特定文化场合企业成员所必须遵守的行为规范、语言规范、着装规范，若有失礼节，便被视为"无教养"行为。企业文化礼仪根据不同的文化活动内容具体规定了活动的规格、规模、场合、程序和气氛。这种礼仪往往有固定的周期性，不同企业的礼仪体现了不同企业文化的个性及传统。

企业文化礼仪在企业文化建设中的保证作用主要表现如下。①使企业理性上的价值观转化为对其成员行为的约束力量。文化礼仪是价值观的具体外显形式，通过规范文化礼仪，实际上也就使人们潜移默化地接受和认同了企业价值观，文化礼仪客观上成为指导企业各项活动的行为准则。②企业文化礼仪是文化传播最现实的形式。通过文化礼仪，使难解难悟的价值体系、管理哲学等显得通俗易懂，易于理解和接受；同时由于大多数企业文化礼仪生动、活跃，具有趣味性，其中所包含的文化特质更易于在企业全体成员之间进行广泛传播。③企业文化礼仪是企业成员的情感体验和人格体验的最佳形式。在企业各类文化礼仪中，每个企业成员都具有一定角色，他们能够身临其境，受到礼仪活动现场气氛的感染，经历情感体验，产生新的态度。

企业文化礼仪不是企业文化活动中的静态构成，而是在实践中不断补充、丰富和创新的。具有优良传统的企业，其文化礼仪也是丰富多彩的。

（1）工作惯例礼仪。这是指与企业生产经营、行政管理活动相关的带有常规性的工作礼仪。其特点：一是气氛庄严、热烈；二是直观性强，直接体现所进行文化活动的价值和意义；三是与常规工作直接相关，成为工作禁忌和工作惯例；四是有规范性和激励性，直接规范人们的工作行为，强化人们的工作动机。工作惯例礼仪一般包括早训（朝会）、升旗仪式、总结会、表彰会、庆功会、拜师会、攻关誓师会等。

（2）生活惯例礼仪。这是指与员工个人及群体生活方式、习惯直接相关的礼仪。举行这类礼仪的目的是增进友谊、培养感情、协调人际关系。其特点：一是气氛轻松、自然、和谐；二是具有民俗性、自发性和随意性；三是具有禁忌性，避免矛盾和冲突，抑制不良情绪，禁止不愉快的话题，要求人们友好和睦相处；四是具有强烈的社会性，有些礼仪直接由社会移植而来，又常常是由非正式组织推行，并在企业中广泛传播。生活惯例礼仪一般包括联谊会、欢迎会、欢送会、运动会、庆婚会、祝寿会、文艺汇演及团拜活动等。

（3）纪念性礼仪。它主要是指对企业具有重要意义的纪念活动中的礼仪。举行这类礼仪的目的是使员工产生强烈的自豪感、归属感，增强自我约束力。其特点：一是突出宣传纪念活动的价值；二是烘托节日欢快气氛；三是强化统一标志，着统一服装，挂企业徽记，举行升旗仪式，唱企业歌曲等。纪念性礼仪主要指厂庆、店庆及其他具有纪念意义的活动。企业庆典活动不宜频繁，按照中国传统，逢五、逢十、逢百的纪念日要庆祝。

（4）服务性礼仪。它是指在营销服务中接待顾客的礼仪。规定这类礼仪的目的主要是提高企业服务质量和服务品位，满足顾客精神需要。其特点：一是具有规范性，执行不能走样；二是具有展示性，即对外展示企业良好的精神风采，有特色的服务礼仪能够成为企业文化的一道亮丽的风景；三是直接反映企业营销活动的内容和特点，礼仪执行好坏直接或间接影响企业的声誉和效益。服务性礼仪主要有企业营业场所开门关门礼仪、主题营销礼仪、接待顾客的程序规范和语言规范、企业上门服务的礼仪规范等。

（5）交往性礼仪。这是指企业员工与社会公众联系、交际过程中的礼仪。中国是礼仪之邦，企业在对外交往中应在遵循国际惯例基础上，特别注意发扬优良传统。规定这类礼仪的目的主要是，对内创造文明、庄重的工作氛围，对外树立企业良好的形象。其特点是既有通用性，又有独创性。通用性是指企业要遵循世界上各国各民族通用的交际礼仪，不遵守这些礼仪会被交往对象看不起，遭到轻视；独创性是指企业自身在与公众交往实践中创造的交往礼仪，这类礼仪往往有特殊的场景和程序，带有鲜明的企业个性和文化魅力，交往对方置身于这种礼仪之中，感受到友情、友爱，有强烈的被尊重感。交往性礼仪包括接待礼仪、出访礼仪、会见礼仪、谈判礼仪、宴请礼仪及馈赠礼物、打电话、写信、发邮件礼仪等。

企业在创立具有自身特色的上述企业文化礼仪体系时，应赋予各种礼仪以文化灵魂，将企业倡导的价值观渗透其中；重视弘扬企业的优良传统，使用具有价值的文化活动素材，继承企业的传统习惯和做法；认真组织、精心设计企业文化礼仪的场景，善于制造良好的气氛，使员工通过参加礼仪受到感染和教育；积极吸收员工参与创造礼仪，增强礼仪的生命力。只有这样，才能有效地发挥企业文化礼仪在建设、强化、传播企业文化中的积极作用，避免浮于表层，流于形式。

 案例1　扬州发电公司的"三力"文化

一、案例介绍

江苏华电扬州发电有限公司地处全国历史文化名城江苏省扬州市东北郊，京杭大运河与古运河交汇处。该公司始建于 1958 年，现有员工 1465 人，装机容量 1100MW，其中220MW 和 330MW 机组各两台。近年来，公司坚持"电为核心、协调发展"的发展战略，以存量带增量，以增量促存量，练内功蓄势，强基础待发，结合电力改革不断深化的实际，抓住发展机遇，以推进转换经营机制为重点，以创建一流火力发电厂和优秀发电企业为主线，把深化企业改革和加强企业管理有机结合起来，走出了一条推行卓越管理，提高企业竞争力的创新之路，取得了显著的成效。企业整体面貌、管理水平、综合实力、设备健康水平、安全状况、经营业绩、人力资源开发利用和员工队伍精神风貌发生了根本的变化。

（一）"三力"文化概述

江苏华电扬州发电有限公司"三力"特色文化的内涵是：实力、活力、魅力。

"实力"：创业兴业、图治图强、争先率先；
"活力"：开拓开明、敬业精业、创新创优；
"魅力"：育人育企、大气文气、和美和谐。

三力文化集中了职工的思考和智慧，是时代进步、经济发展、企业成长的结晶，既体现了报国、兴企、塑人的要求，又树立了企业全员创业、全力创新、全面创优的价值观；既弘扬了艰苦创业的民族精神，又与时俱进，把握了时代脉搏，把握了个性特征，育人育企、塑魂塑形，丰富了员工的精神世界，完善了员工的文化生活，吸引了员工积极参与，增进了企业的和谐力，提升了企业的影响力，增强了企业的竞争力，使企业充满了生机与活力，充满了旺盛的生命力和魅力，走出了一条富有特色的企业文化之路，促进了企业持续、稳定、健康、和谐发展。

三力文化的主要内容如下。

公司精神：务实创新　追求卓越。

发展战略：电为核心　多元发展。

公司作风：求实　严谨　高效。

管理理念：制度为准　以人为本。

经营理念：科学决策　效益至上。

安全理念：强化超前防范　严格过程管理。

人才理念：为员工创造发展空间。

环境理念：绿色扬电　共享共建。

道德理念：诚实守信　奉献社会。

文化理念：以文育人　凝心聚力。

思想道德观：弘扬"五爱"精神　争当"三好"员工。

职业道德观：爱岗敬业　忠于职守。

社会公德观：崇尚文明　从我做起。

家庭美德观：尊老爱幼　和睦相处。

基本行为规范：爱国爱岗　诚信守纪　文明友善　勤学精业。

扬电企业文化建设经历了四个阶段：初始阶段（1987—1993年），重点培育、弘扬"团结、进取、求实、奉献"的企业精神；发展阶段（1993—1996年），结合电力系统"双达标"活动，进行了企业形象设计，全面导入CIS；提高阶段（1996—2000年），结合深化企业改革，凝练公司理念，细化企业管理，强化文化建设，塑造企业形象；成熟阶段（2000—2007年），解放思想，与时俱进，将企业精神刷新为"务实创新、追求卓越"。加入集团公司后，又将企业精神与华电精神相融合，建设"三力"文化。

扬电企业文化体现了三个特点。一是企业文化建设从单项切入到系统推进。建设初期，该公司从培育企业精神入手，从开展文化活动做起。随着市场经济的发展，公司企业文化建设逐渐从单项到多项，从企业精神到企业文化氛围，从厂容厂貌到企业形象等多方面实现了发展。二是企业文化建设由表及里纵深推进。伴随着企业经营发展战略的调整，该公司把物质文化、制度行为文化与精神文化有机结合，同思想政治工作有机结合，把观念的变革同价值观的再塑有机结合，由表及里逐渐深化。三是企业文化建设从领导者认识到广大员工认同整体推进。通过多年的努力，公司领导积极倡导和模范实践企业文化，广大员工也逐步自觉认同和实践企业文化，企业文化成为企业快速发展的助推器，成为企业和谐发展的加油站。

（二）安全文化

该公司倡导"强化超前防范，严格过程管理"的安全理念，就是要求公司上下时刻对安全工作要如临深渊，如履薄冰，严密防范，严格管理；对安全教育、检查、防范、激励不断创新，以零违章、零缺陷确保零事故，确保安全纪录不断刷新。原扬电公司总经理顾干也谈道："企业实现了安全生产，员工利益才能得到基本保证，才能沉下心来谋事、集中精力干事，这是最根本的'以人为本'。"

该公司曾经先后发生二死一伤人身事故。锅炉"四管"频繁爆漏，两台20万千瓦机组一年非计划停运最高14次，干部员工疲于抢修，效益滑坡，人心浮动，企业形象降到最低点。1996年，该公司把安全治理的"剑锋"直指影响安全生产的主要矛盾——锅炉"四管"爆漏，成立了四管防磨防爆整治领导小组，创新设备管理思路，摒弃了过去"就漏堵漏、就缺消缺"的传统做法，临检做小修工作，小修干大修项目，标本兼治，短期内扭转了安全生产的被动局面。

按照"以人为本，预防为主，全员参与，持续改进"的工作思路和安全管理"规范化、标准化、科学化"的要求，扬电公司上下紧紧把握人和设备两个核心要素，结合安全性评价，不断建立、创新和完善安全管理机制，先后制定或修订完善了安全工作标准、安全监督管理、安全技术管理等一系列制度。推行安全目标责任管理，实行风险抵押金制度，设立安全专项奖励基金，逐级签订安全目标责任书，严格安全责任追究制度。发电部狠抓运行"两票三制"管理，细化提高巡查标准和考核要求，强化操作过程把关和监护，高度重视特殊运行方式下和设备存在薄弱环节时的安全运行，先后制定了102项运行技术措施，确保了重大操作万无一失，两票合格率、操作正确率均保持100%。各检修分公司加大设备缺陷管理、检修一次启动成功率质量管理考核，坚持"谁检修谁负责、谁验收谁负责"和质量出问题"谁签字谁负责"，日常设备消灭小缺陷不过班，大缺陷不过天，绝不让隐患演变为事故。

在总结"四新保一新"安全管理成功经验和大修现场"123"安全管理模式，发动全员提炼出"强化超前防范，严格过程管理"安全管理理念，指导运行、检修安全管理的基础上，扬电公司不断丰富安全管理的内涵，将安全管理的内容延伸到人身、设备、意识、技术、交通五大领域，并注重把安全生产刚性管理与安全文化的柔性功效有机结合起来，大力培育预防为主的安全文化，建安全文化长廊、办安全巡回演讲、发起安全签名承诺、征集安全合理化建议、摆安全知识擂台、搞安全辩论等多种寓教于乐的活动。同时，在班组全面推行因人而异、灵活多变、跨工种、跨部门，渗透每项具体工作、每个岗位的安全劳动互保活动，构筑起全员安全"防火墙"。借助"全员安全大讨论"、"扬电人看扬电"、"三个想一想"、"做合格员工，分担发展压力"、"提升品牌形象，构建和谐扬电"等一年一次主题教育活动的开展，引导员工查管理上的不安全短板，在浓郁的安全文化氛围中，员工的安全意识、安全技能和安全防范能力得到不断提高。

安全生产目标分级控制，安全管理制度横向到边，安全工作责任逐级落实、纵向到底，每一项奖惩都有章可循。"安全是第一工作、安全是第一责任、安全是第一效益"在公司管理层谙熟于心。工作前危险点预控分析、工作中安全措施落实到位，工作后有安全评价小组在班组操作层程序化，一系列安全生产长效管理格局。而今，扬电公司已连续 2900 多天安全生产无事故，安全纪录、发电量连年创历史新高，锅炉"四管"防磨防暴迈上新水平。安全生产呈可控、授控状态，安全纪录屡屡刷新，本质安全型企业带给干部员工的不仅仅是人身、设备安全的保障，更重要的是造就了一个稳定的工作环境，为扬电人聚精会神创树企业形象，提高企业核心竞争力创造了必要的条件。

（三）经营文化

没有效益的最大化，企业和谐如同无源之水，无本之木。只有企业效益上去了，形象提高了，核心竞争力强了，员工的利益才能得到最大的保证，认准这个道理的扬电人，心往一处想，劲往一处使，拧成一股绳，不断地追求管理创新，向精细化管理要效益。

"电脑进班组了，生产环境变靓了，工作条件改善了，烦心的事少了，办事程序顺畅了，收入逐年提高了……"谈起近年来扬电公司的巨大变化，班组员工们乐呵呵的，谁都能说出一大堆感受。

1999 年 4 月，扬电公司由省电力公司内部核算单位改制为自负盈亏的独立核算企业。这个有 1500 多名员工，上网电价一度全省最低，管理粗放，效率不高的老发电企业，与大批新上马的大机组新电厂相比，单机容量小、人员负担重，尤其是机组经济性的差异，在电力市场竞争中显然处于劣势。生存空间受到严峻挑战，前所未有的危机感和忧患意识困扰着全体员工。企业的出路在哪里？

在当时不具备扩建条件的情况下，以顾干总经理为首的领导班子没有怨天尤人，听天由命，而是将解决企业困境的落实点放在企业的内涵式发展上，力求在管理出效益上杀出一条"活路"。正是这一极具远见的"强筋健骨"的科学决策，使扬电公司多年来在风云变幻的市场竞争中，处变不惊，游刃有余。

牢牢抓住管理这一影响企业效益的关键，扬电公司苦练内功，积极追求管理创新，一年一大步，全力推进企业增长方式由粗放型向集约型转变，完善了 400 多项岗位工作标准和管理标准，管理制度细定、管理单元细化、职能岗位细分、成本控制细算。管理的切入点前移、管理重心下移，变"管结果"为"管过程"。精细化管理全方位覆盖到公司生产经营、内部管理的各个环节、每个岗位，形成了"凡事有章可循、凡事有人负责、凡事有据可查、凡事有人监督"，适应老发电企业市场竞争特点的可持续发展管理机制，实现了员工责、权、利的统一。

效益与成本紧密相连。经营管理以董事会利润指标为底线，采用倒逼机制、追赶机制，以预算管理为龙头，成本控制为重点，突出抓"大事、立项、定额、分析、考核"五项管理，增强计划、预算的科学性和执行的刚性，对预算执行进行全过程跟踪控制，经济责任考核例会超罚节奖，经济分析例会强化成本薄弱点在线分析，及时动态优化调控纠偏，加大、加重"三费"挖潜，严堵成本费用跑、冒、滴、漏，实现了"实物流、资金流和效益流"的同步控制。

（四）人才文化

"让想干事的有机会、让能干事的有舞台、让干成事的有地位"，这是扬电公司人才文化的精髓。多年来，该公司坚持"为员工创造发展空间"，任人唯贤，唯才是举，不唯学历唯能力、不唯资力唯智力、不唯文凭唯水平，努力营造爱才、识才、用才的氛围。

公司员工谈道：刚进公司时，人资部发了一本小册子，上面有顾干总经理的两句话很感人："人人都是人才，人人都可以成才"，"能胜任本职岗位的就是人才"。公司在短短的 7 年间，已经为上级有关部门输送 20 位处级以上干部。这些都同其人才理念分不开。

走在扬电公司，时时会被员工精业敬业、积极进取的精神风貌所感染，从员工荡漾着笑意的脸上，更让人感受到和谐的氛围无处不在，感受到扬电公司洒满了春天的阳光，而这满园春色背后蕴藏的是扬电公司人企共进，出成果，又出人才。

扬电公司将培育人、成就人，充分发挥员工积极性、创造性，作为企业可持续发展的持久动力，大力实施"人才强企"战略，制定人才培养中长期规划，着力建好经营管理型、专业技术型和技能型"三支队伍"。人力资源开发精细化管理"四大机制"的逐步构建和完善，呈现出人气旺、人心齐、人思进的和谐氛围。

按照"效率优先、兼顾公平、多劳多得"的原则和建立适合电力企业竞争战略的、公平合理的利益分配制度要求，扬电公司修订了"经济责任制"，制定了"企业年金实施办法"等制度，做到"存量加大考核，增量拉开差距"。根据岗位异同、贡献多寡、责任大小、业绩不同等，拉大分配差距。每年给予首聘的 4 名首批技能带头人 5000 元重奖，对聘用的高级技师、技师每月分别给予 160 元和 80 元津贴，分配向高技能、高素质和为企业作出突出贡献的员工倾斜。

扬电把人才培养实绩作为干部政绩考核、部门评先选优的重要评判标准之一，以"两强促三会"（强化训练、强制提高，会干、会写、会说）为抓手，深入开展"建学习型企业，做知识型员工"活动，倡导员工"干什么、学什么，缺什么、补什么"，出台《鼓励职工自学成才奖励办法》，多渠道、多模式地组织开展全员学习与培训活动，形成"学习无处不在，教育无处不有"的灵活学习机制。一次会议、一次练兵比武、一次解决设备故障等都成为学习的过程，事事学习，终身学习，加速了人才升级。390 名员工通过自学获得了专科及以上学历，构建起由全国技术能手、高级技师、技师、高级工和中高级职称员工组成的人才链。

扬电实施不拘一格的用人机制。育人用人齐头并进，通过实行兼职制、助理制，加大跨部门、跨专业换岗锻炼交流，加速培养，快速成才，缩短干部培养周期。先后新聘中层干部 46 人、交流中层干部 103 人次；新聘管理人员 80 多名，交流管理人员 110 多人次，中层干部、管理人员的整体素质在实践锻炼中得到了提高，为保证用人的制度化管理、标准化运行，相继出台了《技能带头人选拔管理力法》、《高级技师、技师聘任实施办法》等制度，改革专业技术职务任职资格的申报范围。有 74 名班组员工获得"助理工程师"资格认定，增强了员工的成就感。近 4 年，扬电公司先后向外提拔和输送了 3 名厅级干部、14 名处级干部，被外界誉为人才的"摇篮"。

在扬电只要有能力，想干事，能干事，就能找到适合自己"表演"的最佳"舞台"，一些近年来走上领导或管理岗位的员工对此深有体会，扬电公司在最大限度地挖掘个人潜能，开发员工施展才华工作环境的同时，引入绩效管理，制定了《加强管理人员管理的规定》等制度。为员工创造公平参与竞争的机会，使中层干部、管理人员的使用和交流动态化，做到能上能下，促进人尽其才，才尽其用。每年对中层干部、管理人员进行三个层次的绩效测评考核，测评考核要素细化、量化。对业绩差、测评不好、员工认可度低、不能胜任岗位的人员及时进行动态调整。人人都有危机感，员工之间形成了激烈的良性竞争压力。

（五）环境文化

近年来，该公司坚持以科学发展现为指导，认真贯彻省政府"资源节约、电力先行"的要求及关于建设节约型社会的一系列工作部署和要求，以"节能、环保、经济"为目标，以精细化管理为手段，大力开展建设节约型企业活动，强化全员节约意识，充分挖掘节能潜力，全方位实施节能降耗，积极发展循环经济，走出了一条"科技含量高、经济效益好、资源消耗低、环境污染少"的新型工业化路子，促进了企业可持续发展。

1. 深入推进"建设节约型企业"活动的开展

扬电公司成立了"公司建设节约型企业"活动领导小组及办公室，运用各种载体和阵地大力倡导节约文化，开展"厉行节约，从我做起——建设高效节约型扬电"系列活动，营造了"人人关心节能降耗、个个为经济运行献计献策"的浓厚节约氛围，使节约意识深入人心。制定了《关于"建设节约型企业"的指导意见》，建立和完善了《锅炉点火、助燃用油奖惩办法》、《节水、节电奖惩办法》、《值际竞赛工作条例》、《220MW 和 330MW 机组指标考核细则》等各种节能管理制度，进一步明确了节能工作目标。通过有效的激励和约束，形成了节约资源的长效机制，保证了"建设节约型企业"活动的扎实开展。

2. 发展循环经济，塑造"绿色扬电"的新形象

近年来，该公司按照"减量化、再利用、资源化"的原则，大力发展清洁生产、循环经济，对生产过程中产生的灰、渣、脱硫石膏等固体废弃物加强综合开发利用，积极推进废水、气资源的循环式利用，提高资源综合利用效率，塑造了"绿色扬电"的新形象。

扬电公司至今累计利用粉煤灰达 250 余万吨。为充分利用资源，变废为宝，该公司先后对机组干出灰系统进行技改，将除尘收集的粉煤灰全部回收，直接通过出灰系统输送至灰码头，用于水泥添加剂等市场再利用。投资 400 万元安装粉煤灰分选系统，不仅提高粉煤灰用量，而且实现了粉煤灰分级销售，提高了产品的附加值。积极扩展粉煤灰的用途，与扬州市

东基公司合作生产加汽砌块砖，年产量达 15 万方左右。2005 年实现利用湿灰 12 万吨，干灰 34.6 万吨，灰渣 1.9 万吨，创造综合利用的经济效益约 500 万元。2006 年又投资 700 万元建设粉煤灰磨细工程，通过将粗粉煤灰磨细替代分选等级灰的措施，缓解等级资源紧张，提高了细灰产量，同时减轻了灰场压力，提高了机组发电安全可靠性，保证了循环经济健康持续发展。

（六）企业文化的建设举措

优秀的企业文化氛围和其独特的感染力熏陶、凝聚着员工为企业明天的发展而团结工作，培育出了锐意进取、众志成城的一流员工队伍。

1. 领导率先垂范

扬电公司各级领导以身作则，带头弘扬、践行企业精神，做公司精神的宣传员、实践者。公司领导在开拓企业长远目标和近期发展的决策意识中，以追求卓越的思想来统领全局，潜移默化，形成了不断进取的思维方式。在作风上，公司各级领导干部团结一致，齐心协力，率先垂范，一级做给一级看。要求职工团结一致，各级班子首先形成坚强核心；要求职工奋发向上，各级领导首先勇于进取创新；要求职工吃苦耐劳，各级领导首先尽心尽职，自觉做到学习在前、工作在前、吃苦在前、奉献在先。在实际工作中，一班人干实事、创实绩、务实效，团结奋进，锐意进取，勇于负责，善于管理，领导干部在带头实践弘扬扬电精神中起到了有力的推进作用。

2. 借助活动载体

扬州发电有限公司在企业文化建设上积极创新，不断推出新颖的创建企业文化载体。

以"道德建设月"为载体，全面实施"以德育人"工程。公司按照公民道德建设实施纲要，排查问题，定思路、定目标、定重点、定措施，制定道德建设 5 年规划，全面启动以"道德建设月"为载体的"以德育人"工程，大力倡导员工争做企业好员工、家庭好成员、社会好公民。综合采取"理论先导、典型示导、自我引导、文明倡导"的方法，创建道德建设长廊，开辟道德教育专栏，举办道德知识讲座，开展道德理念研讨，提炼出"诚实守信、奉献社会"的公司道德理念及各类道德规范。在强化道德教育的同时，倡导爱岗敬业、忠于职守、诚实守信的职业道德；开展"讲文明、树新风"系列活动；举行"从我做起，告别陋习"签名仪式。把每年的 10 月份定为公司的"法制活动月"，与 4 月"道德建设月"相呼应，普法教育与道德教育紧密融合，相互补充，共同提高。

以"四文明"创建活动为载体，全面提高公司和职工的文明水准。"四文明"创建活动是从公司 1996 年开始的"创文明集体、做文明职工"活动引申来的。经过八年的实践，不断深化内容，引申范围，细化标准，规范考核，提升效果，基本形成了扬电特色的"创作"之路。在"四文明"创建过程中，公司不断深化活动内涵，做到为中心服务、突出重点、重在建设。做文明职工突出"争"，建文明班组突出"新"、评文明家庭突出"乐"、创文明集体突出"实"，并与系列"双争"活动和"创树"主题教育活动相结合，全方位夯实各项工作。

3. 完善管理机制

公司高度重视文明创建工作，不断完善文明单位创建机构，成立了文明单位建设委员会和办公室，把精神文明建设纳入企业发展的总体目标。每年职代会审议公司精神文明建设实施意见，与公司工作同布置、同落实、同检查、同考核；制定完善《各级领导精神文明建设责任制》、《精神文明建设"事故"调查分析和责任考核办法》等一系列制度；成立了文明单位建设考核办公室，形成公司、部门、班组三级检查考核网络，实行月度、季度、年度综合评比制度，保证活动健康有序地开展。设立50万精神文明建设奖励基金，并逐年增加对文明单位创建的投入。得力的措施，管理的规范使公司的企业文化建设和精神文明建设硕果累累。

4. 塑造企业形象

扬州发电有限公司广泛导入CIS系统，树立扬电人的自豪感。早在20世纪80年代末，公司企业视觉识别系统（标识）就已得到初步导入。随着形势的发展，广泛开展"说扬电话、办扬电事、做扬电人"的形式教育，召开视觉识别系统推广会，大力宣传普及企业标识及内涵、公司精神、公司形象、安全理念，将企业文化理念渗透到公司的方方面面，"我是扬电人"、"扬电光荣我光荣，我为扬电争光荣"的自豪感和责任感已深入每个职工心中，引领、激励着公司不断实现新的跨越。

大力宣传企业形象，增强员工凝聚力。公司厂报《扬电通讯》坚持立足企业，面向职工，积极宣传企业两个文明建设成果和职工丰富多彩的工作生活。通过党报党刊等宣传媒体，全方位、多侧面地及时报道公司的两个文明建设方向的经验成果。组织职工参加上级组织的艺术节、摄影、征文比赛，尽显职工风采。职工小说、诗歌、散文作品集《阳光文丛》作为展示扬电形象的"文化名片"，成为凝聚职工队伍的重要载体。

5. 丰富文化生活

扬州发电有限公司通过丰富多彩的文体活动，陶冶员工情操，增强员工体质，增强了企业的凝聚力和向心力。公司文联下设14个协会，坚持大小结合、内外结合，开展丰富多彩的文体活动，团结引导着公司职工在岗位上成才、在奉献中闪光。职工文学作品朗诵会、家庭才艺表演、球类、拔河、趣味体育比赛等多姿多彩的职工群众文体活动，丰富了生活，凝聚了人心，激发了投身企业各项工作的积极性和创造性。

企业文化成功地将员工的工作热情、智慧转化为全面推进公司实现跨越式发展的强大动力。公司的凝聚力不断增强，职工的创造力得到了充分发挥，企业的形象显著提升。

（资料来源：李玉海．企业文化建设实务与案例．北京：清华大学出版社，2007）

二、思考·讨论·训练

1. 扬州发电有限公司的"三力"文化的内涵是什么？它是怎样实现"三力"的？

2. 安全文化建设在电力企业文化建设中处于怎样的地位？扬州发电有限公司是如何提高全员安全意识的？

3. 扬州发电有限公司具有怎样的经营文化？

4. 怎样理解扬州发电有限公司人才文化的精髓？它是如何体现这一精髓的？

5. 我国为什么要提倡建设节约型企业？扬州发电有限公司在这方面有什么成功的做法？

6. 扬州发电有限公司的环境文化对我国企业文化建设有什么启示？

7. 扬州发电有限公司在富有魅力的企业文化建设采取了哪些推进措施？

 科龙的企业文化塑造

一、案例介绍

20 世纪末，科龙集团迅速发展，同时，如何适应公司快速的发展，对公司的组织文化提出了要求。当科龙高层意识到文化的作用并作出战略部署的时候，科龙把这一工程命名为"万龙耕心"。

（一）"万龙耕心"工程的目标

要塑造一种优秀的企业文化，发挥企业文化的辐射力和亲切力以此来统一员工的思想行为，以增强企业的凝聚力和战斗力

通过策划并实施系列活动，使科龙 1.2 万名员工，要全部参与到企业文化塑造工程中去，明确企业发展战略及发展方面，为科龙的二次创业创造辉煌的业绩做好准备。

（二）"万龙耕心"企业文化塑造工程总体策划方案

科龙集团"万龙耕心"企业文化塑造工程中，"万龙"是指 1.2 万多人的员工队伍，显示科龙雄大的实力和丰富的人力资源；"耕心"是要求把企业文化的种子，撒播在每一位员工的心田，让它开花结果，发展壮大。"耕"字还有精耕细作之意，寓意这次活动不会流于形式，而是让每一位员工参与其中，将大家的心凝聚在一起，塑造出一种良好的、富有个性的企业文化氛围。方案遵从企业文化递次级化、由浅入深的原则，规定科龙塑造企业文化将达成 6 个目标：① 明确科龙集团的总体经营目标；② 凝聚员工的向心力；③ 形成特色的企业文化；④ 寻找科龙新的优势点；⑤ 品牌形象延伸；⑥ 提高全员素质。

科龙企业文化塑造工程分为以下四个阶段。

1. 第一阶段：经营文化明确化

（1）文化观念沟通。

目的：赋予全体职工使命感并活络整个计划，加强企业文化深度认知，将企业文化效果延续扩大。

项目：① 成立推行委员会，由总裁亲任推行委员会主任；② 企业文化训练课程，由推

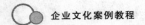

行委员会共识教育训练。

（2）文化战略沟通。

目的：集团营运调查与研讨活动相结合，让企业文化共识达至巅峰。

项目：① 定性定点调查。包括最高领导阶层个别访谈；推行委员个别访谈；关系企业领导个别访谈；关系企业中级主管座谈会；职工代表座谈会。② 文化研讨营活动，进行三天两夜文化研讨营活动。

（3）经营文化定位。

目的：以集团文化完成指标。将企业文化策略的结论归纳与分析后，以文字建立共识与了解。

项目：① 经营文化策略建议书。内容为文化策略结论报告。② 经营文化策略定位。内容为企业文化策略指标报告。

企业标语活动。包括内部精神口号、集团企业标语。

2. 第二阶段：企业文化深植化

目的：借宣传活动等载体将企业文化灌输给每一位企业员工，成为全员共同遵守和奉行的价值观念、基本信条和行为准则。

（1）企业文化制定。

内容：企业文化指标总结，包括：企业价值观，企业行为信条，企业组织管理。

（2）企业文化宣传。

内容：企业内部媒体信息交流，包括：发行定期刊物，建立信息走廊，设置意见箱。

（3）企业文化推广。

内容：企业内部文化活动，包括：体现企业价值观，体现企业行为信条，体现企业组织管理。

3. 第三阶段：精神文化共识化

（1）行为规范。

行为规范建立：

目的：除了借视觉革新之外，更以人为出发点，革除职工不良习惯，建立优质行为规范，创造企业新风气。

① 对内行为规范。包括全体职工对内行为规范制定。

② 对外行为规范。包括全体职工对外行为规范制定。

③ 行为规范手册。将行为规范制定成标准手册。

教育训练建立：

目的：透过策略研习，发展教育训练计划。严格训练，切实督导，认真考核，以期使全体职工皆能符合标准行为规范。

① 建立教育训练制度，包括全体职工教育训练制度拟定。

② 教育训练手册，将教育训练制定成标准手册。

（2）组织管理气氛。

目的：通过组织管理原则的建立，使管理规范化、系统化。

内容：企业各级组织管理制度拟定。

项目：建立组织管理制度。

4. 第四阶段：企业文化推广化

（1）企业活动。

目的：以企业文化为主题，对内外充分展示成果并造成话题，将科龙集团全国知名度推至最高点；配合企业活动开幕前中后期做强势宣传，将企业文化的知名度提到最高点。

① 企业文化导入实施计划。包括：协办单位征选；执行教育训练；集团节庆活动暨企业文化发表会，企业文化发表串联活动。

② 企业之歌及企业音乐征选。包括：企业歌曲的命名、谱曲、填词选拔活动；内外部公开征选活动。

③ 宣传多元化。包括：公关活动、造势活动、公益活动、EVENT、SP 促销。

（2）AD 广告宣传策略。

目的：透过不同的媒体，拟定策略，传达至不同的特定对象，做全方位沟通，迅速建立起企业文化。

① 文宣刊物发布。包括：公关企业海报、企业简介。

② 媒体广泛宣传策略。包括：电视形象广告；电台传播广告；CFENDING 制作、报纸、杂志、车厢、看版等平面广告；集团简介。

（3）PR 公关策略。

目的：透过公关手法，将企业文化巧妙地推荐给社会大众，使他们对科龙集团产生深刻且良好的印象。

① EVENT 公关策略，配合社会趋势作 EVENT 串联。

② 媒体关系策略，结合相关话题作策略性报道。

（三）项目实施

1. 实施准备

事前在广东省请了 10 位专家，给科龙集团的高层领导和宣传人员讲授企业文化课、培训。

经过反复挑选，确定由专业形象策略公司策划组织文化塑造工程。

邀请华南理工大学工商管理学院专家做塑造企业文化工程的顾问。

2. 内部发布会

1998 年 9 月 13 日，科龙举行了一个由 3 000 名员工参加的内部发布会。会场上，10 面绘有"万龙耕心"工程标志的彩旗上，签下了万余名职工的名字，表达了科龙众志成城、再创辉煌的巨大决心。潘宁、王国端、李棣强等科龙高层领导当场也在旗上签了自己的名字。

在这次会议上，科龙领导层提出希望通过企业文化塑造工程，明了企业的使命，知晓企业发展的目标和方向，明确自身的责任，完善自己的行为规范，增强企业的凝聚力、向心力，形成共同的价值观。

3. 进行问卷调查

在科龙企业文化工程的推进过程中，我们做了一次针对科龙5 000名员工的问卷调查，其中有效问卷4 791份，以此对文化现状进行投石问路，调查摸底。

这个调查提纲涵盖了企业文化的许多方面，包括从企业理念、人际环境、内部沟通、职业自豪感到发展空间，乃至企业战略和发展前景等，它可以成为开展企业文化塑造的重要依据和参考。

4. 举办文化研讨营

1998年秋季，"万龙耕心"工程举办了一次三天两夜的文化研讨营。科龙集团的老总、各部主管部长、专业公司主管老总、分厂厂长等80人参加了会议。

研讨营以沟通为旨，充分沟通各种想法，分析企业优劣势，借鉴"百年老店"式企业的成功之道，也吸收"异军突起"式企业的创新经验，了解强手，了解对手，了解企业之外的世界及了解自己的消费者。然后开动脑筋，头脑激荡，研讨企业的基本信念、战略、市场营销战略、企业文化、企业革新战略等。

科龙人在企业文化研讨中发现：企业文化涉及企业经营的方方面面，包括产品文化、质量文化、安全文化、福利文化、激励文化等。它既是企业的一种推动力，又是企业的凝聚力所在。它虽然不是企业的一种支配的力量，但它却是协调、支撑企业的精神支柱。

5. 举办企业文化新纲领发布暨誓师大会

声势浩大的科龙集团企业文化新纲领发布暨誓师大会于1999年3月7日上午在容奇镇体育中心隆重举行，与会人员除科龙集团万余名干部员工外，还有省市镇各级领导，以及科龙企业文化专家顾问，令人瞩目的是科龙集团还请来了来自全国30个省市的近100名消费者、经销商代表及科龙的退休员工和员工家属，使这次盛会更显得意义非常。

此次推出的《科龙企业文化纲领》包含科龙企业文化的基本观点、基本信念和总体信念三部分。新《纲领》中确定了科龙的企业价值观为"诚信久远，追求无限"；经营理念为"科龙完美宣言"，并独具匠心地利用英文PERFECT（完美）的七个字母为字首，阐发出七种含义，分别为尊重个性发展、提供平等机会、满足顾客需求、崇尚公平竞争、建立高效组织、创造和谐环境、真诚回报社会，使科龙的理念系统不仅独特新鲜，而且更具国际化特征。

最引起与会者兴趣的还是"科龙企业文化的基本观点"，它被称为"一个中心、两个基本点、四项基本原则"。一个中心是指企业文化必须服务于企业经营，又叫做"企业文化相对论"。两个基本点是指"对外以顾客为导向，对内以员工为导向"，前者力图变成全体员工的共同意识——企业的存在价值在于满足顾客的需要，由吸引顾客的持续购买达到企业的永续经营，后者则突出"以人为本"的管理原则，使企业人尽其才，物尽其用，将每一个员工的前途与命运联系在一起，连成荣辱与共的纽带。四项基本原则是指科龙"开拓、拼搏、求实、创新"的企业精神,开拓——发展才是硬道理;拼搏——不懈奋斗拼到底;求实——实事求是图进取;创新——以变应变襄胜举"。大会在 1 万多名与会者"当科龙人,做最好的"激昂口号中结束。

6. 举办"总裁开放日"

为配合新《纲领》的出台,切实体现"对内以员工为导向,对外以顾客为导向"原则,尤其是内部行销、互动体系的建立,使高层能进一步了解员工需求、满足员工需求,增进高层领导和员工之间的直接感情沟通,同时,也让员工有机会领会高层思路,面对面"传道、解惑",上下通气,凝聚人心。1999 年 6 月 25 日和 12 月 29 日,科龙集团先后举办两届"总裁开放日"。其中,首届"总裁开放日"收集员工各类问题 246 个,现场解答 30 多个。其他问题个个有跟踪,绝大部分问题得到了解决落实,并及时在内部电子邮件系统发布消息。第二届"总裁开放日"以"创新 2000 年,我们携手同行"为主题,着重探讨"管理创新、技术创新、营销创新和人力资源创新"等企业热点问题。员工们对企业重大决策方向、战略的关注,使决策层领导惊喜地感受到民心凝聚的可贵和引导民心的紧迫。相对于首届活动,第二届"总裁开放日"从形式到内容,都更注重创新效应。员工的座位被排成圆弧形,簇拥着主席台,构成一个亲切和谐的同心半圆。不仅员工可以问领导,领导也把他们心中困扰的历史遗留问题向员工征询意见,广大员工积极抢答、踊跃表述建议的气氛,感染着现场的每一位科龙人。

作为企业高层与普通员工沟通的重要渠道,"总裁开放日"每年举办两次,力将办成一个企业信赖、员工欢迎、促进良好沟通的保留节目。

7. 举办弘扬"铁锤精神"系列活动

为了纪念老一代科龙创业者"一锤敲出新天地"的业绩,发扬他们艰苦创业、敢为人先、求实拼搏、节约办厂的精神风范,企业设立最高荣誉"金锤奖"和"金锤终生荣誉奖",每 5 年一届,奖励那些为企业作过巨大贡献、深受好评的干部员工。同时,文化工程推委会经过大量访谈和文献查阅,推出《足迹》一书。书中抒写了大量鲜明感人的事例,搜罗了一些鲜为人知的史实,并从理论上观照每一个时期的历史事件。对新一代科龙创业者来说,不单是接受企业创业史知识的传播,更能接受科龙传统优秀文化的洗礼。企业借"铁锤精神"的宣传,希望激发新的创业激情,共同实现"万龙同耕霸九霄"的宏大理想。

(四)项目评估

1. 内部评估

(1)"当科龙人,做最好的"的企业精神口号得到全体员工的一致认同。并在工作中和社区行为中得到实施和表现。走出去的科龙人代表着文明,具有优雅的形象、良好的教养和让人放心的素质。

(2)企业的创新意识突破传统,迅速加强。长期以来,科龙的创新表现在技术上是可以体现的,但在企业价值观方面,即人、事、物方面,迈出的步伐还不够大,不够快,还留有大量值得探索与改进的地方。求实并非不好,关键是创新才更能在企业中发挥灵魂作用。创新固然要冒一定的风险，但是不创新就会招致最致命的风险。企业的决策层从企业文化研究成果中得到启发，不但在机构设置上做了更灵活更有效的调整，而且在整个企业中推行创新意识，并责成有关部门着手制定那些最能激发创新意识的制度，如职位说明书、新的薪酬制度等。其中，2000年初春着手进行的组织转型工作更是有史以来的大动作，四位副总裁的退位和外来高级专业人才的"空降"，使全体科龙人都真切地感受到了变革、创新的强力冲击波，员工的危机意识增强，参与改革的热情高涨。

（3）企业的民主风气有很大的推进，沟通渠道变宽、变直接，员工"主人翁"意识得到进一步确认。15年来，首次由总裁与员工面对面的"总裁开放日"活动得以举行。从收集上来的员工意见中看出，员工盛赞这次活动对企业的民主风气的促进，认为这是一次大型的交心会，并能最终形成风气长期探索和坚持下去。

（4）投入思考的员工越来越多，换句话来说，思考的意义日趋重要。企业的执行力强是件好事，但是当执行变得毫无思辨力、毫无质疑，就绝对不是一件好事。随着企业遭遇的市场竞争环境越来越激烈、残酷，不少员工勤于思考市场发展技巧，大胆质疑企业内部运作环节问题，勇于提出自己的独到见解，得到企业领导的认可和鼓励。

2. 外部评估

（1）科龙集团被国际权威机构评为1999年"全球成长最佳公司"。

（2）科龙集团1999年在国内A股成功上市。

（3）在市场环境不景气的环境下，科龙集团再创辉煌，保持亚洲制冷业最大地位，并再一次成为中国冰箱产销量第一的企业。

（4）成功兼并华宝空调成为空调生产第一企业，成功控股日本三洋冷柜（中国），成为改造外资企业的典范。

（5）形成与惠而浦的策略联盟，以惠而浦的技术生产科龙品牌的产品。

（资料来源：欧少华.企业文化理论与实务.合肥：合肥工业大学出版社，2011）

二、思考·讨论·训练

1. 结合案例谈谈你对企业文化建设各个方面的理解。
2. 科龙文化建设的具体步骤是怎样的？
3. 结合案例分析科龙集团企业文化建设成功的决定因素。

案例3　九牧王长青林企业文化系统创新

一、案例介绍

众多本土企业都有各自的企业文化理念，但似乎大多数都没有独创特色、独成体系，一般停留于企业精神、企业作风、企业使命等粗线条的规划与描述。因此如何构建完善、可延展、具有自身特色的 CCI 系统是本土企业在文化创建过程中必须面对的挑战。本案例就九牧王长青林文化的概念提炼、体系确立、内容创新与内部宣导等方面进行浅析，期待能为本土企业创建 CCI 提供有益参考。

九牧王（中国）有限公司是一家具有自主品牌"JOE｜ONE 九牧王"，专业生产、销售商务休闲男装，特别是男西裤、茄克、西服的私营企业。公司成立于 1989 年 10 月，现有员工 8 000 人，固定资产 8.8 亿元，占地面积 120 000 平方米，年销售额上 10 亿元，产品除在中国内地、台湾和香港地区销售外，还销往东南亚、美国、欧洲和日本等国家和地区。2000—2005 年，以"西裤专家"驰名业界的九牧王西裤连续 6 年占据全国市场综合占有率及产品销量第一名。

而在九牧王营销体系中，直营体系与特许专卖体系不断扩大，已形成全国 30 多个分公司、1 000 多家商场直营专柜、1 500 多家特许专卖店。在业绩高速攀升的同时，总部的组织机构不断扩容。正是基于以上企业发展背景，九牧王公司领导层确立了"创建企业文化，创造核心竞争力"的文化发展战略，将企业文化建设与产品、品牌推广并行推进，以促成企业文化与国际接轨，以适应企业的高速发展。

自 2002 年至今，笔者为九牧王（中国）有限公司持续开展企业文化顾问工作，完成的主题服务如下：

（一）文化概念提炼

接案之初，笔者随即在九牧王公司内部展开多层次的企业文化现状调查。调查对象：包括企业领导层、中高层管理人员代表、基层员工代表、分公司员工代表、销售一线的店长及导购员代表，调查内容包括：企业家观念、文化历史、员工需求、沟通渠道及品牌发展战略等。透过详尽的定量、定性的调研，笔者发现，九牧王主要存在以下企业文化现象。

①九牧王领导层期待营造一个员工与企业结成"三大共同体"（发展共同体、利益共同体、生命共同体），但管理制度与管理方法过于刚性。

②中高层管理人员期待公司提供一个公平竞争、优胜劣汰、充满生机的发展空间与事业平台，但主管与下属之间关系不够融洽、氛围不够和谐。

③生产及销售一线的基层员工期待能与公司共同发展，但缺乏满足感，对公司的使命、愿景及核心价值观不甚了解，向心力与凝聚力有待提高。

基于以上的调查、分析，提炼出九牧王企业文化的概念——"长青林企业文化"。

"长青林"，顾名思义，就是基业长青，彰显了九牧王"打造百年品牌、追求永续经营"的企业愿景。创建一个生机勃勃的"长青林"企业文化，就是创造一个积极竞争、良性循环的内外生态圈，就是建设九牧王的家园文化，让每一位九牧王人都能身在其中、心在其中，播撒梦想的种子，进而破土发芽、茁壮生长，而九牧王也愿意为此充当每一位成员身边的"园丁"，浇灌、施肥、拔草、助长。长青林概念的提出，让九牧王企业文化焕发出新的活力，在文化的宣导和传播中也因其独特、易记、形象而备受认同。

根据企业的实际情况，提炼文化概念，赋予企业文化新的内涵，将会是未来企业文化创建的趋势。

（二）文化体系确立

企业文化体系构建是一个系统工程，完善的文化系统是企业文化建设的根基，是企业文化实施的指导思想。因此，确立一套完善、科学、特色的理论体系，其战略意义不言而喻。

基于长青林这一文化概念，笔者在认真总结九牧王企业文化传统的基础上，确立了以下文化体系。

（1）以长青林概念为载体，用根、茎、脉、叶、枝、花、果、林为主线，将文化体系中的各个因子有机地融会成一个系统。（九牧王长青林企业文化体系如图 3-1 所示）。

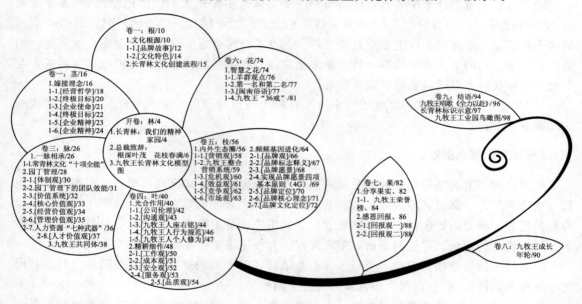

图 3-1 九牧王长青林企业文化体系

（2）以经营哲学——"牧心者牧天下"为核心，将"心文化"贯穿于理念叙述中。"牧心者牧天下"是笔者根据九牧王企业命名来源与领导层管理风格而提出的企业经营哲学，这一哲学的来源表述如下。

孔子曰："得人心者得天下。"孙子兵法曰："不战而屈人之兵，善之善者也。"是谓攻心为上，攻城为下。"牧心者牧天下"与此同义。诚信为事业之本。诚者心也，信者言无二也，牧者因势而导也。《荀子·成相》："牧，治也"，能牧心者，即能牧天下也。《诗·小雅·无羊》："牧人乃梦"，心想而事成。

以经营哲学为核心，笔者将"从容心、韬略心、服务心、爱才心、文化心"分布于各个观念的标语创作与释文阐述中。

（三）体系内容创新

长青林企业文化概念的提出，对九牧王而言，是保留优良传统基础上的整合创新；对业界而言，是本土企业文化创建方法的一次探索与尝试。因此，笔者力求从模型建构、创作表达、观念提炼、应用范畴等方面进行了多元创新。

1. 模型创新

在模型创新中，笔者将长青林概念与"心文化"加以整合，以观念统揽格局，形成有序循环、逐步递进的企业文化模型。如图 3-2 所示。

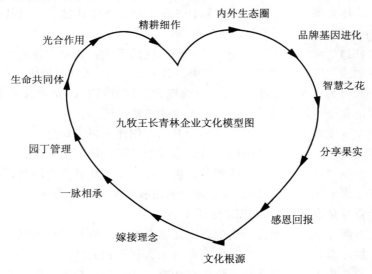

图 3-2　长青林企业文化模型

2. 创作创新

在多年的企业文化顾问过程中，笔者发现，企业文化的落地生根不单取决于上下一致的宣导推行，企业文化理念的表述方式也是影响观念能否被基层员工充分理解、迅速认同的决定因素之一。比如《华为基本法》是华为集团的企业文化纲领，在文字表述中内涵深刻、意味深长，堪称中国企业文化的典范之一。但不足的是，其中的很多表述，站在领导层的思维高度，夹杂不少的专业术语，恐怕会有相当部分的基层员工难以理解。例如，《华为基本法》在第一章第一条对核心价值观的描述有这样一段话："为了使华为成为世界一流的设备供应商，我们将永不进入信息服务业"，华为通过这段话表达的含义是华为不与客户成为市场竞争对手以避免产生新的市场压力，但对于基层员工来说，能够理解到这个层面的可能寥寥无几。

所以，在九牧王长青林企业文化理念的创作表述中，笔者充分考虑基层员工的理解能力，尽可能以易于传播的口号进行论述。例如，九牧王原有的行为规范是："以诚相待、相互尊重；讲究公德、遵纪守法；有效沟通、理解合作；积极配合、信赖团队；承担责任、敢于决策；解决问题、不断创新；严谨务实、认真敬业；廉洁自律、品德为先；质量为本、精益求精；客户第一、服务制胜；提高绩效、节约成本；开拓进取、永远学习。"这种表述是企业追求"高、大、全"的传统表达，要求充分但记忆度不高，经常流于形式。因此，笔者在与员工的沟通接触中得到启发，以"用心、耐心、好情绪"代替原有的表述进行宣导，事实证明，这种创作创新让基层员工极大地缩短对观念的认知时间、迅速获得认同并深入人心。

另外，在九牧王企业文化标语的创作中，笔者以调查问卷、员工自荐、社会征集、集体研讨等多种方式，让每条标语达到易于理解、不落俗套、便于传播、兼具特色。

3. 观念创新

在企业文化日趋兴起的今天，如同产品不断出现同质化，企业文化观念也有相当雷同的现象。例如，海尔的"OEC理论"（日事日毕、日清日高），从百度搜索中，我们可以发现，至少有数千家企业视为圭臬，作为文化内训的观念。没有特色的企业文化观念势必流于形式，难于实现理论与企业实际的统一，削弱了观念的新鲜感。

在九牧王观念创新方面，笔者以长青林为基础，创建了以下观念。

（1）园丁管理观念。园丁管理的内涵就是亲和型管理、培育型管理、平等型管理、成才型管理。它彰显的是"文明和人性"的理念，提倡在坚持刚性制度的同时，融入人性化、人情味，提倡"耕心为上"。它主张的是在企业经营过程中推行亲情管理——"制度是绝情的、管理是无情的、企业是有情的"。如图3-3所示。

（2）内外生态圈与共同体观念。内生态圈是指九牧王企业外循环系统，它涵盖政府、消费者、代理商、加盟商、供应商、业界与企业等七大利益相关体。

外生态圈是指九牧王企业内循环系统，它涵盖员工、股东与企业等三大利益相关体。

在内外生态圈的前提下，笔者为九牧王设定了以"三个共同体"的价值系统，包括：

面对消费者、加盟商和供应商的生命共同体；面对员工和股东的利益共同体；面对政府和业界的发展共同体。

九牧王内外生态圈一方面强调内外的良性互动与共同促进，另一方面则强调始终以"优胜劣汰"的心态来面对市场生态的危机与竞争，为共同体各方创造应有的经济价值与社会价值。

（3）光合作用观念。光合作用是针对九牧王学习观念提出的，它强调的是企业乐于为员工提供一个成长、成才的"造氧空间"，让每一位九牧王人发生"光合作用"，促成个人知识的进步、能力的提高、修养的升华和潜能的挖掘。

（4）成长基因观念。九牧王品牌基因观念强调的是九牧王未来品牌拓展的方向，包括：

品牌产品力：来源于高品质的产品与服务，是九牧王成长基因的前提；

品牌文化力：来源于学习型企业文化，是九牧王成长基因的灵魂；

品牌竞争力：来源于市场化利益机制，是九牧工成长基因的方法；

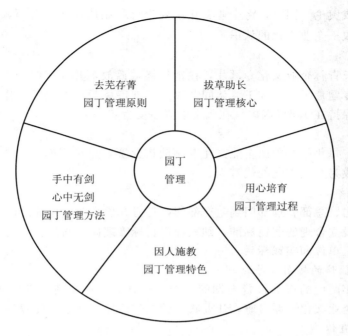

图 3-3 园丁管理

品牌形象力：来源于差异化品牌战略，是九牧王成长基因的目的。

其他尚有"嫁接理念"、"耕心服务"、"品牌进化论"、"精耕细作"、"开枝散叶"等观念，在此不一一赘述。

（四）内容整合宣导

众所周知，企业文化的创建要实现"挂在嘴上、写在纸上、挂在墙上、记在心上"。因此，笔者在服务九牧王期间，前后花了近两年时间，将九牧王企业文化理念充分应用于公司内部，并相应展开全方位的宣导，实现了长青林文化的"内化于外、物化于质、形化于心"。

1. 办公环境氛围塑造

以设计精美、制作精良的文化标语牌为载体，在办公室、车间、宿舍、食堂、公共场所、厂区户外等内部区域（包括九牧王各地分公司办公室、品牌旗舰店）进行"点、线、面"的立体宣传。厂区设置专门的大型企业文化宣传栏，及时报道企业文化最新动态。

2. 创立企业文化内刊

每月出版一期《九牧王人》企业文化内刊，分期推广企业文化理念，发动全员参与讨论，鼓励基层员工发表企业文化感想，逐步建设成九牧王企业文化理论阵地。

3. 平面宣传

印制《九牧王长青林企业文化共同纲领》，分发至内部员工、政府及社会各界，内部形成氛围、外部形成舆论。同时，将企业文化主要理念印制成挂历、台历，并分发给消费者，强化消费者对九牧王企业文化的认识。

4. 影像宣传

拍摄九牧王长青林企业文化专题片，在销售终端播放，并在年终分发给员工携带回家，让员工家属透过专题片了解九牧王、认同九牧王，支持员工在九牧王工作。（备注：九牧王员工流动率常年保持在 1.5％以内，在闽南业界备受肯定。）

5. 基层互动

在公司内部，每年举办两次企业文化专题演讲比赛，以员工的亲身体会宣导企业文化，让每一位员工都成为企业文化的代言人。

6. 培训、考核

从各地分公司、总部管理部门到生产部门，每月开展企业文化部门内训，每 3 个月进行企业文化考核，设立合理的奖罚标准，纳入部门目标管理体系与员工绩效评估体系，并民主评选企业文化先进单位和实践标兵。

7. 企业合作伙伴的辐射宣导

在九牧王每年两度的产品订货会期间，针对代理商、加盟商、供应商及销售一线的店长、导购员开展企业文化专题讲座，让九牧王的合作伙伴不断融入九牧王企业共同体中。

8. 公共媒体宣传

定期在闽南地区公共媒体投播企业文化专题片、发表企业文化软广告，从不同侧面报道九牧王企业文化专题活动和建设成果。

9. 网络宣传

在九牧王企业网站开辟长青林文化专栏，开展文化网上研讨，并通过各种渠道吸引消费者及社会大众参与九牧王企业文化的建设。

10. 公关活动

在企业文化宣导过程中，笔者建议应将以社会公益为主要目的的公关活动纳入企业文化对外宣导的范畴中。2006 年，九牧王全程赞助厦门爱乐乐团赴我国台湾参与世界客属恳亲大会，就是九牧王企业文化理念向社会输送的重要举措。同时，笔者认为，凡是有利于宣传企业文化的公关活动，应当利用媒体充分宣传，做到日日讲、月月讲、年年讲。例如，海尔的"砸冰箱"事件，已过 20 年，还是经常见诸报端，就是善于利用媒体做活企业文化公关活动的范例。

迄今为止，笔者已经为闽南地区包括九牧王、七匹狼、特步在内的数十家企业服务过企业文化，深切体会到企业文化的落地生根绝非易事、绝非一时之功，这也是众多企业主共同的心声。正所谓"修行看个人"，促成企业文化的根植人心，关键还在于企业。所以，在健全企业文化体系之外，企业还应建立专门的企业文化部门，培养公司内部的企业文化内训师，制订长期、细致、实用的宣导计划，持之以恒，假以时日，文化气候必有所成。

（资料来源：陈非. 九牧王长青林企业文化系统（CCI）创新浅析. 中国企业文化研究，2006（6））

二、思考·讨论·训练

1. 九牧王的企业文化是如何创新的？

2. 九牧王的企业文化建设与创新对我国企业有什么启示？

3. 如何理解"在健全企业文化体系之外，企业还应建立专门的企业文化部门，培养公司内部的企业文化内训师，制订长期、细致、实用的宣导计划，持之以恒，假以时日，文化气候必有所成。"这段话的含义？请谈谈你的看法。

 案例4　腈纶人的画与话

一、案例介绍

"真有你的，你的漫画又上墙了！"

"这有什么，人家小张的漫画都被编上节目了。"

"哎，咱车间小王的节能漫画又得到了厂长的嘉奖！"

"我还有个建议，回去再画幅画。"

近年来，抚顺石化公司腈纶化工厂借助漫画这一载体，不断丰富思想政治工作的文化内涵，调动和激发广大职工参与企业经营管理的积极性。职工围绕生产经营、安全生产、产品质量、增收节支、学习雷锋、技术革新、计划生育等主题，以画言志，以画建言，以画献策，小小漫画不仅搭建了厂领导与一线工人交流沟通的桥梁，还促进全厂形成了"凝心聚力抓管理、奋发向上求发展"的和谐氛围。

腈纶化工厂是我国首家引进干法腈纶生产技术的大型化工企业。干法腈纶生产装置流程长、自动化程度高，对员工素质和操作水平要求高。过去，有的职工责任心不强，为了自己方便，随意调整工艺参数，致使腈纶产品质量难以稳定，非计划停产时有发生。厂党政班子认识到，企业的改革发展需要充分发挥广大职工生产积极性，需要强有力的思想政治工作支持和保证。他们针对职工中青年比例大的特点，探索思想政治工作与生产经营、与职工思想实际相结合的有效途径。"腈纶人的画与话"活动在探索中应运而生，它赢得了广大干部职工的认可，参与率逐年提高。广大职工站在管理者的角度，针对一系列关乎企业改革发展的问题，通过自己的画笔，勾勒出一幅幅爱企敬业、体现主人翁精神的"画卷"，为企业改革发展增添了生机与活力。

"腈纶人的画与话"活动的开展主要经历了以下五个阶段。

第一个阶段：让你画——"用画来说心里话"。厂里针对广大职工的兴趣、爱好，因势利导开展思想政治工作，确定"画与话"教育载体，动员职工画、引导职工画，激发广大职工以画言志，以画说话，以画建言献策，自觉投身到"画与话"活动中来。腈纶化工厂于1990年建厂，职工平均年龄35岁，大专以上学历的近一半。2002年在厂里开展的"迎国庆书法、美术、摄影竞赛"活动中，职工参与率极高，而且反映的主题大都是企业管理方面的内容。厂领导受到启发，决定将"画与话"活动纳入日常管理工作之中，在全厂开展一次以"画与话"为主要形式的"我为企业发展献良策"漫画征集活动。没想到仅一周时间，全厂就征集到漫画300多幅，这些漫画主题突出，形式新颖。于是，厂里成立了由宣传部、组织部、工会和团委组成的领导小组，负责研究、部署、指导、协调全厂开展"腈纶人的画与话"活动，他们围绕企业管理及职工关心的热点问题，采取每月一个主题、每季一次评比的方式，对优秀作品的作者予以表彰，并建立"百米漫画廊"展出作品，鼓励职工用"画"来说心里话。为保证活动的有序开展，激发职工的参与热情，进而扩大覆盖面，宣传部定期组织召开"腈纶人的画与话"专题研讨会，让"画与话"的作者、爱好者及组织者在一起座谈、交流、研讨。同时，全厂从上至下成立了漫画协会，宣传部还外聘了专家，定期到厂进行辅导，提高绘画水平，壮大作者队伍。到目前为止，职工的参与率达90%以上。漫画使企业的精神、理念、目标变得通俗易懂，漫画也成为职工表达思想观点的新载体，有的职工通过漫画提出了许多合理化建议，一些观点和建议还得到了厂里的奖励，"你画我画大家画"，人人关心企业、人人参与管理的浓厚氛围在全厂逐渐形成。

第二个阶段：我要画——"围绕主题创作画"。厂里围绕生产经营、安全管理、挖潜增效、技术改造、产品质量、"学雷锋"、计划生育等主题，引导职工用简笔漫画的形式"画"出新意，表达心声，激发广大职工参与管理的主动意识。宣传部对初期征集上来的"画与话"进行筛选，制作成类似工艺品的小画框，送到全厂生产、辅助车间及岗位、办公楼走廊进行循环展览。科学的引导，调动了职工参与漫画创作的积极性，职工通过创作漫画表述对企业经营管理、改革发展的所思所想。给排水车间的一名职工针对本部门个别职工上班时违反工作规程穿高跟鞋的不安全现象。画了一幅题为"哎哟，我的妈呀！"的漫画，漫画夸张而幽默，善意地规劝了当事者。职工们说，漫画就在我们的工作岗位和巡检路线上，随时提醒我们注意安全。有的漫画画的就是我们身边的人和事，要是成了讽刺画中的人，那多丢人啊！在2004年的"质量月"活动中，职工们紧紧围绕提高产品质量这个主题，创作了123幅漫画。在2005年3月学雷锋活动月中，职工们紧紧围绕勤俭节约、节能降耗创作了漫画300多幅。

"画与话"活动不仅使广大职工陶冶了情操，更增强了主人翁意识。毛条车间一名职工说："'画与话'活动使我真正找到了做主人的感觉，平时憋在心里的话可以用画说出来。"公司后勤一名职工说："'画与话'活动使我真正找到了展现自己个性的舞台，使我的业余文化生活更加丰富了。""画与话"活动增强了职工参与管理的意识，拉近了管理者与职工的距离，促进了职工之间的团结和友谊，企业形成了和谐融洽的气氛。空分车间一名职工把家里的厨房变成了"画室"，发挥夜班工人熬夜的"特长"，利用晚上家里人休息的时间创作漫画，两年来创作漫画30多幅；有的职工还自费参加绘画学习班，就是为了"随心所画"。至于一线职工自己买画板、买宣纸、买笔画画的就更多了，现在全厂月平均征集漫画作品达百余幅。

第三个阶段：做活画——"请身边人走出画"。小小漫画成为思想政治工作的有效载体。为使活动更加深入人心，厂里在"画与话"的形式上不断创新，宣传部、工会和团委牵头成立了"用戏说画"创作小组和"腈纶人的画与话"文艺宣传队。它们通过自创、自编、自演曲艺、小品、歌舞等形式诠释漫画，将漫画变成"动画"，一方面让画中的正反两方面典型人物走出画来表演画，另一方面组织职工把自己创作漫画的体会、感悟通过演讲、讲故事等形式表达出来，教育身边人，影响身边人。化工车间一名职工因为留长发险些被机泵卷进去，质检站职工根据这件事创作了一幅漫画，并将漫画改编成小品搬上舞台，职工们在笑声中得到警戒，再也没有穿高跟鞋、披长头发上岗的了。聚合车间一名职工把奖金发放这一热点问题创作成一幅题为"透明"的漫画。并在画的一角写上了"奖金不见光，职工心里慌"的顺口溜。车间领导看到画后，将奖金分配方案在综合管理看板上进行了公布，受到职工的欢迎。随后，职工又画了一幅"举头望看板，工人干劲强"的漫画，表达了对领导倾听职工心声的喜悦之情。与此同时，他们还借助每年的职代会、"三八"节、"七一"表彰会等大型活动，组织职工根据漫画自编自演文艺节目。使广大职工在自娱自乐中受到教育，在潜移默化中规范自己的言行。

第四个阶段：做大画——"请身边人走进画"。为使漫画活动开展得更加生动，厂里动员职工将企业管理、挖潜增效、安全生产、立足岗位"学雷锋"、两个文明建设等工作中涌现出来的先进典型、模范人物和职工身边的好人好事"请进画"。使先进职工成为大家学习的榜样。他们先后将"挖潜增效能手""节能标兵""安全生产先进个人""安全标兵""技术革新标兵"等一百余名先进人物都请进了"漫画"，并在全厂百米漫画廊上展出。激发全厂干部职工学先进、赶先进、当先进的热情。在树立正面典型的同时，厂里还充分利用漫画讽刺、批评的特点，将一些违章违纪现象纳入漫画题材。给排水车间是用水大户，以往水龙头滴水、厕所跑水、水池溢流等现象随处可见，这些现象被职工用漫画曝光后，领导带头反思车间管理上存在的不足，并向职工检讨，对职工触动很大。领导还将职工创作的漫画悬挂在各个用水点上，提醒大家时时注意节能。另外，厂里还将各种规章制度纳入漫画创作题材，使各种生硬的制度变得深入浅出、通俗易懂。职工反映，过去满墙贴的都是规章制度，眼花缭乱，看都不爱看，现在漫画一挂，一目了然，随时都在叮嘱我们什么该做、什么不该做。

第五个阶段：做强画——"用行为来诠释画"。广大职工喜闻乐见的"腈纶人的画与话"活动，拉近了职工与企业的距离，增强了企业的凝聚力、向心力，也大大促进了广大职工参与企业管理的主动性和积极性，爱岗敬业、忘我工作，自觉地参与企业管理已成为广大职工的自觉行动。聚合车间季红班组职工通过漫画提出了解决马可混合机运行不稳定、滤布运转周期短等问题的合理化建议，经车间采纳实施后，使头道滤布的运转周期由原来的不到20天延长到30天，一年累计节约丙烯腈10余吨，价值20多万元。

"画与话"这一思想政治工作有效载体，不仅使企业管理登上了新台阶，而且大大促进了企业经济效益的稳步攀升。

（资料来源：刘君，谷环洲，刘东宁．腈纶人画与话．思想政治工作研究．2007（8））

二、思考·讨论·训练

1. "腈纶人的画与话"活动反映了什么样的企业精神理念？
2. "晴纶人的画与话"的作用是什么？
3. 如何通过设计企业风俗和企业活动开展企业文化建设？

案例5 松柏电器公司这样培养商业人才

一、案例介绍

在日本著名的旅游胜地琵琶湖畔，有一个美丽的花园式庭院，这就是松柏电器商学院。

松柏电器商学院是为松柏集团培养销售经理的1年制商业大学。自1970年创办以来，为松柏公司培养了3000多名专业人才。

商学院的教育方针和教学内容十分有趣。它熔中国儒家哲学与现代企业管理于一炉，对学员进行着严格的教育。

商学院的纲领是，坚守产业人的本分，以期改善和提高社会生活，为世界文化的发展做贡献。商学院的信条是：和亲合作，全员至诚，一致团结，服务社会。

商学院的研修目标是中国古典《大学》中的"明德"——竭尽全力身体力行实践商业道德，"亲民"——至诚无欺保持良好的人际关系，"至善"——为实现尽善尽美的目标而努力。

商学院的作风是，寒暄要大声，用语要准确，行动要敏捷，服装要整洁，穿鞋要讲究，扫除要彻底。

我们来看一下学员一天的学习和生活情况。

清晨5时30分，松柏电器公司的旗帜冉冉升起。

6点钟，象征进攻性的"咚咚"的鼓声把大家唤醒。

6点10分，全员集合。点名之后，各个学员面向故乡，遥拜父母，心中默念："孝，德之本也。身体发肤，受之父母，不敢毁伤，孝之始也。立身行道，扬名于后世，以显父母，孝之终也。"接着，做早操。然后，列队跑步3千米。7时10分，早饭。每顿饭前，全体正襟危坐，双手合十，口诵"五观之偈"，飘飘然，若在世外：一偈"此膳耗费多少劳力"，二偈"自己是否具有享用此膳之功德"，三偈"以清心寡欲为宗"，四偈"为走正人之道享用此膳"。

饭后，还要双手合十，诵念：愿此功德，广播天下，吾与众生，共成道业。

7时50分，商业道德课。通过学习《大学》、《论语》、《孟子》和《孝经》，确立"经商之道在于德"的思想。

8 时 40 分，早会。全体师生集合，站成方队，朗诵松柏公司的"纲领"、"信条"和"精神"，齐唱松柏公司之歌。

9 时，以班为单位，站成一圈，交流经验。

9 时 10 分至下午 4 时，4 节业务课。由讲师讲解经营之道，诸如，经营思想、市场学及顾客接待术和商品推销术。

如何接电话、打电话，也是其中的科目之一。要求在接、打电话时，正襟危坐，聚精会神，不许吃东西，不许吸烟。听到电话铃响，马上去接，首先要声音清晰、态度和蔼地表明自己公司的名称和所属部、课，并准确地记下电话内容，交由主管人处理。打电话时，内容力求简明扼要，拨通电话后，马上报出公司名称和所属部、课及自己的姓名，在作简单的问候后，把要求和希望简要告诉对方。说话时，语气要委婉诚恳。讲完后，要说些"拜托了"之类的客气话才能挂上电话。

下午 4 时 30 分，自由活动。有的到运动场打球，有的到卡拉 OK 歌厅唱歌，也有的到体育馆练柔道、剑道。

晚上 6 时 50 分，茶道。大家都换上和服，席地而坐，通过煮茶和品茶，追求形式上的完美、气氛上的和谐和精神上的享受。

10 时 17 分，点名。全体学员面壁父母，感谢父母的养育之恩。

10 时 20 分，全体危坐冥想，总结一天的收获。

10 时 30 分，熄灯。一天的学习结束了。

（资料来源：张德．组织行为学．北京：清华大学出版社，2011）

二、思考·讨论·训练

1. 松柏电器公司对销售经理的培训有什么特点？其指导思想是什么？

2. 松柏电器公司试图培养一种什么样的企业文化？为什么？

3. 松柏电器公司用哪些方法和手段培育优良的企业文化？

4. 从此案例中受到什么启发？

 案例6 **千金药业的企业文化测量**

一、案例介绍

（一）企业文化评价量表

尊敬的同志们：

您好！

我们是湖南工业大学商学院企业文化课题组成员，为真实地了解贵公司的企业文化现状，特制定此调查问卷。以下调查属于不记名调查，请大家结合公司的实际情况，积极参与为谢！

Part1：个人基本信息

性别：_____　　　　年龄：_____

最高学历：_____　　工作部门：_____

职务：_____

Part2：以下是关于贵公司的企业文化的 34 个陈述（见表 3-1），请您根据公司的实际情况判断是否同意下列说法，并在相应的说法栏打"√"。

表 3-1　湖南株洲千金药业股份有限公司企业文化测量表

序号	企业文化现状	很同意	同意	有点同意	有点不同意	不同意	很不同意
1	愿意为企业积极参与工作						
2	企业有明确的企业精神						
3	公司领导能严格按企业精神指导公司实践						
4	公司不同部门很容易协调项目						
5	员工可在一定范围内自己支配行为						
6	公司鼓励创新和冒险						
7	顾客的评论和建议经常导致变化						
8	公司有长期目标和方向						
9	公司的目标获得员工的广泛认同						
10	公司鼓励员工参与日常管理决策制定						
11	员工能理解企业精神并在日常行为中时刻对照企业精神						
12	公司信息广泛分享						
13	公司不同层次上的目标有很好的协调性						
14	积极鼓励组织中不同部门间的协调						

序号	企业文化现状	很同意	同意	有点同意	有点不同意	不同意	很不同意
15	能将自己看做公司中的一分子						
16	所有员工对顾客的需求有深入的了解						
17	公司愿景对我们的员工有激励和促进作用						
18	公司在员工的技能上持续投资						
19	每个人相信自己能对公司产生正的影响						
20	员工的能力被看做竞争优势的重要来源						
21	我不清楚公司的战略方向						
22	创造变化的努力经常遭到抵制						
23	大家讨论方案时能踊跃提出想法						
24	有衡量行为对错的道德尺度						
25	员工之间互相尊重和信任						
26	为员工营造了良好的学习氛围						
27	领导严格关注我们试图达到的目标						
28	决策时经常忽略顾客的利益						
29	企业文化被明确列入公司章程						
30	员工有团队合作精神						
31	注重为员工提供学习和成长的机会						
32	坚持客户利益第一						
33	领导有战略眼光						
34	内部经常在关键议题上很难达成一致意见						

（二）测量样本研究及方法

1. 研究样本

本次样本为湖南株洲千金药业股份有限公司的基层员工和基层、中层管理者，共发放问卷 100 份，回收 85 份，其中 10 份因答案相同或回答项目不完全被剔除，最后剩下有效问卷 75 份。本次问卷由两部分组成：第一部分为被调查者的背景材料，第二部分为修正后的 45 个结构化问题。问卷的发放采取随机抽样法，被调查者最大年龄为 55 岁，最小年龄为 24 岁，平均年龄为 36.8 岁。其中男性员工占 54.3%，女性员工占 45.7%，本科以上学历的员工占 57%。

2. 指标选择及分析方法

研究者存 Denison 等的 OCQ 量表的基础上，将有些概念接近的维度删除或合并，经过初步处理，将企业文化归纳为参与程度、能力发展、组织学习、团队发展、协调一致、创新意识、核心价值观、顾客意识和目标愿景 9 个维度，并形成 34 个结构化问题用以描述企业文化状况。同时采用 6 级评分法，分别是很同意、同意、有点同意、有点不同意、不同意、很不同意，得分分别为 6，5，4，3，2，1 分。分析方法主要采用因子分析、描述性统计和配对样本 T 检验。

3. 因子分析方法

（1）因子分析条件检验。在进行因子分析之前，研究者首先对数据是否适合做因子分析进行检验。本研究的 75 份有效问卷、34 个结构化问题构成了 75（n）×34（rf1）阶原始观测数据矩阵。主要观察 KMO（Kaisel. Meyer-Olkn Measure）值和巴特利特球体检验（Bartlett's Test of Sphericity）值，见表 3-2。

表 3-2　KMO and Bartlett's Test

Kaiser-Meyer-Olkin Measure of Sampling Adequacy	0.586
Bartlett's Test of Approx. Chi-square	2958.265
Sphericitydf	990
Sig.	0.00000

由表 3-2 统计结果显示：KMO 值为 0.586，根据统计学家 Kaiser 给出的标准可以看出该项指标较好。同时，巴特利特球体检验显示，Approx. Chi. Square 值为 2958.265fd=990，P=0.00000<0.001，拒绝相关矩阵是单位阵的零假设。检验结果说明该问卷数据适合进行因子分析，而且需要进行因子分析以进一步得到正确的分析结果。

（2）因子提取及构成。进一步通过主成分分析法提取公共因子，并根据原始特征值大于 1 的原则提取了 7 个因子，通过统计结果显示这 7 个因子所解释的方差占整个方差的 82.15%，大于 80%，所以能较全面地反映了 34 个原始指标所包含的信息。

同时，为了使因子变量更具有可解释性，研究者对相关系数矩阵进行方差极大化旋转，由此得到主因子旋转后的特征根及方差贡献率及旋转后因子载荷矩阵。根据旋转后的因子载荷矩阵表，我们将各因子命名，分别是核心价值观、团队意识、目标意识、顺客意识、员工意识、创新意识和企业意识。

（3）信度检验。所谓信度，就是量表的可靠性或稳定性。一个量表的信度越高，该量表越稳定，采用该量表测试或调查的结果就越可靠和有效。根据因子分析的结果，企业文化的测量可归结为对 7 个维度的测量，即设计的 34 个结构化问题可分解为 7 个子量表。在此研究者主要通过 Cronbach 系数法对 7 个子量表的内部一致性和可靠性进行讨论。

（三）实证分析

本次研究依据研究内容和检验假设的需要，将用 Excel 和 SPSS13.0 分析软件对调查数据进行分析，采用的分析方法主要有因子赋值分析、均值比较和配对样本 T 检验方法。

根据第二部分的分析，已经将 34 个观测变量表示为 7 个潜在变量的线性组合，得到了正交因子解。接着将这 7 个因子表示为观测变量的线性组合，即估计公因子的取值，计算各个样本的公共因子得分，研究者采用加权平均法估计因子得分，即对每个因子所涵盖问题的得分进行加权平均，权数根据相应的载荷计算得出。通过对各因子得分的描述性统计结果分析，在该公司企业文化现状的 7 个因子中，得分最高的为企业意识，其次一项为创新意识、顾客意识、核心价值观、目标愿景、团队意识和员工意识。为讨论这样一个排序结果在统计上是否显著，还需进行配对样本 T 检验。

配对样本 T 检验结果显示：核心价值观与团队意识、核心价值观与目标愿景、团队意识与目标愿景、顾客意识与员工意识、顾客意识与创新意识、顾客意识与企业意识、员工意识与创新意识、员工意识与企业意识、创新意识与企业意识虽然评分均值不同，但这种不同与零，没有统计意义上的显著差别，其他排序都具有显著或非常显著的统计意义上的差别。

因此该公司企业文化现状在各个因子上的得分可分为两部分：①核心价值观、目标愿景、企业意识、创新意识和顾客意识，这部分企业文化维度得分较高；②员工意识、团队意识，这部分企业文化维度得分较低。

（四）结论

通过对湖南株洲千金药业股份有限公司企业文化的实证研究，将测量企业文化现状的 34 个结构化问题归纳为 7 个维度，即目标愿景、团队意识、核心价值观、员工意识、创新意识、企业意识和顾客意识，得出该公司企业文化现状为该企业已形成自己的核心价值观，企业意识、目标愿景、创新意识和顾客意识较强，企业注重对员工的培训和能力的提高，但企业员工之间的团队合作意识还有待提高。从总体来看，湖南株洲千金药业股份有限公司具有较优秀的企业文化，但仍有塑造的空间。

本次研究由于条件限制，仅在湖南株洲千金药业股份有限公司总公司进行了调查，还未对子公司的员工加以研究；同时问卷的发放在同一时间进行，有其局限性；不仅如此，对企业文化维度的划分尚需进一步研究。

（资料来源：欧少华.企业文化理论与实务.合肥：合肥工业大学出版社，2011）

二、思考·讨论·训练

1. 你认为还应该从哪些维度来进一步研究湖南株洲千金药业股份有限公司的企业文化？
2. 如果你是该公司的成员，你将对企业文化测量工作提出哪些建议？
3. 企业文化测量应注意哪些方面？

"熊来了"、"是吗"

游戏规则：

1. 各组1号（第一个人）喊："熊来了。"
2. 然后2号（第二个人）问："是吗？"
3. 1号再对2号说："熊来了"，此时2号再告诉3号（第三个人）"熊来了。"
4. 3号再反问2号"是吗"，而2号也反问1号"是吗？"
5. 1号再叫"熊来了"，2、3、4号传下去。
6. 由此每个人最初听到"熊来了"时要反问"是吗"，然后再传回前头，第二次听到"熊来了"时，才传给别人，而前头的人不断地说"熊来了"。
7. 每组最后的人听到第二次的"熊来了"时，全组队员齐声说："不得了了！快逃！"然后全组人一起欢呼，最先欢呼的那个组便得胜。

游戏编排目的：

学员们反复地说着"熊来了"、"是吗"，既热闹又有趣，学员们在参与过程中不停地相互说话，要保持头脑清醒，说正确的话，有利于大家彼此之间的相互熟悉和友好气氛的建立。

1. 加深学员之间的了解。
2. 建立友好的气氛。

相关讨论：

1. 1号要说多少次"熊来了"？
2. 其他的每个人，分别要说多少次？
3. 大家分别要说多少次"是吗"呢？

游戏主要障碍和解决：

正确了解游戏规则，确实地重复回答，每组都需要派人监督。或者干脆只设一队，大家一起玩，至最后一个"熊来了"时欢呼结束。男女各半时可以用"熊来了"、"我爱你"做口号，游戏则更有趣。

参与人数：学员约为8～15个人一组，分成若干组。

时间：不限。

场地：开阔的场地。

道具：无。

附：如何对游戏当中输的人进行有趣的处罚

1. 掷骰子。

准备一个正方体的盒子，在它的六面上写上各种处罚方法，如高歌一曲、学猴子走路、交换蹲跳、吻培训师、跑等。请输的人自己掷骰子，并依上面写的方法受罚。

2. 我爱你。

输的人，面对大树或墙壁，大声地喊三声："我爱你！"

3. 天旋地转。

输的人，就地闭上眼睛，左转三圈，右转三圈，再睁开眼睛，走回自己的座位。

4. 模仿秀。

输的人，模仿一位自己熟悉的明星、歌星的歌声或说话方式，或动物的动作。

5. 灰头土脸。

准备一盘面粉及乒乓球，让输的人用力将面粉盘上的乒乓球吹走。

6. 我是淑女。

赢的人将 3~5 本书放在输的人的头顶，并请他（她）学模特走台步旋转一圈后走回来。如果书掉了，就得重来。

7. 神射手。

在输的人身上挂上数个气球，让赢的人离他 3 米远，用牙签射向气球，至气球全部破掉为止。

8. 哭笑不得

输的人先大笑 5 秒，然后大哭 5 秒，反复 2~3 次。

9. 屁股写字。

输的人要用屁股写出赢的人的名字，直到大家都认可才可以停止。

10. 真心话。

输的人要接受所有人的质问，不可以不回答问题，要据实以告，直到大家满意为止。

（资料来源：经理人培训项目组．培训游戏全案·拓展：升级版．北京：机械工业出版社，2010）

思考与讨论

1. 为什么说企业员工是企业文化建设的基本力量？

2. 在中国，人们一说到海尔就会想到张瑞敏，一说到华为就想到任正非，请分析一下企业家在企业文化建设中的地位和作用，企业家精神如何转化为企业文化？

3. 企业文化建设的主要步骤是什么？你认为哪一步最为关键？

4. 如果你是一位企业文化建设者，针对员工，你如何使"看不见、摸不着"的企业文化变成"看得见、摸得着"?

5. 某企业经营业绩持续下滑，于是一位新经理取代了原经理，新经理着手新企业文化建设，以提升企业经营水平。请问你该如何给这位经理企业文化建设方面的建议？

6. 如何处理企业文化建设和政治思想工作的关系？

7. 如何针对企业员工进行企业文化的教育培训？

8. 企业文化的宣传网络应该如何构建？

9. 企业文化传播渠道具体包含哪些传播方式？各有哪些利弊？

10. 论述企业文化的保证体系及主要内容。

11. 结合实际谈谈如何设计企业的各种礼仪？

12. 有的企业认为，企业文化建设就是开展职工业余文化活动。你对此有何评价？

拓展阅读

[1] 陈春花，曹亚涛，曾昊. 企业文化. 北京：机械工业出版社，2011.

[2] 张国梁. 企业文化管理. 北京：清华大学出版社，2010.

[3] 张德. 企业文化建设. 北京：清华大学出版社，2003.

[4] 黄河涛，田利民. 企业文化学概论. 北京：中国劳动与社会保障出版社，2006.

[5] 王成荣. 企业文化学教程. 北京：中国人民大学出版社，2003.

[6] 罗长海. 企业文化学. 北京：中国人民大学出版社，2006.

[7] 刘光明. 现代企业文化. 北京：经济管理出版社，2006.

第四章
企业形象与企业文化

君子之心事，天青日白，不可使人不知。

——《菜根谭》

只有肤浅的人才会以貌取人，世事的奥秘尽在皮相。

——[英] 奥斯卡·王尔德

- 了解企业形象的含义和特征；
- 掌握CIS的含义和构成要素；
- 明确CIS的导入程序；
- 掌握CIS 战略与企业文化的关系。

故 | 事 | 导 | 入

可口可乐让美国人上街游行

1983 年，可口可乐对客户需求进行了一次耗资 400 万美元、历时一年半的调查。在饮料口味上，有 60% 的顾客拥护支持新口味，于是公司决定在可口可乐 100 周年时斥资 7 000 万美元广告费推出新口味可乐。在群体好奇心的支配下，新口味可乐一时很畅销，甚至百事可乐的客户也被吸引了过来。但好景不长，市场上很快就掀起了反对浪潮。每天都有几千封抗议信，而且还有不少顾客穿上写有抗议口号的 T 恤衫上街游行反对改革。可口可乐公司起初想顾客会慢慢适应的，谁想过了两个月，反对浪潮不但没有停止，反有愈演愈烈之势。同时，厌恶新可乐的人数与日俱增，销量持续下降，新可乐已成为可口可乐公司的"灾星"。在重重压力之下，可口可乐公司不得不恢复生产老可乐，以平息众怒。没想到美国人竟上街高举鲜花庆贺老可乐恢复生产上市，甚至有一架飞机在天空拖着一面旗帜，上面写着："感谢你，可口可乐！"飞行。可口可乐销量迅速增长，出现了前所未有的好形势。经过这一事件，无论是可口可乐的客户，还是可口可乐公司的老板与员工，都强烈地感受到：可口可乐已融入到了美国人的生活中，成为了美国人生活的一部分、美国人文化的一部分。

一个企业的产品一旦成为一个国家、一个民族文化生活的一部分，那么这个企业就完全与该国人民大众融合了，这也正是企业文化的最高境界。而同时，当顾客一旦将感情注入到企业的产品中，其凝聚力与排斥力之大是任何人都意想不到的。

（资料来源：http：//www.china-b.com/jyzy/ldl/20090317/932820＿1.html）

企业形象是企业文化的重要构成要素之一，是企业文化的外显形态，既是企业文化的一个组成部分，又是企业文化的载体。企业形象作为企业的无形资产，集中地表现在"文化资本积累"上。随着社会进入信息、文化时代，企业经营资源的重点已经由物质资本转向文化资本，企业形象的竞争是企业竞争的制高点。良好的形象对于一个企业来说是一笔无形的财富，它可以为企业组织的产品和服务创造出一种消费信心；可以为组织吸引人才、集中人才创造优越的条件；有助于组织寻求可靠的合作者和原料、能源供应者，增加投资者的信心，求得稳定而优惠的经销渠道，并增进周围社区对自己的了解，得到公众的赞美和支持。企业形象的建设已经成为企业谋求生存的重大战略问题。

一、形象和企业形象

大千世界，万物竞生，千姿百态，各有其形。比如，在自然界里，花有香，树有形，月有圆缺，日有阴晴。同时，人们对某一事物的判断，即好与坏、美与丑、善与恶、对与错的认知，都会有自己的评价。因此，在浩瀚的大千世界里，人们面对千姿百态的客观事物，无不从不同的方面来描绘它们的形象。

"形象"，为客观事物的形状相貌之义，又指能够引起人们的思想或感情活动的具体形状或姿态。从一般意义上说，形象这个词有三层意思。①形象是客观事物所有外部状态的反映，并且这种形象不是虚幻的、抽象的，而是直观的、具体的、可图像化的。一件物品的大小、宽窄、方圆、红绿等形状，都可以用语言描述出来。②形象是客观事物在人们头脑中的再现。由于人是形象的感受者，任何一种具体事物都可通过人们的感知反映出来，因而形象就成为人们对某种事物的总体印象。③形象对人们的思想和感情会产生深刻影响。尽管形象的本源是客观的，但人们感受它之后，就会对人们的思想和感情产生作用，成为其选择、采取这种或那种行为的依据。总起来说，形象是人们的主观世界对客观事物的认知和反映，是人们在获取客观事物的大量信息后所形成的综合印象。

同其他客观事物一样，每个企业也都有自己的形象。在当今市场经济时代，市场竞争犹如一场以市场为舞台、以消费为裁判的企业选美大赛。谁能赢得这场大赛，谁就能获得生存、发展与成功，否则将会被无情地淘汰。在这场比赛中，一个企业自我感觉良好，不一定会得到裁判们的青睐；搔首弄姿，坑蒙拐骗，只会被驱逐出市场；自惭形秽，不求进取，也于事无补；只有秣马厉兵，遵循规则，强化训练，提高素质，敢于创新，充分展示实力，才能赢得胜利，获得生存与发展。在世界餐馆业的激烈竞争中，麦当劳以自己的独特形象占据鳌头：深红色的衬底托出金黄色的"M"形拱门，装饰一致、干净优雅的饮食环境，着装一致、笑脸相迎的服务人员，标识一致、独具特色的饮料杯、薯条袋，品质、规格、口味一致的"汉堡包"等，给人们留下深刻的印象。这就是麦当劳在世界消费者心目中形成的美好的企业形象。

所谓"企业形象"，就是社会公众对企业综合评价后所形成的总体印象。这一含义说明以下问题。①企业是塑造自身形象的主体。企业的自身情况，包括它的精神面貌、价值观念、行为规范、道德准则、经营作风、管理水平、产品质量、服务水平、技术力量、人才阵容、资金实力、设备状况、厂区环境、广告宣传、公共关系、经济效益、福利待遇等要素，都是社会公众评价的客观基础。如果企业的每个要素都能调节到最佳状态，即企业的自身状况是令人满意的，那么它的形象就会获得人们的较好评价，经得起实践和时间的检验，获得较好的总体印象。企业自身状况不佳，是无法获得社会公众良好评价的。②社会公众是企业形象的感受主体。企业形象既然是社会公众对企业及其行为认识和评价的反映，因而社会公众包括消费者、用户及其他同企业发生各种关系的个人和群体的状况对企业的评价和印象有密切的关系。离开社会公众这一感受对象，企业形象就无从得到反映。③企业形象是社会公众的总体印象。企业形象并不是某个人对企业一时一事的认识结果，而是社会公众经过对企业的长期观察、认识、了解之后所形成的综合印象。因此，塑造企业美好形象绝非一日之功，而要经过长期、全面、艰苦的努力。

从上述看出，企业形象受企业自身、社会公众等多种因素的制约。一般来说，企业自身状况是其形象塑造的客观基础或原型，公众印象是对企业原型的反映；公众反映可能与企业原型不一致，这就要通过相互沟通与协调使两者一致起来。

二、企业形象的特征

1. 整体性

企业形象是一个有机的整体。一方面，企业形象构成因素具有整体性。企业形象是由企业内部的诸多因素组成的，如企业历史、社会地位、经济效益、社会贡献等综合性因素，员工的思想、文化、技术素质及服务的态度、方式、质量等人员素质因素，产品质量、产品结构、经营方针、经营特色，基础管理、专业管理、综合管理等生产经营管理因素，以及技术因素、物质设施等因素。这些不同的因素形成不同的具体形象。但是，企业形象作为社会公众的整体形象，是各个形象要素所构成的具体形象的总和。企业的某一具体形象只是构成企业整体形象的基础，而完整的企业形象才是对企业具有决定意义的宝贵财富。另一方面，企业形象在表现上要有整体性。在企业形象表现上，往往是某一具体形象比较突出，可能掩盖其他因素所形成的形象。就社会公众来说，他们不能对企业的各种因素及各个方面的情况进行评估，总是根据其所了解的情况来认识和评价企业。所有这些都可能造成企业形象的不完整性。因此，要避免企业形象表现上的片面性或不完整性，就既要全方位地探讨企业形象的构成因素，进行科学的塑造和建设，还要采取必要的步骤和措施，使广大公众真实地感受企业形象，从而在公众心目中形成总体印象。

2. 客观性

企业形象既然是人们在获取客观事物的大量信息后所形成的综合印象，因而企业形象所赖以形成的物质载体即企业原型是客观的。形象是一种观念。观念是对客观事物的反映。企业形象是由企业存在决定的。就是说，企业形象作为现实企业各方面活动和所有外表等客观事实的映像，是不以人们的意志为转移的。虽然人们可以运用一定的手段策划一个企业的形象，但不能在虚幻的基础上构筑企业形象，此为其一。企业形象受一定社会环境的影响和制约，不可能脱离赖以存在和发展的社会和自然条件而独立存在，此为其二。企业形象是企业把自己的实态通过各种途径介绍给公众，使公众感知后形成一定的印象，因而企业形象的形成过程是客观的，此为其三。企业形象的评价标准，即社会效益、公众信赖等标准，是不以企业经营者或策划者个人的主观意愿为转移的，此为其四。因此，塑造或改善企业形象，最关键的在于努力改善企业实态，在企业原型的塑造上下工夫。

3. 主观性

企业形象虽然是在企业实态的基础上形成，具有客观的现实基础，但是作为评价主体即社会公众来说，它是认识主体对企业客体的反映，因而社会公众对企业的认识、评价带有主观因素。因为社会公众本身具有差异性，即他们的社会地位、价值观念、思维方式、认识能力、审美标准、经济利益、生活经历等各不相同，同时他们观察企业的时空条件，审视评价企业的角度、标准也有区别，这样社会公众对同一企业及其行为的认识和评价就必然有所不同，带有一定的主观性。此外，在企业形象的塑造和传播过程中，必然要发挥企业员工的主观能动性，渗透着企业主体的思想、观念和心理色彩。这种企业形象的主观性离不开企业实体的客观性。因此，在塑造企业形象的过程中，既要全面分析企业内部的各种影响因素，更要研究社会公众自身的因素，使主观和客观相统一。

4. 相对稳定性

当社会公众对企业产生一定的认识和看法以后，也即企业形象一旦形成，无论其好与坏、美与丑，一般不会轻易地改变或消失，而具有相对的稳定性。这是因为，企业及其形象因素会因条件限制而不会瞬息万变，即使企业性状及其行为可能发生这样或那样的变化，这种变化也不会马上改变企业已存在的形象模式；社会公众在经过反复获取企业信息和进行过滤分析后，由表象的感性认识发展为深入的理性认识，从而对企业产生比较固定的看法，即对企业的认识总是倾向于原有对企业的印象，并不会因企业性状及其行为的某些变化而改变对企业的评价。这种现象会产生两个方面的结果。一方面，具有良好形象的企业，可利用其形象稳定的特点，开展卓有成效的生产经营活动，保持独立风格，提高知名度和美誉度，激发强大的名厂、名店和名牌效应。另一方面，形象不良的企业，由于形象相对稳定而难以摆脱不良形象的阴影，势必要影响企业生产经营活动、甚至生存与发展。对此，企业就要保持清醒的头脑，敢于和善于揭露自身的问题，经过不懈努力，消除负面影响，换回声誉，重塑形象。当然，企业形象的稳定是相对而言的，它会随着企业内部因素、外部环境及公众因素的变化而发生变化。

5. 创新性

创新是企业的生命。企业形象形成的过程也是企业不断创新的过程。这不仅在于企业以其独特的个性展示自己的面貌，而且还在于社会公众特别是消费者的需求不断更新、市场环境不断变化，因而对企业形象塑造会提出新的要求。尤其是在激烈的市场竞争中，各个企业除了在"硬件"方面展开竞争外，更在"软件"方面即企业形象上展开竞争。后者是一种更高层次的竞争。一个企业要想在竞争中制胜，就必须不断创新自己的形象，以其良好的新形象去赢得顾客、赢得市场。

三、CIS：企业形象塑造的利器

20世纪90年代，在生机勃勃的中国大地，CIS战略犹如"一支红杏出墙来"，在我国南方兴起，并迅速升温，如日中天。这种应用性很强、使用范围很广、具有明显效果的经营技法迅速引起人们的重视，成为各类企业塑造形象的重要工具。

1. CIS的含义

"CIS"的英语全称是"Corporate Identity System"，意思是"企业识别系统"也即指企业将其理念、行为、视觉形象及一切可感受形象实行统一化、标准化与规范化的科学管理并形成体系，是公众辨别与评价企业的依据，是企业在经营与竞争中塑造形象、赢得公众认同的有效手段。1914年德国的AEG电气公司在系列性电器产品上首次采用彼德·贝汉斯所设计的商标，成为统一视觉形象的CIS雏形。

CIS作为一种理念被运作是在20世纪50年代的美国。当时的美国国际机器公司产品甚多，然而销售额总徘徊在1亿美元左右。小托马斯·沃森接替其父担任公司总裁后，实施了一系列战略性新决策：一是集中公司人力、物力、财力，设计开发计算机的硬件系统、软件系统，提高联网技术，这样就确定了企业发展战略，规定了企业的经营性质和发展方向；二是推行全天候、全方位、全球性限时维修服务，特别是全过程的联网化、系统化、伙伴化的潜在市场开发性服务；三是把产品识别标志和企业识别标志连在一起，并且系统地应用于产品系列、时空环境及企业生产经营的过程之中。

该公司设计了独特的识别标志（见图4-1），它由几何图形造型的"IBM"三个大写字母并列组合而成，"M"的字母大小是"IB"两者之和，名称、字体、图形三者合而为一。IBM公司是公司合称"Internation Business Machine Corporation"（国际商业机器公司）的缩写，即象征了计算机产品系列及其联网技术，又使人联想到公司开发计算机的企业发展战略和提供优质服务的企业行为规范。该企业识别系统简洁、明了、流畅、美观，令人一目了然，大大促进了IBM成为全世界最大的计算机生产经营企业，使其营业额不断上升，年营业额从20世纪60年代的60多亿美元上升到80年代的600多亿美元。

图4-1　美国国际机器公司识别标志

IBM 的成功，使 CIS 开始被企业所认识，欧美各国大企业纷纷导入 CIS。20 世纪 60 年代末期，CIS 传入日本。当时日本经济不景气，但技术高度发达，各企业制造的商品差异小，趋于同质化，企业迫切需要为商品赋予强烈个性，深感企业形象也应当作为一种商品推销，其目的就是使社会不断地强烈地感受到企业的行为与精神，以期创造出独特的产品风格。于是，马自达、美能达、三井银行等相继导入 CIS，均获得了良好效益。

20 世纪 90 年代初，我国南方一些企业如"太阳牌"、"三九胃泰"、"神州燃气灶"、"健力宝"等率先导入 CIS，都在建立和提高企业声誉和赢得市场上取得了理想的成效，不但提高了在同类产品中的市场占有率，增加了经济效益，而且作为一个现代企业，更获得了可观的无形资产，提高了产品和企业的知名度。

CIS 是现代企业信息枢纽，就像一座空中立交，把企业、市场、公众沟通起来并融为一体。其作用具体表现为：①充分体现现代企业科学的管理和经营水平，展示企业的完美形象，体现企业的文化标准；②充分利用一切手段达到增加和显示企业竞争能力的目的；③让社会及消费者识别和记忆企业，赢得更多的用户；④促使企业各方面更加趋于正规化、秩序化，在企业管理上发挥辅助作用；⑤激励员工士气，改善员工意识；⑥强化企业广告和传播效果等。

2.CIS 的构成要素

CIS 主要由企业理念识别（Mind Identity，MI）、企业行为识别（Behavior Identity，BI）和企业视觉识别（Visual Identity，VI）三部分组成。

（1）理念识别系统（Mind Identity System）。理念识别就是对企业的精神理念进行定位。企业的理念识别系统全面地、系统地反映企业的经营哲学、企业精神等，是企业的灵魂，也是 CI 战略的核心。其基本内容如图 4-2 所示。

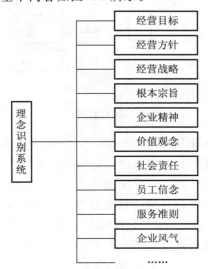

图 4-2　理念识别系统

（2）行为识别系统（Behavior Identity System）。行为识别就是企业行为的内外展示。企此行为识别系统是以企业理念为核心而制定的企业运行的全部规程策略。它将企业理念由抽象的理论落实到具体的可操作的措施，要求全体员工共同遵守并身体力行。它是企业良好的管理制度、管理方法和员工良好的行为规范的显现。其具体内容如图 4-3 所示。

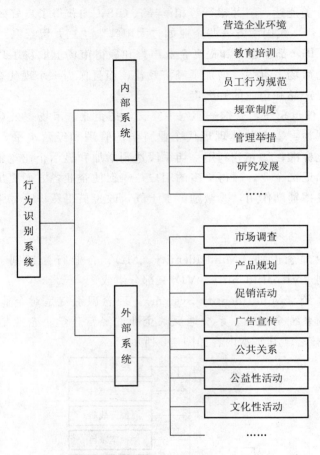

图 4-3　行为识别系统

（3）视觉识别系统（Visual Identity System）。视觉识别是指企业标识的视觉感知。视觉识别系统是指企业根据其理念和行为所设计的具有视觉感知性和冲击力的统一的企业标识系列。其设计的基础是 MIS 和 BIS。它采用的是直观的传达企业理念与行为的方法。不同信息对感官影响程度存在较大差异，其中视觉信息感觉占 83％，听觉信息接收占 11％，嗅觉信息感受占 3.5％，触觉信息感受占 5％，味觉信息感受占 1％。视觉识别系统是 CIS 中分列项目最多、层面最广、效果最直接的一个子系统。其具体内容如图 4-4 所示。

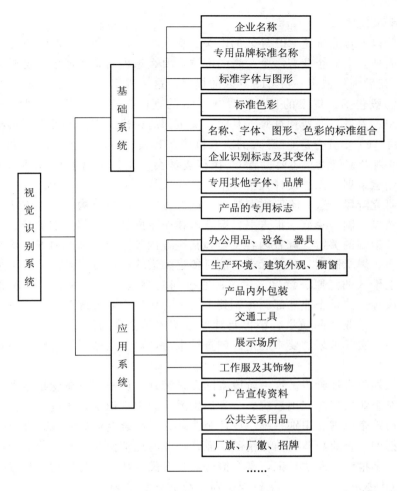

图 4-4 视觉识别系统

　　传统的 CIS 战略理论认为 CIS 的构成要素为 MIS、BIS 和 VIS。随着人们对 CI 战略研究的不断深入，有的学者提出了大 CI 战略，CIS 的构成要素还包括环境识别系统、听觉识别系统、味觉识别系统、信息传统系统，必须强调的是，MIS、BIS 和 VIS 是 CI 战略，CIS 的构成要素还包括环境识别系统、听觉识别系统、味觉识别系统、信息传统系统，但 MIS、BIS 和 VIS 是 CI 战略最基本的要素。其中 MIS 是 CIS 的灵魂，是 CIS 的原动力和基础，决定着 BIS 和 VIS。BIS 和 VIS 的执行与推动都有赖于 MIS。BIS 是 MIS 的动态显示，是 MIS 的具体落实。VIS 是 MIS 和 BIS 的外观显现。人们将三者的关系做了形象的比喻：如果把 CIS 比作一棵树，那么 MIS 就是树的根部；BIS 就是树的躯干、树枝，VIS 就是树叶、花与果实；如果把 CIS 比作一个人，那么 MIS 就是人的心、脑中枢神经，BIS 就是人的躯干，四肢，VIS 就是人的面部。这些比喻形象地说明了三者之间的密切关系。

3. CIS 的导入程序

（1）准备阶段。首先确定 CIS 导入的由头、提案。任何企业导入 CIS 都是基于一定的原因：要么想使内外公众对企业有一个清晰的定位，要么想提高企业形象。这样就产生了要导入 CI 的动机。其后则是拟定一份 CIS 导入的提案，这一提案实际上是 CIS 导入的初级策划书。它的内容一般包括：提案的目的；导入 CIS 的理由、背景；CIS 策划的方针、施行细则、计划、组织、人员、经费预算等。其次，决策部门讨论、审核、批准。再次，设置导入CIS 的组织机构。CI 委员会是 CI 导入的决策机构，其人员一般由企业的主要领导人、部门负责人、CIS 策划专家组成。还要设置 CI 执行委员会，作为隶属于 CI 委员会的执行机构，其人员一般由创意策划专家、设计人员、市场调研人员、文案人员构成。

（2）调查研究阶段。这一阶段主要是确定调查方针、调查机构、调查方法，确定调查内容，分析调查结果，制作总概念报告书。调查可在企业内部、外部分别进行。一是企业内部调查。这是 CIS 策划的关键。调查内容主要包括企业内外形象、基本概况、员工素质、产品质量、经营观念、规章制度、视觉标志、信息传递渠道等；通过亲自访谈，了解企业主要领导者和中层以上干部的意愿、意见、建议；通过问卷调查或典型调查，了解员工的基本情况、意见、建议等。二是企业外部调查。其主要内容包括企业外部形象、市场环境调查、公众消费情况调查、企业产品质量、销售及其形象调查、公众对企业的认知程度和综合评价等。调查内容根据实际策划需要来确定。调查结束后，对调查结果进行综合整理，写出总概念报告书。

（3）创意策划与设计阶段。这一阶段实际上是策划人员根据总概念报告书、结合企业决策层的意图，对企业的理念识别系统、行为识别系统和视觉识别系统进行定位设计。主要内容如下。一是构筑企业理念识别系统。设计企业理念应结合企业的实际，突出个性，从哲学和文化的高度把握住企业经营的内在精髓，兼顾企业的经济使命、文化使命和社会使命。理念识别系统应文字精练，简洁易记，富有情感，具有民族特色、时代精神和战略意义。设计完成后，送交 CI 委员会审定。二是行为识别系统的创意策划。行为识别系统是理念识别系统的具体化，它必须充分反映企业理念，具有实效性、可操作性。行为识别系统的内容涉及企业的各具体方面，因此必须由策划专家与企业的管理人员共同研究、合作完成。行为识别系统的创意策划既要有个性，又要科学规范，并能够被员工所接受，设计完成后，送交 CI 委员会审定。三是视觉识别系统的设计。这一系统的设计是将理念识别、行为识别转换成具有强烈视觉冲击力的视觉标识。首先，将抽象的理念转换成象征化的视觉要素，形成基本意念定位，确定设计方针、基本形态。其次，开发设计基本要素系统，包括以企业名称、企业标志、标准字体、标准图形、标准色彩为主体的基本要素系统，这是视觉识别系统的核心。应用要素系统的设计可根据企业的实际情况逐步进行。

（4）实施与反馈阶段。这一阶段主要是根据 CIS 基本内容逐步地实施 CI 战略。在实施过程中，策划者不断听取反馈意见、建议，不断修正完善 CI 设计。其主要内容包括：一是举办新闻发布会，开展 CIS 导入的发布活动。策划 CI 发布活动，既可由内到外，也可内外同时发布。其目的是传播这一具有战略意义的信息，以便使内外公众对此有所了解、认识，强化 CIS 导入的效果。二是 CIS 相关计划的推行。企业可建立相应机构，监察 CIS 计划的执行。CI 策划委员会至此也完成了其使命，CI 委员会可继续保留，并可成立 CI 推进委员会，负责 CIS 计划的监察与实施。建立必要的管理系统有助于巩固与扩大 CIS 策划的成果。三是建立 CIS 的信息传递机制。CIS 策划的根本目的是要全方位地塑造组织的整体形象，因此 CIS 策划必须注重 CIS 信息的传递与交流：一方面利用广告、宣传资料、新闻媒介、专题活动等对内对外进行宣传推行；另一方面还可及时收集来自各方面的反馈信息，修正与完善 CIS 设计成果。

四、CIS 战略与企业文化的关系

1. CIS 战略与企业文化的联系

CIS 战略与企业文化建设密切相关。从某种意义上讲，CIS 战略也是一种文化战略，是铸造企业的形象力、文化力的问题。

广义的企业文化是企业在经营管理活动中所创造的物质财富和精神财富的总和。将企业文化分为四个层次：一是表层的物质文化，指由企业员工创造的产品和各种物质实施共同构成的"器物文化"；二是浅层的行为文化，指企业员工在生产经营和人际关系中产生的"活动文化"；三是中层的制度文化，指企业在生产经营管理活动中所形成的一整套制度体系；四是精神文化，指企业在整个实践活动过程中所逐步形成的一种企业思想和理性认识。精神文化则是企业文化的核心。

按照上述四个层次划分的企业文化理论，每一个层面的企业文化都与 CIS 战略体系相关。

（1）表层企业文化与 CIS。被视作表层的企业文化表现于产品的文化价值，包括产品的造型特点、商标特色、包装设计、品牌理念及价格定位、服务水平等；另一方面企业的各种物质设施，包括企业名称、标志、象征物、环境氛围等，也都体现这种表层的文化价值。而上述这些问题，正是 CIS 的视觉识别系统设计和应用突出解决的问题，当然其中也有活动识别（BI）系统表现的问题（服务水准、环境气氛等）。

（2）浅层的行为文化与 CIS。第二个层次的企业文化，浅层的行为文化，所指的企业员工生产经营和人际关系中产生的"活动文化"，更是 CIS 战略体系中"行为识别系统"构建的内容。包括对内和对外规范全体员工的一切经营管理活动、规划、组织、教育与管理。而第三个层次的中层"制度文化"，也与 CIS 的"行为识别系统"构建相关。

（3）企业文化核心的精神文化与 CIS。至于企业文化核心的精神文化，则同 CIS 体系的理念识别系统几乎合拢。企业文化理论将核心的精神文化阐释为五个方面：企业经营哲学、企业宗旨、企业伦理道德观、企业精神和企业价值观。而这些企业文化的核心部分，正是 CIS 理念识别设计的主体部分。

由此可见，CIS 三大系统构建的战略体系，同企业文化的各个层面密切相关。从经营的角度分析，CIS 是实现企业差异化优势的现代经营战略；从文化的角度分析，CIS 则是构造企业个性的企业文化战略。按照"文化决定论"的理论，社会是文化的产物，有文化则存，无文化则亡，文化决定着社会的命运和前途。由此可以推断，企业文化是企业生存和可持续发展的基石。CIS 对外经营突出表现为统一、规范、差异化的企业形象战略；对内则可以理解为着眼于企业文化的长期建设。正是这个缘故，在设计 CIS 战略体系的时候，必须强调它的完整性，强调理念识别系统的核心和灵魂作用亦在于此。

2. CIS 战略与企业文化的区别

从本质上说，CIS 和企业文化有非常紧密的联系，但两者不能等同，目前，很多企业甚至以为企业文化就是做一套 CIS，把 CIS 等同企业文化，实际上，两者是有着本质区别的。

（1）从定义上看。企业文化是员工共同的价值理念和行为习惯。而 CIS 是将企业的经营理念和企业的精神文化，运用统一、整体的传达系统传给社会公众，并使他们产生对企业的一致的认同感和价值观。从这里可以看出，对于企业文化而言，CIS 只是一个对外的媒介传播过程。

（2）从作用方式上看也不同。企业文化体现的是企业的管理，借助于企业的培训教育、树立榜样及企业的仪式表现出来。CIS 则是通过策划活动，利用专业的视觉设计、公关活动表现出来，可以看作是企业文化实践化的一种方式。

（3）企业文化属于思想范畴，而 CIS 是通过工具将思想变成让企业、让公众容易接受的信息，达到让公众了解企业、认识企业并在消费的过程中选择企业产品的目的。

（4）企业文化是一种柔性的管理，是企业的管理方法；而 CIS 则是把这种管理推向社会，以获得社会的认同，增强社会对企业的认同，对产品的忠诚，同时吸引和凝聚人力资本，减少管理成本的一种活动。

当明白 CIS 与企业文化的关系之后，更应该认识和理解 CIS 在企业长远发展战略中的地位和作用，更应该自觉做到：①将 CIS 与企业文化建设有机融合，构筑企业中长期发展战略，寻求可持续发展对策，从整体上提高企业素质，增强体质，从形象和文化的角度提升企业竞争力；②在导入 CIS 设计的过程中，将企业理念系统作为主体，走出"表象化"CIS 的误区和浅层次的 CI 运作水平；③在导入 CIS 设计的过程中，充分注意到企业文化的承接与发展，注意到民族优秀文化传统的背景和作用。

 案例1　　"国航"的 CI 形象企划

一、案例介绍

中国国际航空公司 CI 形象设计，由广州亚太 CI 研究所企划。目前，国航确定的核心理念"服务至高境界"已通过大众媒体对外广泛宣传。国航 CIS，其设计主题是以"服务"为核心，以顾客满意为目标，以公司发展愿景为导向，建立起一套完整的国航思想价值观体系，使之为打造国航服务品牌，有效提升国际竞争力发挥作用。如图 4-5 所示。

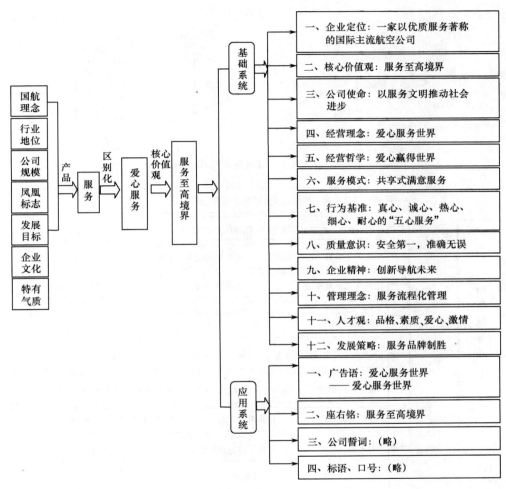

图 4-5　国航 CIS 图

1. 国航：MI 系统企划

国航的理念识别系统（MI）主要包括：企业使命、经营理念、经营哲学行为基准、企业精神、企业价值观等。

（1）经营理念——爱心服务世界（见图 4-6）。

（2）企业精神——创新导航未来（见图 4-7）。

（3）导入模式——"服务品牌型"CI（见图 4-8）。

图 4-6　国航经营理念

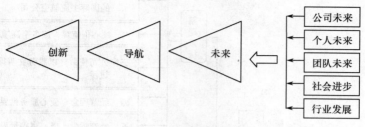

图 4-7　国航企业精神

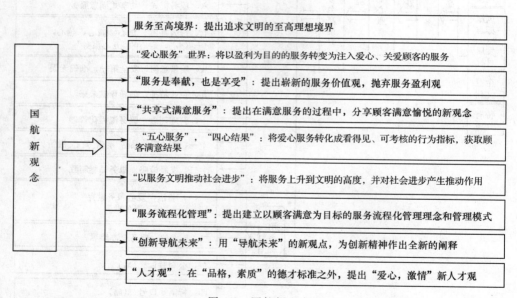

图 4-8　国航新观念

2. 国航：BI 系统企划

国航的行为识别系统（BI）包括以下内容（见图 4-9）。

（1）国航行为基准。求新、求快、求实、求远；服务准则："五心服务"（真心、诚心、热心、细心、耐心）；"四心结果"（让顾客放心、顺心、舒心、动心）；服务模式：共享式满意服务。

（2）经营者形象。仪表庄重，领导风范；求新求变，观念超前；人本管理，经营有方；魅力出众，形象代言。

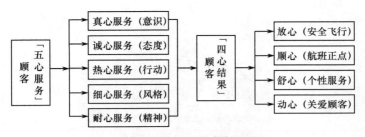

图 4-9　国航的行为识别系统

（3）管理层形象。以德为先，业务精良；现代意识，行为规范；求新求变，求快求远；管理出色，形象表率。

（4）员工形象。爱岗敬业，精业诚信；学无止境，文明礼尚；充满激情，充满活力；爱心服务，共塑形象。

（5）"爱心服务世界"创意图（见图 4-10）。

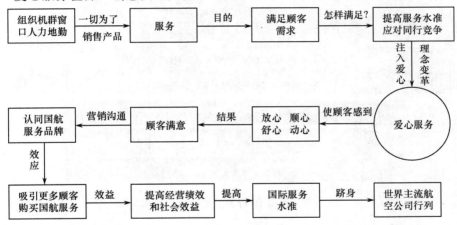

图 4-10　国航"爱心服务世界"创意图

（6）BI 行为系统的导向作用（见图 4-11）。

3．国航：VI 系统企划

国航的视觉识别系统（VI）表现为静态识别符号，是具体化、视觉化的传达形式，项目最多，层面最广。包括以下内容。

（1）基本要素。企业名称、品牌标志、标准字体、标准印刷字体、标准色、象征图案（吉祥物）、企业歌曲、精神标语及口号、标志和企业标准字组合系统及其使用规范、标准字与企业形象象征图案的组合系统及使用规范等。

（2）应用要求。产品设计、招牌、旗帜、标志牌、包装设计（包括封套、包装盒、包装箱、胶带、包装纸、手提袋等）、办公事务用品（包括名片、各种文具用品、信封、信纸、

形象
定位:
以优质服务著称
的国际主流航空公司

公司使命: 以服务文明推动社会进步

核心价值观: "服务至高境界"

经营理念: "爱心服务世界"

企业哲学: "爱心赢得世界"

服务理念: "服务是奉献，也是享受"

服务模式: "共享式满意服务"

行为基准: "五心服务"，"四心结果"

管理模式: "服务流程化管理"

质量意识: "安全第一，准确无误"

发展策略: "服务品牌制胜"

企业精神: "创新导航未来，竞争永不言败！"

建立起以"爱心服务"为主轴的对内、对外行为模式

以优质服务和品牌效应提升国际竞争力

跻身世界主流航空公司行列

图 4-11　国航 BI 行为系统的导向作用

请柬、贺卡、明信片、证书、奖牌、赠品等)、业务用品 (包括各种表格、发票、单据等)、室内环境与设备 (包括室内造型设计、办公室布置、橱窗布置、标示牌、部门牌、公告栏等)、陈列展示 (包括展会设计、展板等)、建筑外观 (包括建筑物外装修、装饰、环境设计) 等。

(资料来源: 亚太 CI 战略研究所. 中国国际航空公司: "服务品牌型" CI; 杨明刚. 营销策划创意与案例解读. 上海: 上海人民出版社，2008)

二、思考·讨论·训练

1. 结合中国国际航空公司的 CIS 导入，谈谈三大构成要素之间的关系。
2. 中国国际航空公司的 CIS 导入有何特色。

东京电力的工作场所作业行为规范

一、案例介绍

东京电力株式会社创立于 1951 年 5 月，是一家集发电、输电、配电于一体的巨型电力企业。资产总额达 14 万亿日元，员工人数 4 万余人。日本东京电力株式会社是日本九大电力公司之一，也是世界上最有名的电力公司之一。东京电力企业规模占日本全国电力行业的 1/3，电网主要复盖东京都及周边 8 县。目前共拥有发电站 188 所，总装机容量 5 884 万千瓦。其中火力发电站 24 所，装机容量 3 303 万千瓦；原子能发电站 3 所，装机容量 1 731 万千瓦；水力发电站 160 所，装机容量 851 万千瓦；风力发电站 1 所，装机容量 500 千瓦。此外还拥有 1 542 座变电站，总装机容量 2 亿 5 095 万千伏安。2000 年该公司销售电量总计 2 807 亿千瓦时。作为一家大型集团企业，东京电力还拥有若干子公司，业务范围涉及设备维护、燃料供应、设备材料供应、环保、不动产、运输、信息通信等行业。

东京电力的企业目标是：无论何时，东京电力都愿为客户和社会服务，使客户和社会满意，并取得客户和社会的信赖，切实做到：成为随时为客户服务的能源企业；成为能激起人们创造性的企业；成为敢于挑战未来的、充满活力的集体。

东京电力的企业宗旨是：开创具有光明未来的能源社会。"开创未来的能源"，东京电力用这句话对外明确表明了其基本方针，那就是希望成为实现未来梦想的支柱能源和力量。作为"开创未来的能源"的补充，也使用"面向理想社会"这句话。

东京电力公司的标志如图 4-12 所示，上面的三个圆分别代表客户的满意、信赖及对未来的期待，下面的两个小圆分别代表服务和技术。两个小圆置于一个大圆之中，表示要努力实现服务与技术的协调。大圆表示今后不断地壮大，公司职员互相协助的精神。企业的标志采用红颜色，红色象征着"活力"、"亲切感"和"愉快"。从总体来看象征着社会、客户和东京电力一起为创造丰富、美好的生活而共同努力、协调发展。

图 4-12 日本东京电力公司标志

（一）工作场所规则

1. 从上班到下班

（1）上班的时候。遵守上班时间；因故迟到和请假的时候，必须事先通知，来不及的时候，必须用电话联络；做好工作准备；铃一响就开始工作。

（2）工作中。工作要做到有计划、有步骤、迅速踏实地进行；工作中少说废话；工作中不要随便离开自己的岗位；离开自己的座位时要整理桌子；长时间离开岗位时，可能会有电话或客人，事先应拜托给上司或同事；因公出差时，事先应把出差的地点、工作内容、时间向上级报告，私自外出必须得到上司许可；出差回来后必须向上司报告，并且要确认出差不在时有没有事情发生；迅速传阅文件；不打私人电话，在办公室内保持安静。

（3）办公用品和文件的保管。办公用品和文件必须好好保管，使用后马上归还到指定场所；办公用品和文件不得带回家，不得不带走时必须得到许可；文件保管不能自己随便处理，或者遗忘在桌上、书柜中；重要的记录、证据等文件必须保存到规定的期限；处理完的文件，根据公司指定的文件号马上归档。

（4）财务管理。公司的钱，没有正式的凭证不能出纳；私人的钱和公司的钱必须公私分明；不能随便动用公司的钱或随意放置；收入和支出时必须记账，账簿和现金必须相吻合；公司的钱必须放入指定的金库、规定的场所。

（5）下班时。下班时，文件、文具、用纸等要整理，要收拾桌子；考虑好第二天的任务，并记录在本子上；关好门窗，检查、处理火和电等安全事宜；需要加班时，事先要得到通知；下班时，与大家打完招呼后再回家。

2. 工作的进行方法

大家必须以客户的立场和想法为基础，采用相应的工作方式；以工作不出差错为原则；对待工作要有主人翁的自觉性，工作目的要清楚，要有责任心。这些都是很重要的。

（1）接受指示时。接受上司和前辈指导时，被指示者要深刻领会领导意图，对工作来说是很重要的。

① 虚心听别人说话。当喊你名字时，清晰地对别人回答"是"，对工作应持积极态度，要虚心听取上司和前辈的指导。

② 听取指导时，做好记录。指示有短有长，接受指示的时候，中途不要提问，直到听完后再提问。指示的内容有简单的、复杂的，接受指示之前准备好笔记本，记下内容的要领，记笔记时用 5W1H 方法，具体如下：目的、意义、原因——Why；内容——What；协作者——Who；场所——Where；日期、期限——When；处理方法——How。

③ 疑点必须提问。即使是上司和前辈给予指导，指示的内容也可能有理解不了或者有疑问的地方，如果不解决疑点，不但工作的效率不高，还会出大的错误。当指示完后，应马上提问疑点，充分理解是非常重要的。

④ 重复被指示的内容。为了弄清疑难点，必须重复指示内容的要领。通过重复指示要领，可以确认自己是不是已经理解和明白上司和前辈指示的内容。

⑤ 指示重复的时候。有时会有多位上司和前辈给予指示，应首先从最高上司的指示开始实行，不知道哪一个优先执行时应和上司进行商量。

（2）实行时。如果接受工作指示，实行时按照下面的顺序进行。

① 充分理解工作的内容。工作时，首先确定工作的正确目标是非常重要的。因此，必须正确和充分地理解工作的内容。包括：工作的重要性；工作的目的；工作的时间、期限；工作的标准要求。

② 为了达到目的，决定方法的顺序：遵守上司指示的方法和顺序；新参加工作的人，开始时应向上司交代工作的程序，但不必事事如此。工作方法、顺序等视工作目的而定，拿不准时可与上司商谈；实行决定的方案，需要别的部门的人协助时，要事先进行联络。

③ 备齐必要的器具和材料。为了方便使用，"器具和材料在哪里，使用方法是什么"等问题，事先应调查清楚。

④ 根据方法和顺序来实行。必须向上司报告经过；特别是到了期限不能完工时，要马上向上司报告，请求提示。避免到工期极限时造成烦恼，以致最后说"做不完"；实施任务时，遇到疑问时要和上司商量。

⑤ 检查被指示的内容和结果是否一致。工作按计划进行，一个一个地检查是非常重要的。当然，最终是上司的检查，在这之前自己应先检查。前辈和同事有相同工作任务时，可以和他们进行比较、互相检查。

以上是做工作的基础，工作并不是被指示后就开始的，首先要决定计划。工作的结果是否符合目标的要求？为什么没达到目标？怎样做才好呢？这些问题应进行考虑。按照下面的"PDCA 循环"方式进行是很有必要的。PDCA 特征如下。

（P）作计划（Plan）：决定目的、目标；决定达到目标的方法。

（D）实施（Do）：熟悉计划的内容；实施计划。

（C）检查结果（Check）：确认实施结果；与计划进行对照。

（A）评审（Action）：实施计划结果，应继续保持其好的工作状态；没有按计划进行，要检查原因，在下一步计划中改善策略及实施。

PDCA 四个步骤，一步一步实施，对工作的质量提高很重要，你也可用 PDCA 循环使自己的工作提高质量。

（3）报告时。接受指示后的工作，必须向上级正确报告。报告的关键内容是上司的期望、工作的目的是否最终实现。例如，"把这份文件给 A 科长送去"这样简单的工作，能够不搞错，送到 A 科长手上吗？

① 工作完成后，马上向上司报告，不要等到被催促时才报告。

② 报告时的顺序，是先从结论开始，后说明经过。

③ 报告的内容要总结，要报告要领，事先做好笔记，说法统一。

④ 报告内容复杂时，另有必要保存记录时，要将报告做成报告文本。做成文本时，要总结好要点，让人容易阅读。

⑤ 报告征求个人意见时，要根据事实发表自己的意见。

（4）失败的时候。

① 报告。不管是谁受到挫折，从外界看来都是公司的失败。作为上司，部下的失败就是上司的失败。接受批评时，你沉默就会失去信用。失败和不胜任工作时要及时报告，以求接受上司的指示。

② 虚心接受意见和批评。

③ 相同的失败不能有第二次。失败是为成功交学费。但是，相同的失败如果重复两次、三次就是问题了。必须找出原因，商量对策。

④ 不能失去信心。一次失败，不能丧失信心，失败是成功之母，为了减少给周围人带来麻烦，自己要更加努力。

⑤ 不要逃避责任。把失败的原因和责任推到别人身上是非常不合适的。用"同事不予协助"来责怪他人时，自己应该自问为什么得不到别人的帮助。

3. 为了工作场所工作愉快

人生三分之一的时间要在公司度过，由于时光的宝贵必须要有愉快的工作场所。因此，大家应考虑怎么办、怎么做。

（1）打招呼。人与人遇到的时候应打招呼。在商业场合，打招呼是基本的规范之一。打招呼有"打开心扉"这样的含义，对于缓解人们关系的紧张，对于谈话的顺利进行是有好处的。早上上班要很有精神地说"早上好"。心情很好地打招呼，那么这一天就有一个很好的开始；在公司内外，和客人、上司、前辈打招呼，同样他们也会和你打招呼；开朗而有精神地同别人打招呼，会让整个公司气氛很活跃、有生气。

（2）努力愉快地工作。工作在有价值的场所中，因为工作做得有价值而身心愉快。为了能够工作愉快，如何做好呢？工作中自己思想要活跃；通过工作让自己得到锻炼成长；为他人愉快而工作；以求工作易做、人与人之间关系和睦。

（3）互相交谈的重要性。

① 如果人们聚在一起，常会有引起个人烦恼、个人解决不了或者决定不了的事情，为了找到好的解决方法，大家应经常在一起互相讨论交谈。

②"三人行，必有我师"，有问题时一个人搞不明白，很多人在一起商谈就容易弄明白。互相讨论时，可以从不知到知，使自己明白不足，从而确定出好的意见和想法。

③ 从互相讨论变为互相帮助。根据讨论大家互相制约、互相理解，人与人之间将产生新的关系。在集体中，要有勇气敢于发表意见。

（4）关于健康管理。为了能够精神饱满地工作，身体状况是很重要的。不考虑身体状况，工作就不能做好。

公司的成员必须注意自己的健康管理。为了维护健康，一是要注意保证睡眠；二是为了消除体力疲劳，缓解工作压力，应适量参加体育活动。

（二）服务规范

1. 服务规范的基础

在竞争时代，公司是被客户选择的，力求给客户提供高水平的服务，做到热心服务。

窗口接电话的态度、接待人员的态度不能不好。应给予客户好的印象、形象。

热心为客户服务，包括工作人员的服务和态度。

（1）服装和外表。有"服装可以展现人的魅力"这一说法。不整洁、不正规的服装让人的心情不好，会给客户带来不愉快的感觉。相反，如果服装干净整洁，服装正规，态度恭敬，会给客人好的印象。

（2）态度和行为。

① 工作中的态度。正确、敏捷地工作，需要正确的态度和姿势，在坐椅上应坐姿端正，注意力集中；不要用手肘托着腮帮子；不严谨的态度和姿势容易让人松弛，引起事故发生；在公司中，即使是同事之间，任性、怄气会给周围的人带来不快，也对自己身体不好。

② 正确的姿势。站的时候挺胸、下巴轻抬；减少肩的力；手腕自然下垂；手指并拢；脚尖微开、脚跟并拢。坐的时候，在椅子上，椅背和人背要有一点空隙；在沙发上要轻轻地坐（背要挺直）；上身要完全挺直；双脚并拢；男性膝盖不能分开；女性膝盖、脚尖、脚跟恰好并拢，椅子很低的时候，双脚向左或向右稍微倾斜。

（3）敬礼的方式。点头敬礼、鞠躬因场所不同而有所区别，应与对方视线一致时进行。

点头：上半身向前倾斜轻轻地敬礼（15度）；注意不要让脊背呈圆形；在走廊、楼梯、电梯中要向上司和前辈、客户行点头礼。

敬礼：感谢时或访问结束时要敬礼。首先注意姿势，应让对方看得见自己的脸。

深鞠躬：表达强烈的感激之情或道歉时要深鞠躬敬礼（45度）。例如，下电梯时，遇见客户同行时。

（4）回应别人的寒暄。工作场所的规则是首先要保持好的人际关系，互相问候，在任何场所互致问候要体现出自己有诚意，对别人以诚相待。

当别人喊你的名字时，要大声地说"是"，回答"是"，使人感到有干劲；"是"使气氛严肃。

2. 会话的方式

对客户的谈话态度，对提高公司服务质量很重要。在理解客户说话含义时，要持有"我是公司的代表"的心境。另外，为了工作场所的工作顺利进行，自己传达的内容让对方明白很重要。无论何时何地，谁的讲话都要正确传达，应以身作则，说话不能失礼。

（1）会话的基本要求。

① 发音清晰。谈话时，发音清晰是很重要的。不论是多么正规的谈话，如果声音不清晰，对方就不能够理解。发音清晰，使对方有一种友好的感觉。

② 边观察对方反应边说话。即使是相同的语言，意思也会有所不同。通过表情来确定对方的反应，以便继续谈话。

③ 对方的话也要倾听。如果只顾自己讲话，会给对方不好的印象。以礼相待，说话时让对方先讲，先听别人说话。

④ 不要中途打断别人的话。中途打断别人的话是非常失礼的，即使有话想说，也应等对方说话告一段落之后再说。例如，来电话的客户，会先交待住所、姓名，如果挡住对方说话而问"有什么事"则会使客户不高兴，有时会引起谈话中断。

⑤ 用谦虚态度倾听。通常谈话时，对待客人的不满和批评，应站在对方的立场去听取。

⑥ "搭腔"和"听"的使用效果。"搭腔"和"听"对流畅、有节奏的交谈很重要，用"等等"、"如此"之类的语言来领会对方说话的含义，互相确认谈话内容。

⑦ 公司内外的语言不能混用。公司内的语言，为了联络方便可以简单使用，但是公司外的人不一定能够理解。必须注意公司内外语言的替换使用。

⑧ 重要事情要具体确定。特别重要的、不明确的、很麻烦的事情或需要澄清的事情要具体确认，关于财物、时间的具体数字要确认。

（2）自我介绍。对初次见面的人作自我介绍，要给人诚实、深刻、鲜明的印象，自我介绍很重要。

自我介绍的方法：公司名、工作任务和自己的名字；公司外的人可递送名片；根据情况介绍自己的简历；自我介绍时应给对方留下一个好印象。

（3）敬语的规范。

① 种类。

尊敬语：对于对方的人和事，为了表示尊敬而使用敬语。比如，对客人说"这很好"；知道后就说"承蒙告之""哪是客人的行李"。

谦让语：和自己有关的事件、事物，使用表示谦让的语言，总之和尊敬语气形成对比。比如，"我一定遵守邀请"；"明天给您送来"；"我会前去拜访"。

② 形式。敬语的形式分为敬语和特定语两种。敬语分为尊敬语、谦让语，特定语分为尊敬语、谦让语、礼貌语、美化语。

（资料来源：国家电力公司思想政治工作办公室编．国外电力企业文化见闻，2001．李玉海．企业文化建设实务与案例．北京：清华大学出版社，2007）

二、思考·讨论·训练

1. 日本东京电力公司的工作场所作业行为规范包括哪些层次？各层次体现了哪些内容？
2. 结合本案例谈谈怎样保证企业行为设计现实有效？
3. 日本东京电力公司的工作场所行为规范设计体现了怎样的企业文化？
4. 日本东京电力公司的工作场所行为规范对企业文化建设有什么意义？

 案例3 肯德基与时俱进实施 CIS

一、案例介绍

肯德基是世界最大的炸鸡快餐连锁企业。它在世界各地拥有 11 000 多家餐厅。这些餐厅遍及 80 多个国家，中国的长城、巴黎繁华的闹市区、风景如画的索菲亚市中心及阳光明媚的波多黎各，都可以见到肯德基的快餐店。

肯德基为满足消费者不同层面的需要，对顾客服务的方式也在不断变化，除了店内用餐，还开展外卖；从奥克兰到阿尔布克尔克，在美国已超过 300 多的城市开展送餐到家的业务。在美国的一些城市中，肯德基餐厅还与集团内的姐妹餐厅必胜客和 TacoBell 合作，在繁忙街区的同一餐厅网点内，同时为顾客提供多种餐点。现在，从波多黎各到加利福尼亚州的大学生们已将肯德基快餐列入了日常食谱。

60 多年前，肯德基的创始人山德士上校发明烹制如今被称为"家庭晚餐的替代"，即提供完整的正餐给无时间在家烹饪或不愿烹饪的家庭。他称之为"一周七天的星期日晚餐"。如今，上校的精神和遗产已成为肯德基品牌的象征，以山德士上校形象为标志的肯德基标识，已成为世界上最出色、最易识别的品牌之一。

（一）MI（理念识别）

肯德基在长期的经营过程中形成了自己一套完整的经营策略，从市场定位、规范化服务到产品促销都有自己的理念。

在市场定位方面，肯德基想要营造一种全家一起用餐的快乐气氛，强调这种附加价值。肯德基是"世界著名烹鸡专家"，"烹鸡美味尽在肯德基"，这也是肯德基与麦当劳定位的最大差别。其集 60 年经验烹制出的炸鸡系列产品，如原味鸡、香辣鸡翅等，外层金黄香脆，内层滑嫩多汁，以其独特鲜香口味为顾客称许。

对于消费群体，肯德基以回头率划分消费者，分为重度、中度、轻度三种类型。重度消费者是指一个星期来一次的，中度消费者是指大约一个月来一次的，半年来一次的算轻度消费者。经过调查，肯德基的重度消费者占 30%～40%；对于他们来说，肯德基已经和生活环境、生活习惯产生联系了，逐渐成了他们生活的一部分。对重度消费者，肯德基的营销策略是保持对他们的忠诚度，不让他们失望。

肯德基全球推广的"CHAMPS"（即"冠军计划"）是肯德基取得成功业绩的精髓之一。其内容为：C（Cleanliness）——保持美观整洁的餐厅；H（Hospitality）——提供真诚友善的接待；A（Accuracy）——确保准确无误的供应；M（Maintenance）——维持优良的设备；P（Product Quality）——坚持高质量的产品；S（Speed）——快速迅捷的服务。

（二）BI（行为识别）

1. 特许经营

特许经营是肯德基的有效扩张手段。它以特许经营作为一种有效方式在全世界拓展业务，至今已超过 20 年。在西安，肯德基 1993 年就开始了加盟业务，目前已拥有近 20 家加盟餐厅。肯德基在进行特许加盟操作时，有自己的标准与规范，从而保证了肯德基的品牌形象。肯德基希望加盟商是真正的食品服务业经营者，要求有从业背景，以"实践"为管理方向，能很快掌握该行业的基本知识，并具有在一定区域内扩大发展的潜力。

肯德基目前在中国发展加盟店的方式不是让加盟者缴纳加盟费后自行开店，而是让加盟者出资购买一间正在运营并已盈利的连锁店，转让已经成熟的餐厅。这样，加盟者不必从零开始，可以较快地融入肯德基的运作系统，进而提高加盟者成功的概率。这对肯德基和加盟者来说是最稳健、最便捷的做法。考虑到大型城市开展特许经营挑战性大，目前肯德基只在中国内地境内非农业人口大于 15 万、小于 40 万，且年人均消费大于人民币 6000 元的地区寻求加盟经营的申请人。当然，不是所有这些地区的餐厅都适合加盟经营，如果可能，肯德基优先接受加盟商对地点的建议。加盟经营协议的首次期限至少为 10 年，未来的加盟商必须自愿从事肯德基加盟经营 10 年以上，为的是保持加盟人对快餐事业的热情，避免产生一些短期行为。

在特许经营的严格规定背后，是肯德基总部和加盟店共同的利益关系。肯德基的成功取决于各加盟商的成功。特许经营授权人给予受许人以足够的支持，只有当每个受许人盈利了，整个特许经营系统才能变得更加强大。

2. 供应商管理

从创立之初的第一家餐厅到至今分布在中国几十个城市的四百多家餐厅，肯德基采用的鸡肉原料 100% 来自国内，10 年来共消耗了 6 万多吨鸡肉。肯德基的飞速发展也带动了相关原料供应行业的发展。目前，肯德基在全世界的采购中，大约有 85% 的食品、包装原料都由中国国内的供应商提供。本着利益一致、共同进步的原则，肯德基对供应商传授全新的经营管理理念，引进先进技术，主动培训和积极扶持供应商，与供应商结成了关系密切的战略合作伙伴。

3. 员工培训

现代企业之间的竞争，归根结底表现为人才的竞争，这已经成为企业界不争的事实。对于餐饮服务业来说，员工培训有利于提高员工文化技术素质、连锁店的服务质量，为实现公司经营目标奠定基础。肯德基为了在中国快速发展，实现远景目标，在人力资源方面执行本土化战略，把员工培训作为自己一项重要的核心竞争力，不断投入资金人力进行多方面的培训。这也体现了公司"双赢思维"的企业文化，不仅企业要成长，个人也要成长。肯德基把每位员工实现自身价值的过程，与公司的远景目标结合在一起，凝聚为企业发展源源不断的动力。从餐厅服务员、餐厅经理到公司职能部门的管理人员都按照工作的性质要求安排严格的培训计划。肯德基在员工培训等方面的做法值得人们深思，并为我国的餐饮服务业提供了很好的参考样板。

4. 公益方面

作为社会大家庭的一分子，肯德基以"回报社会"的企业宗旨积极关心需要帮助的人，尤其是近年来，随着自身快速发展，肯德基对中国的公益事业，尤其是中国儿童教育事业的投入，已成为肯德基"回报社会"的主要形式。

为了能使少年儿童在健康环境中成长，肯德基每年以各种不同的形式支持中国各地区的教育事业，从捐款"希望工程"等教育项目到资助特困学生，邀请福利院儿童和残疾儿童就餐；从举办形式活泼的体育文化比赛，到捐赠书籍画册。这些都体现了肯德基"回报社会，关心儿童"的企业文化。2002 年 9 月，3 800万元的"中国肯德基曙光工程"启动，将作为肯德基全体员工的一份心意，长期资助有志成才、家境贫困但品学兼优的在校大学生，为他们学习、事业、人生道路的起步阶段带来曙光。

据统计，十多年来，肯德基直接和间接用在青少年教育方面及社会公益方面的款项已达6 000多万元人民币，这些款项均用于帮助聋哑弱智儿童、贫困地区失学儿童及需要帮助的大学生和教育工作者。

5. 广告促销

现代企业的促销是一个连绵不断的过程。肯德基总是在一段时间内，通过不断推出比较优惠的产品来促销，其目的是提升营业额，提升交易次数，拓展某一方面市场。促销活动是一项周密细致的工作，每次促销活动时，由地区总部统一安排，连海报也统一印好然后给每个分店发一份企划手册。企划手册规定非常详细，例如，哪张海报应贴在门前的灯箱上，哪张海报应该吊顶等，肯德基各分店照着做就可以了。电视广告也统一安排好，在相应时间播出。

(三) VI（视觉识别）

1930 年，肯德基的创始人哈兰·山德士在家乡美国肯德基州开了一家餐厅。在此期间，山德士潜心研究炸鸡的新方法，终于成功地发明了有 11 种香料和特有烹调技术合成的秘方，其独特的口味深受顾客的欢迎，餐厅生意日趋兴隆，秘方沿袭至今。肯德基州为了表彰他为家乡作出的贡献，授予他"山德士上校"的荣誉称号。山德士上校一身西装，满头白发及山羊胡子的形象，已成为肯德基国际品牌的最佳象征。从此以后，人们便把他这身白西装、满头白发及山羊胡子的形象与肯德基联系在一起。

2006年11月15日，肯德基在全球范围内同步统一发布新标识。新标识的最大变化是将"山德士上校"经典的白色双排扣西装换成了红色围裙，在色彩、线条等细节上有所改动。不过整体改变不大，其招牌式的蝶形领结仍旧保留。如图4-13所示。

图4-13 肯德基第五代标识

肯德基认为，全新肯德基标识为肯德基品牌增添了与时俱进的现代感。"山德士上校"由气派的正装改穿"工装"，其背后寓意为：今天的肯德基依然像"山德士上校"50年前一样，在厨房里为顾客手工烹制食物。

新标识是肯德基标识自1952年正式面世以来的第五代标识。在1978年、1991年、1997年，肯德基标识也进行了变革。第一代和第二代标识为黑白颜色；第三代标识更换为彩色，并将"Kentucky Fried Chicken"缩写为KFC；第四代标识中，"山德士上校"脸上的笑容更加灿烂，背景也有大的改变。

专家认为，随着麦当劳等洋快餐加速进入中国市场及一些中式快餐的兴起，快餐市场竞争也会越来越激烈，肯德基在这个时候更换标识，传递的是其市场战略的一个信息，就是与先前改变传统洋快餐形象一脉相承，争取得到更多消费者的认可。

（资料来源：黄河涛，田利民．企业文化案例选评．北京：中国劳动社会保障出版社，2008）

二、思考·讨论·训练

1. 企业如何根据经营策略与市场变化调整CIS战略？
2. 结合肯德基"换标"谈谈企业视觉标识的调整需要注意什么？
3. 走进一家肯德基连锁店，体会一下它的CIS。

案例4　**凤凰卫视的 CIS 导入**

一、案例介绍

凤凰卫视控股有限公司作为近年来电视媒介市场中的异军突起之秀，在 CIS 的运用方面有着许多值得借鉴之处。

1. "凤凰"的理念识别

MI 是指理念识别，包括经营观念、企业文化、精神标语、方针策略等。它是 CIS 战略运作的原动力和实施的基础，属于企业的最高决策层次。完整的企业识别系统的建立，有赖于企业经营理念的确立。这一点具体到媒介企业当中，就是要塑造良好的媒介形象，培育具有个性的媒介精神，尽可能强调差异，避免趋同，突出独家媒介精神，打造适合自己的媒体理念。而凤凰卫视从创立之初就提出来的"开拓新视野，创造新文化"，正是凤凰媒体理念的一个总体阐述。而凤凰这一 MI 系统的提出，并非空穴来风，而是基于对市场现状和自身特点的深入分析。

1996 年凤凰诞生之初，内地电视媒介的总体状况是：新闻节目模式化，信息渠道单一，新闻直播长期缺席；缺乏真正意义上的娱乐节目；虽然可供观众选择的电视频道不少，但是千台一面，节目雷同的现象十分严重……与之相比较，凤凰卫视具有独特优势：首先，地处经济发达，信息多元、文化交汇的国际化都市香港，具有内地媒体无法比拟的地缘优势；其次，与国际传媒巨头新闻集团的合作不仅可以获得更加丰富的新闻资源，也便于引进世界先进的新闻理念和运营模式；再次，作为一个境外媒体和商业电视台，相对于内地媒体，少了很多体制上的限制。通过分析两方面的情况，创始之初的凤凰提出了"开拓新视野，创造新文化"的 MI 定位，将自己与内地媒体鲜明区分开来，为凤凰品牌赢得了更大的发展契机和成长空间。

当凤凰卫视这一品牌日渐深入人心之后，凤凰人继续秉承原有的媒体理念，力求为观众提供一个不同于以往内地媒体的观察世界的新视角和渠道。对于很多比较重要的，而内地媒体由于政策限制或其他原因无法进行报道的信息，凤凰卫视借助自身特有的优势给予充分报道，"9·11 事件报道"和"莫斯科人质事件报道"就是两个典型的例子。

适合自身的 MI 定位，使得凤凰卫视在为内地观众开启一片"新视野"的同时，也终于为自己打开了一片新的天地。

2. "凤凰"的行为识别

BI（行为识别系统），指企业理念统帅下企业组织及全体员工的言行和各项活动所表现出来的规范化、协调化，并区别于其他企业。BI 是企业形象策划的动态识别形式，而有别于企业名称、标志等静态识别形式。

首先来看企业组织本身的 BI 打造，这也正是凤凰卫视多年来的一个着力点。凤凰作为一个媒介组织，从最初的"飞跃黄河"到世纪之交的"千禧之旅"、"欧洲之旅"，又到"两极之旅"以及"寻找远去的家园"（与天津电视台合作）、"穿越风沙线"、"永远的三峡"等大型文化考察活动，乃至最近的"寻找郑和足迹，凤凰号下西洋"，一直都在通过持续的媒体行动策划来凸显自身富于人文精神，注重人文关怀，文化历史感深厚的媒体形象。正如凤凰卫视执行副总裁兼中文台台长王纪言在"2003 年凤凰新节目推介会"上所说的："现代的电视需要行动。在电视这么庞杂、这么多的频道之中，电视工作者一定要有自己特色的行为，才能引起观众的注意。"

其次，对于电视媒介来说，其 BI 系统在很大程度上还通过主持人和出镜记者的形象言行来表现，成功的 BI 系统能够为企业打造品牌效应，大大提高企业的美誉度。

以凤凰卫视为例。它在节目创办过程中，"自始至终注重对主持人的培养，有意识地造就明星主持人群体，有意识地创办名牌栏目，因而，对主持方式的设计也是独具匠心的"。简单说来，就是注意根据主持人的性格、风格和特长，为主持人度身订造相应的节目。例如，《凤凰早班车》的主持人陈鲁豫模样亲切乖巧，由她来"说"新闻就再合适不过了，果然节目一经推出就大受欢迎。又如美伊战争中大红大紫的战地玫瑰闾丘露薇，当她作为第一个进入战区的华人记者站在巴格达的硝烟中时，观众在为之感动、震撼的同时，凤凰卫视作为一个媒体专业、快速、准确的新闻形象也同时在广大受众心中确立了。及至最近别斯兰人质事件中的凤凰卫视驻莫斯科记者卢宇光，当他在俄罗斯北奥塞梯别斯兰解救人质现场用最真实的、喘着粗气和些许颤抖的声音，给守在电视机前的全球华人观众带来颇具震撼的现场报道——"恐怖分子打伤很多人，我们正在跑⋯⋯恐怖分子冲过来了！向我们开枪"的时候，相信当时收看该节目的观众，在为现场报道的卢宇光捏把汗的同时，也对一向以"向全球华人发出自己声音"为己任的凤凰卫视，有了更深刻的信任和品牌支持

此外，精心制作的主持人个人宣传片也是凤凰 BI 运作的一大亮点。从早期为新闻节目《时事直通车》主持人吴小莉制作的个人形象宣传片："当大事发生时我存在"、"有中国人的地方就有我"到后来一系列为旗下各大名嘴量身定做的宣传推介片，这些制作精良的宣传短片使得观众在喜欢上开朗大气的吴小莉，流畅明快的陈鲁豫，幽默机智的窦文涛，亲和细腻的陈晓楠，智慧犀利的曾子墨，专业朴实的闾丘露薇⋯⋯的同时，也对凤凰卫视的企业形象留下了深刻的印象。诚然，每一位凤凰卫视主持人都有着自己鲜明的个性标志，而他们不同的个性后面又有着深刻的"凤凰风格"——亲和力强，观众缘广，知识功底深厚，外语水平高，个性突出。

3. "凤凰"的视觉识别系统

VI（视觉识别系统），是人们用得比较普遍，也是人们能比较直观地感受到的，它包括企业商标的定位形象、定位色彩、定位字体等，其定位色彩可以在产品包装、企业建筑、员工服装、交通工具、往来信函等方面体现。具体说来，电视媒体的 VI 主要体现在基本要素和应用要素两个方面：其中基本要素包括台标、企业标准色等，应用要素则包括办公室、机

房的外表标志和装置、装潢，采访车图案、工作服、各类证件、信封、名片等识别符号。

（1）基本要素。从某种意义上说，台标是识别电视媒体的主要标志。在电视媒体，系统的基本要素当中，台标的设计应该是主要着力点。一般说来，台标要有很强的象征性、艺术性和装饰性，有长期使用和反复使用的特点。而凤凰卫视的台标——当空起舞的"金凤凰"形象，可以说已经是深入人心。

从颜色来看，以往的电视台台标，几乎都以红、蓝、绿三原色为主，虽然色彩鲜明，有一定的视觉冲击力，但是太多太滥，观众易于遗忘。凤凰台的台标，突破了这些色彩的限制，大胆地运用了橙色这种对比效果极强烈的色彩，给人一种耳目一新的感觉。

再从形象看，凤凰卫视的台标，借用了彩陶上的凤鸟图形，并使用了中国特有的"喜相逢"的结构形式，反映出一种厚实的文化底蕴，而凤鸟两两相对旋转的翅膀极富动感，体现了现代媒体的特色。同时，选用凤凰的形象作为台标的主体，正寓意其扎根中国，以传播中国文化为己任的目标，而凤凰旋转飞舞的美态，也喻示了其不断奋进的精神。可以说，这个台标一下子攫住了观众的目光，为凤凰卫视赢得了美好的第一印象。凤凰卫视台标如图4-14。

图4-14　凤凰卫视标志

（2）应用要素。笔者在凤凰卫视北京节目中心实习时观察到，凤凰会馆内的各个办公室和机房的装修主色调以简洁的灰棕两色为主，而凤凰的橙色著名则出现在机房电脑桌面上，机房外围的玻璃墙上，甚至会议室的玻璃桌面中心也是一个磨砂质地的凤凰标志。而在外出采访的时候，采访车的车身上赫然一个醒目的凤凰，而出去采访的工作人员都身穿印有醒目凤凰的白色T恤衫。此外，从公司平日派送的商务礼品到近年来热销的"凤凰丛书"直至最普通的礼品纸袋，无一不是凤凰基本色（橙与红）与凤凰的完美设计结合。值得注意的一个现象是，同时具有境外媒体和华人媒体双重身份的凤凰卫视，在其VI系统中十分注意打中国牌、民族牌。我们知道，CI本身是一种差异化战略，一种突显企业与品牌个性的策略，一种远离竞争者的战略，因此作为一家国际化的特殊身份的华语媒体，凤凰选择中华民族奉为百鸟之王的凤凰作为企业标志，从而不仅凸现了民族传统，容易取得包括海外华人在内的广大华语观众的认同，在国际电视媒介市场中，也因为独特的中国特色而格外引人注目，这一VI策略显然是十分聪明的。

（资料来源：卢迎新，覃朝霞．导入CIS打造电视媒介个性．新闻界，2005（2）；钟大年，于文华．凤凰考．北京：北京师范大学出版社，2004.）

二、思考·讨论·训练

1. 凤凰卫视作为一个新闻媒体的 CI 导入与一般企业的 CI 导入有什么区别？

2. 凤凰卫视 CI 导入的成功经验有哪些？

3. 凤凰卫视的鲜明个性表现在哪些方面？为进一步突出凤凰卫视的个性，凤凰卫视还可做哪些方面的努力？

 向目标进发

游戏规则：

1. 培训师将学员们每 2 个人分成一组，构成一对搭档。然后，发给每个人 1 个眼罩。

2. 培训师将学员们带到场地的一端，同时在距这端大约 100 米处放一个椅子或者小水桶等物品作为目标。

3. 一对搭档中的一个人将眼罩蒙在眼睛上，另一个人不蒙。两个人一起朝目标的方向走，不蒙眼睛的队员负责蒙眼睛的队员的安全，不要让他绊倒或者碰到其他的障碍物，但是绝对不可以告诉蒙眼睛的队员目标在什么地方或者给他暗示应该朝什么方向走。一定要向不蒙眼睛的队员明确这一点，否则游戏的效果会大打折扣。当蒙眼睛的队员觉得自己已经走到了目标的位置的时候，停下来，将眼罩摘下来，看看自己距离目标到底还有多远的距离。

4. 一对搭档中的两个人互换角色，原先蒙眼睛的人不再蒙眼睛，原先不蒙眼睛的人戴上眼罩。重复上面的步骤，看看自己距离目标有多远。

5. 一对搭档同时用眼罩把眼睛蒙上，然后手挽手一起朝目标的方向走。等到两个人都觉得到了目标位置的时候，一起将眼罩摘下，看看自己离目标有多远，跟自己一个人单独走的时候有什么区别。

6. 所有的队员站到一起，仔细观察目标所在的位置，然后都将眼罩戴上。所有的队员手牵手朝目标的方向走。等所有的人都停下来后，所有的队员用一只手指向目标的位置，另一只手将眼罩摘下来，看看离目标的位置有多远，跟前两次相比有什么区别。

游戏编排目的：

在目标确定的过程中，团队往往比个人拥有更加准确的判断力。如果团队中的队员不能统一目标，每个人都坚持自己的判断，那么目标将会变得乱七八糟，培训游戏结果差异十分的悬殊。这对于目标的实现是一个极大的危害。

1. 建立小组成员之间的相互信任。

2. 培养团队精神。

相关讨论：

1. 当自己一个人走的时候，对目标的感觉是怎么样的？

2. 当一对搭档一起走的时候，两个人是怎样确定目标的位置的？

3. 当所有的队员一起朝目标的方向走的时候，队员们是怎么确定目标的位置的？

4. 为什么人数比较多的时候，对目标位置的确定要比人数少的时候要更准确？

游戏主要障碍和解决：

1. 为了增加游戏的难度，可以让队员们倒退着走向目标。

2. 在游戏过程，可以对队员们的表现进行拍照留念，增加游戏的趣味性。

3. 当一个人单独朝目标位置走的时候，多数人往往会距离目标较远。而两个人一起走的时候，会好一些，但也不会好太多。当所有的队员一起朝目标走的时候，整个团队作为一个整体会更容易接近目标。

参与人数：不限

时间：20分钟

场地：操场或者空阔的室外场所

道具：每人1个眼罩，目标物体（可以是椅子，小水桶等）

游戏主要危险及注意事项：

事先要对场地进行清理，保证没有任何障碍物，免得学员被绊倒。

（资料来源：经理人培训项目组.培训游戏全案·拓展：升级版.北京：机械工业出版社，2010)

思考与讨论

1. 企业形象的特征是什么？塑造企业形象的意义何在？

2. CIS在企业管理中的地位和作用如何？MI、BI、VI之间的关系如何？

3. 导入CIS应遵循哪些原则？

4. CIS战略与企业文化的关系如何？

5. 企业内部行为识别和外部行为识别各包括哪些方面？

6. 哪家企业的标识给你留下的印象最深刻，该企业标识的主要特点是什么？

7. 企业日常用品对企业文化建设有什么作用？

拓展阅读

[1] 李建华.现代企业文化通识教程.上海：立信会计出版社，2008.

[2] 黄河涛，田利民.企业文化学概论.北京：中国劳动与社会保障出版社，2006.

[3] 叶万春，万后芬，蔡嘉清.企业形象策划：CIS导入，2011.

第五章
企业文化变革

　　人类正面临巨大的飞跃，它正面临有史以来最深刻的社会巨变和创造性重建。虽然我们还没有清楚地认识它，但我们正从头开始一个崭新的文明。

—— [美] 阿尔温·托夫勒

　　如果可能，那就走在时代的前面；如果不能，那就绝不要落在时代的后面。

—— [俄] 布留索夫

- 了解企业文化变革的原因；
- 掌握企业文化变革成功的条件；
- 了解企业文化变革的内容和原则；
- 掌握企业文化变革的具体措施。

故 事 导 入

"老鹰"的痛苦涅

老鹰是世界上寿命最长的鸟，可以活到 70 岁。然而要活这么长的寿命，它要在 40 岁时经历一番痛苦的更新过程——为期 150 天漫长的重生。它必须飞到山顶，在悬崖的高处筑巢。它先用它的喙击打岩石，让又长又弯的喙完全脱落，静静地等候新的喙长出来；随后，它会把老化的指甲一根一根拔掉。当新的指甲长出来后，再把自己又浓又厚的羽毛全部连根拔掉。五个月后，老鹰便如脱胎换骨般，又能展开轻快的翅膀自由翱翔，获得 30 年的新生。这是一种变革，老鹰经历了这种变革，它们的生命便焕然一新。

企业文化与此何其相似。变革是每个企业延续和壮大的必经之路。这种变革是否成功将决定企业新旅程的方向。正是这种周而复始、永不停止的变革，促使企业成长。

（资料来源：http：//58.59.176.43/gxnujpkc/xlwswl/xqyzh/cao-cao/XXLR1. ASP？ID＝11787，2011-01-31）

在企业的管理实践中，企业文化的变革一直是摆在管理者面前的难题。艾伦·威尔金斯曾经列举了 22 家试图进行企业文化改革的公司案例，而其中 16 家公司经理自己承认没有成功的案例。企业文化变革，是指企业为适应外部生存和内部组织环境的变化，而引发的企业文化自身某些本质特征的改变。企业文化变革的根源在于企业生存、发展的客观条件发生了变化。一方面，它是社会文化变革在企业内的反映；另一方面，它又是企业生存发展的必然要求。当企业原有的文化体系难以适应企业经营发展的需要而陷入困境时，就必然要通过文化变革建立新的企业文化。所以，企业文化变革也是企业发展的重要机遇。

一、企业文化变革的原因

与其他组织变革的发生相似，任何企业文化的变革也有其产生的原因，按照变革动力的来源可以分为内因和外因。

企业文化变革的内因是企业文化本身产生的冲突。只要存在着文化，随着文化的发展，一定会产生冲突，但企业文化冲突不像人类社会文化冲突那样复杂、剧烈，因为企业文化的时间跨度、空间跨度、民族与国家跨度及文化冲突的动因都是有限的。企业文化冲突可能通过矛盾的缓和、转化而直接得到解决，但也可能引发一场文化危机，结果就会产生企业文化的变革。那么具体来讲，哪些因素可能带来企业文化的冲突因而可能带来企业文化的变革呢？

1. 企业经营危机

企业经营危机使企业文化往往成为危机根源的候选对象，因为当企业陷入重大危机时，除个别的不可抗力或偶然的重大决策失误造成的以外，多半都有深刻的根源，这种根源就与企业的旧文化联系起来，并使管理者认识到，危机是文化冲突的结果。而且企业经营危机的结果使企业的所有人都受到心灵的震撼，危机的直接、可怕甚至灾难性的结果使企业的全体成员认识到企业文化与企业和个人前途命运的密切相关性，为新文化的形成提供了心理基础。

2. 企业主文化与亚文化的冲突

所谓主文化是指居于企业核心地位的、正宗的文化及整体的文化；而亚文化是指处于非核心地位、非正统的文化或局部的文化。如果企业目前的主文化是落后的、病态的，那么适应内外部环境的亚文化在发展的过程中就会受到主文化的打压和限制，这种冲突就如福特汽车公司的例子表现出来的，最终会带来文化的变革。当然，更常见的文化冲突则是由于企业整体和部门之间的利益矛盾与失衡、认知差异造成的。

3. 群体文化与个体文化的冲突

企业文化虽然是企业成员共同遵守的价值观和行为规范，但企业文化作为群体文化并不是个体文化的简单叠加，因此个体文化与群体文化的冲突是普遍存在的。例如，中国很多在外企工作的员工在加入公司的时候，都会有些不适应，对公司所提倡的某些价值观也有不理解的地方，这就是由社会文化传统和社会制度不同带来的文化冲突；企业成员在尚未熟悉企业文化，没有认同企业文化的情况下，也会产生这种文化冲突；在同一个组织内，由于不同的利益要求或者不同的观念认知，也能带来个体文化与企业文化之间的冲突，最极端的情况则是，个体对企业的不满与反感所引起的个体文化与企业文化之间的强烈冲突。上述情况产生的群体文化与个体文化的冲突激烈到一定程度，就会引发企业文化的变革。

除了上面提到的，由企业文化内在的原因引发企业文化的变革外，企业主动适应外部环境，和自身成长过程中作出的其他部分的变革，都要求企业文化变革的配合，也就是企业在进行其他变革时要求企业文化也随之发生改变。这类企业组织变革包括战略变革和结构变革等。今天的企业所面临的经营环境是瞬息万变的，既没有所谓的常胜将军，也没有所谓的万能战略。企业在竞争日益激烈的情况下会主动地进行战略调整，从行业调整到规模调整，而伴随行业调整和规模变化的往往都有文化的转变、冲突和融合问题。而按照企业生命周期论，随着企业的成长，会面临不同的危机，解决这些危机的手段就是组织结构的调整。还有一个重要的外因是企业高层管理者的更迭，众所周知，企业文化与高层管理者有密切的关系，因此高管人员的更迭是可能引发企业文化变革的另一因素。

二、企业文化变革成功的条件

1. 高层领导的重视

高层领导在形成和实施企业文化的过程中扮演着重要的角色。这是因为，首先，他们为公司制定了发展方向，同时使公司中的员工联合在一起。通过他们自己及别人的洞察力和想法，发展公司的愿景，并且同他人一道为此共同努力。其次，他们挑选、训练和发展能够实现这一愿景的员工，通过这些人，他们形成如何最有效工作以实现共同愿景的方法——一种公司的文化。

企业文化的一个核心就是企业的愿景，但仅仅发展这一愿景是不够的，领导者同时应该用这一愿景激励他人并使他人认可，在此过程中领导者必须发挥良好的表率作用。

2. 良好的组织保障

一是建立负责企业文化建设或变革的常设机构。尽管实施文化变革需要一位有能力和执著的领导人，但他不能独自完成这项任务，他必须得到其他高层成员的支持。最好的办法就是设立一个专门的委员会，由高层的相关人员组成。这个机构专门负责企业文化变革的计划和实施。这个机构应拥有自己独立的身份，拥有更多的显著性和权力，并且应长期存在。该机构监督负责企业文化变革的计划、实施和持续的支持，为企业文化变革经理（Cultural Improvement Manager，CIM）提供全面的指导和建议。该机构同时制定政策、设立目标、评估进展及授权改变现有的文化、组织机构等，使其与企业文化变革相适应。该机构必须包括公司的重要决策人，以及重要相关利益集团的代表。该机构决策制定的等级等同于高级管理层，可以不经高层批准即可制定决策。二是任命企业文化变革经理（CIM）。在相关委员会设立之后，应任命一位企业文化变革经理，这是一种专职职务并且是企业文化变革委员会的全权代表。CIM 的主要职权是负责企业文化变革的一系列相关的工作，并且监督企业文化变革的进程。

3. 全体员工的积极参与

尽管前面强调了领导者在企业文化变革中的重要性，但全体员工的重要性也不能被忽视，因为企业文化必须渗透工作的方方面面才能发挥出其应有的作用，所以全体员工的参与、认同和支持是企业文化变革成功与否的重要因素，否则企业文化就只能停留在书面和领导心中而不能在具体的工作中有所反映。

三、企业文化变革的内容

企业文化的变革应该是企业所有变革中最深层次的变革，因为它涉及对企业成员从认知到行为两个层次上的改变。具体来讲，主要包括以下几个方面。

1. 企业价值观的变革

这种变革既涉及对企业整体的深层把握，也涉及对企业环境变化的重新认识。在企业价值观中，管理哲学与管理思想往往随着企业的成长和对外部环境的不断适应发生变化。以海尔为例，在海尔全面推行其国际化战略后，其价值观中，创新或者说持续不断地创新成为其主要的经营哲学，在海尔的宣传中，也可以看到以 "HAIER AND HIGHER（海尔永创新高）" 代替了海尔发展早期的 "真诚到永远"。

2. 企业制度和风俗的变革

企业制度和风俗变革包括员工和管理者行为规范的调整，企业一些特殊制度和风俗的设立与取消。例如有些企业在建立学习型组织的过程中，制定了从员工到管理层的学习制度。当然，这些变化都是为了体现核心价值观的变化，是核心价值观的行为载体。

3. 企业标识等物质层的变化

企业标识等物质层的变化多数是为了建立企业文化的统一形象，并树立个性鲜明的企业形象和品牌形象而进行的。2003 年春，联想公司对沿用多年的标识 "LEGEND" 进行了调整，改为 "lenovo"，以强调创新的内涵。所以物质层的变化也是为了配合核心价值观的调整。

总地讲来，企业文化变革的核心是精神层的改变，包括核心价值观、经营哲学和经营思想的变革，制度层和物质层的变化是配合精神层的改变的，是精神层变革的外在表现。这是在实施企业文化变革中需要特别注意的地方。

四、企业文化变革的原则

在规划和实施企业文化变革中，管理者必须遵守下列原则。

1. 审慎原则

企业文化不同于一般的管理制度，可以采取摸着石头过河，实验的方式来进行调整。它反映了企业的基本哲学态度，起基本行动指南的作用，而且企业文化对企业成员行为的导向作用也不容忽视。企业文化总要在相对较长时期内保持稳定，因此，企业文化的变革必须审慎地进行。对哪些东西要变，如何变化，都要进行充分的思考，并要具有一定的前瞻性，这样才不会出现改来改去，让人无所适从的现象。反复频繁的对企业文化进行改变，只能反映出企业仍没有形成统一的思想体系，以及管理者的能力欠缺和思路不清。这将会使企业文化的作用大打折扣，企业的经营也会受到影响。因此，企业文化的变革要审慎进行。

2. 持久原则

企业文化的变革不会轻易迅速地产生，在大企业中所需的时间更长。即使是具有非凡领导能力的管理者，也需要其他人的配合来实施变革。在约翰·科特研究的 10 家企业实施文化变革的案例中，所需时间最短为 4 年，最长为 10 年，且仍在继续，并没有结束。因此企业管理者不要期望企业文化的变革可以很快完成，相反要有打持久战的思想准备，这样，才不至于低估企业文化变革的难度，甚至在实施过程中因为缺乏毅力而半途而废。正是因为企业文化变革的持久性，新的企业文化才能真正改变企业成员的认知和行为。

3. 系统原则

任何的组织变革都是一个系统的过程，企业文化的变革也不例外。在进行企业文化变革的时候，一定要注意其他相关制度的相应调整与配合，其中用人制度和薪酬考核制度是最直接反映企业价值导向的制度，因此必须作出调整。如果一方面强调创新，另一方面又不愿提拔任用勇于开拓的干部，不愿改变原来强调资历的工资制度，而且决策原则仍然是强调规避风险，那么这种价值观的改变是不可能成功的。所以企业的管理者在进行企业文化变革时，一定要对整个企业管理和经营的系统进行重新的审视，并用新的价值观决定取舍，这样才能保证企业文化变革的最终成功。

五、企业文化变革的具体实施

企业文化变革的进程可以分为以下步骤。

1. 识别和评估目前的企业文化

一般可以通过对员工一对一进行私下访谈、集体访谈及书面调查问卷等方式来进行，其目的是：①探究公司职能的各个方面从而识别出公司员工目前持有的价值观、信仰和设想；②确认进行企业文化变革的主要机会；③识别进行企业文化变革可能存在的障碍；④推动企业文化的变革。

2. 进行外部分析

外部分析主要包括两方面的内容。①分析公司战略。因为企业文化必须同公司的使命、目标和战略相适应，所以必须分析公司的战略及其对企业文化的需求。对公司的使命、目标和战略的详细分析将会得出何种性质的企业文化将最好地与公司战略相适应。②外部文化分析。公司是更大范围的地区、国家的一部分，因此公司（企业）文化及员工会受到更大范围文化的影响。因此，在进行企业文化变革的时候必须考虑到这些文化的影响。我们应该分析所在地区、国家的文化是什么；它如何发展变化；这些变化可能如何影响到公司的文化；同时，还应注意影响这些文化的社会和政治变动及其发展趋势。

3. 进行内部分析

这一分析在对企业文化进行评估之后进行。通过目前企业文化的评估发现当前的企业文化是什么，然后分析确定公司对企业文化变革的接受程度，从而制订更有针对性的企业文化变革计划。

4. 制定新的愿景、核心价值观和指导原则

首先制定初始的愿景、核心价值观和指导原则。在完成对当前文化的评估、内部和外部分析之后，企业文化变革专门委员会及企业文化变革经理应负责制定出愿景、核心价值观和指导原则的初始草稿，在这个过程中公司的最高领导必须积极参与，整个制定的过程是全体成员协作和交互的过程。一般来讲，应首先制定公司的使命，然后制定表述如何实现使命的愿景，因为公司的使命与客户和外部环境直接相关，因此公司的愿景应在使命基础之上制定。其次在实施之前测评和修改愿景、核心价值观和指导原则。一种较好的测评企业文化的办法是员工的分组集中讨论。每一个组由来自公司不同等级和不同部门的员工混合组成，来对建议的愿景、核心价值观和指导原则进行坦诚的和深入的讨论。

5. 具体实施新的企业文化

(1) 高层领导在实施文化变革中的角色。①摆脱旧文化的影响。如果在新文化的实施过程中仍然使用旧文化的方式，就会产生很多的问题或者文化变革耗时过长。因此，在开始高层领导就应该从现存的文化中解脱出来并制订使公司摆脱过去影响的计划。因此高层领导启动文化变革的力量应足够强大以打破现状、摆脱旧的文化。现存文化往往具有较大的抵制力，因此必须采用强有力的干预措施从而促进改革。②多做而不是多说。高层经理必须明白行动比语言更具说服力。因此高层经理们必须身体力行地按照新的愿景、核心价值观和指导原则行事；最重要的一点是高层经理必须一贯地贯彻这些新的企业文化，因为员工往往会关注领导的每一举动；另外，应该使这些新的企业文化无处不在。持续地贯彻这些新的愿景、核心价值观和指导原则，利用每一个机会传达这种信息。③使所有员工加入到企业文化的实施中去。高层领导必须让所有员工参与到公司企业文化变革的实施中去，在这个过程中领导更多地应该把自己看作为教练而非老板。以下是一些具体的建议：鼓励他人承担在他们各自领域执行新的公司使命、愿景、价值和原则（Mission，Vision，Values，and Principles，MVVP），让每个人设定目标和行动计划并贯彻它们；建立多种常规的沟通渠道从而使主管与员工就新的 MVVP 进行讨论；将新 MVVP 的问题和建议交给主管而不是直接回答它们。

(2) 实施新的企业文化的三种途径。①启动会议。启动会议主要用来启动一个新的企业文化或企业文化的重大变革，从而使公司在企业文化变革上有一个快的起步。②定期的部署

活动。定期部署活动的作用并不突然和强烈，但在持久的过程中会非常高效地促使企业文化的变革。③针对性的特别会议。针对性的特别会议可在任何时候，只要需要，就可被用来实施企业文化的变革。特别是在实施某些特定的变革时，这种针对性的特别会议是一种非常有效和灵活的工具。应当注意，并非仅仅这几个会议就足以完成企业文化的变革，企业文化变革的过程是不能一蹴而就的。企业文化变革对公司的每一个人来说都是一个巨大的变化，这需要时间让人们来检验和吸收新的 MVVP。如果公司的 MVVP 有任何变化，那么部署过程应及时进行重复。如果企业文化没有变化，那么也应该每年度进行一次，作为对企业文化变革的一次回顾。

6. 巩固企业文化变革成果

企业在文化变革中所面对的最大挑战，就是如何避免员工退回到过去功能不良的惯例当中。这指的是个人或团体一些不良的习惯模式，这些模式通常在熟悉的环境或刺激之下，就会无意识地自动启动。员工需要一些协助来持续新的行为，尤其是他们旧有的工作方式仍然根深蒂固且具有破坏性时，就更为需要。

要巩固变革成果，聪明的变革领导者会给员工提供机会，以重复练习巩固理想的行为；而领导者本身也会以身作则，提供指导与支持。企业领导者的模范行动是一种无声的号召，对员工起着重要的示范作用。因此，要塑造和维护企业的创新价值观，领导者本身就应该是这种价值观的化身。他们必须通过自己的行动向全体成员灌输企业的价值观念。培训是促使文化塑造与变革的一个重要策略，在文化变革计划安排就绪后，就要督促员工参与培训、学习，让全体员工接受培训。通过专门培训，让员工知道创新文化的意义和作用，企业为何及如何实施文化塑造与变革，新的企业文化对员工有什么新的要求，使员工认识到企业现有文化状态与目标文化的差距。

巩固变革成果的另一项措施是建立相应的激励机制。价值观的形成是一种个性心理的累积过程，这不仅需要时间，而且需要给予不断的强化。人们的合理行为只有经过肯定并强化，这种行为才能再现，进而形成习惯稳定下来，从而使指导这种行为的价值观念转化为行为主体的价值观念。因此，企业内的各项激励制度是企业文化的具体化和形象化。通过制度，让员工明白企业在鼓励什么，在反对什么。行为得到不断强化而稳定下来，人们就会自然地接受指导这种行为的价值观念，从而使企业的价值观念为全体员工所接受，形成优秀的企业文化。

总之，企业文化是一个企业最真实的镜子，通过企业文化的变革，可以使这面镜子成为聚焦的镜子，可以代表企业所有成员的愿景和价值，可以凝聚所有成员的力量和智慧，可以成为最具有竞争力的武器，可以在越来越激烈的市场竞争中一马当先，立于不败之地。企业文化变革的关键不仅在于制定公司的 MVVP，更在于将 MVVP 理解并渗透到公司的方方面面：组织结构、领导风格、管理手段、员工行为、人力资源、公司政策、流程信息系统、薪酬体系、职位设计、产品设计甚至公司建筑的风格。只有这样，才能达到企业文化变革的目的。

案例1 **GE 企业文化变革三重奏**

一、案例介绍

美国著名财经杂志《财富》（*FORTUNE*）2007 年 3 月公布了 2007 年度全球最受称赞名单（The Worlds Most Admired Companies 2007），美国通用电气公司（General Electric, GE）蝉联第 1 名。近日，美国通用电气公司在上海宣布，借奥运和世博之机，通用电气将加大力度发展与中国在基础设施建设的合作。

GE 前总裁韦尔奇说："如果你想让车再快 10 公里，只需要加一加马力；而若想使车速增加一倍，你就必须要更换铁轨了。资产重组可以一时提高公司的生产力，但若没有文化上的改变，就无法维持高生产力的发展。"下面来看一看 GE 是如何进行她的企业文化变革的。

1. 理念文化变革

没有新的理念，就没有新的文化。没有变革思维，就没有变革行动。GE 在管理文化理念上的变革为 GE 的成功打下坚实的基础。

(1) 掌握变局。"得以生存的不是最强大或最聪明的物种，而是最善应变的物种"，达尔文这段话给了 GE 很大的启发。GE 意识到：面对激烈的市场竞争，"只有变革不会改变，而我们能改变"。成功企业的领导者，应该是"掌握变局的赢家"。

(2) 追求完美。20 世纪 80 年代初，韦尔奇出掌通用时，GE 正是美国最强大的公司之一，运营一切正常，当时年销售额 250 亿美元，利润 15 亿美元，资产负债良性。然而，韦尔奇从市场变化中看到了挑战和隐患，意识到在经济全球化的形势下，二流的产品与服务将不能生存，只有那些坚持第一、低成本、高品质及在市场定位中拥有绝对优势的产品与服务，才能在竞争中获胜。为此，韦尔奇果断淘汰了一些虽然在盈利但已过时的业务，只保留那些在市场上占统治地位的业务，要求 GE 所有的事业部都要变成市场中的第一或第二。否则就将其关闭或出售，从而实现使 GE 成为全球最具竞争力公司的目标。

(3) 合法抄袭。好学是 GE 思维方式变革不可或缺的一部分，也是 GE 很重要的一个经营理念。对外，GE 采纳克莱斯勒公司和佳能公司的新产品介绍技术，采用通用汽车和丰田的高效原料供应技术；学习摩托罗拉的"六个西格玛"管理方法。对内，GE 的各事业部之间在技术、设计、人员奖赏和评价系统、生产等诸多方面实行共享。为把公司办成一个学习型的组织，GE 每年斥资 8 亿美元用于培训，不经过总部的克顿维尔学院培训的人不得提升。

2. 制度文化变革

理念变革是管理变革的先导，但没有企业体制和机制的变革，企业文化很可能被扼杀在摇篮之中。为了成为更具竞争力的世界性公司，GE 进行了一系列制度文化变革。

(1) 无界限组织。为使公司更有竞争力，GE 致力于构筑"无界限组织"，建立一个流畅和进取的世界性公司。其观念和行动的变化是化繁为简，向小公司学习，压缩规模，从董事长到现场管理者之间的管理级别数目从 9 个减到四五个，管理层中的二、三级部门和小组完全除掉。公司实行垂直为主的矩阵式、扁平化组织管理，各事业部的领导人直接向 CEO 和他的副手汇报。现在，GE 的最高层经营班子仅有三人，总部机关只有五个职能部门（人力资源、研发、法律、信息和财务），却非常有效地控制着公司所有的重大决策。"无边界"行动将大公司的雄厚实力、丰富资源、巨大影响和小公司的发展欲望、灵活性、激情较好地结合起来，消除了官僚主义制度，激发了管理者与员工的热情。同时，还有助于加强与顾客和供货商的联系，消除公司的外部界限。他们让供货商参与设计和生产过程，如发展新的超声系统时请医生参加。GE 的"无边界"行动，是基于他们对速度与效率的推崇与追求。

（2）不去管理。GE 经营者对"管理"的理解是"越少越好"。他们对"管理者"重新进行了定义：过去的管理者是"经理"，表现为控制者、干预者、约束者和阻挡者；现在的管理者应该是"领导"，表现为解放者、协助者、激励者和教导者。GE 的"不去管理"，并非认为管理者可以自由放任不进行管理，而是强调不要陷入过度的管理之中。杰克·韦尔奇把管理行为界定为：清楚地告诉人们如何做得更好，并且能够描绘出愿景构想来激发员工的努力。用他自己的话说，就是"传达思想，分配资源，然后让开通路"。在 GE，有两种人必须离开：一是违反道德原则的人；二是控制欲强、保守、暴虐和压制别人的人，并且不愿改变。这种"不去管理"的理念，造就了一大批优秀、充满活力的管理人才。

3．行为文化变革

美国哈佛商学院著名教授、企业文化研究的重要奠基人约翰·科特指出："企业文化对于企业经营业绩的重要意义是显而易见的。那些有助于激励企业员工主动性、积极性和协调员工行为的企业文化，在市场环境发生变化的时候，能够推动企业经营战略和行为方式进行有效变革，从而推动企业经营业绩不断提高、不断增长。"GE 同样有大量的经营管理信条体现着企业的行动变革实践。

（1）群策群力。这是一种松散的、非正式的并且常常是热闹的聚会形式，目的是集中公司内外、上下各方面智慧，培植收集并实施最好的主意。其方法是提出问题、倾听、讨论、建议，然后付诸行动。"群策群力"的意义在于：对经理人员来说，倾听雇员的声音是一件必不可少的工作；对雇员来说，提出自己解决问题的想法是一种权利和责任。所有人的潜力和热情都能调动起来。

（2）挑战极限。"视客户为赢家"是 GE 的经营之道。公司的行为就是要确保客户永远是其第一受益者。为此，GE 视产品与服务的品质为生命，而且在六个西格玛管理中找到了提高质量的有效途径。六个西格玛是一种测量每 100 万次谨慎操作中所犯错误的计量单位，它表明错误的次数越少质量越高。

一个西格玛表示 68％的产品合格率。三个西格玛表示 99.7％的合格率，一般情况下，这已经是达到了优质标准。现在的大多数美国公司处于这个水平，较好的美国公司能够达到三点五个西格玛。在 GE 看来这还不够，世界性的顶级公司要达到六个西格玛水平，即

99.99966％的合格率。这是一个很高的几乎达到极限的标准，但 GE 人都表现出异乎寻常的热情和挑战精神。为实现这一极限目标，GE 把六个西格玛标准落实到全球各公司，所有员工必须接受相关培训。六个西格玛管理的推行，不仅在 GE 的企业文化中深深扎下根来，而且给 GE 带来巨大收益。

4. GE 文化变革的保证

（1）得到领导层承诺与支持。企业文化变革方案的落实必须有来自领导层的支持与参与，借助领导的个人管理权力与技巧，通过身体力行的方式来指导、帮助员工更快认同并接受新的行为方式。从某种角度上讲，企业领导人物的领袖作用更加能够加速企业文化建设和提升的进程。使企业产生强大的向心力，使企业团队凝聚成为一个战无不胜的群体。

（2）充分的沟通与交流。变革特点就是有很多冲突，这些冲突则需要沟通来化解。充分的沟通与交流，可以降低企业文化变革的阻力，进而推动企业管理的变革。沟通应该成为企业文化的一部分。GE 内部有一套完整的沟通体系，通过各种手段对员工进行培训，进行文化传播。此外，GE 每年都会做一个全球员工调查，通过向全球员工发问卷来了解员工对公司的发展方向是否有信心，公司是否为员工创造了更好的生活等情况。根据调查结果，采取不同的变革战略，实现其变革目标。同时，GE 也充分和用户进行沟通，告诉他们 GE 如何能让客户得到最大的利益。

（3）建立了配套的用人制度、激励制度和评价制度。在 GE，所有人分为三类：一类是德才兼备的，留用或提升；二类是德好才不足的，再给一次机会，培训后再试；三类是德不好即使有才也要弃用。GE 的"德"就是员工对公司始终如一的诚信。做得好的，奖励绝对到位。GE 能寻找到合适的经理人员并激发他们的工作动机。"有想法的人就是英雄。我主要的工作是去发掘出一些很棒的想法，扩张它们，并且以光速将他们扩展到企业的每个角落。我坚信自己的工作是一手拿着水罐，一手拿着化学肥料，让所有的事情变得枝繁叶茂。"（韦尔奇）

（资料来源：蔡毅. 文化力领导力创新力：影响企业未来发展的三大关键因素：走访美国 GE 公司的思考与体会. 航空制造技术，2007（1）；王静. GE 文化变革三重奏及对中国企业文化建设的启示. 现代商贸工业，2007（3））

二、思考·讨论·训练

1. GE 企业文化变革包括哪些方面？
2. GE 企业文化变革为什么能够成功？
3. 企业文化变革应该把握哪些原则？

联想文化塑造的反思

一、案例介绍

1984 年，中科院计算所投资 20 万人民币，由 11 名科技人员创办了中国科学院计算所新技术发展公司。1989 年进一步在该公司基础上成立了联想计算机集团，1994 年在香港上市。

今天，联想已经发展成为中国信息产业第一品牌，品牌价值达到一个新的水平 268.05 亿元人民币；在北京、上海和广东惠阳各建有一个现代化的生产基地。联想有员工 1 200 余人，2003 财年（2003 年 4 月 4 日至 2004 年 3 月 3 日）整体营业额达 2 318 亿港元，同比增加 14.5％，而净利润为 10.5 亿元，比上一年微升 3.5％。

在过去的十几年里，联想集团一贯秉承"让用户用得更好的"理念，始终致力于为中国用户提供最新最好的科技产品，推动中国信息产业的发展。PC 业务是联想营业收入的主要来源，商用 PC、消费 PC 和笔记本电脑的国内市场占有率分别为 9.3％、27％和 20％（数据来源：IDC），多年雄踞 F 国内市场榜首；2002 年联想以亚洲个人电脑市场 12.1％的占有率稳居亚太地区销售榜首位，台式电脑销量进入全球前五位，其中消费电脑世界排名第三。面向未来，作为 IT 技术的提供者，联想将以全面客户导向为原则，满足家庭、个人、中小企业、大行业大企业四类客户的需求，为其提供针对性的信息产品和服务。

2002 年 9 月，联想凭借先进的质量经营意识和卓越的质量管理水平，荣获"全国质量管理奖"，是六家获奖单位中唯一的 IT 企业。2003 年 1 月，在《亚洲货币》第十一届"Best：Managed Companies"（最佳管理公司）的评选中，联想获得"最佳管理公司"，"最佳投资者关系"，"最佳财务管理"等全部评选的第一名。

（一）联想文化变迁

反观联想 20 年来工作重点的文化，可以看到，一方面，随着公司一步步壮大，公司文化的塑造重点从创业阶段主要看事的目标导向，到完成创业后关注人如何对事的规则导向，再到守业时人如何待人的支持导向，发展到目前二次创业时期全面梳理完善人和事的创新导向；另一方面，各种文化间也存在交叠延续的关系。

1. 目标导向

创业的最关键问题就是实现预想目标，联想在这个时期最为关注的是工作结果和开拓拼搏精神，提出"只认功劳，不认苦劳"、"质量就是企业的生命"、"宁可丧失金钱，绝不丧失信誉"等口号，在工作中表现出"目标一旦制定，轮番冲杀，不达目标誓不罢休"的精神。

早期文化经典语句：

- 求实进取；
- 做公司就是做人；
- 5％的希望变成 100％的现实；
- 客户就是皇后。

目标导向文化现在延续发展成业绩导向文化，"不唯学历重能力，不唯资历重业绩"是联想的响亮口号之一。在业绩导向下，人人有冲锋意识，人人都有危机意识。一些能力突出的人被吸引到联想来，并且很快就能从普通员工升到高管层；而在考核后进入最后一个层次的就进入了末位淘汰区，联想培养了后备干部，对于被淘汰的人所在的岗位，马上就有人可以顶上。

2. 规则导向

成功创业之后，联想开始有了一系列的经营管理原则，通过规范化的行为准则和流程来追求精神和效率。具体如下。

（1）管理三要素。

"建班子"、"定战略"、"带队伍"。

柳传志说，建班子是三要素中第一位的，班子不和，什么事情都做不成。班子没建好有两种情况：一种是"1+1<2"，就是一个班子做事还不如一把手一个人做好，主要原因是无原则纠纷和产生宗派；第二种是"1+1>2"，就是有了这个班子之后确实比一个人强了，但是远没有达到它能发挥的能力，这主要是班子成员的积极性没有被完全调动起来。

如何防止班子产生宗派和无原则纠纷？联想所作的是要求管理层主动自律，如不允许管理层子女进公司，以免形成一种管不了的力量；对领导部门和关系户推荐的人必须进行笔试，合格后要三个副总裁签字才允许这个人进来，避免形成管理者同外边的单线关系。对于无原则纠纷，如一把手和他的其他副手有不同意见时，如果这个部门的工作业绩还可以，第一次出现问题时无条件地调走副手，再次出现问题则要制裁一把手。

如何防止"1+1<2"？主要是通过让班子成员明白他和整个战局的关系，给班子成员以公认的并长期稳定的考核标准，调动成员积极性。联想称自己：高层班子是主发动机，下面各层班子都是小发动机，上上下下都在动，而且动的非常协调。

另外，建班子有三大难题：进了班子后不称职、班子成员意见不一致及提高班子成员素质。联想的做法是：班子里进来的所有人要德才兼备，以德为主；班子里的话要放在桌面上讲，保证团结和保持正气；有不同意见，先集中后民主，先定原则后谈事；一把手工作方式有三种：指令方式、指导性方式、参与性方式，逐步改进领导工作方式。

定战略方面，联想有五步法：①确定公司远景；②确立中远期发展战略目标；③竞争对手的分析和比较等；④确定当年的战略目标（总部和各分公司的），并分解成具体战略步骤操作实施；⑤检查调整，达到目标。

带队伍要做好三件事：一是如何充分调动员工积极性；二是如何提高员工能力；三是如何使机器有序、协调、效率高。这些就是组织构架和规章制度要解决的事。带队伍最重要的是领军人和骨干队伍的培养，联想形容道：第一把手有点像阿拉伯数字的"1"，后面跟一个0就是10，跟两个0就是100，跟三个0就是1000。这三个"0"虽然也很重要，但是没有前面的"1"就什么都没有。

（2）管理四要求。

认真——精益求精、刨根问底；

严格——严要求、严管理、严处罚；

主动——主动接受任务、主动发现问题、主动检讨自己、主动追求完美；

高效——明确的工作计划和进度要求、明确的文化答复时间、零等待的工作作风（对没有条件的事情创造条件也要上，对责任界限不清的事情主动完成）。

（3）做事三原则。

①如果有规定，要坚决按规定办；

②如果规定有不合理之处，先按规定办并及时提出修改意见；

③如果没有规定，在请示的同时按照联想文化价值标准制定或设定相应规定。

（4）工作四天条。

不利用工作之便牟取私利、不接受红包、不从事第二职业、工薪保密。

（5）处理投诉三原则。

①处理好与用户的界面，给用户一个满意的处理。不论这事与你是否有关，只要用户找到你头上，你就必须负责给用户一个满意的答复。不允许借口与自己无关或自己忙而把用户推给别人，更不允许再添用户的不满，必须以"用户是上帝"、"客户至上"的态度理所当然地接待好用户。

②找到相关的负责人并分析问题的性质，进行批评和处罚。必须在有相关部门和领导参与的前提下对负责人进行批评和处罚，必须按照公司规定处理。

③触类旁通地分析问题的根源，制定改进措施。对于已出现的问题多问几个为什么：为什么会造成这个问题、根源在什么地方、采取什么措施办法拔掉这个根源等。

（6）问题沟通四步骤。

①"找到责任岗位直接去沟通"，即直接找到解决问题涉及的关键岗位协调解决；

②"找该岗位的直接上级沟通"，即可以要求关键岗位的上级岗位予以帮助；

③"报告自己上级去帮助沟通"，即可以要求自己的上级岗位去找那个关键岗位进行沟通；

④"找到双方共同上级去解决"，如果还不行，那就采取最后一招，就是请求自己上级与对方上级的共同上级来决策。

上述工作规则分别对公司内涉及人的各个方面，对管理者、员工及他们面对外部客户、内部同事时的工作内容、方法、风格都进行了言简意赅的限定和要求，起到了保证工作结果、提高工作效率的作用。

精准与效率塑造的是"严格文化"，一切都要遵守严格的规范去执行。"一分钟罚站"就是联想严格的企业文化的一个例子。1989年制定了开会迟到的人要站一分钟,其他所有人则把会停下来,像默哀一样,除请假外其他不管什么原因都要站。第一次罚站的是柳传志的一个老上级,这位老工程师当时开会迟到了,柳传志当时立刻说:请罚站一分钟,下班了我到您家给您赔不是。这位老师的脸当时就红了,但是他还坚持罚站了一分钟,自从那以后每个开会迟到的人都会自动罚站一分钟。

3. 支持导向

随着联想的发展,公司文化塑造的重点进一步从每一个人如何做事转移到如何做人上,提出亲情文化。亲情文化提倡"互为客户"的理念,要求员工"对内协作,对外谦和";推行矩阵式管理模式,要求各部门之间互相配合,资源共享。

"互为客户"中的客户包括市场上的客户、公司上下游的客户、公司内的其他部门客户、部门内的上下级客户。

具体而言,对待公司外的最终用户、供应商和经销商,通过主动的征询客户需求,建立定期的征询制度,调整自我适应客户需求的变化,把对客户的最终服务结果与岗位责任制挂钩等方式,追求进一步的客户满意,如工作及时高效,态度耐心诚恳,换位思考追求"细枝末节"等。

对待公司内的上下游部门,通过互相评价制度和换位思考,保证让他们像外部用户一样,在效率、态度和结果上都满意。提供服务的一方要拿出切实可行的方案,实时跟踪,及时沟通调整;接受服务的一方则要明确工作要求,主动反馈,表达诚挚谢意。

部门内的上下级关系也要体现出互为客户的关系,达成双方易于接受的管理与被管理。上对下要任务清晰,条件充分,反馈及时;外出要提前授权;下对上则在提出需求时要充分说明理由,便于上级领导考虑和作出决定。

2003年,联想在全公司范围内实施了"隔级面谈"的制度,要求所有管理者至少"向下看两级",使自己对团队了解的深度和广度进一步扩大,同时也为员工提供一个越级反映问题的合理渠道。隔级面谈的形式强调"单独和轻松,每次面谈都是一对一的,而且地点不选在办公室,以便营造一个非正式的、放松的环境,使沟通双方能更加自如地交流。联想总裁杨元庆亲自做了隔级面谈的先行者,在过去的一年里分别与40多名中层管理人员进行了单独沟通。这种亲情文化的塑造标志着联想文化从硬性文化到软硬均衡的发展。

4. 创新导向

不同文化阶段主要表明联想在不同发展阶段的管理重点,从"绩效文化"到"严格文化"再到"亲情文化",各种文化阶段中行之有效的管理方式都不是从提出该种文化才开始,也不止于提出下一种新的文化。不过他们还是存在明显的时间间隔,"严格文化"于1997年被引入联想,并确立了"认真,严格,主动,高效"八字管理方针;2000年,针对联想内部缺乏沟通和协作的情形,亲情成分被正式引入联想文化,以此建立一种相互信任和协作的文化。

但评论认为,联想的"严格文化"和"亲情文化"始终没有形成强音。究其原因,除了塑造时间短之外，亲情文化推广的时期正是 TT 业遭遇寒冬的时期，联想随之迈入联想的冬天。联想营业额在 200 亿元徘徊了三年，始终未能有所突破；联想新开发的业务增长点也不足以满足资本市场的期望，25 家跟踪联想的国际投资银行中有九家建议"售出"，只有六家建议"买入"。外界称联想遭遇了发展的"天花板"。在 2003 年 8 月联想集团的一个高层会议上，柳传志曾明确表示："此前 19 年，联想的优势集中于渠道与市场控制能力，之后呢？"在资本市场的强大压力下，联想不得不在内功修炼尚未完成的情况下，将注意力再次挪回到"外部运营"上，2004 年年初，杨元庆在给联想员工的一封信中质问道："为什么联想失去了激情，失去了如狼似虎的野心？"

当前，面对激烈的竞争，联想展开"创业工程"的文化运动，重释创业精神，倡导危机意识，"坚持学习与开拓，在可承受的风险内大胆尝试新事物和新方法，持续改进工作"的创新意识，要求员工"做岗位的主人，像发动机一样工作"，以激发广大联想员工的创业激情。

（二）联想文化现状

1. 螺旋上升理论

联想在企业文化建设过程中，对竞争性文化价值模型进行了改进和完善，总结形成了适合联想企业文化建设的方法论——企业文化螺旋式发展模型。

竞争性文化价值模型最初由美国学者奎因（Quinn）1988 年提出，经过 1989 年美国著名咨询专家爱迪思（Aduzes）的企业生命周期理论的验证后，被国际上一些著名的咨询公司和研究机构采纳，逐步发展成为一种国际上比较权威和盛行的企业文化分析工具。

竞争性文化价值模型实际上是把企业经营所要处理的事物和处理方式分类，虽然这些事务在企业的任何发展阶段都存在，但企业在不同阶段，决定其中某一类事务和某一种处理方式显得更有成效，因而受到反复强化和使用，逐渐被大部分成员共享而变成了企业的文化。

具体而言，企业事务分为两大类：内在——外在；管理方式分为两种：控制——灵活，两种方式分别对应两类事务后，企业行为可分为目标、规则、支持、创新四种导向，这些行动导向产生相应导向的企业文化。一般情况下，企业在不同的发展阶段呈现出不同的导向，企业文化的发展也就随之遵循着一种螺旋式上升的路径：创新（创业）导向——目标导向——规则导向——支持导向——高层次的创新（创业）导向，推动着企业管理一步一步迈向更高层次，并形成螺旋式上升态势。

创新导向、目标导向都偏重于面向外部发展，规则导向和支持导向偏向内部运营。四个导向都具有自己相对的关联特征。

目标导向——理性目标：客户、指标、计划、业绩、价值。

规则导向——内部过程：纪律、流程、制度、信息、服从。

支持导向——群体关系：团队、共享、培训、参与、协作。

创新导向——开放系统：学习、尝试、风险、自主、进取。

国际上成熟且优秀企业的文化导向结构大多呈现为一种倒梯形，即支持导向和创新导向较强，规则导向和目标导向较弱。而联想则是目标导向较强，规则导向和创新导向较弱，即以亲情文化和服务文化见长。

按照文化螺旋发展趋势的一般规律，联想正处于一个由支持导向文化向创新导向文化转变的阶段。

2. 企业核心价值观

在理论上，一个企业文化导向的健康状态应该是菱形，即各种导向文化都存在并比较均衡。因此，在实践中，按照企业文化螺旋发展模型，联想打造四大核心价值观，引领四大导向文化。

联想四大核心价值观——服务客户、精准求实、诚信共享、创业创新，告诉员工四大基本问题——做什么、怎么做事、怎么做人、为什么，引导员工融入联想，建设四种文化——服务文化、严格文化、创新文化、亲情文化。

（1）服务客户。服务客户是联想的首要价值观，是联想人要做的事情，是他们的工作方向。联想和联想人存在的价值在于为客户提供全方位的服务，让客户获得超出期望的满意。为了达到这一目的，对内，联想以客户的需求为设立目标的依据，完全从客户的角度来提升能力和素质，提升服务质量；对外，注重客户体验，倾听客户的声音，认清客户的真正需求。

（2）精准求实。

精准是一种程度，求实是一种态度。——联想

联想的精准求实指的是：想事——力求以事实为依据、用数据来说话、理性思考、发现问题；对事——尊重规范和标准、纪律严明，勇于面对现实、敢于承担责任；做事——注重目标可衡量、计划可操作，不断总结做事方法，努力探求做事规律，追求精益求精和简捷高效，养成"认真、严格、主动、高效"的工作风格。

（3）诚信共享。

诚信——以"诚实做人，注重信誉，坦诚相待，开诚布公"为联想人最基本的道德准则；以"取信于用户，取信于员工，取信于合作伙伴"为待人之道。

共享——在交往中尊重他人、注重平等、信任欣赏和亲情；在工作上把个人追求融入到企业长远发展之中，与同事分享远景、相互协作、共享资源、共同发展。

（4）创业、创新。

创业——永不满足，勇于拼搏，不断地超越自我；做岗位的主人，主动承担责任，灵活地应对变化和挑战；

创新——坚持学习与开拓，在可承受的风险内大胆地尝试新方法和新事物，持续地改进工作。

3. 企业使命

不同于国外企业精简的企业使命，联想提出了四个方面的企业使命：

- 提供信息技术、工具和服务，使人们的生活和工作更加简便、高效、丰富多彩；
- 为员工——创造发展空间，提升员工价值，提高工作生活质量；
- 为股东——回报股东长远利益；
- 为社会——服务社会文明进步。

四个方面中，联想在"为员工"方面走在了国内企业的前列。

关于人，联想认为，首先，作为高科技类型的企业，知识和人的因素在企业里面起着决定性的因素，提出了"人是联想最核心的竞争力"。

联想把人才分为三类：一类是能独立做一摊事的人；一类是可以带领一群人作好一件事的人；一类是能够制定战略，带队伍作出大事的领军人物。领军人物好比是阿拉伯数字中的1，有了这个1，带上一个0，它就是10，两个0就是100，三个0就是1000。联想的成功，得益于决策者对市场的正确把握，同时也离不开联想拥有的人才群体。

联想对人才有"德"、"才"两点要求。"德"就是把企业的利益放在最高地位；"才"就是拥有学习型的人。要善于总结，善于学习，善于把理论的东西拿去实践，善于对实践进行总结。

其次，匹配于"人才是核心竞争力"这一基本出发点，联想又提出了"项链理论"：市场是海，人才就如其中的珍珠，人才竞争不在于把最大最好的珠子买回，而是要先理好自己的一条线，形成完善的管理机制，把一颗颗珍珠串起来，串成一条精美的项链；而没有这条线，珠子再大再多还是一盘散沙；没有好的管理形成强有力的企业凝聚力，仅仅依赖高薪也难留住人才。

在以人为核心竞争力的前提下，按照项链理论，联想创造了"吸引人，培养人，留住人，用好人"的用人之道，核心是"创造发展空间，提升员工价值，提高工作生活质量"。

（1）创造发展空间。

"你不会授权，你将不会被授权；你不会提拔人，你将不被提拔。"

——联想对管理者提出的口号

联想注重为年轻人创造发展空间，领军人物杨元庆、郭为被称为"少帅"，原因就在于他们的年龄。联想员工平均年龄不到三十岁，有一半员工是近两年新进的，不少高级主管都是在几年内被提拔起来的，有的甚至一年连升三级。

"联想"选人要的是"发动机"而不是"螺丝钉"，不是仅仅要求员工能胜任岗位责任，而是"以德为先"，注重"三心"，选择能把企业利益放在首位、把自己融入到企业中，具有上进心、事业心和责任心的学习型员工，以期其成为能严格、认真、主动、高效工作并具有归属感和责任心的企业主人翁。

录用员工时，联想不重学历重能力，不重资力重业绩，通过心理测评和面试来检验其基本素质，特别是强烈的责任心、吃苦耐劳的创业精神及学习总结能力，录用后，员工进入三个月的试用期，试用期内接受公司培训、并被派以指导老师，进行员工和公司间的深入磨合与二次选择，让新员工感受是否适合"联想"文化、是否能胜任这个岗位，同时公司观察其实际能力和是否能够融入联想。

在工作中，联想通过制度来保证年轻人能够脱颖而出，采取"在赛马中识别好马"的策略来起用年轻人：

- 要用"赛场"，即为人才提供合适的岗位；
- 要用"跑道"划分，不能乱哄哄挤作一团，必须引导他们有秩序地竞争；
- 要制定比赛规则，即建立一套较为科学的绩效考核制度和奖励评估系统。

具体而言，联想推出"技术职称评定体系"，为员工创建个人职业发展空间。技术职称体系分为"研发、工程、产品、技术支持"四大序列，每个序列又分为初、中、高三档。每个序列共分为8级，从技术员开始，沿着助理工程师、工程师、主管工程师、资深工程师、副主任工程师、主任工程师和副总工程师的路线晋升。四大序列代表了目前公司业务中的四种主要类型，在没有空缺的情况下，通过该方法激励员工。

联想技术职称体系对人才的考评分四部分：基本任职资格、个人技术能力、工作组织能力、附加条件。考核的侧重点在中间两部分，个人技术能力和工作组织能力各占总比重的40％。个人技术能力又分为知识和能力两部分，知识包括业务知识和其他专业知识，能力包括知识应用能力（创新能力）和学习能力，对技术的判断能力。工作组织能力考查的是团队协作能力、沟通能力。

联想的核心骨干大部分是自己培养出来的，而不是从职业经理人市场临时选择的，从1990年起，联想开始大量提拔和任用年轻人，几乎每年都有数十名年轻人受到提拔和重用。1994年后，每个新年度的三四月都会进行组织机构、业务机构的调整，管理模式、人员变动都极大，让在工作中崭露头角的年轻人脱颖而出。

（2）提升员工价值。

"对人才是一步步培养。你先给他一块布裁鞋垫，裁好了再给他一块布去学做西服，要让人感觉到他的真实才干。"——柳传志

联想提出与实施了"发展和成功的需求、完善的培训、多职业规划"这三种方式提升员工价值，包括每年40小时的培训及上级的指导、同事的交流、各类培训、发给员工图书自学、与国际厂商业务交流，全面提升员工的职业技能、专业技能、管理技能、文化与战略。其中，公司在培训方面作出的是强制性的要求，必须完成规定的课时时间。

联想提升员工价值的过程中强调培养一个模子出来的人，一定要把职业经理人融入到企业里去，培养出有上进心、事业心、不管什么困难都要做中流砥柱的人。因为，职业经理人在业务上把外面的东西带入公司的同时，也带来不同的文化，因此，一定要有一个"模子"把他们同化，改造成自己的人。

在同化员工方面，联想成功了，甚至有评价认为"一个模子出来的"是对联想人和联想文化最好的诠释。例如，一次联想（上海）人力资源经理和公司其他人一起去调查市场，等他们快要离开那个经销商的时候，经销商冒出这样一句话："你们是联想的。"他们非常惊讶，这位经销商向他们解释：你们的身影和言行一看就知道是联想的，联想的影子都是一样的。

（3）工作生活质量。

员工的工作生活质量实际上是企业与员工关系的一部分。柳传志在接受访问的时候提到，如何处理提高职工福利和培养企业持续发展机制的关系是企业追求成功必须处理的三大难题之一，激励机制是"好的运行机制"的核心。他说，企业不是一个养老的机构，必须要用一种好的机制，能够持续发展的机制。激励有两种模式，即物质激励和精神激励。企业当然要提高员工的福利，但仅仅用钱是拢不住人的。比如，如果一个企业的股权最后演变成为只是年终分红的象征，就很可悲；股权只有成为激励大家奋斗的杠杆，才有意义，理想意义的员工精神是：普通员工要有责任心，中层要有上进心，高层骨干要有事业心。

在物质方面，联想提出不和国内企业作对比，而是和外资企业作对比，整体的水平具有相当的竞争力。除了薪金，"联想"还有股票期限，职员一般工作一年之后可以得到，有良好业绩的工人经过一定时间也可以得到。在福利方面，一般企业享有的"联想"也都有。从外地来到"联想"工作的新员工还有宿舍，在带薪休假方面，每人每年能享受500元的春游或秋游费，工作满四年的员工还可以出国休假，每年有几百人将享受这一福利。

4. 企业远景

未来的联想应该是高科技的联想，服务的联想，国际化的联想。

（1）技术的联想。

在研究开发的投入上逐年增加，研发领域不断加宽加深。尤其是逐渐从产品技术，应用技术向核心技术领域渗透；技术将不仅为公司产品增值，同时也将是公司产生更多利润的直接来源；研发人员在公司中所占比重逐渐提高；产品中自己创新技术的含量不断提升；成为全球领先的高科技公司之一。

（2）服务的联想。

服务是DNA：服务成为融入联想每名员工血液的DNA，服务客户的文化根深蒂固。

服务是竞争力：服务要成为产品业务的核心竞争力，成为带动营业额、利润增长的重要因素。

服务是新业务：服务业务包括服务外包、运营服务、系统集成、管理咨询等，服务业务将成为联想业务（尤其利润）的支柱之一。

（3）国际化的联想。

10年以后，公司20%的收入来自国际市场；

公司具有国际化发展的视野和与之相对应的人才、文化等；

公司的管理水准达到国际一流。

2003年5月，联想集团为了适应国际化的发展毅然放弃了使用多年的"LEGEND"商标，继而以全新的"lenovo"代替。

（资料来源：杨艳英，李柏松. 企业文化修炼案例. 北京：蓝天出版社，2005；黄河涛，田利民. 企业文化学概论. 北京：中国劳动社会保障出版社，2006）

二、思考·讨论·训练

1. 创业之初的联想文化有什么特点？股份制改革后，联想是如何对企业文化重新定位的？

2. 新世纪的联想文化与创业之初的联想文化有什么不同？为什么在企业发展的不同阶段要有与之相应的不同的企业文化？

3. 联想为什么要在股份制改革之后进行企业文化的重新定位？

4. 联想集团的成功给我国企业提供了什么样的借鉴经验？

5. 收集有关资料，分析联想收购 IBM 后其企业文化的变革。

 案例3 莱钢的学习型企业文化

一、案例介绍

进入新世纪，莱芜钢铁集团公司将企业文化作为核心竞争力的重要组成部分，以创建学习型企业为主要载体，建设学习型企业文化，推动了企业持续快速和谐发展，钢产量和销售收入分别从 2000 年的 214 万吨、64 亿元，提高到 2005 年的 1034 万吨和 394 亿元，五年内分别增长近 4 倍、5 倍多。2005 年钢产量在全国位居第六。莱钢集团《以提高创造力为核心的学习型企业创建》获得第十届国家管理创新成果一等奖称号。

在中国，越来越多的人将创建学习型企业与莱钢紧紧联系在一起。国务院发展研究中心、上海明德学习型组织研究所、山东省经贸委、全国冶金系统等部门、机构先后在莱钢召开研讨会、现场会，推广莱钢经验。《第五项修炼》的作者、美国学者彼得·圣吉也对莱钢的实践大加赞赏。因为创建学习型企业，莱钢声名鹊起，在国内赢得了"南有江淮，北有莱钢"的美誉。然而，回顾莱钢创建学习型企业的历程，人们发现，莱钢最早启动学习型企业创建的炼钢厂却是在血与泪中与学习型组织结缘的。

（一）故事：炼钢厂的嬗变

就在几年以前，莱钢炼钢厂厂区曾被称为是"中世纪的作坊"，被这样描述：歪门邪道臭水坑，垃圾废品烂窝棚；小偷小贩随意进，被偷被盗不心疼。原冶金部部长戚元靖来视察时，看到现场的情况，没进厂房就回去了。他说，不用进厂房就知道你们的炼钢生产水平好不了。当时炼钢厂房里乱七八糟，管理混乱，制度措施形同虚设，违章违纪比比皆是，伤亡事故频频发生。有的员工说，我是过一天算一天了，不知什么时候就会丢掉性命。1998 年 10 月 10 日，二号转炉因违章操作发生剧烈爆炸，30 毫米厚的钢板炉底被轰然炸掉，一整炉几十吨一千几百度高温的钢水喷涌而出，多人受伤，财产、经济损失惨重。发生这么大的事故，并未引起重视，以至于 1999 年 3 月 10 日，三号转炉又发生了同样的爆炸，转炉炉壳碎成了两段，炉帽部分不翼而飞，厂房平台炸塌，设施完全被毁，四人死亡，五人受重伤，其状况惨不忍睹。

炼钢厂是莱钢的主命脉，"3·10"大爆炸，着实给莱钢极其猛烈的一击，在莱钢人心头，狠狠地剜了一刀。炼钢厂员工眼睛里流的是泪，内心里却在流血。炼钢厂新的领导班子更是忧心忡忡，深感肩上担子的沉重。"炼钢厂究竟向何处去？""如何才能彻底扭转这令人沮丧的状况？""究竟要建立一个什么样的新局面、新面貌？""要从何处下手、何处起步？"这一系列的问题，令他们寝食难安。在苦苦的寻觅中，他们接触到了学习型组织理论。这个当今世界上最新的管理理论，一下子抓住了炼钢厂领导班子的心。他们感到这正是炼钢厂所需要的良药。

1999 年 12 月初，炼钢厂组织全厂中层干部学习了学习型组织理论的基本概念，并在随后召开的炼钢厂职工代表大会上提出了"青蛙现象"和"蝴蝶效应"两个新理念。2000 年 1 月，炼钢厂聘请张声雄教授到厂作专题讲座，正式引入学习型组织管理模式，由此，炼钢厂创建学习型工厂拉开序幕。2 月 3 日，炼钢厂党政联合下发了《关于创建学习型工厂的实施意见》，5 月 17 日厂党政又联合下发了进一步创建的实施意见。

莱钢炼钢厂创建学习型组织，是从"建造"莱钢最大的"熔炉"——新世纪大学开始的。2000 年 3 月 24 日，炼钢厂在莱钢运动场举行了新世纪大学开学典礼暨军训动员大会，全厂 2 140 人分四批接受了正规的军训。在一个月的时间里，在济南军区教官的指导下，广大参训员工系统训练了 12 个基本项目。大家从立正、稍息、敬礼开始，刻苦学习，精心演练，"掉皮掉肉不掉队，流血流汗不流泪"，受到了深刻的锻炼。

军训在炼钢职工心灵上产生的震撼力是前所未有的。从风尘、沙暴、凄雨和烈日交替的训练场上走下来，炼钢员工写出体会和感想近万篇，字里行间渗透着对人生的感悟。2001 年 4 月，新世纪大学在全员军训一周年之际，组织了千名学员向莱芜军分区首长和集团公司领导进行队列会操表演，那天上午，队伍刚一集合，天就下起雨来，凄冷的春雨不停地下，在水泥台上席地而坐的学员们就像被定格的一尊尊雕像岿然不动，轮番表演的队形纹丝不动，动作规范到位，赶来送伞送衣的家属们避在一旁静静地观看这神圣的一幕。一个小时过去了，集团公司总经理李名岷坐在主席台上，劈头盖面的雨水顺着他们的薄衣浸湿了贴身的衬衣，但他的内心涌动着一股热流，他在表演结束时动情地说："炼钢厂职工队伍是钢铁一样的队伍，这样的队伍是无往而不胜的！"

2001 年 4 月 8 日，炼钢厂成立心智体验基地，设立了跳断桥、爬天梯、走钢丝、背摔、集体逃生等惊险有趣的训练基地，通过互动加体验式的学习改善员工的心智模式。通过心智体验，员工们认识到，无论做什么事情，都不要认为自己不行，而要以积极的心态去想去做，不轻言放弃。一名叫杨华峻的女工在"心智体验"的体会中写道：2001 年 4 月的一天，我被通知去参加心智体验活动，其中有一个叫"爬天梯"的项目，这是一个两人项目，需要两个人互相配合、互相协调才能完成。但在最后一层，1.6 米的高度，我和队友王丰豪足足僵持了半个小时。王丰豪觉得没有希望，想放弃了，我不甘心。但跳了几次都没有成功，劲都快要用完了，下面的人不断给我们加油，终于，王丰豪上来了，和我一起站在了天梯的最顶层，我们成功了！那一刻，我深深体会到自我超越的快乐和团队的巨大力量。

用故事传达组织的心声，培育员工良好心态，是炼钢厂的一大创举。在炼钢厂，人们都熟悉《两个泥瓦匠》的故事：第一个泥瓦匠在路人问及所为时回答说："我在砌墙，"第二个泥瓦匠则回答："我在参与建筑这座城市最美的大厦！"第二个泥瓦匠的心态现在成了炼钢厂员工的真实写照。炼钢厂新世纪大学编写的《心智体验》，职工人手一册，书中精选了80多个蕴涵深刻哲理的小故事，引导员工感悟人生的真谛，积累生命的体验。

为了有效激发全员创造性工作的热情，炼钢厂深入开展了建立愿景活动。当1999年3月10日事故的阴影还在人们心头笼罩的时候，炼钢厂提出了这样的共同愿景——"狠抓基础管理，全面振兴炼钢厂，用一到两年的时间使炼钢厂综合水平达到全国第一，主要技术经济指标进入全国同行业前三名"。为了支撑这一愿景，他们持续不断地鼓励车间、科室和个人建立愿景，通过建立小团队愿景和个人愿景，分享共同愿景，激发员工自我实现的高层次的需求，开展创造性地学习，主动而真诚地投入到自己的工作中去。

炼钢厂引入学习型组织理论，几乎是一夜之间发生了翻天覆地的裂变，使工厂从落伍兵成为领头黑马。这种跳跃式、超常规的发展速度，一时间成为莱钢的热门话题。莱钢人从炼钢厂的实践中看到了学习型组织理论的巨大价值。2001年6月20日，集团公司召开推广炼钢经验动员大会，号召全集团学习炼钢厂创建学习型企业的做法。在莱钢集团公司九届二次职代会上，李名岷总经理提出积极创建学习型企业的要求，确定的目标是：把莱钢从传统的"等级权力控制型组织"改造为"学习型组织"，通过创建学习型企业，持续不断地提高学习力，最终实现莱钢核心竞争力的提高。

（二）由"等级权力控制型组织"改造为"学习型组织"

莱钢在创建学习型企业的实践中，逐渐形成了"学习是基础，改善心智是关键，创新是核心，持续发展是目的"的主线，以创建学习型公司、学习型工厂、学习型车间、学习型班组、学习型员工和学习型党组织、学习型家庭等活动为基本途径，变机械思考问题的方式为系统思考的思维模式，变被动的反应性工作为积极的主动性工作，激发员工的积极性和能动性，激活企业的生命力和创新力，持续增强企业的竞争实力。

1. 学习是基础

莱钢强调的学习与传统的学习相比，有这样四个特点。

（1）注重对人的自身完善和提高。

学习不局限于一般意义的获得知识，更侧重于个人的健康品格和心态的培育，侧重于养成个人良好的学习习惯及促进个人能力的提高。公司培养了一批自己的培训师，开发出"品格训练"和"心智体验"课，运用"体验"和"互动"等开放形式，使参与者在整个培训过程中都成为主角，在活动和讨论中共享学习成果，有效激发了员工参与培训的积极性。

（2）强调工作与学习不可分离。学习工作化，工作学习化，是莱钢关于学习的基本理念。莱钢鼓励员工把本职工作当做事业来追求，当做学问来研究，要求员工上班做好三件事：工作、学习和研究，带着问题学习，在改进工作中学习，通过多种有效形式将学习融会到各项工作中。

（3）突出团队学习。莱钢既给员工创造条件，激发个人的学习热情，以个人能力的提高促进团队整体能力的提高；又通过构建反思系统、反馈系统、共享系统三大团队学习平台，拓展了团队学习的途径和领域，将计划制订、技术攻关、项目实施过程升华为团队学习过程。现在的莱钢，班组的班后总结、研究当班问题，已经成为团队学习的常规做法。

（4）注重隐性知识与显性知识的相互转化。在倡导团队学习的基础上进行知识管理，实现隐性知识与显性知识的相互转化，最终转化为人的创新能力，使知识在组织内呈螺旋式上升。比如，为提高电炉钢系统核心竞争力，2001年10月，莱钢将各个层面的专业人员及外聘专家教授集中到一起，组成项目组，分析电炉系统的管理、技术问题。在"碰撞"与沟通中进行系统整合，形成了一个显性知识成果：提高电炉钢系统核心竞争力工程方案。这一方案成为电炉钢系统共享的成果，有效推动了整个系统的进步。不到一年，电炉系统实现了全精炼、全连铸、全一火成材和所有产品全盈利的"四全"目标，产能翻一番，增加经济效益近亿元。

为使学习成为"人人感受的生活内容"，莱钢拓展员工学习的途径，通过多种方式，形成立体培训体系。各单位根据自己的具体情况形成了"双休一日学""40＋4"（即每周工作40小时，学习4小时）等学习制度。员工逐步实现了由"实干型"向"知识型"的转变，由"单一型"向"复合型"的转变，企业的人力资源潜力得到充分的发挥。

2.改善心智是关键

莱钢在建设学习型企业的实践中，高度重视员工心智模式的改善，培育积极的心态，带动管理方式和工作方式的转变，提升团队执行力。

（1）倡导自省精神。多年来，在企业内部形成了一种传统的不良习惯，这就是出了问题、有了麻烦，总是过多地强调客观，推诿扯皮，甚至把"能推的责任推出去"看作是一种能力。莱钢通过创建学习型企业，强化"不归罪于外"的理念，使这种状况发生了根本性的变化。过去，炼钢厂4号连铸车间生产工和维修工是一对"冤家"，出了问题总是互相埋怨，互不相让，最后靠车间领导调查取证，进行裁决。但是，自从炼钢厂在全厂员工中倡导"不归罪于外"的理念后，这种情况几乎看不到了。出现问题，生产工和维修工总是先剖析自身原因，然后共同研究整改措施。良好的心态使双方关系越来越融洽。在表彰会上，生产工主动向车间领导提出："军功章有我们的一半也有维修人员的一半，我们建议给维修工奖励。"

（2）鼓励员工向传统工作法挑战。莱钢焦化厂2号焦炉已有30多年的炉龄，1号焦炉也有超过25年的炉龄，很多焦炉专家看了以后认为，一代炉龄一般25年，为适当延续炉体寿命，必须降低生产强度，延长结焦时间，这一结论也成了焦化厂几任领导固有的思维模式，致使焦炉一直处于产能低水平运行。随着莱钢钢铁产量的快速提升，从厂到车间围绕着

"1、2号老焦炉是否还能增产"这一课题开展了层层深度会谈；在老焦炉可承受的前提下，寻求极限增产之道，制定了焦炉特护、降低推焦电流、稳定K2系数等行之有效的措施，实施动态控制，强化操作管理，使焦炉的单炉产量由13.6吨提高到14吨，超期服役的老焦炉不仅没有减少，反而年年增产，这在全国同行业同类型焦炉中是绝无仅有的。

（3）强化"不自我设限"的理念。改善心智模式后，集团上下形成了自我超越的积极心态，焦化有个"731"的故事。2001年年底，公司给焦化厂下达了从2002年起，每月7 000万元的内部利润计划线指标。焦化厂召集车间主任分析分解任务时，主任纷纷表示目标太高，不可能完成。7天过去了，指标才勉强分解下去，经过全厂上下艰苦努力，这一目标最终实现了，员工也从中认识到自身的潜力。2002年5月，厂里将目标调整到每月7 800万元，经过上次的超越，大家畏难情绪大大减弱，只用了3天时间就全部接受了新的任务，并很快达到了预期目标。7月份厂里再次大幅提升指标，下达8 500万元的任务，面对更高的挑战，大家仅仅用了一个小时就愉快地接受了，表现出了坚强的信心和强烈的超越意识，而最终的结果更是让人振奋——实际完成8 700万元！

（4）学会"悬挂假设"。即一项新任务提出后，先不按以往的经验去简单断定"做不到"或"不可能"，而是把它"悬挂"起来，通过深度会谈，寻求解决问题的可能性，将不可能变成可能。2003年9月初，莱钢在动力管线开展一次"一网打尽"的"大核查"。按以往的做法，至少要三天才能完成。当任务布置到热电厂和原建安公司后，提出停产19个小时的方案。但公司领导分析这个方案时，发现还有很大潜力可挖，但首先要解决"惯性思维"的问题。经过一起研究分析，最后一致认为9个小时可以完成这一任务。经现场跟进实施，最终9个小时完成任务，与过去常规办法相比，减少因停产带来的利润损失600万元。

（5）学会系统思考。即从复杂的现象中分析事物的内在联系，由习惯于找"症状解"，转变为寻求"根本解"。1999年以来，莱钢炼钢厂每月生产的十几万吨钢中就有一万吨是计划外、待判和化学废品，仅此一项，每月经济损失达200万元以上。在系统攻关中，炼钢厂找出诸多因素中的重要一环：对每炉钢不能预测化学成分，等钢水浇注后才出化验结果，无异于"死后验尸"。如果在浇注前能掌握情况，成分就可以控制。于是他们改变了投产15年来的一贯做法，改进技术，把成分化验的结果控制在浇注前。一个小小的"变数"，使钢的废品彻底杜绝，使整个系统发生连锁反应，被莱钢人概括为"支点效应"。

3. 创新是核心

莱钢为创新合理定位，打破创新的神秘感，让员工认识到，创新并不是高不可攀的事物，也不是专家、学者的专利，人人可创新、事事可创新，只要能有效地改善工作、改进工艺、提高效率、创造价值，就是创新。他们在企业内着力营造尊重知识、尊重人才、尊重创造的浓厚氛围。注重人才的培养和使用，把那些创新意识强、善于思考、勇于探索的技术和管理人员放在重要岗位上，加大对创新成果的奖励力度；建立创新成果推广机制，建立集决策、研发、生产、销售于一身的现代化技术创新体系。

莱钢人运用自己发明的专利——转炉系统的连铸快速更换定径水口技术，使连铸单中间包连拉炉数由平均不到 10 炉，提高到现在的 100 炉以上，年创经济效益两千多万元。这一技术在全国 40 多个企业的几十台连铸机上使用，每年可创造经济效益 10 亿元。在溅渣护炉技术上的创新，使转炉炉龄创出 37 271 炉的世界纪录，4 号转炉还创出整个炉役不补炉、一次性炉龄达到 17 013 炉的世界新纪录。这一技术的应用，使转炉耐材费用从吨钢十几元趋向于零，年效益在 1 500 万元以上。

4. 持续发展是目的

莱钢创建学习型企业不搞形式主义，而是立足于解决企业持续发展的问题。他们始终坚持创建工作与企业经营管理工作紧密结合，做到相互促进、共同提高，避免了"两张皮"的现象。

（1）坚持用发展解决前进中的困难和问题。同其他企业一样，莱钢受多年计划经济体制的影响，导致了人员多、社会负担重、体制不规范、结构不合理等矛盾。莱钢人认为，要改变这种局面，根本在于心智模式的转变。在创建学习型企业过程中，他们找到了解决问题的突破口，通过调整优化产品结构、工艺结构、组织结构，推进改制改革，解决了诸多发展瓶颈，冲破了成长上限，使企业进入持续发展的快车道。

（2）坚持用系统思考解决生产经营和管理中的问题。莱钢人将"系统思考，创意无限"定为企业哲学。比如，在实现 400 万吨钢后，如何深度挖潜，通过对整个生产系统的研究，发现轧钢工序还有较大潜力，而炼铁、炼钢工序依然是产能不足。因此，果断决策，抢建一座高炉，并对转炉进行扩容改造，当年增钢 200 多万吨，取得了可观的经济效益。

（3）在快速发展中提升品质。莱钢牢固树立和落实科学发展观，坚定不移地走新型工业化道路。坚持以工业生态学理论为指导，以资源的高效利用和循环利用为核心，大力发展循环经济。莱钢吨钢综合能耗由 2000 年的 872 千克下降到 2005 年的 682.4 千克，吨钢新水消耗 3.5 吨，达到国际先进水平。在建设资源节约型、环境友好型企业的道路上，莱钢迈出了坚实的步伐，促进了经济效益、环境效益、社会效益的全面提高，实现了企业与社会、人与自然的和谐发展。

遵循"学习是基础，改善心智是关键，创新是核心，持续发展是目的"这条主线，莱钢内部各单位结合各自的实际创造性地开展创建，形成了千峰竞翠、百花齐放的局面。

（三）学习型企业文化让莱钢"从优秀走向卓越"

2001 年 8 月，莱钢在设计核心竞争力方案时，将企业文化作为重要内容，组织人员在对建厂以来的企业文化建设进行归纳、整合、提炼的基础上，结合创建学习型企业的成果，形成了学习型企业文化框架。2002 年 6 月，莱钢成立企业文化部，按照"专家指导，以我为主"的原则，组织专人进行企业文化设计，构建了具有鲜明的学习型特征的文化体系。

企业文化重在实践。建立企业文化体系，只是企业文化建设的表象，更重要的是用于指导实践、融入实践，进而提升企业的核心竞争力。莱钢通过灌输教育、建立制度、营造氛围、选树典型等一系列措施和手段，使员工在工作、学习、生活中，切实感受到企业所倡导的价值观，始终处于学习型企业文化的激励之中，潜移默化，逐步将理念内化为自觉行动。莱钢的决策层、管理层有意识地运用企业文化理念指导战略决策，解决企业发展中的问题，使企业价值观渗透于企业生产经营、改革发展的每一个环节；体现在企业的方针、政策、原则和制度之中；体现在思考问题、处理问题的方式方法之中；使企业文化真正起到引领企业发展的作用。

在建设学习型企业文化过程中，莱钢员工真正感悟到了学习的真谛，增强了学习的自觉性和计划性，提高了将知识转化为能力的本领。2002年，莱钢热电厂燃气车间净化三班组建，全班15名成员大都是从厂里辅助岗位抽调过来的。他们对煤气净化专业技术知识的了解几乎是零，而面对的却是国内最先进的高炉煤气全干法除尘技术。为尽快掌握这一先进技术，净化三班到当时国内该技术处于领先水平的杭钢学习，培训结束时，一位杭钢的师傅说："你们让我真正领略了什么叫学习力。莱钢人的学习力真是可怕！"一年后，这个对煤气净化几乎一无所知的班组，技术水平达到国内领先水平。在2004年8月的全国高炉煤气全干法除尘工艺研讨推广会上，全组进行了技术展示，引起广泛关注和赞誉。

学习型组织理论为莱钢的发展注入了新的活力。全集团形成了勇于创新的浓厚氛围。群众性经济技术创新蓬勃开展，每年都涌现出大量一线工人自己总结的先进操作法。工程技术人员紧跟世界冶金前沿技术，先后研发和应用了高炉煤气全干法除尘技术、加热炉蓄热式燃烧技术、转炉高效综合技术、钢坯热送热装技术等大批国内外领先新技术，企业整体科技含量进一步提升。

莱钢还以创新的精神开展党群工作、精神文明建设，形成了新思路，找到了新办法，开创了新局面。如莱钢党委宣传部根据基层的实践，总结提炼思想政治工作新方法，出版了《思想政治工作创新100法》；莱钢纪委创造性地建立并实施了廉政效能管理体系，《中国监察》刊发了这一创新举措，在全国推广。2002年以来，莱钢每年获得集团公司以上级别的各类创新项目400多项，有力地推动了企业的发展。

学习无止境，成长无上限。建设学习型企业文化，为莱钢插上了腾飞的翅膀。2005年在全国重点钢铁企业的57项可比指标中，莱钢有9项位居第一名，17项进入前三名，34项进入前十名，主要经济技术指标整体进入全国先进行列。工程建设及达产达效速度屡创行业新水平。莱钢"十五"技改一期工程，只用了11个月22天，就打通了一条从原料、烧结、焦炉到炼铁、炼钢、连铸复杂的钢铁系统生产线。我国台湾地区某公司负责人参观后说，这样的工程在台湾至少需要三年时间才能完成。秉承"学习、超越、领先"的企业精神，莱钢连续三年钢产量增幅列全国大中型钢铁企业首位，创出了令人惊叹的"莱钢速度"。

（资料来源：黄河涛，田利民. 企业文化学概论. 中国劳动社会保障出版社，2006；张声雄，姚国侃.《第五项修炼》实践案例. 上海三联书店，2002）

二、思考·讨论·训练

1. 莱钢创建学习型企业文化有哪些独创性做法？

2. 莱钢强调的"学习"与传统的"学习"有什么不同？

3. 怎样改变员工的心智模式？莱钢有哪些成功的方法？

4. 莱钢学习型企业文化发挥了怎样的作用？对我国企业文化建设有什么借鉴意义？

 案例4　新联通的企业文化整合

一、案例介绍

2008 年 10 月 15 日，新一轮电信业重组具有标志性意义的一刻终于到来，由中国联通和中国网通合并的"中国联合网络通信有限公司"（以下简称"新联通"）宣告成立。

中国联通与中国网通是我国电信业重组前的骨干基础电信运营商，收入规模相当，2007 年分列第三位、第四位；专业分工有显著区隔：重组前，中国联通主要是移动通信市场的竞争者，而中国网通的主要市场在固定电话和宽带互联网。

不同的发展背景和发展道路，决定了中国联通和中国网通有着鲜明的企业文化差异，如何在实现有形资源合并的同时，有效解决企业文化整合，创建新联通高度一致的崭新企业文化，对两个集团企业的成功合并具有重要意义。

重组期的企业文化整合与常规发展时期的企业文化建设强调的侧重点有所不同。在重组期，目标、战略和管理经营的统一是最高追求，因此，理应强调企业文化的一致性，以使两个企业文化融合以后的新企业文化尽快被员工群体共同认知，并表现出对所有员工几乎相同的强有力的影响。企业重组是为了共同的利益。开展企业文化整合的主要目的是为了尽快促使重组成功，发挥出"1+1＞2"的规模效应。

中国联通与中国网通同属电信业，"用户至上，真诚服务"的价值观念决定了企业的思维方式，"做大做强、和谐发展"的基本方针指引着发展方向，"形成更加合理、有效的市场竞争格局，促进电信行业健康、协调发展"的战略思想构成了共同愿景，"以改革促发展，增强创新能力，优化资源配置，完善竞争架构，提升服务水平"的主要任务描绘出了同样的责任。相同的责任使命、思维方式、发展方向、目标任务，既是企业重组的基础，也是文化整合的基础，从根本上决定了重组企业在进行文化整合时，必须站在全局的高度考虑问题，安排实施。

此外，企业文化整合需要运用一定的方法、按照一定的程序进行，需要循序渐进。整合的初始阶段，往往会遇到来自合并企业员工的阻力，这就需要一定的时间以找到一种广大员工能够接受的整合方式，潜移默化地完成文化的整合。

（一）企业文化整合的方式选择

每家企业都有自己独特的企业文化。企业所处的地域、行业、所有制形式及领导人性格、员工受教育程度等因素，都影响着风格迥异的文化性格和文化模式；在企业形成和发展过程中，特定阶段下的政治、经济、文化及竞争环境等因素，也造就了不同企业的不同文化。不同的企业之间存在着文化差异，这种差异决定了不同企业员工的思维方式和行为模式的差异，将给企业重组带来很大的文化阻力，这也是企业文化整合的最大难题。在合并之初或合并之前，重组企业迫切需要在企业文化战略层面尽快确定适合企业发展的文化整合模式，即根据企业并购战略和企业原有的文化等因素，选择合适的文化整合类型。

中国联通与中国网通是我国电信业重组前的骨干基础电信运营商，收入规模相当；专业分工有显著区隔：重组前，中国联通主要是移动通信市场的竞争者，而中国网通的主要市场在固定电话和宽带互联网。不同的发展背景和发展道路，决定了两者有着鲜明的企业文化差异。因此，中国联通与中国网通的合并应以融合式的文化整合方式为宜。文化融合的过程是联通、网通两种不同企业的文化经过扬弃、融合、再造，最终为全体员工所认同的过程。在这一过程中，伴随着文化的整合，企业文化的变迁对两个企业来说不可避免。管理者应当准确把握变迁的方向，将不同的文化经过合并、分拆、增强、减弱等方式，形成一种新的文化，有意识地塑造一种理想的模式。中国联通与中国网通的企业文化整合实质上是新联通企业文化的重构重建过程。期间要注意几点。一要以新联通的战略定位为依据。根据重组以后发展环境的变化和自身发展的需要，在企业战略、发展目标、产品路线、营销策略等方面确定企业定位，分析原来两家企业的文化构成要素，并以此作为内容取舍的依据。二要吸纳两种企业文化的精髓，甄别、抽取两者差异部分中积极、有益的成分，融合两者共通的优秀内容，丰富新文化体系的内涵，增强员工对新企业的认同感和归属感。三要借鉴国内外其他企业文化精华，熔铸到充满生机、活力的新文化中。新联通要紧紧抓住企业形象的整合、发展战略和经营理念的整合、管理思想和管理方式的整合、企业核心价值观和企业精神的整合，创新企业形象和名牌战略，制定科学的发展战略和全新的经营理念，探索新的管理思想和管理模式，创建以人为本、科学发展的人文环境，稳步重构并创建新联通的优秀企业文化。应围绕打造"一个中国联通"（One CU）实施文化重建重构，突出并强调新联通的整体性、规模性和一致性，在企业文化层面实现纵向和横向的统一。在统一的企业战略指导下，将企业核心价值观、经营理念与思维方式相结合，用新的企业愿景、价值共识和行为规范统一员工的思想，激励员工的斗志，使员工对新企业产生一种共存共荣的认同感和归属感。在企业内部，坚持以人为本，着力推进价值观的更新，努力建立彼此信任、相互尊重的良好人际关系，建立新的企业理念体系，形成融为一体、平等沟通、公平公开的内部氛围。

（二）企业文化整合的实施步骤

1. 调研评估阶段

首先要了解重组企业的创立背景、历史沿革、文化传统、管理水平、经营现状、员工对企业重组的态度等基本情况，从表层的物质文化开始，逐渐深入到制度文化和精神文化，取得尽可能全面、准确的第一手资料。其次，对资料进行细致的梳理和分解，通过对各种文化要素及其关系的分析比较，对两种文化的优劣、差异及未来整合的关键点等，作出尽可能科学的判断评估。最后，在分解、评估的基础上，理清未来文化整合工作的基本脉络和思路。

2. 规划设计阶段

这一阶段是对两种企业文化的"扬弃"和创新、重组重构的模式内容设计。企业的合并重组往往也是新的发展战略的开端。因此，要着力从这种新的战略取向和新旧差异中，提炼企业精神，突显重组企业新的文化个性。规划设计应强调规范性，即整合后的企业文化应包括企业精神和价值观、经营理念、行为规范等所有要素。企业文化中的精神文化、制度文化和物质文化要层次清楚完整。

3. 推广实施阶段

推广阶段往往一开始会遇到员工的阻力，对此不能采取强压式的解决方法，而需要结合员工的日常工作，寻找一种能够被大家接受的整合方式，潜移默化地完成文化的整合。除了领导率先垂范、大力倡导外，还有几点需要强调。一是要做好企业文化的系统培训，采取多渠道、多形式的培训教育，通过学习，让全体员工了解新旧文化的差异，认同新文化的先进性；二是要发动员工广泛参与；三是持续地对新企业文化进行宣传，表达企业进行文化变革的决心，使员工产生观念更新的紧迫感；四是推广方式的丰富多彩，讨论会、机构调整、薪酬导向、语言规范、表扬与批评，以及各种文化的外显形式，都可以成为推广实施新文化的有效手段。

4. 管理维护阶段

文化整合后，新文化的建设成果能否得到巩固，对环境的变化能否保持灵敏的反应，取决于后续的文化管理。这一阶段的主要任务是：强化传播和持续贯彻，不断清除旧文化的残余影响，反复纠正员工行为上的偏差；当企业环境、市场、需求等发生变化，企业的经营策略和目标战略调整时，要对企业文化进行再次审视定位，如有必要，应适时启动新一轮的文化再造。

通过评估、设计、推广和管理，整合后的企业文化会达到这样的目标境界：新文化深入人心，变为员工的潜意识，或形成新的先进的人文素质；精神理念具体形象地体现在员工行为、企业产品、服务等各个方面；形成了新的体现精神理念的管理制度、规范、习惯、舆论等；通过提供优良的产品和服务，向社会和用户展现良好的企业风貌，受到普遍赞誉。

（资料来源：陈春花．企业文化．北京：机械工业出版社，2011）

二、思考·讨论·训练

1. 联通和网通企业文化整合遵循了哪些原则？

2. 企业文化整合过程中会遇到哪些阻力？如何减少来自员工的阻力？

3. 根据你的了解，你觉得新联通的文化整合成功吗？为什么？

紫气东来

游戏规则：

1. 培训师将学员们分成 5 个人一组。给每个组一些纸和笔，建议每个组的学员围成一圈坐到一起。

2. 学员们有 10 分钟的时间来讨论，分别列举出 10 种最不受人欢迎和最受人欢迎的氛围，如放任、愤世嫉俗、独裁、轻松、平等等。

3. 每个组派一名代表将本组的答案公布于众，然后让他们解释他们选择这些答案的原因。

4. 大家讨论一下，什么样的公司氛围才最适合公司的发展？

游戏编排目的：

公司氛围决定人们之间的沟通和合作状况。舒适健康的氛围有助于公司成员的正常发挥，而压抑、独裁的工作环境则不利于人们发挥创造性和能动性。

①创造性地解决问题。

②团队合作精神的培养。

③对于团队合作环境的思索。

相关讨论：

1. 理想的公司氛围反映了你什么样的价值？

2. 你与你的团队的意见是否相同？如果有相左的地方，你们是如何解决的？彼此应该怎样进行交流？

游戏主要障碍和解决：

1. 每个人理想的公司氛围一定反映了他的价值观和人生观。很难想象一个富有激情和活力的人会希望在一个机构冗杂、等级森严的公司工作，同样大家对于一个公司的共同设想就反映了这个公司的理念与价值。

2. 在小组讨论的过程中，不同的人要扮演不同的角色，有些人更多地看中公司的文化气息，有些人更多地看中公司的竞争精神，最后将大家的意见综合起来，就有可能形成一个有关公司氛围的全面建议。

3. 作为一个组员来说，要尊重别人的意见，积极贡献自己的点子，讲究沟通与合作，获得整个小组利益的最大化。

参与人数：5 个人一组。

时间：30 分钟。

场地：教室或会议室。

道具：纸、笔。

（资料来源：经理人培训项目组. 培训游戏全案·拓展：升级版. 北京：机械工业出版社，2010）

思考与讨论

1. 企业文化变革的原因和内容是什么？

2. 企业文化变革在什么时机导入较为合适？

3. 企业文化变革有哪些方式？

4. 假如企业的财务业绩尚可，是否还要进行企业文化的改革？为什么？

5. 你认为企业文化变革和企业组织变革有何异同？

6. 结合你所在企业的情况，谈谈企业文化变革最大的阻力是什么。

7. 结合实际，谈谈如何营造企业文化变革氛围？

8. 当一个企业的文化严重不适应形式的发展时，如何通过文化变革重建一个健康的企业文化？

9. 新企业文化实施中应该注意哪些问题？如何对新企业文化加以强化？

拓展阅读

［1］李继先．企业文化变革理论与实务．北京：经济管理出版社，2009．

［2］高巍．让兔子学会游泳：企业变革之道．北京：中国经济出版社，2009．

［3］迪尔，肯尼迪．企业文化：企业生活中的礼仪和仪式．中国人民大学出版社，2008．

［4］卡梅隆，硅因．组织文化诊断与变革．中国人民大学出版社，2006．

第六章
跨文化管理

> 跨国企业的经营管理基本上就是一个把政治上、文化上的多样性结合起来而进行统一管理的问题。
>
> —— [美] 彼得·德鲁克

> 入境而问禁，入国而问俗，入门而问讳。
>
> ——《礼记·曲礼上》

- 了解跨文化管理的含义和特点；
- 领会跨文化管理的模式；
- 明确跨文化管理的原则；
- 掌握跨文化管理的策略。

故｜事｜导｜入

日本人管好了美国工厂

美国得克萨斯州一家电视机厂因为经营管理不善而濒临倒闭，老板决定请一名日本人来接管。七年后，在这位日本人的管理之下，产品的数量和质量都达到了历史最高水平，令美国人赞叹不已。

那么日本人靠的是什么呢？就是靠尊重人的优秀企业文化。这集中表现在他们所采取的三项措施之中。

第一，接管之初，新任经理把职工们召集在一起，不是指责嘲笑他们的失败，而是请他们喝咖啡聚会，向每个职工赠送一台半导体收音机，同时也诚恳地向他们提出一些合理的要求。

第二，日本经理不像美国资方那样与工会闹对立，而是主动地拜会工会负责人，希望"多多关照"，力图使美国工人解除心理戒备，在感情上与日本人靠拢。

第三，工厂生产有了起色以后，需要增加劳动力，日本经理不是去招收年轻力壮的新人，而是把以前被该厂解雇的老职工全部找回来重新任用，以培育工人们的"报恩之心"。这家企业正是靠优秀的企业文化起死回生的。

（资料来源：李剑锋．劳动关系管理．北京：对外经济贸易大学出版社，2003）

265

文化差异和文化冲突迫切需要加强跨文化管理，文化差异在跨国企业中是客观存在的，它会影响管理，但不一定是负面影响。而文化冲突是指不同形态的文化或文化因素之间相互对立的过程。只有当文化差异未得到合理控制或管理，继而演化成文化冲突时，才能对企业的管理效率产生破坏式的影响。国外管理学家的经验表明，有35%～45%的跨国企业是以失败而告终的，其中约有30%是由于技术、资金和政策方面的原因引起的，有70%是由于文化冲突引起的。正是由于跨国企业在其经营过程中不断遭遇文化差异和文化冲突，因此跨文化管理日益被人们所关注，成为研究的重中之重。

一、跨文化管理的含义和特点

跨文化管理，是20世纪70年代后期在美国逐步形成和发展起来的一门新兴的边缘学科，跨文化管理又称交叉文化管理，就是在跨国经营中，对不同种族、不同文化类型、不同文化发展阶段的子公司所在国的文化采取包容的管理方法，其研究的是在跨文化条件下如何克服异质文化的冲突，并据此创造出公司的独特文化，从而形成卓越有效的管理过程。其目的在于如何在不同形态的文化氛围中，设计出切实可行的组织结构和管理机制，在管理过程中寻找超越文化冲突的公司目标，以维系不同文化背景下员工共同的行为准则，从而最大限度地控制和利用企业的潜力与价值。由此可见，跨文化管理的主体是企业；跨文化管理的手段是文化；跨文化管理是一种管理活动，是在交叉文化条件下，通过文化手段的应用，实行企业管理的各项职能；跨文化管理的对象，是具有不同文化背景的群体，这些群体有可能是国家、政府、民族、企业、消费者、管理者、员工等；跨文化管理的目的，就是不同文化群体在相互影响过程中出现矛盾和冲突时，从中找到并形成交叉文化条件下企业管理的有效模式。跨文化管理的特点如下。

1. 管理文化的多元化

跨文化管理是由多种管理文化要素组成的，支配企业管理的管理理念、管理制度、管理方法，吸收了本土和外域的多种文化要素。

2. 管理文化的综合化

跨文化管理不是各种管理文化要素的简单拼凑，而是多种文化要素的有机整合，形成一个适应性更强、更有效的崭新的管理文化模式。

3. 管理文化的动态化

跨文化管理是一个开放系统，要不断地吸收各种新的管理文化要素，不断地进行自我更新、自我完善，以求适应不断变化的经济发展形势。

二、跨文化管理的问题

1. 交际管理方面的跨文化问题

这方面主要有语言障碍或翻译不够准确，交际效率低下，容易造成误解。外籍员工不了解内部语言习惯，合作中员工各行其是，不协调，会谈无结果等。如美国人在上下点头的时候代表"是"的意思。然而，这个动作对于很多英国人而言则仅仅意味着他们在听别人讲话，并不一定赞成别人的观点。在不同的国家里，人们用不同的动作来表示"不"的意思，在美国这个动作是左右摇头；在中东地区这个动作是猛烈地向后仰头；在东方国家是左右摇手；而在埃塞俄比亚是用一个手指左右摇晃。

2. 监督管理中的跨文化问题

这方面主要有缺乏对对方社会文化环境的了解，以自己的做事标准去衡量他人工作的得失。如中国人习惯受到严格监督，因此对监督的需要程度较强，对中国人凭感情而采取的惩罚手段无用。而美国人的公司有严格的管理文件，美国人习惯用法律和规章制度来约束自己，因此对监督的需要程度较弱。

3. 目标和计划管理中的跨文化问题

这方面主要指不同国家员工对工作效率、时间观念和利润观念的认识不同，从而导致目标相抵触；各国员工对于自身行动余地的大小也认识不一，从而对工作计划的执行也不统一。例如，经国家外经贸部批准，上海飞机制造厂于 1985 年 3 月与坐落于美国加利福尼亚长滩的麦道公司签订了协议书。协议规定：双方合作，在上海装配生产具有 80 年代水平的MD-82 飞机。同时，美方向中方提供先进的管理技术，帮助中方把工厂全面改进成现代化的航空企业。但是，这种合作并不是一蹴而就的。双方在质量保证和目标管理方面曾有许多不一致的地方。麦道公司对文件的归档、工艺流程的处理、计划的安排都十分精确，比如说，麦道公司将 6 200 小时作为一架飞机的标准工时，主管人员是通过完成多少标准工时来了解工程进展状况的。而上海飞机厂以前则没有这种习惯，只是有个大概估计，如一架运十飞机就是用现场指挥的方式制造，整整耗去了一年的时间。麦道公司在生产管理中，对车间的温度、湿度都有精确的要求，而我们则习惯"大约"、"差不多"就可以了。

4. 组织管理中的跨文化问题

这方面主要包括对"职位基础"的错误定位，如由于"裙带关系"引起的矛盾冲突；团队凝聚力不足，团队生产力下降；团队创新意识受到牵制等。例如，从思维方式来说，中国人一般重视直觉、内省，重经验理性与伦理精神。这种理性与实践相脱离的思维方式，导致了中国人重整体、轻个体，喜欢作定性研究，不善于做定量分析。而西方人则比较注重实证经验、逻辑推理，善于作定量化的分析。这两种思维方式的差异，在跨文化的组织管理上有了反映。美国人对任何事情都有条分缕析的习惯，这在企业管理中则表现为很强的分工意识。美国道格拉斯飞机制造公司制造部的机构设置，就体现了分工明确、精简高效的特点。

制造部下属四个部门，制造工程部负责工艺技术准备工作，设施部负责生产设施保障，制造支援部负责零件、工装、工具、材料、资料的配套供应，生产部负责组织现场生产任务的完成。这样，制造部副总裁只要从工程部拿到图纸资料，从器材部拿到器材，就可以依靠下属四个部门组织任务的完成。如果与工程部、质保部、器材部有了矛盾，到执行副总裁那里就可以解决。上海飞机厂原有组织机构内权力（指挥环节）不明。照美国的管理方式，谁负责哪项工作，都有十分明确的概念。在多数情况下，负责的主管人员均能获得必要的授权。而上海飞机厂管理部门的相互关系十分复杂，要区分责任和权力是很困难的。

除了上述跨文化管理的一些问题外，还有跨文化中领导风格的问题，决策标准和决策过程不相一致等问题。而这些问题的存在有可能导致一些不良的后果，如当文化冲突影响了外方经理和当地员工的和谐关系时，经理有可能会选择按照规章制度控制企业的运行，对员工更加疏远，而当这种疏远达到一定程度时，上下级之间的沟通就会中断，最终双方会越走越远。

三、跨文化管理的模式

根据加拿大管理学者 Adler 研究的观点，跨国公司的跨文化管理模式主要有三种。

1. 相互依存式

即国外子公司保留母公司的企业文化和当地文化，两种文化相互依存，相互协调，相互补充。

2. 灌输占领式

即跨国公司在进行国外直接投资时，直接将母公司的企业文化强行注入到国外公司，这种方式一般适用于强弱文化对比悬殊，并且国外子公司能对母公司的文化完全接受的情况下采用。

3. 融合创新式

即母公司的企业文化与国外子公司当地的文化进行有效整合，通过各种渠道促进不同的文化相互了解、适应和融合，从而构建一种新型的国外子公司企业文化。例如，肯德基根据中国的饮食文化将北京烤鸭引入其食谱从而开辟新的市场领域。

三种跨文化管理模式各有其适合的背景，跨国企业在进行跨文化管理时，应充分了解本企业文化和国外文化的文化特质，认真选择适合的跨文化管理模式。

四、跨文化管理的原则

1. 文化宽容原则

在文化中保持宽容精神是进行跨文化管理的前提。惟其如此，不同文化的员工之间才能相互尊重，才能相互理解、对话，达成共识，从而实现可能的融合。因此，要摒弃文化优越感，尊重别国的文化，尤其是那些与本国文化差异较大的异国文化。对任何文化都要持有宽容的态度，同时，又能对其他文化采取一种较为超然的态度，不应盲目地落到另一个文化俗套中。要养成尊重、宽容、平等、开放的跨文化心态和客观、无偏见的跨文化观念与世界意识，促进对文化多样性的尊重、理解。

2．有的放矢原则

进行跨文化管理，要做到有的放矢。首先，了解自己的企业是属于何种跨国经营方式，是属于跨国并购企业，还是属于国内母公司在国外设立的子公司。其次，要明白对什么进行整合，因为文化是一个较为宽泛的概念，具体到企业文化，必然涉及企业管理的方方面面，它包括经营宗旨的整合，价值观念的整合，行为规范的整合，组织机构的整合。

3．借鉴与创新相结合原则

企业文化不仅要体现企业自身的特色，还要吸纳世界文明，东西方企业管理文化可以互相借鉴，尤其是国内外知名企业的文化精华，甚至是竞争对手的先进的经营思想，都可以为我所用。同时，在借鉴的基础上要加以吸收创新。所谓创新就是在发扬传统文化的积极成分，剔除和摒弃那些过时的理念、内容和方法的同时，根据实际情况和形势变化，形成与时俱进的企业经营理念，整合梳理出具有本企业特色的又与目标国文化相容的核心价值观的企业文化。

4．全球化与本土化相结合原则

在跨文化管理中，应该本着"思维全球化和行动本地化"的原则来进行。全球化的管理人员要很敏感地以一种跨国性战略来满足人类共同的需要和全球市场，通过全球的系统决策方法把全球各地统合起来，实现资源全球共享。本土化策略主要包括人才本土化、生产本土化、营销本土化、渠道本土化和语言文字本土化。一切的管理都是人进行的管理，因此，人才本土化是管理本土化最重要的一环，这主要因为本地人员熟悉当地的风俗习惯、市场动态及政府方面的各项法规，而且和当地的消费者容易达成共识，使企业能在当地拓展市场，站稳脚跟。实行生产本土化，把子公司的生产体系纳入到全球的体系中去，才能从根本上解决产品质量的高标准，才能为消费者提供更好的产品，也才能真正回归到竞争的根本。只有实行营销本土化，才能够从心理上、从文化上获得消费者的接纳和认可。实行语言文字的本地化，一来显示母公司对子公司员工的充分尊重，二来也有利于公司文化的真正融合。

五、跨文化管理的策略

1．正确认识及分析文化差异

首先，要理解自己的文化，对自己的文化模式，包括其优点的理解，能够促使所谓文化关联态度的形成，这种文化的自我意识使我们在跨文化交往中能够获得识别自己和有关其他文化之间的雷同和差异上的参照系。其次，要对东道国的文化如价值观、民族宗教信仰、社会制度、行为方式、经营理念等进行深入、全面、细致的调查和了解。此外，还应该调查本企业有哪些不同文化背景的员工，在尊重文化差异、求同存异的基础上，进行文化诊断，找出哪些差异可以为企业带来竞争优势，哪些差异可以导致冲突，要尽量规避，或者采取化解的方式，对各种文化差异做到心中有数。

2. 坚持以人为本

跨国企业的发展主要是依靠人才资源。文化的整合实际就是人们价值观念的整合，是人们思想的整合，最终体现在人们的行为上。跨文化管理的目的就是要使不同的文化进行融合，形成一种新型文化，而这种新型文化只有根植于企业所有成员之中，通过企业成员的思想、价值观、行为才能体现出来，才能真正实现跨文化，否则跨文化管理则会流于管理的形式。

同时，实施跨文化管理的主体也是人，即企业的经营管理人员。在跨国公司中，母公司的企业文化可通过企业的产品、经营模式等转移到国外分公司，但更多的是通过熟悉企业文化的经营管理人员转移到国外分公司，在跨国公司的资源转移中，除资本外就是经营管理人员的流动性最强。

由于跨文化管理的主体和客体都涉及人，因此，在跨国公司的跨文化管理中要强调对人的管理，既要让管理人员深刻理解母公司的企业文化，又要选择具有文化整合能力的经营管理人员到国外分公司担任跨文化管理的重要职责，同时要加强对公司所有成员的文化管理，让新型文化真正在管理中发挥其重要作用，促进跨国公司在与国外企业的竞争中处于优势地位。

3. 开展跨文化教育和培训

跨文化教育与培训是跨文化管理的重要内容。跨文化培训的主要内容有对文化的认识、敏感性训练、语言学习、地区环境模拟等。文化敏感性训练是为了加强人们对不同文化环境的反应和适应能力，促进不同文化背景的人或在不同文化地区工作的人组织在一起进行，通过简短演讲、角色扮演、情景对话、实例分析等形式，以期有效地打破每个人心中的文化障碍和角色束缚，更好地找出不同文化间相同之处，加强每个人对不同文化环境的适应性，加强不同文化间的协调相融、相互适应。

通过文化差异的识别和敏感性训练，提高公司职员对文化的鉴别和适应能力。在文化共性认识的基础上，根据环境的要求和公司战略的需要建立起公司的共同经营观和强有力的公司文化。它有利于减少文化冲突，使得每一个职员能够把自己的思想与行动同公司的经营业绩和宗旨联合起来，同时又能在国际市场上建立良好的声誉，增强跨文化企业应付环境变迁的能力。在确定跨文化企业公司文化时必须突出公司经营目标的明确性、连续性、一致性。

4. 建立良好的跨文化沟通渠道

信息跨文化沟通渠道，已成为跨国经营管理中的重要资源。因此，跨国企业的管理模式不能简单地模仿和沿袭某一种文化的管理模式，而应建立一种有利于不同管理文化双向沟通的跨文化管理模式。日本公司在国外的高度适应性也经常归因于这种跨越边界、开放式的信息流通，从而创造出一个"学习型组织"。在此模式下，不同文化背景的员工均有参与企业管理的权利与义务，同时不同文化背景的员工可以平等友好地畅所欲言，相互沟通学习，从而淡化民族意识，培育全球经营理念，实现不同文化的真正融合。

5. 促进文化融合

文化融合是指不同文化间在承认、重视彼此间差异的基础上，相互尊重，相互补充，相互协调，从而形成一种你我合一、全新的组织文化。文化融合分三个步骤：同化、规范与融合。同化，是指通过沟通使外籍员工认同公司的愿景，增强其主人翁意识和归属感及对公司品牌的自豪感，增进其对公司基本架构和营运情况的了解，帮助他们最大限度地融入公司的日常运作。规范，是要求企业制定清晰、完整、稳定的公司政策和各种规范，并要求所有中外员工共同遵守，进行规范化管理。融合是指剔除那些消极的、不利于新企业文化形成或阻碍企业发展的文化成分，并继承和吸收双方文化中的优秀成分，在相互渗透与充分融合的基础上，找到双方文化的结合点，建立共同的价值观，发挥两种文化的优势。

6. 弘扬新的企业文化并建立反馈机制

建立了全新的企业文化以后，要建立和谐的人际关系和畅通的文化网络，利用一切宣传媒体和舆论工具，创造浓厚的文化氛围，宣传企业价值观、企业理念等企业文化精神，并创造一种相对宽松的环境，使员工在心理上有一个适应的过程，从而逐渐接受新的企业文化，并使员工将自己的个人价值观和思想行为逐步同企业的价值观、企业的经营目标、经营宗旨统一起来，增强员工的归属感，增强跨国企业的凝聚力和向心力，充分发挥新企业文化的功能，实现对员工的软管理。

此外，还应该建立反馈系统检验新企业文化是否有利于减少企业跨文化冲突和矛盾，是否能提高企业管理的效率，是否能提高企业的竞争力，并提出修改意见。宏观的反馈系统可以通过对新的企业文化的认同感的测量和评价来进行。微观的反馈系统可以通过员工对跨文化沟通满意感的测量和评价来进行，通过反馈系统不断地修正文化整合过程中的具体实施环节，促进文化融合。

7. 优化跨文化人力资源的配置与开发

跨文化人力资源管理是跨国企业为了保持竞争优势在人员招聘、任用、工作分析、绩效考核、薪酬管理等方面，根据文化差异的特点进行合理控制和管理，从而提高人力资源配置与适用效率和效益的管理活动。据 Selection Research International 咨询公司称，对跨国公司而言，一项失败的外派任职的直接经济损失在 2 550 万美元左右，更可能会造成业务机会的丧失、关系网络的破坏等无法估量的间接损失。所以，海外管理人员的选聘尤其重要，可以通过母国外派、东道国选聘、第三国选聘三种渠道来选聘具有跨文化背景和丰富的跨文化管理技能的高级人才。跨文化的管理关键是对人的管理，因此必须通过熟悉企业文化的高级管理人员将不同的文化进行融合，形成一种新型的文化，并根植于企业所有成员中，通过企业成员的思想、价值观、行为体现出来，才能真正实现跨文化管理的目的，提高跨国企业在跨国经营中的竞争力。

随着经济全球化趋势的日益加剧，跨国公司不仅在各国的国民经济和对外贸易发展中发挥着重要作用，同时也充分体现了不同文化在同一时空的碰撞与融合。跨文化管理是跨国企业管理中不容忽视、不可缺少的一部分。跨文化管理对跨国企业生存和发展有重要影响，对企业的生产力发挥着重要的作用。跨文化管理是一项艺术，它不是静止的，而是在跨文化的各项管理活动中不断发展变化的。进行跨文化管理，是利用跨文化优势，消弭跨文化冲突，使企业进行成功跨国经营的战略选择。

掌握跨文化管理的艺术与技巧，实施一套行之有效的跨文化管理策略是企业能够从容驰骋于国际舞台、实现成功经营、拥有持续竞争力的有力保障。

案例1 长安福特的跨文化冲突

一、案例介绍

长安福特汽车公司成立于 2001 年 4 月 25 日，公司采用合资经营方式，注册资本为9 800 万美元，由中国主要的汽车公司之一的长安集团和美国福特汽车公司共同出资成立，中外双方各持股情况为：长安集团 24%、长安汽车 26%、福特汽车 50%。长安和福特双方各持 50% 的股权。长安福特公司实行董事会领导下的总裁负责制。

长安福特的核心价值观是："我们的业务动力源于我们对消费者的关注及我们的改造力、智慧和创业精神。我们尊重差异、重视每个人的贡献、坚持诚信、积极为社会作出贡献，持续改进我们所做的每一件事。"这种企业文化能使加入公司的员工放弃以前不适宜新文化的行为习惯和利益取向，最终可能使长安福特形成一个积极向上、强调创新、具有很强亲和力的企业文化。既体现了强烈的市场意识，又体现出文化包容性。这样的文化观吸纳了福特文化中的价值、创新等理念，又反映出长安公司积极为社会贡献的爱国精神。

长安福特公司跨文化冲突表现在如下方面。

1. 个人主义和集体主义

美国的社会文化以个体为基本单位，因为美国是一个移民国家，从西部拓荒时代至今，美国聚集了那些远离亲人靠自己力量想赤手空拳打天下的人，他们极其崇尚个人主义与独立。与美国文化不同，集体主义是影响中国文化的重要因素。这是由于在中国文化中，团体是社会的基本组成单位，一个人的身份是由他所属的团体来定义的。中国人具有妥协甚至中庸的民族性格；讲求以"和为贵"的统一与和谐，善于运用平衡、协调解决冲突和对立；重视伦理与道德，讲究等级秩序；推崇集体主义和艰苦奋斗精神，鄙视个人主义和享乐思想。在中国，人情经常是重于道理的，中国人十分重视人际关系和情感。

价值观的不同表现在工作上，长安福特中的外籍主管总是将工作的内容及具体任务、责任分配都表述得相当清楚，划清自己的工作与他人工作的界限。但这并不表示他们就不互相帮助，外籍主管虽然本身很乐于助人，但除非你主动要求，否则他不会主动来帮你。这样的观念差异往往让中方员工觉得外籍主管自我和人情淡漠，而外籍主管认为中方职员工作缺乏主动性和责任感。

每当长安福特开会时，一般提反对意见的是美国人，因为在他们看来公开发表不同意见是一种健康的行为，而对于大多数中国人而言，"和为贵"的文化，即维系和谐与关系则显得更为重要。由此可见，正是由于这种文化渊源的价值观的差异导致双方在管理上的冲突和矛盾。

2. 自我与无我

在长安福特对于员工处罚是否公示的问题，中美双方的观念完全不同。中方管理者认为无论是表扬或处罚，最好广而告之。而美方则更重视正激励，比如员工过生日，人力资源部应亲自电贺，对于晋升、嘉奖等表扬也都要公告。但不主张公开批评，他们认为这样的做法是侵犯个人隐私，会对犯错人的自尊造成伤害。

中方管理者认为小错误可以不公开，但大问题、很严重的错误必须公开，只要提前告知该员工并帮助他改进，是既可以警示本人及其他人，又有利于本人的进步的，这样的做法在中国企业是很正常的。在这一点上双方争执很大。

类似处罚是否公示这类冲突正是中美双方对于"自我"观念理解的差异。中国受儒家思想影响将"无我"视为高尚的精神境界，主张顺从、克己。美国文化强调"自我"在价值体系中的中心地位，倡导自主、责任、自尊。因此，美方管理者认为处罚公示是一件有损员工"自我"的做法，而中方管理者则不那么认为。

3. 上下级关系

在美国，大多数企业的下级对上级有一定的建议权、质疑权，下级在自己的职责范围内有较大的自主权。地方政府部门对管辖区内的企业无直接控制权。在对不同意见的表达方式上，中国员工比较含蓄，遇事一般不会明确表达自己的看法，有不同意见也不会当面直接陈述，避免发生冲突，使双方面子上挂不住，很尴尬，尤其是在开会时，一般只有领导发表其决定，员工很少发表意见。而外国员工则比较喜欢直来直去，有意见当面提，想什么说什么，"对事不对人"，发生再激烈的冲突，朋友还是照样可以做下去。

这在长安福特表现很明显。中方员工很少当面质疑上司。而美方员工则往往直接对上司表达自己的反对意见，同时很敢于发表对公司政策的质疑。长安福特的中方人员对某事如果有不同看法，通常不是当面直抒己见，而是喜好背后议论。而美国人则是直截了当说明真相。

4. 情、理、法

中国讲究"关系"哲学，无论对政府部门还是对宣传媒体，往往非常注重组织间、人际间的相互关系，管理关系与个人关系也经常互相渗透和影响，并流行请客送礼。但长安福特的美方管理者工作内外关系界定较清楚，完全不理解也不能接受这种"混合"方式。中方管理者虽然尊重外方的观念，但认为还是要适应中国国情。结果美方某些"不近人情"的做法，一度使公司公关和宣传很不到位，致使很长时间长安福特同政府和媒体的关系不佳，其结果是不仅媒体报道率低，而且负面宣传多，甚至有些不实报道，也没有充分获得政府方面的支持和帮助。在经过内部多次讨论之后，最终双方达成共识：其一加强公益形象的宣传，比如增加对重庆大学、湖南大学赠车等善举；其二经常邀请媒体到公司参观访问，协调好与媒体的关系，进而影响公众。

长安福特的美方管理者笃信企业制度的权威性，而中方成员往往制度观念弹性大。长安福特公司的成品车事件就是这方面文化差异的一个典型例子。长安福特公司有明确的制度规定：任何员工不得擅自动用成品车。外方老总认为有制度保障，即使钥匙放在成品车上，也应该不存在安全隐患。中方管理人员则心存疑虑：他们担心基层员工可能会出于好奇或其他原因去试车，更担心引发其他危险，所以最好将成品车钥匙交由专人保管。但总裁（美）坚决不同意，他认为这样的做法很不尊重人权。在总裁及其他美方管理者的坚持之下，经营会议决定，先按外方的意见试行一段时间。结果不到一个月，就有部分员工下班后去动车，并最终酿成两起成品车被损坏的事件。尽管人力资源部最终按制度对肇事者予以开除，但事情处理完后，总裁依然感到不可思议。

其实上述冲突所存在的文化差异是源自"法治"与"人治"观念的差异，这种差异往往会直接反映在合资公司的经营管理中。美国人的法律意识是根深蒂固的，在美国，治国依靠的是基本国策、法律，自然，治厂也就要靠规章制度，美国企业管理遵循"法、理、情"的次序，主要依赖严格的法规进行管理；而中国的管理受儒家思想的影响遵循"情、理、法"的次序，将企业管理建立在和谐、彼此信任的人际关系的基础上，无论是机关、学校，还是工厂、商店，都在一定程度上实行了以"情"为中心的人治。

作为福特这样的美国企业，一般是在法律环境比较严格和完善的条件下开展经营与管理，自然会用法律条文作为自己言行举止的依据，而受儒家文化影响的中方合作者，不可避免地习惯于以往的思维模式，表现为政府、媒体也强调以"情"为基础的人际关系，中方员工则"法"制观念弹性大。然而福特方固执地认为在企业法制管理建设中，应该少讲人情和关系。这显然是受到美式法制建设模式的影响而没有充分考虑儒家文化区企业的社会文化特点，因此容易招致周围环境的抵触甚至排斥。

5. 决策方式

由于中国文化的集体主义和高风险规避倾向使得长安福特的中方主管在做重大决策时都一定要咨询别人的意见，而且会考虑维持和谐、降低冲突的各种因素。而美国文化则典型具有个人主义和低风险规避倾向。在决策方式上，国内企业的决策常由集体作出，其责任、功绩也都属于集体。美国习惯于个人作出决策，个人对决策承担最终责任。与此相适应，美国的企业倾向于决策的分散化，国内的企业倾向于决策的集中化。

体现在长安福特中，中方管理者习惯于集中决策，决策时常拟订十分详细的方案，征求多方的意见后进行修改和选择，然后据以制订实施程序、细节安排和建立计划考核的方法。而美方管理者习惯于责权明确的分散决策，实行独立决断和个人负责。中方的决策程度一般是由工作人员调查情况，领导分析决断，再由工作人员贯彻执行，决策细致而缓慢，美方管理人员则要求有职有权，在了解问题过程中就解决问题，决策速度和工作节奏很快。正是这样的思维习惯使得美方经理常常抱怨公司决策过程太慢，每件事都要开两三次会议，考虑上下级的关系和方方面面的问题，再选择向左还是向右，而且有时决策是否有效还要看雇员、客户、本公司员工和各级领导四方面能否都满意。

6．尊老与能力至上

在对员工年龄的看法上，不同文化背景的管理者持有的文化价值观是不同的。中国文化十分重视尊老，在管理上尊重年长的，视年长者为知识、经验、能力和权威等各方面素质的代表，故而长安福特中方代表在用人政策上仍受"论资排辈"模式的制约。美国文化则视其为不重要，反而极其重视尊重青年，奉行"能力主义"。

（资料来源：林海棠，薛静，李浩．中外合资企业的跨文化冲突研究．现代企业，2007(2)；网络文章：曾艳．中美合资长安福特公司跨文化管理研究．重庆大学，2004-10-15）

二、思考·讨论·训练

1．长安福特的企业文化冲突根源是什么？
2．请对长安福特的核心价值观进行分析。
3．请提出解决长安福特企业文化冲突的具体方案。

 案例2 迪斯尼为何兵败巴黎

一、案例介绍

提起迪斯尼，人们自然会想起诡计多端的米老鼠和笨拙可爱的唐老鸭，这些形象作为美国文化的象征，征服了不同国籍、不同肤色的儿童，甚至也吸引了不少成年观众。1955年，占地30公顷的"迪斯尼乐园"在美国加利福尼亚州开放；1972年，"迪斯尼世界"在佛罗里达州建成；1983年，迪斯尼又走出国门，把迪斯尼文化推向了日本，建成了占地200英亩的东京迪斯尼。接二连三的成功，使迪斯尼公司的领导头脑膨胀了，他们企图把这些成功的套路再搬到欧洲，创造第四个奇迹。然而，事与愿违，巴黎不是佛罗里达州，"唐老鸭"终于碰了个大钉子。

（一）迪斯尼的欧洲梦

东京迪斯尼乐园的成功使迪斯尼的经营者开始做起了欧洲梦。在寻找建设迪斯尼的场所时，迪斯尼的管理者们考察了欧洲200多个地方，最后选中了巴黎。

优越的地理位置成了最后的决定因素。调查表明，驱车2小时到达巴黎的人数为1 700万人，4小时以内到达的为4 100万人，6小时内到达的为1亿多人，乘飞机2小时以内到达的人数则为 3 亿多。况且，巴黎原本就是欧洲最大的旅游胜地。法国政府也希望借助这个项目来提高就业率，巩固它作为欧洲旅游中心的地位。法国政府期望这个项目至少创造 3 万个就业岗位，每年从外国游客中获取 10 亿美元的收入，所以，给了这个项目以空前的支持。美国人最善于理性思维，在决策阶段，他们的账算得精明到了极点。公司的管理者最初预计第一年就会有1 100万欧洲人光顾这一举世杰作。因为，在此之前有 270 万欧洲人光顾了美国的迪斯尼乐园，并消费了 16 亿美元。公园距离的缩短会吸引更多的游客。迪斯尼的管理者们甚至在进一步计算之后认为，原先对于1 100万人的估计太保守了。这是因为迪斯尼乐园在美国的 2.5 亿人口中，每年吸引游客4 100万人，占总人口的 16.6％。那么，如果按照同样的比例，欧洲迪斯尼每年的游客量应该达到6 000万（西欧人口为 3.7 亿）。更为乐观的是：欧洲人比美国人有更长的假期。比如，法国和德国雇员的假期一般来说是五个星期，而美国雇员的假期只有两个星期或三个星期。

于是，一个庞大的计划产生了：这座欧洲迪斯尼乐园，将成为一家投资 44 亿美元的企业，它占据了巴黎以东 20 英里的5 000英亩土地，并准备配有 6 家饭店和5 200个房间。迪斯尼还将开发一个商用综合楼群，它的规模仅比巴黎境内法国最大的 La Defense 公司稍小一点。计划将建成购物中心、公寓住房、高尔夫球俱乐部和度假村。迪斯尼的管理者们对于这个占地相当于巴黎面积1/5的大型企业的前景充满信心，他们所担心的是这个公园还不够大，不足以应付欧洲蜂拥而来的游客。一位迪斯尼的高级管理人员甚至放言："我们最大的担心是我们太成功了。""我认为它不会失败。迪斯尼是市场的主宰者。当公园向公众开放的时候，它将会很成功。"

（二）米老鼠好梦难回

欧洲迪斯尼乐园最终耗资 44 亿美元。在这项工程中迪斯尼公司拥有 49％的股份，这是法国政府所能容忍的最大限度。这部分股份使公司投资了 1.6 亿美元，其他投资者投资了 12 亿美元。剩下的是政府、银行和融资租赁公司以贷款的形式进行投资。

迪斯尼公司的收益始于公园开放以后。公司获得 10％的门票收益和 5％的来自食品和其他商品的收入。这与迪斯尼公司在日本的公园的比例相同。为适应游客需要，公园里有两种官方语言：英语和法语，但是来自荷兰、西班牙、德国和意大利的游客也能很容易地找到精通多国语言的向导。根据法国科幻小说家凡尔纳的设想，建立了"发现岛"，一个具有 360 度屏幕的球幕电影剧场，目的是使游客们了解整个欧洲的历史，就连白雪公主也说起了德语。然而，机灵的米老鼠最终还是在欧洲人面前栽了跟斗。法国的"左"派示威者们用鸡蛋、番茄酱和写有"米老鼠滚回家去"的标语来回敬远道而来的美国人。一些知识阶层的人士甚至将刚刚诞生的米老鼠和迪斯尼公司视为对欧洲文化的污染，他们称公园为可恶的美国文化。主流新闻界对该公园也持反对态度，他们幸灾乐祸地描绘迪斯尼的这一次失败。

鸡蛋、番茄酱都可以忍受，最让人烦恼的是财务上的亏空。公园自从 1992 年开放以来，收入令人难以置信地没有达到预定的目标。一是公园开放时正值欧洲严重的经济衰退，欧洲的游客们因此比美国的游客节俭得多。许多人自己带饭，不住迪斯尼宾馆。而实际上，迪斯尼最初对于公园门票和酒店的定价是为了达到收入的目标，并假定任何价位都是可以被接受的，因为欧洲没有第二个迪斯尼，该公园的垄断地位有利于实施它的高价位策略。公园门票成人的票价是 42.25 美元，比在美国的公园门票的价钱还要高。公园门口的迪斯尼宾馆一个房间一晚的价钱是 340 美元，相当于巴黎最高档的宾馆的价钱。

最让人不可思议的是，迪斯尼的决策者们在游客数量预测上所犯的简单错误。他们轻易地照搬了迪斯尼在美国的数据，认为佛罗里达迪斯尼世界的游客们通常要住上 4 天，而欧洲迪斯尼乐园只有佛罗里达迪斯尼世界的 1/3，游客们怎么也得住上 2 天。实际情况却是：许多游客一大早来到公园，晚上在宾馆住下，第二天早晨先结账，再回到公园进行最后的探险。精明的欧洲游客们不愿意把更多的时间、更多的金钱花在迪斯尼昂贵的商品和服务上。结果使宾馆的住房率很快降到了 50%。所以，尽管欧洲迪斯尼乐园看准了自己的垄断地位，管理者认为它的需求曲线是缺乏弹性的，游客们不会太在意门票价格和服务价格的高低，因此游客们会忽略较高的价位而纷纷涌向公园。但是他们所没有估计到的是欧洲人的精明干练，由于价位太高，他们会缩短停留的时间，避免住酒店，自带食品和饮料，谨慎地购买迪斯尼的商品。最终，大量节俭的欧洲游客并没有满足迪斯尼公司在收入和利润上的目标及弥补他们日益膨胀的管理费用。

还有一些则是文化上的差异造成的。比如，一项在公园内不准饮酒的规定，引起了午餐和晚餐时都要喝酒的欧洲人的不满。迪斯尼公司认为星期一比较轻松而星期五比较繁忙，因此也相应地安排员工，但是情况却恰恰相反。他们还发现游客到来有高峰期和低峰期，高峰期的人数是低峰期的 10 倍。在低峰期减少员工的需求又违反了法国关于非弹性劳动时间的规定。另一个不愉快的问题是关于早餐的，"我们听说欧洲人不吃早餐，因此我们缩小了餐馆的规模，"一位管理者回忆说，"你猜发生了什么？每一个人都需要早餐！我们要在只有 350 个座位的餐馆里提供 2 500 份早餐，队伍长得吓人"。

迪斯尼还有一个未考虑到的需求，这就是来自旅游汽车司机的需求。为司机们建造的休息室只能容纳 50 名司机，但是在高峰期每天有 2 000 名司机需要休息。难怪有人以讥讽的口吻说："从不耐烦的司机到抱怨的银行家，迪斯尼乐园踩在欧洲人的脚趾上了。"

在 1993 年 9 月 30 日结束的财政年度里，这个娱乐公园已经损失了 9.6 亿美元，这意味着每天要损失 250 万美元，公园的前景值得怀疑。直到第二年春天，沃尔特·迪斯尼不得不筹措了 1.75 亿美元来挽救欧洲迪斯尼乐园。这个奄奄一息的公园所面临的最大问题就是沉重的利息负担。因为在 44 亿美元总投资中仅有 32% 是权益性投资，有 29 亿美元是从 60 家银行贷款借来的，并且贷款利率高达 11%。因此企业负债沉重，已不能靠经营来弥补由于利率的上升而增加的管理费用，与银行之间关于债务重组、提供新贷款的交涉也就变得十分重要。

（资料来源：侯松贵．企业文化怎样落地．北京：中国纺织出版社，2005）

二、思考·讨论·训练

1. 试分析迪斯尼兵败巴黎的原因。
2. 美国文化与法国文化的冲突表现在哪些方面？
3. 美国迪斯尼公司怎样解决面对的问题？请谈谈你的看法。

案例3 中远渐进式跨国经营战略

一、案例介绍

中远中国远洋运输（集团）总公司被经济学家们称为"新国企"。所谓"新国企"，按专家们的定义是："按常规而言，排名靠前的十余家中央企业将贡献利润的大部分，这些企业已经不同于传统意义上的旧国企，而显现了新的特质。"学者赵晓认为，衡量"新国企"的标准包括四项主要指标："包袱是否消除""治理结构是否完善""管理是否规范""竞争力是否强大"。中远集团总裁魏家福在美国哈佛大学的一次演讲中，以流利的英语和坚定的口气说："外国企业能做的事，中国的国有企业同样能做到。"他的演讲，被称为"魏氏理论"，他所诠释的"新国企"案例已入选哈佛教材。

作为"新国企"，中远集团在进行跨国经营过程中，采取渐进式的跨越战略。

（一）从全球承运向全球物流的转型

这家曾处于亏损边缘的老国企，现在已经成为六大盈利中央企业中唯一一家非垄断性企业。从单一的船队经营，发展成为现在以航运为主业的全球物流经营商；从没有多少话语权，到如今举办大型国际海运论坛，它们着实让国际航运界感受到了"中国因素"，进而促使其对中国"新国企"进行重新认识。中远意大利分公司总经理傅承求进军意大利市场，便是中远渐进式跨国经营的典型案例。

在欧洲相对封闭的意大利，中远意大利分公司总经理傅承求用了 11 年的时间，以合作及收购的方式找到了跨国经营的最佳发展途径。1995 年，傅承求被中远总部派到意大利西北部的热那亚时，中远在这个欧洲著名的港口城市只有一间办公室，每月两班船从远东航线到港，货物进出总量不过 1 万标准箱。中远高层交给傅承求的唯一任务就是，负责组建中远意大利公司。从此，一个意大利单词都不会的傅承求就带着翻译开始了在陌生国度的征战。其时，以国际航运为主业的中远刚刚开始国际化尝试，公司除了不断扩大通往世界各地的航线外，还与各个国家的港口逐渐建立了稳定联系。1998 年新总裁魏家福上任后，这一步伐开始加快，尤其是立志向综合性跨国物流公司转变后。到 2005 年为止，中远集团的总资产已达 180 多亿美元，成为全球第二、中国第一的航运巨头，现有 700 多家分公司，7 家上市公司，职员 8 万余人，拥有 600 多艘现代船舶，3600 多万载重吨，穿梭于全球 160 多个国家和地区的 1300 多个港口，2006 年盈利 200 亿元人民币。魏家福被美国洛杉矶港务局授予航运界的"诺贝尔奖"——"荣誉领航人奖"。

在傅承求的手中，中远意大利分公司则从最初只有简单的船舶代理业务，到现在拥有两个物流公司、一个海空货运代理公司及三条自我经营的支线。此外，中远还联合瑞士地中海航运公司收购了意大利那不勒斯港最大的集装箱码头营运商 Conateco，各占 46.25％股权；同时与该港港务局达成初步协议，两家公司合资 1.5 亿欧元经营新建 Darsena diLevante 集装箱码头，并在 3 年内将所有中转航线运输业务迁移至那不勒斯港，预计可为该港增加 80 万箱的货物吞吐量。这无疑是最符合目前中远"以航运为依托向全球物流经营人转变"的策略。尽管在收购后遭遇了工人罢工等麻烦，但傅承求还是依靠耐心与技巧赢得了当地人的认同。

（二）合资、收购：渐进式进入的最佳方式

维苏威火山下的那不勒斯是意大利南端著名的旅游胜地，浓烈的地中海风情和悠闲的旅行者并没有掩盖这个港口城市特有的繁忙。在通往那不勒斯方向的高速路上，可以看见一辆辆载满货物的卡车飞驰而过，距离城市中心几公里以外的地方便出现很多巨大的货场，其中堆满了大大小小的集装箱。

然而当中远圈定那不勒斯为第二个落脚点的时候，这里还远非今天的样子。1994 年，那不勒斯港曾经进行过私营化改造，当时五个码头工头合伙买下了所有股份，但由于私人经营者不愿意对基础建设持续投资，因此港口的经营状况非常不好，最后不得不考虑转手。而那不勒斯所在的坎帕尼亚大区则是典型的南方风格：当地人热情好客，但不大守时。11 年的意大利生活已经让傅承求对当地的一切了如指掌："和南部人做生意要讲究技巧，在北部就可以直截了当。"有一次傅承求约了一家南部公司的合伙人谈生意，对方说好了五分钟后到，但过了半个小时后还没有出现，傅的同事有些着急了，猜测对方是否是骗子，傅承求却毫不惊慌地说："这是他们的习惯，可以再等等。"结果等到一小时后，对方终于现身，傅承求马上拍着其肩膀说："来得很快，很准时。"对方则很高兴地对傅承求说："和中远做生意什么问题都可以谈。"

实际上，这只是做生意的技巧之一，中远在意大利最大的成功得益于适合当地环境的经营模式。1995 年，傅承求到了意大利后，首先花了整整 3 个月时间研究当地的市场和环境，做了将近一尺高的报告送回北京。与德国、荷兰等国家相比，意大利的海岸线更长，地理位置也更接近非洲，虽然属于欧洲的发达国家，但南北部经济差距很大，南部的西西里等地相对落后。同时，由于当时中远本身的海外业务扩张还处在起步阶段，因此最终决定在意大利设立一家合资公司以降低风险。

于是，中远集团旗下天津中远货运有限公司的一家代理公司——意大利考斯里奇兄弟公司进入了公司高层的视野。这是一家意大利著名的老牌家族企业，已经有上百年的经营历

史。早在第一次世界大战前就是当地有名的大船东之一，但在两次世界大战中均损失惨重，因此战后放弃了原有的高风险业务，改做船务代理、法律等业务。但当中远找上门时，考斯里奇兄弟公司却并不愿意合资。对于这家饱经战乱和危机的企业来说，任何新事物都不会让他们立刻产生兴趣。在傅承求接手之前，中远已经同考斯里奇兄弟公司沟通了很久，但对方始终犹豫不定。然而机会将转瞬即逝。此时傅承求决定利用心理战术，他首先找到考斯里奇兄弟公司的负责人，告诉对方中远只能给其一周的时间考虑，同时，傅开始在意大利频频拜会其他企业。这一来，考斯里奇兄弟公司开始坐不住了，"一周后，他们就答应了合资要求。"中远同考斯里奇兄弟公司各自持有50％股份。

"意大利是个什么都办不成，也是个什么都能办成的地方。"中国驻意大利大使馆公使衔参赞张俊芳说，由于意大利的法律法规相当健全，初来乍到的外国公司要想完全理解当地的法律需要花不少时间。实际上，在这里经营的外国公司只要稍有疏忽，就会有经济警察出来干预，而且意大利是个比较封闭的国家，任何要想打入意大利的外资企业都很难迅速被当地的主流商业阶层接受。

同考斯里奇成立了合资公司后，中远的很多问题便解决了。"同警察局、交通部打交道等事情一律由考斯里奇兄弟公司出面。"傅承求说，"中远则负责业务经营。"经过多年的磨合，双方已经相当默契，中远集团总裁魏家福甚至称其为"海外业务的一个典范"。

在这个合资公司取得进展后，中远开始尝试在当地向更广阔的物流领域发展。为了降低船舶代理业务的运营成本，中远从1998年就开始尝试在意大利投资码头。2005年同地中海航运公司共同收购了Conateco的股份后，集装箱在那不勒斯港的装卸成本从原来的96欧元/标准箱降低到80欧元/标准箱。同时，中远同意大利国有的铁路公司、陆运拖车公司和渡轮公司全面签署了服务协议，将服务从那不勒斯、热那亚、威尼斯等主要港口城市延伸到了意大利的内陆地区。

（三）从"跨国经营"到"跨国企业"

凭借运力和货源的优势，中远集团在扩大船队规模、抢占航运市场份额的同时，也紧锣密鼓地在全球扩张码头版图，实现"港航联盟"是它们从跨国经营转变为跨国企业的标志。

在2006年年底举办的国际海运年会上，魏家福称，中远集团近年的战略调整之一就是发展"与航运相关的码头产业"，他断言："航运公司投资码头正成为一个全球性的趋势。"

在国内，它们拓展码头的脚步遍及大江南北。2007年3月31日，本是桃花盛开的季节，气温却高达零上32度。下午时分，福州西湖酒店的三楼会议厅里，福建省省长黄小晶带领4位副省长与中远集团总裁魏家福签署了闽省与中远的"战略合作框架协议"。双方决定：将在修造船、码头建设、物流、航运及其他业务领域建立全面的合作关系。迄今为止，中远在福建的项目已经累计投入50亿元，还有50亿元正在投入，而且，计划中的还有50亿元。魏家福坦陈，中远"看中"福建，一是因为独特的地理区位，二是因为丰富的深水岸资源，三是因为中央对海峡两岸的支持。黄小晶则盛赞中远是家"有激情，有眼光，有竞争力"的中央直属企业。

　　但事实上，中远与福建的合作，仅仅是其布局国内港口群、投资码头建设的一部分。按交通部的规划，我国的港口分为环渤海地区、长三角、珠三角、东南沿海和西南沿海五大港口群。仅仅三五年时间，这些港口群的主要城市和主要码头，已经均有中远介入。

　　在环渤海地区，中远向天津投入 120 亿元，发展这里的港口、航运基地。同时，它们与世界头号航运公司丹麦马士基集团、世界第二大航运公司英国铁行集团等共同出资 8.87 亿美元，组建青岛世界级集装箱码头公司。

　　在长三角地带，它们联手马士基、和黄、中海和上海港务集团等中外港航巨头，共同出资近 70 亿元，开发众所瞩目的上海洋山港二期工程。在万里长江第一港的太仓港，中远与当地合作开发的"中远国际城"，更为该港迅速开辟国际集装箱航线提供帮助。而上海浦东国际集装箱码头、上海集装箱码头也有它们的股份。

　　在珠三角，它们与马士基、广州港集团合作，联手开发的南沙港区二期工程 6 个集装箱深水泊位的建设经营，投资总额约为 40 亿元。同时，中远还参股经营盐田国际集装箱码头、蛇口集装箱码头。

　　在西南沿海，它们已经"盯上了"湛江港航运和码头的开发合作。此外，它们还带着 100 亿元的资金走进海南，计划与当地政府在码头、物流、航运、修船基地和博鳌亚洲论坛五个领域合作经营。

　　在国外，它们投资全球各地的码头，同样频频出手。到目前为止，中远集团全球共拥有 34 个码头泊位，分布在中国的香港、上海、青岛、天津、大连、深圳、太仓、营口及美国、新加坡和意大利等地，码头总资产超过 200 亿元人民币。年处理箱量达 1 300 多万箱，成为世界第八大码头经营者。

　　中远的战略实施，让世界上越来越多的人认识了中远，也认识了中国的国企。2003 年，温家宝总理访美，与美方签订《中美海运协定》。中远从此获得了同等运价竞争权，更为中远从跨国经营向跨国企业的转变扫除障碍。作为国际航运的跨国企业，中远集团"大手笔"参与全球的码头建设，为公司的船舶争取了主动权，保证了船期，降低了费率和航运市场波动造成的风险。

　　魏家福说："原来中远成立的时候就是跨国经营，那时是从中国承揽外贸运输和经济援助的货物到国外，此为跨国经营。但跨国经营并非跨国企业的概念，跨国企业有几个基本的指标，比如说第一，你这个企业的资产至少有一半以上是在境外的；第二，你的主营业务收入至少有一半以上是来自海外的；第三，你的员工应该有一半以上也是在海外的。"

　　"我们现在做到了两条：第一，我们的资产一半以上在海外；第二，我们的主营业务收入一半以上来自海外。人员这一条我们现在没做到，将来我们也做不到，为什么？中国的劳动力成本低啊，我们在上海花几千元人民币就可招到人，而在美国的薪酬却要八九千美元。但我们是全球化思维，本地化运作，我们全球共有 4 000 名外国雇员，但是相对于我们的 8 万员工，海外职员还是少数。但是将来也不可能让海外雇员成为多数，因为现在进入信息化

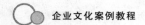

和 IT 时代，我们在上海通过 IT 网络做美国的单证，现在我们在上海的单证中心可以做全球的单证，比如在美国、欧洲装货，我们就在上海打单子。"

这是魏家福也是中远集团的务实所在。正因为如此，它们拓展码头的终极目标，是基于中远"向航运两端延伸，发展物流"的战略考虑。

（资料来源：中远集团网站，http：//www.cosco.com/cn/；黄河涛，田利民．企业文化案例选评．北京：中国劳动社会保障出版社，2008）

二、思考·讨论·训练

1. 中远集团是怎样实现"从全球承运向全球物流转型"的？

2. 中远集团为什么能实现跨国经营与文化整合成功对接？

3. 中远集团从"跨国经营"到"跨国企业"转变给人们哪些启示？

 东风—日产公司通过文化融合实现双赢

一、案例介绍

"两个完全不同的大型汽车企业，历史不同，走过的路不一样，而它们能完全走到一起，是很难的，这是文化融合的结果。"在东风公司成立 40 周年之际，作为东风公司最大的合资伙伴，东风有限公司总裁中村公泰这样评价日产与东风这 6 年来的合作。

无论是东风有限公司的前任总裁中村克己，还是现任总裁中村公泰，两位总裁在推行中国战略上，无一例外地都将双方文化融合上升到了战略高度加以推广，因此，东风日产曾被誉为中外文化融合最好的合资公司。

作为中国合资伙伴最多、合资战线最长的汽车集团——东风公司，合资伙伴的经营业绩和盈利水平，对集团具有举足轻重的作用，合资伙伴的市场表现，在很大程度上决定着东风在中国市场的地位。

而在东风众多的合资伙伴中，从销量和市场地位来讲，日系的日产和本田，无疑远胜过法国 PSA 旗下的标致和雪铁龙。其实，中村公泰所讲的关于东风和日产文化融合成功，在东风公司内部是被公认的。

（一）兼容并蓄

在中村公泰看来，无论是前任中村克己在任时提出的"2 的 3 次方计划"，还是他自己提出"1 的 3 次方计划"，都基于一点：要更好地开展合资事业，双方必须能够做到高度的融合，能够高效地沟通，而这正是东风和日产 6 年来合资成功的保证。

中村公泰表示，2003 年，东风和日产结合，两个国家的大企业"结婚"，无论在当时还是现在看来，都是最佳组合，无论是时机和环境的选择，都是最好的。

当然，好的时机和环境只是双方合资成功的条件之一，中村公泰认为，东风和日产都是开放而又具有包容性的大企业，双方的文化虽然不同，但是能很融洽地相处，并成功地在中国市场运作，这就是双方推行文化高度融合的努力的结果。

中村公泰更愿意用自己的亲身经历来阐述日产与东风合资成功的"秘诀"。中村说他在日产已经工作了 30 年，从 20 年前起，他就开始在世界很多国家工作，对全球各地的市场都有广泛的了解，无论日产在全球哪个地区的公司，日产都是尽量用本地的人才，让本地人当厂长、当高管。

日产在和当地公司合作的过程中，从不强硬推行自己的文化，不是一味地要求人家去接受日产，而是让他们去了解日产，让他们在理解日产的基础上工作。"这是日产的原则，也是我工作的原则。"中村公泰郑重说道。

"除了日本本土企业的厂长还是由日本人担任外，日产在全世界生产企业的厂长，几乎都是本地人，我们东风有限公司也是这样，基本上还是本地人当厂长。我们用本地人，这是日产的文化。"其实，如果说东风仅仅是日产在融合全球文化的一个例子，还不能以此就推断日产文化融合理念的话，在中村公泰看来，日产与雷诺的合并，就是另外一个极好的例子。

"日产当年跟雷诺合并的时候，没有人感到意外，合作很融洽。"中村透露，现在雷诺一日产公司有很多董事，有一半不是日本人，而且聘用了很多女性员工，这是日产文化的多样性。

"有了这样的日产多元文化，到了中国，和东风合作的时候，在经过前面几年的磨合后，各方面都已很融洽。所以在工作的时候，我们不应该区分你是中国人还是日本人，不应该有这样的偏见。"

中村公泰认为，合资公司在中外方一起共事的时候，首先要尊重对方的文化，正是从这个意义上，东风有限公司提出了"1 的 3 次方"，就是把这两个企业文化融合到一起，形成具有东风有限公司特色的企业文化，真正成为一个企业。"在平时工作中，大家也是有各自的观点，也有一些矛盾，这些是很正常的。"

（二）融合力量

在东风有限公司，有一本企业内部刊物，叫做《双赢》，员工们叫它 Win-Win，这本杂志和许多企业内刊不同，不是单单宣传公司业绩和动态，而是作为中日双方高管和不同层面干部员工发表意见的通道。在东风有限公司发布了企业文化之后，中村公泰说，这本杂志成为了员工广泛、深入、开放式的交流和沟通的桥梁。

其实，东风有限公司被称为中国最大的合资企业，很大原因并不是在其销量，而是因为它牵扯的产业很广，细分市场很全，规模很大，其中包括东风日产乘用车、东风商用车，还有东风股份的轻卡和郑州日产的轻型车，当然，还有不少零部件和发动机企业。这样一个在中国来说是完全意义上的集团性企业，几乎涉及所有的乘用车和商用车的细分市场，而驾驭这样一个事业板块齐全的企业的却是一个合资公司。

当然，这种"全面合资"对刚成立的东风有限公司来说，曾是一大考验。东风是一个很有历史的企业，其传统因素很多，而日产是一个全球公司，合资初期，双方文化不一致，加之第二年，也就是2004年，中国车市遭遇寒冬，合资公司间相互磨合的问题，严重地影响了企业的经营。"东风和日产有两种截然不同的成功模式，大家都基于过去成功的经验，也希望延续这种成功经验，但走到一起后，就出现了分歧"。东风日产一位高管曾这样形容当时的境遇。

但是，双方很快就意识到问题所在。"围绕一个目标，才可以促使合资企业成功，为了达成这一点，我们要有强有力的公司文化作为支撑，我们要树立双方核心的价值观，确定所有事情、行为的准则，要确立东风有限和东风日产的 DNA。"东风日产副总经理任勇回忆起当时的情况，至今还很感慨。

东风公司总经理、东风有限公司董事长徐平曾对此做过精辟的阐释："这个理念是从文化和目标一致性来看的，'1 的 3 次方计划'最基础的就是成为一个公司，首先我们要了解我们在这个公司里面是不是有共同的文化，是不是有一致的目标，是不是有对内对外一致的行为准则"。徐平认为，"1 的 3 次方计划"，是在"2 的 3 次方计划"中相互学习的基础上继续向前迈进，并把它建构成为一个拥有一致文化、一致目标、一致行为准则的公司，这是双方合资的要点。

未来，东风有限公司要成为"备受信赖"的公司，而"1"真正的含义，是真正融为一体。在中村公泰看来，就是要对利益相关者，比如像零配件供应商、用户、股东、员工等进行关注和帮助，让大家逐渐认识到东风有限公司是非常认真的，是可以信赖的公司。

"首先员工要备受信赖，其次我们的品牌要备受信赖，再次我们的产品要备受信赖，这是个长期的工作，这也是东风有限公司的三大支柱之一。"有了文化的认同和融合，战略战术才能正确有效地执行。中村公泰没有夸大融合的力量，东风是日产在中国的唯一合资伙伴，二者都有高度融合的气魄和胆识。

（资料来源：裴达军．http://auto.sohu.com/20091015/n267387060.shtml，2009-10-15）

二、思考·讨论·训练

1. 案例中体现了东风有限公司组织文化的哪些方面？
2. 试结合案例说说文化融合的必要性。
3. 东风有限公司是如何促进文化融合的？这对进行跨文化管理有何启示？

培训游戏　旗帜鲜明

游戏规则：

1. 培训师将学员们按照 10 个人一组进行分组，发给每组 1 面彩旗、1 支旗杆和 1 盒彩笔。

2. 每组用 30 分钟建立小组的口号、队名、队歌和标志。

游戏编排目的：

人类具有社会性，都渴望归属感。如果一个人不属于社会上的任何团体，那么这个人就很难立足于这个社会。这个游戏就是让学员们体会团队文化对他们自身的重要性，通过建立团队，增强学员的归属感和凝聚力。

（1）理解什么是企业文化和团队文化。

（2）加强对团队文化的认同，增强团队凝聚力。

（3）引入激励机制。

相关讨论：

1. 你组为什么以这种形式作为建立团队的第一步？如果不是这一步，还可以是什么？

2. 你们的创作是从哪里得到的启发和借鉴？主题是什么？

3. 在创作过程中，你们每个人的贡献是怎样的？谁的贡献最大？

4. 是否出现过意见不一致的情况？是怎样解决的？

5. 这个游戏对你们的启发是什么？

游戏主要障碍和解决：

1. 企业文化是企业所有员工精神力量的集合，但是对于这种无形的精神力量，尽管人们不停地研究，还是不能很明确地定义出来。这就需要借助一些手段来帮助员工切身体会企业文化的奥秘。这个游戏就是一个很好的契机。通过学员亲自开动脑筋创造出来的团队，蕴涵其中的正是一种企业文化。它让学员们明白，所谓的企业文化，就是时时刻刻从企业员工的外表形象和行为举止中流露出来的精神力量。

2. 这个游戏体现了团队的力量，激发了团队的智慧，更能折射出"团队文化"。在游戏刚开始时，可能大部分组员都不知道从何下手，那是因为那时大家还没有理解团队的真谛。随着游戏的深入，学员们的感觉会越来越好，团队的概念会渐渐深入人心，那样任务的完成就会容易得多。

参与人数：10 个人一组。

时间：30 分钟。

场地：教室或空地。

道具：每组 1 面彩旗，1 支旗杆，1 盒彩笔。

（资料来源：经理人培训项目组．培训游戏全案·拓展：升级版．北京：机械工业出版社，2010）

思考与讨论

1. 何谓跨文化管理？中国跨文化管理主要存在哪些问题？
2. 阐述跨文化管理的三种模式及其适应条件。
3. 跨文化管理的策略有哪些？
4. 你所了解的中外合资或外商独资企业有过哪些跨文化问题？它们是如何解决这些跨文化管理中的问题的？
5. 联系中外合资企业实际，谈谈跨文化管理有哪些难点。

拓展阅读

[1] 舍勒. 跨文化管理. 中国社会科学出版社，1998.
[2] 陈晓萍. 跨文化管理. 北京：清华大学出版社，2005.
[3] 特朗皮纳斯，伍尔莱姆斯. 跨文化企业. 北京：经济管理出版社，2011.
[4] 魏小军. 跨文化管理精品案例. 上海：上海交通大学出版社，2011.

第七章
企业文化比较

　　有地方色彩的，倒容易成为世界的。

——鲁迅

　　海尔文化就是日本文化（团队意识+吃苦精神）+美国文化（个人舒展+创新精神）+中国传统文化的精粹。

——张瑞敏

- 了解日本民族文化的特征；
- 掌握日本企业文化的特征；
- 了解美国民族文化的特征；
- 掌握美国企业文化的特点；
- 了解德国民族文化的特征；
- 掌握德国企业文化的特点；
- 领会中国传统文化的思想精髓；
- 掌握中国传统文化的特征。

故 | 事 | 导 | 入

文化差异

日本的一家公司要招聘 10 名员工，放榜这天，一个叫水原的青年看见榜上没有自己的名字，悲痛欲死，回到家中便要切腹自杀，幸好亲人及时抢救，水原没有死成。正当水原悲伤之际，从公司却传来好消息：水原的成绩原是名列前茅的，只是由于电脑的错误导致了水原的落选。正当水原一家人欣喜若狂之时，从公司又传来消息：水原被公司除了名。原因很简单，公司老板说：如此小的挫折都受不了，这样的人在公司是不会成什么大事的。

美国的一家公司要招聘 10 名员工，经过一段严格的面试，公司从三百多名应征者中选出了 10 位佼佼者。放榜这天，一个叫汤姆的青年看见榜上没有自己的名字，悲痛欲死，回到家中要举枪自尽，幸好亲人及时抢救，汤姆没有死成。正当汤姆悲伤之时，从公司却传来好消息：汤姆的成绩原是名列前茅的，只是由于电脑的错误导致了汤姆的落选。正当汤姆一家人欣喜若狂之时，美国各大州的知名律师都来到汤姆的家中，他们千方百计地鼓动汤姆到法院告这家公司，声称需支付巨额的精神赔偿，并自告奋勇地充当汤姆的律师。

德国的一家公司要招聘 10 名员工，放榜这天，一个叫萧恩的青年看见榜上没有自己的名字，悲痛欲死，回到家中便要跳河自杀，幸好亲人及时抢救，萧恩没有死成。正当萧恩悲伤之时，从公司却传来好消息：萧恩的成绩原是名列前茅的，只是由于电脑的错误导致了萧恩的落选。正当萧恩欣喜若狂之时，萧恩的父母却坚决反对自己的儿子进入这家公司。他们的理由毋庸置疑：这家公司作业效率如此差劲，进入这家公司对儿子的成长毫无益处。

中国的一家公司要招聘 10 名员工，放榜这天，一个叫志强的青年看见榜上没有自己的名字，悲痛欲死，回到家中便要悬梁自尽，幸好亲人及时抢救，志强没有死成。正当志强悲伤之时，从公司却传来好消息：志强的成绩原是名列前茅的，只是由于电脑的错误导致了志强的落选。正当志强欣喜若狂之时，志强的父母来到公司，一看到公司老板便跪了下来，他们含泪说道："多亏你救了我儿子，我们家世世代代感谢你的大恩大德！"

面对同样一件事情，不同文化的人们就这样作出了不同的反应。

（资料来源：http：//bbs. tiexue. net/post2 _ 3400233 _ 1. html，2009-03-04）

民族文化是企业文化的摇篮，不同的民族文化，对人们的思维方式、行为方式产生不同的深刻的影响，进而影响到企业的管理方式、方法及企业文化。这里试图通过对日、美、德各国和中国不同企业文化特点进行介绍和分析，比较企业文化的异同，以便借鉴其经验，吸取其精华，建设有中国特色的企业文化。

一、日本的企业文化

1. 日本民族文化的特征

日本是一个资源相当缺乏的国家。第二次世界大战中，日本军国主义给中国和东南亚人民造成深重灾难，也使日本经济陷入衰退的深渊，战争结束时日本一片废墟，疮痍满目，工业和商业极度萧条。然而在战后短短的几十年时间里，它却奇迹般地发展成为世界上第一流的发达工业国家。它的许多产品都强有力地打入了国际市场，成为美国最强劲的竞争对手；它的许多制造技术都达到了世界一流水平，在世界上的影响日益扩大。日本成功的原因，除了世界经济一体化的发展为其创造了有利的经济、技术发展环境外，应该说，他们在传统文化思潮的影响下所创造的企业文化在其中也起了重要的作用。

日本属于典型的东方文化传统的国家，历史上长期盛行单一的种植经济，这种劳作方式需要整个家庭及邻人的相互协作，因而倾向于发挥集体的智慧。加之日本是单一民族，单一文化的岛国，因而这种重视集体力量，发挥集体智慧的思想就更浓厚。公元 1 世纪，中国儒家文化传入日本，日本人接受了儒家文化中的等级观念、忠孝思想、宗法观念等，并把儒家文化的核心概念"仁"改造成"忠"和"诚"，逐渐形成了"稳定性强"的具有大和民族色彩的文化传统，它对日本人的生活方式，包括企业经营方式、管理方式等产生了深远的影响。日本文化的特征，概括起来有以下几个方面。

（1）民族昌盛的愿望。从历史上看，日本的周边一直存在着一些强大的国家，加之日本是个岛国，国土面积狭小，这种地缘和地理特点使日本人认识到，只有发奋图强，才能振兴经济，赢得民族独立，并受到周边国家的尊重，这形成了日本人特有的民族自尊意识。在这种民族自尊意识驱使下，日本人产生一种强烈的愿望和感情，要赶上和超过发达国家。从弱小的过去到成为巨人的今天，日本人的这种愿望和感情一直经久不衰。弱小的国家如何在尽可能短时间内赶上发达国家？除了有符合科学规律的发展战略、战术外，最重要的就是全体国民团结一致，发挥集体的智慧和力量。在日本，这种国民团结一致的精神到了近代尤为突出。在经济发展战略上，政府和企业密切协作，发挥各自的优势和力量；在企业管理上，也是倡导家族精神和团队精神。应该说，始终保持国民团结一致的民族精神是日本经济成功的关键。在这方面，日本人表现得比世界上很多民族要优秀得多，他们对内有集体一致的感情，比如天皇制，从古至今一千年连续不断，就在于他们把天皇作为日本国家的象征，国民一致性的象征；对外则同心协力，表现出强烈的民族观念，如他们在与外国人谈判时，以团队应对，往往取得意想不到的胜利。

（2）永不满足的学习精神。狭小的岛国，历史上长期孤立及现代工业对国外市场的依赖性，使日本人有着强烈的危机感。为了摆脱危机，日本人形成了惊人的广采博取的学习精神。日本地处科学技术落后的亚洲，远离工业发达的西方，但当今的日本却成功地跻身于工业发达国家的行列。这与日本国民，尤其是政府和企业领导人如饥似渴地学习、吸收、借鉴、运用外国先进技术、知识和经验有关。日本文化在某种意义上也可以说是外来文化，他们秉承"综合即创造"的信条，在唐朝时学习中国，明清时学习荷兰，近代以后学习英、法，到了第二次世界大战以后又学习美国。日本人学习外来的东西，特别注重结合本国需要和本国特点进行加工改造。如在企业管理上他们对中国儒学进行了大规模的吸收和成功嫁接，显示出日本人巧妙移植的改造技巧。最让世人惊羡的是日本人接受外来的文化时不失民族特性，甚至在接受西方生活方式时，也保持了西服与和服、西餐和日餐等双重生活方式。

（3）忠诚精神。日本文化的价值取向是"忠"，日本人的基本假设前提是每个男女都负有恩情债，即原债，有债就需报恩，报恩的主要形式是"忠"。因而，"忠"在日本被放到伦理道德准则的金字塔尖，是涵盖一切伦理标准的最高美德。从封建时代对领主的效忠，演变为近现代对国家、对企业的忠诚。员工忠诚于企业，企业忠诚于社会、国家，在日本社会被认为是天经地义的事情。进入日本公司的员工，有一种对公司感恩报恩、从一而终的感情。忠诚的标志就是献身工作，致力于对公司的贡献，而利润正是这种贡献的结果。当然，日本文化的忠诚精神与中国文化的忠诚意识不同，而中国的忠诚意识是建立在世俗的基础上，即"你对我好，我就对你好；你不对我好，我就对你不好"。日本文化的忠诚精神带有一种宗教色彩。

（4）"家族"意识。日本民族渗透着一种特殊的家族精神，这是一种家庭式温情和能力主义原则相结合的共同发展精神。"家"是日本文化的基质，社会只不过是"家"的放大体，也是一个纵式组织形式。人们爱家乡，爱母校，爱企业，爱民族。在企业内部首先是维系家族式的等级和温情。等级的核心并不是家长式的独断，而是各级人员安于本分，各司其职。员工尊重经理，上司关怀下属。其次是员工在家庭式温情的基础上，所承受的责任往往超过公司的规定，他们的工作积极性被充分调动起来，愿意为他们心目中的"家庭"——公司的发展而竭尽全力。员工不仅上班时间拼命干，而且往往自动放弃节假日休息加班加点，他们勤奋工作的目的就是为家庭尽力，同时也为了避免不好好工作而受到社会道德忘恩负义的指责。

（5）亲和一致的精神。日本人明白，要充分发挥集体的力量，就必须以和为贵，这形成了日本人珍视和谐一致、提倡自我约束、宽厚待人的精神风貌。而且在长期的合作中，日本人也形成了一套达到和亲一致的高超技巧。交往中不深究对立的观点，往往不用语言而靠心照不宣，通过几乎是直觉的相互理解来达到和谐。

2．日本企业文化的特征

日本重视企业文化建设，重视对员工灌输企业的经营理念，重视科学管理，特别是注重文化与管理的嫁接，因而使得日本企业获得空前的成功。日本企业文化主要有以下两大特征。

（1）强调企业理念的重要性。日本企业一向重视经营理念，强调通过优良的产品、周到的服务来回报和服务社会，从而赢得社会的好评，延续企业的生命。他们往往用厂歌、厂训、厂徽等方式来表现企业文化和经营理念，并时时刻刻向员工灌输，使之成为座右铭。如丰田公司的"优良的产品、世界的丰田"，"车到山前必有路，有路必有丰田车"，显示出向全世界进军的企业文化精神和气概；松下公司的企业信念是"工业报国，光明正大，团结一致，奋斗向上，礼貌待人，适应形势，感恩报德"。响亮的企业文化和经营理念，不仅显示出企业文化的强劲，同时树立了企业的正面形象，也时刻激励着员工的士气和创新精神。与西方企业仅仅追求利润最大化的奋斗目标不同，日本企业文化蕴涵着强调追求经济效益和报效国家的双重价值目标。日本企业文化倾向于：企业作为独立自主的经济实体，它与国家、与政府的关系不仅仅是一种纳税与收税的关系，而且存在着政治思想和社会文化等方面的直接联系。这使得日本企业文化的价值目标具有双重趋向：一是追求经济效益，二是追求社会效益。这种价值趋向在日本企业文化中得到了明显的体现。如日本松下公司这样表述自己的企业文化和价值目标：既"讲究经济效益，重视生存意志"，又"遵守产业人的本分，鼓励进步和社会生活的改善，以致力于世界文明的进步"。

（2）以人为本，重视团队精神的发挥。日本民族在历史上长期是一个农耕民族，种族单一，受中国儒家文化影响较深，具有长期的家族主义传统，具有较强的合作精神和集体意识。日本家族主义传统和与此相联系的团队精神渗透企业文化和管理的各种制度、方法、习惯之中，使企业全体员工结成"命运共同体"。员工与企业之间保持着较深厚的"血缘关系"，对企业坚守忠诚、信奉规矩，有着很强的归属感。日本企业把"以人为本"的思想贯彻到企业文化中，把培养团队精神视为企业文化的灵魂。正是各方面的合力，特别是企业文化精神的渗透力、感染力和激励力，使得日本企业成为一个个真正充满活力的有机整体，从而迸发出勃勃生机和很强的创造力，完全不同于美国企业的机械性组织。日本企业团队精神，以三项制度为保障。

一是终生雇佣制。日本企业一般不轻易解雇员工，使员工产生成果共享、风险共担的心理。这种制度不是法律硬性规定的，而是日本家族主义文化传统的体现。

二是年功序列工资制。晋升工资主要凭年资，相应的职务晋升也主要凭年资，资历深、工龄长的员工晋升的机会较多，并保证大部分员工在退休前都可升到中层位置。这种制度是以论资排辈为基础的，员工工作时间的长短和对企业的忠诚程度比工作能力更重要。其好处是可以限制员工的"跳槽"现象，鼓励员工"从一而终"，在一家企业干到底。这也是日本文化特别是日本企业文化在用工体制上的体现。

三是按企业组织工会，把劳资关系改造为家族内部关系，劳资之间的冲突和交涉只限于企业内部，强调"家丑不外扬"。这是日本企业文化的典型表现。这三项制度像三条无形的绳索，把企业员工紧紧地"捆"在一起，使他们团结一心，众志成城，为企业竭尽全力。日本企业员工对公司的归属感很强，不管是管理者还是一般员工，多数人对企业都有很深的感情和忠诚心。他们明白"厂兴我兴，厂衰我耻"的道理，懂得只有靠企业，为企业好好干，才能实现个人计划。所以，日本员工缺勤率为世界最低，只有 0.95％，而其他国家则高得多，如美国为 3.5％，德国为 7.7％，法国为 8.3％，意大利为 10.6％，瑞士为 13.8％。

在日本多数企业里，员工西服上都有一个公司标记，这意味着他们是从早到晚都属于公司的人。员工忠于职守，勤奋工作，下班后还开展 QC 小组（质量管理）活动和学习，还要以喝酒、下棋等方式交流思想，以致很多人尤其是管理者，因工作紧张和疲劳过度而患有"归宅恐惧症"。所以外国评论家称日本人是"只会工作的蜜蜂"。他们一天工作一般不止 8 小时，而是 10 小时、12 小时。据有关分析资料，如果劳动效率国际标准为 100，美国为 70，日本人则是 130。这些都典型地体现了日本企业文化的特质和作用，这也正是日本能在第二次世界大战后短短的几十年时间里实现经济飞跃的根本原因所在。

日本的企业文化在很大程度上是由日本民族文化所决定的，日本民族文化中的学习和创新精神，以及日本国民强烈的民族昌盛愿望等，对日本企业文化影响很大。在双重文化影响下，使得日本企业创造了经济起飞的奇迹。

团队主义精神的实质是讲合作、讲协作，注重集体的智慧和力量。在具体的经营管理活动中，团队主义精神主要表现在三个方面。

一是实行集体主义管理。在决策中，上下级之间除进行正式沟通外，还像"兄弟"一样进行各种非正式沟通，自上而下集中多数人的意见，经过反复酝酿，直到取得了较为一致的看法后才拍板定案。这种作法虽然令欧美企业疑惑不解，有时也影响办事效率，但在客观上却能起到群策群力、增强下属参与感、强化团队意识和协调感情的作用。与此相关，在执行中强调合作互助，有意模糊个人的权限和责任，不突出个人，但个人却把集体看得高于一切，体现着较强的集体责任感、荣誉感和工作献身精神。例如，在生产方面，日本企业不是只鼓励某个员工提高效率，而是注重整个集体提高效率。如一条生产线出了一件废品，不光直接责任人脸上无光，而且整条生产线上的人都垂头丧气。这种集体主义成了日本企业中个人与团体、个人与个人间行为的基本规范。它要求员工把个人利益置于团体利益之下，做到团体利益第一，团体利益高于个人利益。同时要求把个人利益置于他人利益之后，做到先人后己。当然，日本企业的集体主义并不完全排斥个人利益和个人价值，只不过要求个人从属于集体而已。

二是倡导着眼于人的管理方式，通过建立全能的生活设施，建立多种社团组织，开展体育比赛及庆祝结婚纪念日等活动，让员工感受到企业的温暖，培养员工的团队意识。尤其值得一提的是日本企业开展的 QC 小组活动和合理化建议活动。这两项活动更加充分体现了企业对人的重视和员工对企业的高度责任感。据统计。近年来，日本的 QC 小组已超过 100 万个，每年发布成果 100 多万项，创造价值几十亿美元。与此相联系的合理化建议活动更是盛行不衰。一些企业为推动这类活动还专门设有创造发明委员会和合理化建议委员会。日本企业员工热衷于这项活动，主要并不是在于能从中得到多少物质奖励，每次合理化建议被采纳，奖金不过几百、几千日元，高的也只不过几万、十几万日元。员工实际想通过这类活动为团队贡献自己的力量，得到集体的承认和集体给予的荣誉。

三是坚持主要着眼于团体，而不是个人的激励制度。日本人认为太突出个人，不利于集体的合作。在管理中，"和"最为宝贵，只有把集团激励与终身雇佣制结合，才能使整体效率最高。相应地，人事管理也以整体效率为出发点，多采取论资排辈的做法，避免因完全量化方法的使用，在一般雇员中产生不安全感，降低集团士气。

（3）"综合即创造"的经营哲学。"综合即创造"是日本的一句格言，也是日本企业的经营哲学。在汉语中，"综合"有两层含义：一是指把分析获得的对象和现象的各部分、各属性连接成一个统一整体；二是指把不同种类、不同性质的事物组合在一起。日本人一方面把"综合"的内涵延伸了，把"综合"与嫁接、模仿、借鉴、拿来等概念联系在一起；另一方面把"综合"也视为一种创造性思维和创造性行为。第二次世界大战后，日本企业得益于这句格言，成功地在世界范围内对各种优势资源进行"综合"，以最少的投入（360亿美元），获得了世界上39 000多项最新技术，用嫁接、模仿的方法创造了大量具有竞争力的新产品。值得注意的是，日本企业不光重引进，更重视的是消化吸收。日本引进费和消化吸收费投入比例为1：7～10。在"综合"中创新，在"综合"中提高。这种技术综合使他们受益匪浅。同时，如饥似渴地学习、"综合"中国的文化、西方的管理，以极小的代价，实现了企业文化和管理方法的变革，因而为战后的"经济腾飞"插上了翅膀，使它在国土面积只相当于中国的云南省或美国的蒙大拿州、陆地资源占世界资源总量的0.07%、历史上也没有什么重大发明的"弹丸"之地上，养活了占世界2%以上的人口，赢得了第二贸易强国的地位。日本人酷爱学习是有传统的，如他们从唐宋开始师承中国文化，直到现在还在一手拿着中国的《论语》，一手拿着中国的算盘做生意。战后他们通过综合，又把后发优势发挥得淋漓尽致。

二、美国的企业文化

1. 美国民族文化的特征

美国是一个年轻的国家，从1492年哥伦布发现新大陆到现在有五百多年历史，建国只有二百多年历史，文化根基很浅，没有僵化的传统。但它是一个移民国家，各国移民所带来的各国文化以个体的方式加入美国社会，经过优胜劣汰的选择和不同民族文化的相互融合，形成了具有鲜明特征的美利坚民族文化和民族性格。各国移民单枪匹马迁徙到北美大陆后，有着强烈的在北美大陆站稳脚跟、寻求发展的欲望，为此他们不得不同大自然斗争、不得不同阻碍他们发展的各种社会行为斗争，他们为寻找更好的工作、更大的发展机会而到处流动，因此，美利坚的民族性格中充满着强烈的冒险和进取精神，他们崇拜的是生活中的强者，鄙视的是懦弱无能的胆小鬼。由于各国移民之间没有血缘关系的联系纽带，在同大自然斗争的过程中和人类社会的环境中缺乏可以依赖的群体，因而崇尚个人奋斗，尊重个人价值与尊严，逐渐形成了个人主义的价值观和道德观。作为一个不受悠久历史文化束缚的年轻国家，美国较早而彻底地进行了资产阶级民主革命，创造了尊重法制、承认平等的权力结构和鼓励竞争的政治体制。具体来说，美国的民族文化有以下特点。

（1）个人主义的价值观。作为一个从原野里创造出来的国家，美国在丰富资源待开发的早期，必须奖励个人独立创造的性格，凡是束缚个性发展的各种因素都被视作当时拓殖精神的阻碍，加以贬责。同时，在艰苦开拓的过程中，每个民族都力图发挥本民族的长处，尊重并吸取其他民族的优秀品质，坚信自我、尊重他人的文化取舍态度成为他们共同的准则。正是在这一点上，也只能是在这一点上，各国移民找到了共同之处，这就是个人主义的价值体系，它深入民心，以各种形式得到充分发展，由此形成了美利坚民族的特殊性格：对自己深信不疑，对自己的命运深信不疑，把依靠自己作为哲学信条。"个人主义"最终变成了美国主义和美国文化的同义语。

（2）冒险、开拓、创新精神。美国人的格言是，不冒险就不会有大的成功，胆小鬼永远不会有所作为；不创新即死亡。从首批英国移民踏上北美大陆，到美利坚合众国成立这一个半世纪里，北美险恶的自然条件，培育了美国人顽强拼搏、艰苦奋斗的性格。北美丰富的资源等待着开发利用，培育了美国人开拓进取、敢于冒险的精神。从文化学的角度考察，北美在一定程度上曾经是一片文化真空，闯入这真空的，不是有组织的文化单位，而是一批对于传统制度已失去好感的亡命者。他们的头脑为叛逆精神所主宰，身上绝少有传统思想的保守性，即便有，也没有发挥的土壤，因为险峻的环境迫使他们只能采取与传统不同的生活方式，这种冒险精神成了美国人的传统。他们把冒险探求新大陆看作寻求生活的机遇。这种冒险精神一直渗透到美国人生活的各个方面。在硝烟弥漫的商战中，美国人勇敢、开拓、创新，敢冒风险；在生活中追求新奇刺激，高山滑雪、汽车大赛，星球探险等，这些冒险者的队伍中总少不了美国人。

美国人虽然相信天命，但不是宿命论者或因此放弃应有的努力，他们不仅不接受无所作为的宿命论；相反，他们更加勤奋地工作。他们认为个人的努力程度与未来利害攸关，努力总会带来好处，开拓总会有前所未有的收获。停滞不前和偷懒是一种罪恶，比不道德还要坏。美国人的这种信念在一代又一代的开拓者心中扎根，既改变着美国经济的面貌，又改变着美国文化的面貌。

基于此，美国人特别强调创新精神，他们认为机会到处都有。主要在于主动发现和利用。除法律外，美国人认为一切传统和先例都是创新的障碍，他们乐于向传统和先例挑战。由于美国不像中国、印度、英国等国有悠久而灿烂的文明，所以美国人在接受新思想、新技术时很少先去考察这些东西是否符合某位专家、权威的理论，然后再引经据典加以注释和考证，以决定是否采用。美国人认为，他们的国家虽没有灿烂的过去，但由于具有创新精神，因此他们拥有光明的未来。所以美国人勇于同传统和权威挑战，勇于向已有的一切挑战，"我与专家、权威、传统平等"，这是美国人的观念。在这种观念支配下的美国人，爱去干别人不曾干过的事情。正因为如此，美国人在华盛顿专利局登记的发明比全世界其他所有国家的发明加起来还要多，出现了像爱迪生这样的大发明家。

（3）自由、平等精神。美国是一个崇尚自由的国家。北美殖民地历史的一个重要的特征就是封建秩序从来没有在那里存在过。在美利坚民族的形成过程中，许多从欧洲大陆来的移民把资产阶级自由思想带到美洲，美洲新大陆的自由空气及大自然的艰苦环境陶冶了美利坚民族的性格：热爱自由、珍惜自由、崇尚自由。在美国，对人的自由，除法律可以明文规定加以限制并由执法机关及其人员执行限制外，任何机关或个人不得非法剥夺或限制他人的自由。民主自由的环境为才能和幸运开辟道路，因此出身对美国人不起任何作用。美国人相信这样的格言："一个人富裕到什么程度，就表示他的才能发挥到了什么程度"。因为在机会均等的条件下，人的才能决定富裕的程度，所以美国人一般不羡慕他人的财富，而喜欢赞美富翁的才能。

（4）实用主义哲学。实用主义在美国不仅仅是职业哲学家的哲学，而且是美国人的生活哲学。美国文化的创造是在北美大陆的开发过程中开始的，要开发这片富庶的处女地，就必须打破一切条条框框，服从于实际问题的解决。在这种历史背景下，美利坚民族形成了实用主义的哲学观。他们坚信，"有用、有效、有利就是真理"。美国著名思想家威廉·詹姆士曾作出这样的概括："一个实用主义者坚决地、永远地背弃职业哲学家所珍视的许多根深蒂固的习惯，他避开抽象的和不充分的理由，避开那些假冒的绝对和起源之说，求助于具体和充分的东西，求助于事实、行动和力量。"在实用主义哲学观念影响下的美国人，不喜欢正规的、抽象的、概念游戏的思辨哲学，不喜欢形而上学的哲学思考。在美国人眼里，有用就是真理，成功就是真理。他们立足于现实生活和经验，把确定信念当做出发点，把采取行动当做主要手段，把获得效率当做最高目的，一切为了效益和成功。

（5）物质主义的追求。美国文化是物质性的。他们认为生活舒适是理所当然的人生追求，并且怀着优越感看待那些生活水准不如他们的人。当美国人谈论一个人的价值时，主要指物质价值，而且除开这个通常标准外，他不管什么别的标准。由于基督新教价值观的影响，美利坚民族至今仍以赚钱多少作为评价一个人社会地位高低的重要依据，仍以财富为荣。在美国社会里，人们向上进取的精神是炽热的，许多人都在拼命地工作，不惜付出自己的一切辛苦与智慧来谋求事业上的发展，通过个人奋斗取得成功，从低贱者变成大富翁几乎成了美国式的信条，在这种价值观念支配下的美国社会，企业家普遍受到尊敬；大学里的管理专业成为热门；人人都想办企业发财致富。

2. 美国企业文化的特征

美国是现代管理理论的发源地。作为现代管理的先驱，美国企业的管理经验对世界有着广泛而深刻的影响，成为各国效仿的典范。然而，美国式管理和与其相适应的企业文化从美国社会文化这个特殊的母体中孕育而生，有着自己的突出个性。美国企业文化的实质和核心有两条：一是强调个人作用，或叫倡导个人能力主义；二是重视管理硬件，追求理性化管理。

（1）倡导个人能力主义的管理哲学。很显然，美国企业个人能力主义的文化与日本企业团队主义的文化是截然不同的。它不着眼于集体，而着眼于个人，鼓励个人奋斗，个人冒尖，把突出个人能力作为他们的基本管理哲学。这种个人能力主义的文化在企业经营管理中具体表现为以下三点。

一是尊重个人尊严和价值，承认个人的努力和成就。企业对雇员给予充分"信任"。相信他们的能力和忠诚，在具体工作中更多地采用目标管理法和弹性工作制度，给雇员留有更大程度的工作自由。以利他们有机会创造性地完成工作。企业鼓励有突出成就的人，人们羡慕有突出成就的人。同时，在企业内部充满自由平等精神。人们不轻易否定他人的意见，但却愿意发表自己的意见；革新和实验的行为总是受到鼓励。因此，企业竞争气氛浓烈，人们乐于求新求变，乐于冒风险，人们以取得突出成就、得到企业的鼓励和别人的羡慕为自豪。

二是强调个人决策和个人负责。美国企业以个人为主，具有严格的岗位职务规范和明确的责任、权限。决策以个人为主，较少采取集体决策方式。即使决策前允许下级参加讨论，但最终决策权还在于个人。在决策执行过程中，每件事情都有人负责，每个人都能恪尽职守，相互推诿的现象较为少见。

三是奖励针对个人而不是集体。与上述两点相联系，由于信奉个人能力主义，个人职责明确，任务完成情况很好计量，所以企业的奖励也是针对个人的。谁作出贡献就奖励谁，个人以此为荣。有些公司经理到下边巡视，发现某个人成绩突出，他可以马上掏出支票给一笔奖金。这种奖励方式在美国是有传统的，自从泰罗提倡"计件工资"开始，一直奉行不疲，人们也习以为常，并未因为奖励个人使集体其他成员产生不平衡心理，相反却能产生示范效应，促使企业充满竞争和活力。由于美国物质主义的传统，其奖励的主要内容也是物质的，通过物质的奖励，起到精神激励的作用。

这种突出个人能力的传统，确实对调动单个人的积极性起到积极作用，刺激了人们的竞争、创新和冒险精神，减少了人际摩擦和能量内耗。但也带来了两个问题：一是雇员的合作意识较差，影响整体力量的发挥；二是人们对企业缺少感情，更多地把企业作为赚钱和实现个人抱负的场所。企业雇员的流动性较强，缺乏"从一而终"、献身企业的归属意识和集体荣誉感。

（2）强调理性主义的行为方式。理性主义的企业文化根植于美国实用主义和理性主义的民族传统，发端于泰罗的科学管理。这种文化追求明确、直接和效率，生产经营活动以是否符合实际、是否合理、是否符合逻辑为标准。其具体表现在如下几方面。

一是求实精神比较强，形式主义和文牍主义较少。企业上下级及同级人员之间的关系多讲求实在和独立性，较少虚假，相互沟通意见直接、明确，不像日本人那样经常借助于暗示、比喻等迂回、委婉的方式表达意见。人们从事各项工作讲实际和有意义。如美国企业的质量管理小组就信奉"爱怎么干就怎么干，只要干得有意义、有效果就好"。企业中开会也唯实，主题明确，有什么说什么，说完就散。奖励也唯实，一切看工作实绩，不太重视学历、资历、地位和职务。由于企业求实精神较强，加上美国人乐于创新和冒险，所以企业宽容人们因创新和冒险犯"合理错误"。有的企业甚至提出"雇员不犯错误将被解雇"。他们的逻辑是：只有犯过"合理"错误，才说明你是创新能力强、有发展前途的人。美国企业的求实精神也体现在有较强的行动意识上，他们既重言，更重实，多数企业主张"干起来、做出来、试试看"，坚信"乱糟糟的行动总比有秩序的停滞好"。当某个雇员提出一条工作意见，主管的回答往往不是"研究研究"，而是"试试看"。从思维方式上，遵循"预备——放——瞄准"的非常规逻辑，而不是"预备——瞄准——放"的常规逻辑。从一定意义上讲，美国企业的繁荣很大程度上受益于这种乐于行动的作风。

二是提倡科学和合理，重视组织机构和规章制度的作用。九十多年前，泰罗创立科学管理就是从时间、动作研究及着眼于组织技术合理化开始的。此后，美国企业继承了这种传统，比较重视确定严密的组织系统、合理的管理程序、明确的职责分工、严格的工作标准、科学的规章制度、先进的管理手段和管理方法，也可以说美国企业比较重视硬性管理。组织结构形式，如事业部制、矩阵制、多维制等不断翻新，计算机的广泛使用，系统论、信息论、控制论及各种定量方法的采用，都说明美国企业具有很强的理性主义文化。受这种文化的影响，企业中的雇员即使追求同一个目标，在不违背制度的前提下，也愿意寻找一种更合理的途径。在经营管理中，没有固定不变的模式，很少惯例，只要合理，什么都可以打破。美国企业理性主义的文化区别于日本感性主义（或灵性主义）的文化，重视"法制"，轻情感和面子，管理中较少受人情关系的纠葛。正因为如此，美国企业中的各种规章、标准、制度如同美国法律一样多如牛毛，人们依章办事，拉关系走后门的行为受到鄙视。

三是强调企业与员工之间的契约关系。美国企业"合同雇佣制"也是理性主义及个人能力主义文化的产物。在美国企业界，虽然注意到了雇员，尤其是技术工的稳定性问题，但仍然采取与日本"终生雇佣制"不同的雇佣制度，在经济繁荣时期大量招进工人，经济困难时期解雇多余工人，一切从实际需要出发，完全靠合同契约维系与员工之间的关系，较少考虑企业与员工之间的情面关系。

这种理性主义的文化一方面为提高效率铺平了道路，但另一方面又为整体效应的形成设置了障碍。劳资关系比较紧张，双方都缺乏集团式"一体化"的追求，不能形成同舟共济的"家族"氛围。由于只重理性，不重感情，企业内部等级森严，企业管理刚性过分，柔性不足，压抑人的情感需要和创造力。据杨科洛维奇等人的研究发现：美国约3/4的人工作积极性没能得到全面发挥；多数人自称他们贡献给工作的比他们认为可能贡献的和原则上愿意贡献的要少得多。不过近年来，美国企业已开始改变对员工行为的控制方法，强调员工独立自主的选择行为，进行自我检查和相互检查，并通过"感情投资"、"协商沟通"、"大众参与"、"职务扩大化"、"工作内容丰富化"、"弹性工作日"、"走动式管理"等来实现硬管理和软管理的结合，发挥员工各自的优势。

（3）坚持质量第一、顾客至上的经营理念。美国是一个典型的市场经济国家，具有极强的质量意识和顾客意识。美国政府鼓励企业提高产品质量，保护消费者利益，依法严惩制假贩假者，营造了良好的社会文化氛围。美国坚持"质量第一，顾客至上"的经营理念，具体表现如下。

一是在科学的理论指导下，建立严格的质量保证体系。20世纪60年代，美国通用电气公司工程师费根堡姆提出了"全面质量管理"的概念，这是质量管理理论的一场革命。按照全面质量管理的观点，质量管理是全过程的管理，即包括市场调查、产品设计、产品制造、销售服务等全过程的质量控制，涉及企业每个部门、每个环节、每个岗位，企业中任何部门、环节、岗位出了问题，都会直接或间接地影响质量。因此，要想保证产品的质量，必须重视高层领导的质量决策，重视关乎质量的每一个因素，以系统和事前预防的思想为指导，把质量问题消除在萌芽之中。美国质量管理专家朱兰博士在《质量控制手册》一书中，又明确提出了"适用性"的概念，即产品质量就是产品的适应性。产品质量高，表明用户在使用中满足程度高；产品质量低，即用户在使用中满足程度低。由此可见，是否符合市场需要，对用户是否适用，是衡量质量的最终标志。这些理论和概念在实践中得到了比较好的应用，企业把质量视为生命。这种质量意识慢慢突破狭隘的民族范畴而成为世界性的质量观，这也正是美国在很多领域能够主宰全球市场，在世界名牌的大家族中占据大半江山的主要原因。麦当劳创立初期只不过是一种快餐，但到了美国人的手里，却把它推向极至——风靡世界的麦当劳帝国。他们严格质量管理，实行标准化，服务快捷、友善、可靠，环境舒适、优雅，"提供更有价值的高品质的物质给顾客"，员工接受标准化的培训，确保麦当劳不管开到哪里，都能做到"不走样"。正是由于他们严格质量管理，因此，它只用了几十年时间就把麦当劳快餐推向世界，造就了具有两万多家分店的世界快餐大众名牌。

二是坚持"顾客总是对的"，千方百计维护消费者利益。在美国，比较早地提出"顾客是上帝"、"顾客总是对的"等经营口号。在他们看来，顾客是第一位的，利润是副产品，只有更好地服务顾客，利润才能源源不断；在为顾客服务的过程中，顾客总是对的，顾客的需要就是圣旨，因此永远不要与顾客争辩。IBM公司就是践行这种理念的楷模，他们以良好的顾客服务著称世界，流传着很多动人的故事。这个公司在亚特兰大的一位客户说："我们的计算机出了毛病，电告IBM，数小时后救兵纷纷"从天而降"，公司共派来8位专家，至少有4位从欧洲飞来，一位来自加拿大，另一位来自拉丁美洲。"有一次召开经理会议，总裁老沃森先生在座，前排摆着8~10叠文件，分别标有"生产问题"、"设计问题"等。讨论了一阵以后，老沃森慢慢走到桌子面前，用手一扫，把文件弄得满地都是，然后说："这里没有什么这类那类问题，问题只有一个，我们有些人没有充分地关心我们的顾客。"然后走出了房间，其他人都面面相觑。像这类的事件在IBM公司比比皆是。正是有了这种不变的理念，加上他们不懈的创新，所以使得公司在异常激烈的市场竞争中始终保持着优势地位。

（4）崇尚英雄的企业家精神。个性自由并非一定导致英雄主义，但其与功利主义相结合则催生了美国人的崇尚英雄主义精神。英雄人物是人生成功的标志和象征，也是社会评价一个人价值的尺度。美国出版了大量的人物传记，尤其是企业家的传记更是连篇累牍，目的在于向世人彰显英雄形象，激发人们学习英雄，并通过艰苦拼搏使自己成为英雄。美国开国元勋华盛顿，至今仍在激励着追求梦想的美国人。亨利·福特和福特公司及黑色T形车，托马斯·爱迪生、杰克·韦尔奇和GE公司，老沃顿和遍及世界各国的沃尔玛连锁店，比尔·盖茨与微软帝国等，激发了一代又一代的美国人，去追求成功，圆英雄梦。这一点充分表现出美国文化中崇尚英雄、推崇强人的个性，所以美国的企业家文化中英雄文化非常突出。美国人通过牛仔精神，以跨国公司为载体，将其企业家精神播撒到全世界。

正是这种崇尚英雄主义的文化，在美国社会培育了企业家的创业精神。在对在校大学生的问卷调查中，美国大学生回答毕业后准备自己创办企业的比率非常高。由此不难想象，美国拥有雄厚的企业家后备军。崇尚英雄主义文化，也就是汉迪所说的宙斯型企业文化。一个要成为百年老店，基业常青的企业，也必须有适应本企业目标的英雄人物，作为引领企业员工的楷模，去追求企业目标的实现。因此，企业的英雄人物，无论是天生的还是后天造就的，都有其价值。英雄人物的作用对于企业的发展具有极大的导向、激励、凝聚、约束、辐射和创新功能。

三、德国的企业文化

1. 德国的民族文化

德国的民族文化受欧洲文化价值观影响很深，而欧洲大陆的文化来源主要是古希腊文化和基督教文化。古希腊文化给欧洲留下了科学和民主，基督教文化给欧洲提供了理想人格的道德楷模。在此基础上，欧洲大陆形成了追求精神自由、人文主义、理性和民主的文化传统。欧洲文艺复兴运动和法国资产阶级大革命带来的民主、自由等价值观，对德国民族文化的发展产生了很大的影响。而欧洲的宗教所主张的博爱、平等、勤俭、节制等价值观念，在很大程度上影响了德国民族文化的产生与发展。概括起来，主要有以下几个方面。

（1）追求民主自由精神。作为现代科技文明的发源地。欧洲的生产力水平在18世纪至19世纪已经超过其他地方，商品经济的发展和生产力的迅速提升，唤起了人们内心深处独立意识和民主意识的觉醒。18世纪相继在欧洲爆发的资产阶级民主革命正是人们追求民主自由的表现。

（2）提倡人文主义。人文主义突出人的地位，主张自由、平等、博爱，提倡个性解放，反对迷信、神学和权威对人的精神的愚弄。崇尚个人价值观在德国文化中有着悠久的历史。德国适宜的气候，平和的自然环境，使生活在这一地区的人们不太需要集体的协作就能维持生存，这种生产方式的特点使德国人很早就形成了崇尚个人、反对强权的价值观。14世纪到17世纪的欧洲文艺复兴，更是将人文主义的思想推到了一个高峰，这时的人文主义强调个人主义至上，反对国家至上主义。17世纪以后，个人主义被进一步理论化和系统化，崇尚自我的观念渗透在欧洲文化的每个角落，德国也不例外。

（3）强调科学与理性。众所周知，德国人有着讲究信用、严谨，追求完美的行为习惯，他们强调逻辑推理与分析的理性主义。德国人具有注重研究自然的传统，他们抬高理性，崇尚智慧，强调观察，推崇演绎。到了文艺复兴时期，理性主义态度和科学实验精神得到进一步发扬。理性科学的思维方式对德国人的思维方式产生了深远的影响。

2. 德国企业文化的特征

追求民主自由、倡导人文主义的文化传统使德国的企业文化重视员工的参与管理，强调科学与理性的文化传统使德国企业文化重视理性管理、重视研究开发和创新、具有着眼于世界市场的战略眼光。这两方面的结合，形成了德国企业冷静、理智和近乎保守的认真、刻板、规则的文化传统。德国企业文化明显区别于美国的以自由、个性、追求多样性、勇于冒险为特征的企业文化，也区别于日本企业强调团队精神在市场中取胜的企业文化。具体概括如下。

（1）以人为本的柔性管理。德国企业中严格规范的管理制度，造就了高素质的员工，从而保证了世界著名的德国质量。然而，归根结底质量是要靠人来保证的。所以，德国企业文化的另一大特征是强调"以人为本"，注重提高员工素质，开发人力资源。他们十分注重法治，要求必须按照国家的法律依法经营，雇主和员工都极其重视法律和契约。同时，员工也具有强烈的竞争意识，他们利用自身条件和企业创造的条件，想方设法提高自己的素质和能力，努力实现自我价值的创新和提升。

德国是世界上进行职业培训教育最好的国家之一，其法律规定约有三项：一是带职到高等学校学习；二是在企业内部进修；三是由劳动总署组织并付费的专项职业技能培训。第三项主要是针对失业人员。在德国，要想找到一份工作，除了必备的文凭外，没有经过三年专业职业教育是不可能的，即便是一个传统经营农业生产的家庭，如果其子女没有经过专业农业训练教育，也不可能继承家业来从事农业生产。除了成年人在上岗前必须经过专业培训，就是对口学校毕业出来的高中学生，被企业录为学徒，首先得进行三年的双轨制教育培训：每周三天半到四天在企业学习实际操作技巧，一天到两天去职业学校学习理论知识，这三年的培训费用和学徒工资全部由企业负担。德国企业普遍十分重视员工的培训。例如，大众公司在世界各地建立起许多培训点，他们主要进行两方面的培训：一是使新进公司的人员成为熟练技工；二是使在岗熟练技工紧跟世界先进技术，不断提高知识技能。西门子公司在提高人的素质方面更为细致，他们一贯奉行的是"人的能力是可以通过教育和不断培训而提高的"。因此他们坚持"自己培养和造就人才"。

德国企业在管理人才选拔与培养方面也颇具特色。大众汽车公司除了最高决策层之外，拥有各方面的优异的管理人才。他们以高薪吸纳了大批优秀管理人才和科研专家，并为其发挥才能提供广阔的空间，使他们产生一种自豪感、凝聚力和向心力。西门子公司也特别重视对管理人才的选拔和录用。他们聘用的管理者必须具备以下四个条件：一是具有较强工作能力，特别是冲破障碍的能力；二是具有不屈不挠的精神和坚强的意志；三是具有老练的性格，能使部下信赖，富有人情味；四是具有与他人协作的能力。戴姆勒·克莱斯勒公司认为"财富＝人才＋知识"，"人才就是资本，知识就是财富。知识是人才的内涵，是企业的无形财富；人才则是知识的载体，是企业无法估量的资本"。所以，戴姆勒·克莱斯勒公司有一种好的传统，即选拔人才并不注重其社会地位的高低，而是注重本人的实际能力。

在尊重人格、强调民主的价值观指导下，德国企业普遍重视职工参与企业决策，这在德国企业是一种十分普遍的现象。

（2）制度化的硬性管理。德国企业的经营理念是以追求利润最大化为终极价值目标。获利不仅决定着企业的前途和命运，而且决定着企业与企业家在社会中的地位和形象。但经营理念必须落实到制度层面，俗话说"没有规矩，不成方圆"。良好的理念必须要有一套行之有效的制度文化来加以保证，才能有效体现企业的竞争力。德国企业在经营管理中的最大特征是重视"管理硬件"。在战略上，表现为重视战略规划和策略；在结构上，表现为重视人员的配备和管理制度的科学性；在制度上，表现为硬性管理突出"严"字，即依靠严密的组织结构和严格的奖惩条例，对职工的行为进行规范，把从制度上加强对员工的控制作为实现组织目标的重要手段。

（3）加强员工的责任感。德国企业文化体现出企业员工具有很强的责任感。这种责任感包括家庭责任、工作责任和社会责任，他们就是带着这种责任感去对待自己周围的事物的。企业对员工强调的主要是工作责任，尤其是每一个人对所处的工作岗位或生产环节的责任。

事实上，这种责任感的形成取决于德国企业的管理民主化。由于德国企业员工队伍的整体素质十分优良，这就为职工参与企业管理奠定了坚实的基础。德国《职工参与管理法》明确规定，大型企业要按对等原则由劳资双方共同组成监事会，然后再挑选一位中立人士担任主席。《企业法》规定，凡职工在 5 人以上的企业，都要成立职工委员会，由全厂职工选举产生，每 3 年改选一次，职工委员会人数的多少由企业人数多少决定。职委会的主要任务是在工资、福利、安全、劳动时间、劳动条件、合理化建议等方面维护职工利益，资方在涉及职工前述利益等重大问题作出决定前，必须征得职委会同意。这种由劳资双方共同治理企业的方法优点和好处很多，其一是这种决策方式能更多地考虑企业的长期发展，避免短期行为；二是劳资关系融洽，减少了工人与管理层之间的矛盾和冲突（在德国已有 20 多年没有发生工人罢工）；三是劳动生产率大大提高。1995—1999 年期间，德国实行职工参与管理的企业，每个工人的产值每年提高 8％。而美国企业的每个职工每年的产值只增长了 3.5％；四是企业内部的控制力度比较大，形成了比较健全稳定的内部制衡机制；五是能较为充分地反映和体现职工利益。另一方面如职工的劳动条件、薪酬待遇等问题能够通过劳资共同协商得到改善和提高。

德国企业十分注重人际关系，注重创造和谐、合作的文化氛围，德国企业家们认为，在和谐的气氛中，民主的领导风格能激发人的潜能，从而最大限度地发挥员工的创造性。反之，如果气氛不和谐，员工不乐于做贡献，工作将受到影响。因此，德国企业管理者普遍注重与员工的沟通，并采取种种措施来解决人际关系上的问题。例如，1994 年受世界石油危机影响，大众公司在德国本土的公司经济面临困难，需要解雇 2 万多名员工。然而，公司的员工在参与企业决策时却表示：宁愿减少自己收入的 20％，把每周工作 5 天改为 4 天，也不要让那些人失业。同类的事情，当大众公司在巴西的分公司也试图这样做时，却被巴西员工拒绝了。

德国企业十分重视企业兼并重组过程中的文化整合。为解决企业兼并重组中的文化冲突，保持和谐的文化氛围，保证企业兼并重组目标的实现，他们在公司并购、重组时，十分注重企业文化的融合。如德国戴姆勒·奔驰公司与美国克莱斯勒公司合并后，为解决两国企业在文化上的差异和冲突，成立了专门委员会，制订了三年的工作计划，通过加强员工之间的联系与沟通，进行文化整合。

（4）具有精益求精的意识。德国企业非常重视产品质量，强烈的质量意识已成为企业文化的核心内容，深深植根于广大员工心目之中。大众公司在职工中树立了严格的质量意识，强调对职工进行职业道德熏陶，在企业中树立精益求精的质量理念。西门子公司以"以新取胜，以质取胜"为理念，使西门子立于不败之地。就注重产品质量而言，戴姆勒·克莱斯勒公司非常有代表性。①他们认为高质量意识与员工的高素质是分不开的。十分注意培养具有专门技能和知识的职工队伍，千方百计提高员工的质量意识；②具有精工细作、一丝不苟、严肃认真的工作态度，这种态度几乎到了吹毛求疵的地步；③把好质量关，严格检查制度，做到层层把关，严格检查。重视产品质量，追求技术上的完美是德国企业一种普遍的自觉意识，德国人爱好技术、钻研技术、崇尚技术的价值观已深入人心，成为一种自觉的行为。

德国企业重视客户，注重诚信合作，树立创一流服务的企业精神，给人留下深刻印象。如高依托夫公司提出："对于客户提出的要求，我们没有'不行'两个字。"

（5）注重实效，融入管理，树立良好企业形象。德国企业文化建设特别注重围绕企业的具体实际进行。德国企业非常注重实际，它们以精湛的技术、务实的态度和忠诚的敬业精神进行经营。它们将企业文化建设融入企业管理，注重实际内容，不拘泥于具体形式，说得少而做得多。除此之外，德国企业还特别重视有效的形象宣传，那些在德国乃至世界各地树起的"奔驰"、"大众"、"西门子"等具有国际竞争力和时代气息的德国跨国集团的品牌标识，已经成为企业实力的象征。

总之，德国企业文化是规范、和谐、负责的文化。所说规范就是依法治理，从培训中树立遵纪守法意识和对法律条文的掌握，从一点一滴做起，杜绝随意性和灵活性；和谐就是管理体制的顺畅，人际关系的和谐；负责就是一种企业与职工双方互有的责任心，即职工对企业负责任，企业对职工也要负责任，企业与员工共同对社会负责。德国的企业管理模式和企业文化是建立在其社会市场原则的基础上的，因而具有很鲜明的独特性。也正是因为独特的德国企业文化，使德国一直生产和提供着世界一流的产品和服务，创造着世界一流的劳动生产率。面对21世纪新的挑战，德国人依然保持着他们旺盛的生产力，这仍得益于其独特的企业文化。

四、中国的企业文化

1. 中国的传统文化

中华民族创造了光辉灿烂的文化，源远流长，博大精深，形成了悠久的民族文化传统，它以无形的巨大力量，深深地积淀在我们民族心理与民族性格之中。儒家思想是中国传统文化的主干，其作为封建社会的正统思想长达两千多年，对中华民族的文化心理、风俗习惯、道德伦理、价值观、人生观影响极其深远。其思想精髓概括如下。

(1) 具有"以天下为己任",为国图强的爱国精神。孔子一生热心救世,到处奔走,自云:"天下有道,丘不与易也。""如有用我者,吾其为东周乎!"但由于他所处的时代周王室衰微,政令不行,"礼崩乐坏",中原各国不是政权落于卿大夫,就是"陪臣执国命",要实现他的政治理想根本是不可能的,时人评其"知其不可而为之"。但孔子终其一生没有停止奋斗,史称"席不暇暖",这种坚韧不拔的精神深为后世所敬仰。孟子也曾经说过:"夫天如欲平治天下,当今之世,舍我其谁。"和道家相比,孔、孟所代表的儒家是主张积极入世的,对国家、社会具有强烈的责任感,这就是人们常说的"以天下为己任"的精神,是中华民族宝贵的精神财富。历史上后来的许多名臣良相,如"先天下之忧而忧,后天下之乐而乐"的范仲淹,"人生自古谁无死,留取丹心照汗青"的文天祥,"天下兴亡,匹夫有责"的顾炎武等,可以说都深受儒家思想的影响。"以天下为己任,关心社会、奋发有为"是儒家思想的精华,是中华民族的优良传统,几千年来已经深植于人民心中。

(2) 注重人本思想。儒家思想最早把人们的视野从"天"转向了"人",主张"仁"道,提出了"仁者爱人"、"己欲立而立人,己欲达而达人";"己所不欲,勿施于人";"敬事而信,节用而爱民,便民以时"等,孔子所分析的,是己与人、人与人的关系,是一种将心比心、推己及人的精神。《论语·乡党篇》载:"厩焚,子退朝。曰,伤人乎?不问马。"不问马怎么样,首先问伤人没有。而"仁"并不是孔子所认为的最高境界,最高境界是"圣","圣"的目标是"博施于民而能济众"、"修己以安百姓"。孟子更进一步发展了孔子"爱人"的思想,明确指出:"民为贵,社稷次之,君为轻。""君之视臣如手足,则臣视君如腹心;君之视臣如犬马,则臣视君如国人;君之视臣如草芥,则臣视君如寇仇。"他还特别强调了"人"和"人心"在国家治理中的作用,提出"得道者多助,失道者寡助,寡助之至,亲戚畔之,多助之至,天下顺之";"天时不如地利,地利不如人和"。这些都深刻体现了儒家思想中原始的人本主义思想,已经具有人文关怀的精神。儒家的"仁"道思想历史价值和文化价值十分巨大,他对于中华民族乃至整个东方国家都产生了深厚的影响。

(3) 强调以德服人,以礼待人的行为准则。在《论语》一书中多处论及为政之道,如"为政以德,譬如北辰居其所而众星共之。"孔子认为,"德"是领导者必备的修养,是治国平天下必须遵循的原则。孔子非常重视领导者的表率作用,提出:"政者,正也。子帅以正,孰敢不正。""其身正,不令则行,其身不正,虽令不行。"明确指出,在上位的人一定要以身作则。如果身居领导位置的人不能行德政,百姓就会不服气,"举直措诸枉,则民服;举枉措诸直,则民不服"。选用当政者,儒家认为"贤"是第一位的,如孟子所云:"左右皆曰贤,未可也;诸大夫皆曰贤,未可也;国人皆曰贤,然后察之,见贤焉,然后用之。"受历史阶段和文化背景限制,儒家所论及的领导者当然都是指向君主和官吏,是当时社会的统治者,这些"为政之道"也是为统治者服务的。但是,如果抛开"阶级分析"的保守立场,就儒家所倡导的"为政以德"思想本身和其诞生的年代来看,都极其难能可贵。

"礼"是儒家思想学说的一个重要范畴。"礼作为一种社会行为规范,由来已久。孔子曾经说："殷因于夏礼，所损益可知也；周因于殷礼，所损益可知也。其或继周者，虽百世可知也。"在孔子看来，"礼"是从天子到庶人，人人必须遵守的行为规范。孔子所谓的："礼"包含内在精神和外在形式两方面。其内在精神是维护当时的宗法等级制度及相应的各种伦理关系，其外在形式包括祭祖、军旅、成婚、丧葬、朝聘、会盟等方面的礼节仪式。孔子认为，注重"礼"的内在精神固然重要，而内在精神终究还要靠外在形式来体现。所以对这些礼节仪式，孔子不但认真学习，亲履亲行，而且要求弟子们严格遵守。"礼"所讲的行为准则，也具有教化性质，它要求人们通过加强修养，自觉地约束自己，达到人际关系的协调。作为东方文明古国，中国自古有"礼仪之邦"之美誉，这与儒家"礼"的思想在中国的广泛传播、深入人心有着直接的关系。

（4）具有整体意识。在中国的传统文化中，家族整体主义是建立在等级制度基础之上的，在一个家族整体内，以家族利益为最高目标，追求家族利益的最大化，强调整体重于个人，个人无条件服从整体，强调家族内部以伦理关系为基础的和谐与稳定。这种文化虽然有压抑个性、不利于创新和竞争的消极作用，但它对今天的现代化建设还是具有积极意义的。因为企业作为一个相对封闭的系统，可以视为"一个小家庭"，如果对"整体意识"加以改造和利用，保留人与人之间的和谐关系，则可以增强企业员工的"家族"观念，有利于企业形成团体凝聚力和竞争力，有利于重构人们以整体利益为重的团体精神。

（5）等级有"序"，静思而慎行。中国的管理决策方式受传统的君臣关系的影响。传统的君臣关系的总原则是"惠忠"，它要求做君主的实行仁政，要有恩惠加于辅臣，同时做辅臣的一定要忠诚，要以诚心侍奉君主。在这一传统思想的影响下，儒家提出了"按等级固定消费"的观念，孔子就执著地贯彻"俭不违礼"的原则。一次，他的学生子贡想免去祭祖中所用的羊，孔子就说："赐也，尔爱其羊，我爱其礼。"孔子所说的礼，就是封建等级制度。后来，荀子详细论证了这种思想，他把封建等级制度和满足人们"欲求"的"给养"联系起来，认为制定礼仪就是要在"养人之欲，给人之求"时"便有贫富贵贱之等"，不允许越级消费。"衣服有制，宫室有虞，人徒有数，丧祭械用，皆有等宜。"这种传统的等级制度在中国文化中的影响可谓根深蒂固。

由于传统的等级制度的影响形成了中国企业当中上下级之间较大的权力距离，这种大的权力距离表现为企业当中的管理者等级秩序严格，权力较大者拥有相应的特权，下属对上级有强烈的依附心理。香港科技大学校长吴家玮说：儒教如果用一个字来概括，就是"序"。我们的家教就强调长幼尊卑，年轻人先是"不敢"出格出位，最后是"懒得"出格出位，创新和创业从何谈起？千百年的文化传统积淀成为某种价值定势，使多数中国人担负了太多的历史包袱，结果在实际的创业和创新活动中瞻前顾后，甘守中庸，不敢冒险独行，失去了许多创造财富的资源和机会。

2. 中国企业文化的特征

与西方国家相比，中国企业文化的形成和发展的历史是比较短暂的。日本战后的迅速崛起让世人瞩目，这其中日本的企业文化功不可没。事实上，在日本的企业文化形成过程中，中国传统文化特别是中国儒家文化发挥了巨大的作用。而儒家思想作为中国传统文化的主干，其作为封建社会的正统思想长达两千多年，对中华民族的文化心理、风俗习惯、道德伦理、价值观、人生观影响极其深远。这种深刻的影响发展至今必然渗透中国现代企业的管理当中，并在企业文化中反映出来。在中国传统文化特别是儒家文化的熏陶下，中国企业文化表现出以下几方面特点。

（1）具有产业报国、服务社会的理念。"以天下为己任，关心社会、奋发有为"是儒家思想的精华，是中华民族的优良传统，几千年来已经深植于人民心中。无论是任何一种所有制的企业，都在努力营造"以天下为己任"，"关心社会，奋发有为"的企业精神，让企业员工和社会认同这种精神，鼓励员工以为社会创造价值为荣，从而形成了中国民族企业家们实业报国、服务社会的理念。事实证明，这种理念既符合了民族文化传统，又遵循了企业成长的规律，必将为企业的经营和发展带来极大的推动。四川长虹集团以"产业报国"的文化理念凝聚员工的智慧与力量，赢得了公众的支持和信赖，成为当今企业界成功企业文化的典范，就是有力的例证。而"巨人集团"从 4000 元的资本起家到勇立民企潮头，从 70 层大厦的理想破灭，到"脑白金"的东山再起。还有联想集团提出的讲贡献、讲效益的价值观，同舟共济、协同作战的整体意识，求实进取、拼搏创业的公司精神；海尔集团形成的"以人为本、以德为本、以诚为本、君子之争、和气为本"等。这些无不蕴涵着这一企业文化的精神。

（2）讲究人和，注重以人为本的管理方式。中国企业文化的特点之一就是以人为本，将"物"的管理和"人"的管理有机结合起来，以"人"的管理为主。中国企业文化重视人的价值和人格，即"民为贵"；正确把握人性的本质，推己及人，"己欲立而立人"，关心人、理解人、重视人、依靠人、尊重人、凝聚人、培育人，最大限度地开发企业的人力资源。中国人有"家"和"情"的理念。"家"不仅指家庭之小家，还指企业之大家，所以，中国人自幼便接受"爱家"教育，企业老板自然以"家"之理念，引导员工树立集体主义价值观，在企业内外追求和谐统一，建立顺畅的人际关系。"情"则包含着尊重员工人格，促进心灵沟通，互相激励的含义。在中国，企业的领导风格基本上是协商型，领导不突出个人的地位和作用，注意同下属和员工之间建立相互信任的关系。企业实行的是集体决策，在决策方法上强调集体讨论，重视广泛听取和探讨下属人员的各种意见。全国模范企业青岛港的领导干部有一句座右铭："职工的事再小也是大事，再难也要办好。"这种以人为本的思想赢得了全体职工的拥护，职工们向领导保证："港里的事再小也是大事。"港口效益连续多年保持了增长的势头。

（3）注重伦理观念。我国的企业文化建设受儒家传统文化的影响较深，以儒家传统文化作为维护人与人之间的伦理规范，形成"重义轻利"、"重人伦"和重价值理性的价值观念。人们在对企业经营绩效、企业决策及其行为的选择和评价方面，往往重伦理道德标准，轻经济效果；在调整人际关系方面，人与人之间能够保持"长幼有序、尊卑有别"的人际关系格局。中国企业员工情感性强，伦理性强，有用亲疏关系代替制度规范的倾向。

此外，中国企业文化还有讲究用人之道和锐意进取、开拓创新等优秀方面。与此同时，中国企业文化也存在一些缺陷：中国员工凡事讲面子，缺乏理性；喜欢求稳定，缺乏变革精神；政治性强，容易把政治准则与经济准则相混同。这些缺陷都有待于在未来企业文化的塑造中加以改善。

案例1 松下公司的管理哲学

一、案例介绍

松下公司是全世界有名的电器公司，它成立于 1918 年，由松下幸之助夫妇和妹夫井直岁男三人创建，从 20 世纪开始，家用电器渗入日本社会的各个角落，松下产业也开始了它充满传奇色彩的漫长跋涉。到了 50 年代，松下把发展目标定位于国内市场，把产品商标定为 NATIONAL，表明其开发国内家用电器行业的决心。经过 80 余年的奋斗，松下电器产业公司已如日中天。据统计，世界各地的电视台都作过松下电器产业公司的产品广告，几乎每分钟都有一条松下产品广告出现在地球某一地区的电视节目中。Panasonic，National，Technical，Quasar 是松下电器产业公司的四大王牌商标，家喻户晓。除了如雷贯耳的四大商标外，松下电器产业公司还拥有另一个为全世界所熟悉的骄傲——松下幸之助，他是该公司的创办人和领导人。在日本，他被尊为家电行业的领袖，被整个工商业奉为"经营之神"。在美国《财富》杂志 1999 年全球最大 500 强企业排行榜上，松下名列 266 位，年营业收入597.71 亿美元，利润 10.599 亿美元，资产额 670.22 亿美元。松下是日本第一家用文字明确表达企业精神或精神价值观的企业。松下的精神、松下的文化是其获得成功的重要因素。

（一）松下精神的形成

松下精神并不是公司创办之日一下子产生的。它的形成有一个过程。松下有两个纪念日：一个是 1918 年 3 月 7 日，这天松下幸之助和他的夫人及内弟一起，开始制造电器双插座；另一个是 1932 年 5 月，他开始理解自己的创业使命，所以把这一年称为"创业使命第一年"，并定为正式的"创业纪念日"。两个纪念日表明松下公司的经营观、思想方法是在创办企业后的一段时间才形成的。直到 1932 年 5 月，在第一次创业纪念仪式上，松下电器公司确认了自己的使命与目标，并以此激发职工奋斗的热情与干劲。松下幸之助认为，人在思想意志方面，有容易动摇的弱点。为了使松下人为公司的使命和目标而奋斗的热情与干劲能持续下去，应制定一些戒条，以时时提醒和警戒自己。于是。松下电器公司首先于 1933 年7 月，制定并颁布了"五条精神"，其后在 1937 年又议定附加了两条。形成了松下 7 条精神：产业报国的精神、光明正大的精神、团结一致的精神、奋斗向上的精神、礼仪谦让的精神、适应形势的精神、感恩报德的精神。

松下电器公司非常重视对员工进行精神价值观即松下精神的教育训练，教育训练的方式可以做如下的概括。

一是反复诵读和领会。松下幸之助相信，把公司的目标、使命、精神和文化。让职工反复诵读和领会，是把它铭记在心的有效方法，所以每天上午 8：00，松下遍布日本的 87 000 名员工同时诵读松下 7 条精神，一起唱公司歌。其用意在于让全体职工时刻牢记公司的目标和使命，时时鞭策自己，使松下精神持久地发扬下去。

二是所有工作团体成员，每一个人每隔 1 个月至少要在他所属的团体中，进行 10 分钟的演讲，说明公司的精神和公司与社会的关系。松下认为，说服别人是说服自己最有效的办法。在解释松下精神时，松下有一句名言：如果你犯了一个诚实的错误，公司非常宽大，把错误当做训练费用，从中学习，但是你如果违反公司的基本原则，就会受到严重的处罚——解雇。

三是隆重举行新产品的出厂仪式。松下认为，当某个集团完成一项重大任务的时候，每个集团成员都会感到兴奋不已。因为从中他们可以看到自身存在的价值，而这时便是对他们进行团结一致教育的良好时机。所以每年正月，松下电器公司都要隆重举行新产品的出厂庆祝仪式。这一天，职工身着印有公司名称字样的衣服，大清早来到集合地点，作为公司领导人的松下幸之助，常常即兴挥毫书写清晰而明快的文告，如"新年伊始举行隆重而意义深远的庆祝活动，是本年度我们事业蒸蒸日上兴旺发达的象征"。在松下向全体职工发表热情的演讲后，职工分乘公司分派的卡车，满载着新出厂的产品，分赴各地有交易关系的商店，商店热情地欢迎和接收公司新产品，公司职工拱手祝愿该店繁荣。最后，职工返回公司，举杯庆祝新产品出厂活动的结束。松下相信，这样的活动有利于发扬松下精神，统一职工的意志和步伐。

四是"入社"教育。进入松下公司的人都要经过严格的筛选，然后由人事部门掌握开始进行公司的"入社"教育，首先要郑重其事地诵读、背诵松下宗旨、松下精神，学习公司创办人松下幸之助的"语录"，学唱松下公司之歌，参加公司创业史"展览"。为了增强员工的适应性，也为了使他们在实际工作中体验松下精神，新员工往往被轮换分派到许多不同性质的岗位上工作，所有专业人员，都要从基层做起，每个人至少用 3～6 个月时间在装配线或零售店工作。

五是管理人员的教育指导。松下幸之助常说：领导者应当给自己的部下以指导和教诲，这是每个领导者不可推卸的职责和义务，也是在培养人才方面的重要工作之一。与众不同的是，松下有自己的"哲学"，并且十分重视这种"哲学"的作用。松下哲学既为松下精神奠定思想基础，又不断丰富松下精神的内容。按照松下的哲学，企业经营的问题归根结底是人的问题，人是最为宝贵的，人如同宝石的原矿石一样，经过磨制，一定会成为发光的宝石，每个人都具有优秀的素质，要从平凡人身上发掘不平凡的品质。松下公司实行终生雇佣制度，认为这样可以为公司提供一批经过二三十年锻炼的管理人员，这是发扬公司传统的可靠力量。为了用松下精神培养这支骨干力量，公司每月举行一次干部学习会，互相交流，互相激励，勤勉律己。松下公司以总裁与部门经理通话或面谈而闻名，总裁随时会接触到部门的重大难题，但并不代替部门作决定，也不会压抑部门管理者的积极性。

六是自我教育。松下公司强调，为了充分调动人的积极性，经营者要具备对他人的信赖之心。公司应该做的事情很多，然而首要一条，则是经营者要给职工以信赖，人在被充分信任的情况下，才能勤奋地工作。从这样的认识出发，公司把在职工中培育松下精神的基点放在自我教育上，认为教育只有通过受教育者的主动努力才能取得成效。上司要求下属要根据松下精神自我剖析，确定目标。每个松下人必须提出并回答这样的问题："我有什么缺点"，"我在学习什么"，"我真正想做什么"等，从而设置自己的目标，拟订自我发展计划。有了自我教育的强烈愿望和具体计划，职工就能在工作中自我激励，思考如何创新，在空余时间自我反省，自觉学习。为了便于互相启发，互相学习，公司成立了研究俱乐部、学习俱乐部、读书会、领导会等业余学习组织。在这些组织中，人们可以无拘无束地交流学习体会和工作经验，互相启发、互相激励奋发向上的松下精神。

日本 1984 年经济白皮书写道："在当前政府为建立日本产业所做的努力中，应该把哪些条件列为首要的呢？可能既不是资本，也不是法律和规章，因为这二者本身都是死的东西，是完全无效的。使资本和法规运转起来的是精神。——因此，如果就有效性来确定这三个因素的分量，则精神应占十分之五，法规占十分之四，而资本只占十分之一。"

松下精神，作为使设备、技术、结构和制度运转起来的科学研究的因素，在松下公司的成长中形成，并不断得到强化。它是一种内在的力量，是松下公司的精神支柱，它具有强大的凝聚力、导向力、感染力和影响力，它是松下公司成功的重要因素。这种内在的精神力量可以激发与强化公司成员为社会服务的意识、企业整体精神和热爱企业的情感，可以强化和再生公司成员各种有利于企业发展的行为。如积极提合理化建议，主动组织和参加各种形式的改善企业经营管理的小组活动；工作中互相帮助，互谅互让；礼貌待人，对顾客热情服务；干部早上班或晚下班，为下属做好工作前的准备工作或处理好善后事项等。

（二）企业管理是实践性哲学

松下公司的创始人松下幸之助认为，企业管理是实践性哲学，管理的智慧来源于实践。松下公司长期形成的企业文化也突出地表现在它的实践性上。

1. 强化企业命运共同体建设

松下公司是日本第一家有公司歌曲和价值准则的企业。每天早晨 8 点钟，公司所有的员工朗诵本公司的"纲领、信条、七大精神"，并在一起唱公司歌曲。一名高级管理人员说，松下公司好像将我们全体员工融为了一体。

2. 强调将普通人培训为有才能的人

在进行总体企业文化培育的前提下，把培养人才作为重点。松下幸之助有一段名言"松下电器公司是制造人才的地方，兼而制造电器产品"。他认为，事业是人为的，而人才的培育更是当务之急。也就是说，如果不培育人才，就不能有成功的事业。出于这种远见卓识，他于 1964 年在大阪建起了占地 14.2 万平方米的大型培训中心,一年开支达 40 亿日元(占销售总额的 0.1%)。全公司有 1/3 的人在这里接受培训,大规模的人员培训,保证了松下电器的新产品源源不断地涌向世界各地。

3. 注重经营性的、丰富的企业文化建设,使员工有新鲜感,这样更易于职工自觉接受公司文化

每年年终时,公司自上而下动员职工提出下一年的行动口号,然后汇集起来,由公司宣传部口号委员会挑选、审查,最后报总经理批准、公布。公司有总口号,各事业部、分厂有各自独特的口号。一旦口号提出,全公司都在这一口号下行动,口号本身体现了公司价值观。

(三)企业经营的目的

松下认为,企业经营归根结底是为了共同幸福进行活动,因此,必须深刻认识人的本质,并且根据这种认识去从事工作。这是松下企业经营哲学的基点。

松下提出,企业经营理念要回答的问题是:企业是为了什么而存在的? 企业的真正使命是什么? 企业要健康地发展,就应该树立正确的经营理念。这是因为:① 对于企业来说,技术力量、销售力量、资金力量及人才等,虽然都是重要因素,但最根本的还是正确的经营理念。只有在正确的经营理念的基础上,才能真正有效地使人才、技术和资金发挥作用;② 在千变万化的社会形势中,企业若要对各种问题采取无误的、恰当的对策,其基本依据仍然是企业的经营理念;③ 对于一个企业所拥有的众多职工,要使之同心协力,发挥巨大干劲,其基础仍然是经营理念。

什么是正确的经营理念?"正确"是相对于"错误"而言的,只顾自己利益的经营,脱离正义的经营,没有觉悟到身负神圣事业的信念的经营,就是错误经营,就是错误经营理念的表现。正确的经营理念则认为,企业的使命或企业人的使命,就是克服贫困,就是使整个社会脱贫致富,就是要把全体人民的生活推向富裕和繁荣。形象地说,企业或生产者的使命,是把贵重的生活物资像自来水一样无穷无尽地提供给社会。无论什么贵重东西,生产的量多了,就可以达到几乎低到无代价的价格提供给人们。这样,才能逐渐消除贫困。

松下认为,正确的经营理念扎根于正确的人生观、社会观和世界观上。从这里才能产生真正正确的经营理念。正确的人生观、社会观和世界观则必须符合社会发展规律和自然规律,如果违背了它,就不能说是正确的人生观、社会观和世界观,而由此产生的经营理念也不可能是正确的。企业的具体经营活动是经常变化的,但是,立足于按照人的本质或自然规律而得出的正确的经营理念,无论是过去、现在还是将来,无论是国内还是国外都是适用的,企业应当坚持一贯地奉行这种正确的经营理念,这种经营理念也包括用生成发展的观点看待一切事物。所谓生成和发展简单来说,就是日新,又日新。这就是宇宙万物运动的自然规律。从这个观点来看企业的经营,可以认为各个产品或各个行业也存在着一定的寿命,原则上必须不断地进行新的开发、新的投资,而企业形象、企业战略也必须与时代的发展相适

应，要日新月异。

经营是靠人来进行的，身负重任的经营者本身是人，职工也是人，顾客及各方面的关系户也都是人。可以说，经营就是处理与各方面的人的关系，就是人们相互依存地为人类的共同幸福而进行的活动，正确的经营理念必须立足于对人的正确看法之上，如何看待人？松下认为，人是万物之王，是伟大而崇高的存在。这里所说的"王"，一方面是指人可以根据生成和发展的自然规律，支配和活用万物，自己给予自己生机；另一方面是指人能够以仁慈和公正的心，担负起使一切事物发挥其作用的责任。现实中的人是各种各样的，是既可以走向神，也可以走向动物的"内在活动"，但是从总体看来，"人仍然是具有万物之王的伟大本质"。一般人把人的欲望看成是肮脏的东西，其实人的欲望的本来面貌是生命力的表现，是一种力量，它本身不存在善恶问题，只是由于人们对待它的态度不同，才能使其成为善，也可能使其成为恶。因此，人有欲望不妨碍人为万物之王。根据对人的正确看法来看待企业，就要自觉地认识到，经营者是经营组织内的"王者"。他拥有对经营组织内的一切人、财、物等任意支用的权限。但同时，他也担负着用爱的公正，最大的关心来对待人、财、物，并采取措施，使之充分发挥作用的责任。因此，经营者要信任人，不要随意解雇人，而要实践"新的人道"，即要在承认其本来面貌的基础上，看清万物的天赋使命的本质，按照自然规律进行恰当地处理和对待，充分发挥万物的作用。

企业的使命是把物美价廉的产品充分地供应给社会。正是在这个意义上，松下一再强调，企业经营不是私事，而是公事。企业是社会的公有物，即使那些受到法律保护的私营企业，就其工作和事业的内容来说，都是带有社会性的，是属于公共范畴的。因此，即使是个人企业，其经营方针，不能只从私人的立场和方便来考虑。应该是时时考虑到自己的企业对人们的共同生活影响如何？是起好作用还是坏作用？必须从这个观点来考虑和判断问题。建一个工厂，不能只从经济性考虑，不能只在交通方便、原料供应容易的地方选择厂址，而且要在那些人口外流严重的地方建厂，以解决人员分布过疏、过密的问题。

企业经营的秘诀，不过是顺应"天地自然的规律"去工作而已，这是松下的经验之谈。他认为，经营顺应自然规律的表现就是生产优质产品，收取合理的利润把它卖出，并严格按时收款。有些人不按这些原则办事。例如，为了宣传而压低价格卖出，或以合理的价格卖出但却不积极按期收回货款，如此的经营总是要失败的。

松下认为，企业的运作要树立一定能成功的坚定信念。自古以来，有"胜败乃兵家常事"的格言。于是有人自我安慰：经营也是这样，或顺利或不顺利，或盈利或亏损，乃是平常的事情。松下则认为，不能用这种观点对待经营，应该树立企业经营一定能成功的坚定信念，相信经营在任何情况下都要成功，即所谓"百战百胜"。如何树立一定能成功的信念呢？松下认为，应该坚持"成功靠运气，失败在自己"的思想。这是因为，如果顺利的时候，认为是靠自己的能力取得的，就会产生骄傲和疏忽大意，从而招致失败。反过来，如果认为运气好才成功了，这样就会对一些小的失败也一一进行检查和总结。同样，如果不顺利就说是运气不好，就不会去找失败的教训，如果贯彻"失败的原因在于我"的观点，就会防患于未然，把失败消灭在发生之前。即使在整个产业界不景气的时候，也还是有成绩继续稳步提高企业，这就说明经营方法是无穷无尽的，方法得当，不景气之下仍可取得好成绩。

企业经营活动，就是以各种形式或间接地与社会大众打交道。如何对待社会大众的想法和做法，对于企业经营来说是非常重要的。社会舆论虽然会有个别的或一时的错误，但从整体和长远观点来看，社会大众的判断一般是正确的。松下认为，依赖社会，不迷惘，该做的事情坚决去做，这样就会充满信心，如同走在平坦的大道上。当然，社会大众并不一定永远不会对企业产生误解，社会舆论有时也会偏向错误。因此，经常向社会介绍企业的想法、成绩、产品等，从而使社会对企业有个正确的了解是很重要的。所谓宣传活动、广告等，就是为了解决这个问题而进行的。毫无疑问，那种夸大宣传、超过实际情况的宣传是该严格禁止的。夸大宣传也许能暂时蒙蔽社会，但是，到头来被群众识破，结果反而会失去信誉。

就企业与社会的关系而言，不能只追求一个企业的繁荣，而是应通过企业的经营活动来带动整个社会走向繁荣，与社会共同发展。企业与供应商、批发商、顾客、协作商、银行、股东、社区等众多伙伴的关系必须妥善处理，绝不能以牺牲对方的利益为代价来谋求自己的发展。如对原材料供应商提出降低供应价格时，一定要与之共同探讨工艺的改进，寻求降低供应价格后还能确保其合理利润的途径。在处理与同行业企业之间的关系上，绝不能搞过火的、不正当的竞争，坚决避免出现所谓资本的横行霸道，避免有经营能力的企业也发生倒闭。要共存共荣，要充分考虑对方的情况，对方的利益，在考虑自己利益的同时，也要考虑对方的利益。

（四）教育和培养人才

企业能否为社会作出贡献，并使自己兴旺发达，关键在于人。因此，在松下看来，在企业经营中首要的是发现人才和培养人才。松下对自己作了这样的介绍："我这个人与其说是实干家，倒不如说是理想主义者。但一个理想者往往要在现实中失败。经常追求理想的我，所以能够在现实的工作中走向成功，原因主要是在于拥有人才和培育人才的缘故"。

怎样教育和培养人才？松下认为，经营者本人要树立正确的经营理念和使命观，并以此作为公司中判断是非曲直的标准，这样培育人才也就容易了。要利用一切机会，反复向员工进行企业使命观和经营理念的教育，把客观存在变成每个人的血和肉，并按照完成企业使命的需要严格要求下属职工，该说的就说，该批评的就批评，该纠正的就纠正，这样才能培养出人才来。在遵循基本方针或正确经营理念的前提下，放手让下级在自己责任和权限的范围内独立自主地开展工作，只有这样才能使下级开动脑筋，在工人中充分发挥其主观能动性，从而成长起来。否则，就只能培养出机械地按命令行事、唯唯诺诺、不推不动的人。培育人才，不仅仅是把人培育成为会工作和技术高超的职业人，同时还要把人培育成为道德情操高尚的社会人，虽然工作好，但是作为一个社会人来说，有缺陷、不全面发展，这种人仍不符合现代产业人的要求。

要教育企业的经营者和全体员工，在努力做好自己工作的同时，还要关心政治，寄予希望和要求。否则，就不能很好地完成自己的责任。松下认为，不应该只是为自己的企业和同行业谋取特别的好处，而应该从经济人的观点出发，考虑如何做对国家、对人民有利。要消除社会上那种越是辛勤劳动就越是受损，老实人吃亏，不犯法就无法生存下去的现象。松下于1946年创立了KHP（Peace Happiness-Prosperite）研究所，旨在研究先哲的学说和当代杰出人物的思想，并把研究成果应用于政治、经济、教育、宗教等各个领域，通过经济繁荣来求得广大人民群众的和平与幸福。他说，世界的繁荣，到21世纪有可能转向亚洲，以经济为中心在急速地恢复下发展。但政治、教育及国民精神面貌还存在着问题，因此必须探索政治和经营的理念和措施，培育能够推进与实现21世纪繁荣的人才。

教育和培养企业人才，用松下的话来说就是要培育企业人的坦诚心理，即不受自己的利害、感情、知识及先人意识的影响。要能按照事物的本来面貌去看问题。只有心地坦诚，才能知道事物的真实面貌和事物的本质，并顺应自然的规律。要倾听人民大众的呼声，集中公司内群众的智慧，才会产生该做的就做，不该做的就不做的真正勇气，也才会产生宽容的心和仁慈的心。"一言蔽之，坦诚的心能把一个人变成正确、坚强、聪明的人。正确、坚强、聪明达到顶峰，可以说就是神吧！人虽不是神，但是，越心地坦诚就越接近于神。从而，做什么都能成功。经营也是如此。"培育坦诚绝非易事，因为人往往为自己的感情或利害所俘虏，科学的发明和各种各样的主义、思想都影响着人们。物欲刺激着人们，要排除来自各方面的干扰，首先要排除自己心中的杂念，强烈地期望成为心地坦诚的人，每日抱着这种心情过日子，久而久之，就可以拥有坦诚之心。

松下幸之助认为，一个人的能力是有限的，如果只靠一个人的智慧指挥一切，即使一时取得惊人的进展，也肯定会有行不通的一天。因此，松下电器公司不是仅依靠总经理经营，不是仅仅依靠干部的经营。也不是仅仅依靠管理监督者经营，而是依靠全体职工的智慧经营。松下幸之助把"集中智慧人全员经营"作为公司的经营方针。

为此，公司努力培养人才，加强职工的教育训练。公司根据长期人才培养计划，开设各种综合性的系统的研修、教育讲座。公司有地区职工研修所、东京职工研修所、宇都宫职工研修所和海外研修所等五个研修所。由此可以看出，松下之所以取得如此巨大的成就，除特定的历史条件和社会环境外，他的经营思想的精华——人才思想奠定了他事业成功的基础。松下先生说："事业的成败取决于人"，"没有人就没有企业"，松下电器公司既是"制造电器用品"的公司，"又是造就人才的公司"。

松下认为，人才可遇不可求，人才的鉴别，不能单凭外表，人才效应不能急功近利，领导者不能操之过急。如何去获得人才，或许有些人认为要靠运气或天分。但事实证明，人才是要去寻求的。天下万物都是必须常常有求才若渴的心，人才才会源源而至。松下认为吸引人们求职的手段，不是靠高薪，而是靠企业所树立的经营形象。目前，所有中、小企业的烦恼，在于不易吸收人才，甚至于大企业也有同样的隐忧。就现在的日本来说，大都缺乏劳动人口。但是，在日本，初中或高中毕业后就做事的人有好几万，因此，如果有意录用，就不可能找不到人，但如果想雇用合适的人才，就必须使你的企业有吸引人的魅力，才能逐渐地争取到所需要的人才。

松下认为，争取人才最好不要去挖墙脚。松下认为被挖来的人不一定全都是优秀的人，当然，可信赖的人的确不少，可是还有些是不可靠的，所以还是不做的好。如果碰到有要想从事新的工作的人，只要这个新人人品好，就可以让他去学习，不必非要用有经验的人。

公司应招募适用的人才，程度过高，不见得就合用。人员的雇用，以适用公司的程度为好，程度过高不见得一定有用，而且有些人会说："这种烂公司真倒霉。"如果换成一个普通程度的人，他会感激地说"这个公司还蛮不错的"而尽心地为公司工作。"适当"这两个字很要紧的，适当的公司，适当的企业，招募适当的人才，如果认真求才，虽然不能达到100%，但70%大概不成问题，达到70%，有时候反而会觉得更好。

所以，程度过高，不见得就合用，只要人品好，肯苦干，技术和经验是可以学到的，即所谓劳动=能力×热忱（干劲）。

提拔年轻人时，不可只提升他的职位，还应该给予支持，帮他建立威信。

松下公司认为，提拔人才最重要的一点是，绝不可有私心，必须完全以这个人是否适合那份工作为依据。树立了这种提拔风气，会带动整个公司各个方面的进步。松下始终认为，事业是人为的，而人才则可遇而不可求，培养人才就是当务之急，如果不培养人才，事业成功也就没有希望。日本顾客这样评价："别家公司输给松下电器公司，是输在人才应用。"对于人才的标准，松下这样认为：不念初衷而虚心好学的人，不墨守成规而常有新观念的人，爱护公司和公司成为一体的人，不自私而能为团体着想的人，有自主经营能力的人，随时随地都有热忱的人，能得体支使上司的人，能忠于职守的人，有气概担当公司重任的人。

现在松下公司科长、主任以上的干部，多数是公司自己培养起来的。为了加强经常性教育培训，总公司设有"教育培训中心"，下属八个研修所和一个高等职业学校。这八个研修所是：中央社员研修所，主要培训主任、科长、部长等领导干部；制造技术研修所，主要培训技术人员和技术工人；营业研修所，主要培训销售人员和营业管理人员；海外研修所，负责培训松下在国外的工作人员和国内的外贸人员，东京、奈良、宇都宫和北大阪四个地区社员研修所分别负责培训公司在该地区的工作人员；松下电器高等职业训练学校负责培训刚招收进来的高中毕业生和青年职工。

松下的职工教育是从加入公司开始算起的。凡招收的职工，都要进行8个月的实习，才能分配到公司岗位上。为了适应事业的发展，松下公司人事部门还规定了下列辅助办法。

（1）自己申请制度。干部工作一段时间后，可以自己主动向人事部门"申请"，要求调动和升迁，经考核合格，也可以提拔任用。

（2）社内招聘制度。在职位有空缺时，人事部门也可以向公司内部招聘适当人才，不一定非在原来单位中论资排辈依次提拔干部不可。

（3）社内留学制度：技术人员可以自己申请、公司批准、到公司内办的学术或教育训练中心去学习专业知识。公司则根据事业发展需要，优先批准急需专业的人才去学习。

（4）海外留学制度。定期选派技术人员、管理人员到国外学习，除向欧美各国派遣留学生外，也向中国派遣，北京大学、复旦大学都有松下公司派来的留学生。

（资料来源：代凯军．管理案例博士点评：中外企业管理案例比较分析．北京：中国工商联合出版社，2000；中税网：www.taxchina.cn）

二、思考·讨论·训练

1. 松下企业文化、管理文化的精髓是什么？

2. 松下幸之助强调"松下电器公司是制造人才的地方，兼而制造电器器具"的用意是什么？

3. 松下精神的教育和训练有哪些方式，对人们有什么启示？

4. 松下的企业文化、管理哲学在什么方面体现了日本传统文化和日本企业文化的特点？

 案例2　微软公司的企业文化

1975年，比尔·盖茨和保罗·艾伦敏锐地洞察到，电脑这种少数专业爱好者手中的"玩具"转变为普及性的计算工具所蕴涵的巨大潜力。他们合伙创建了微软公司。

（一）微软的背景资料

微软最初开发的产品是微软 BASIC——一种软件语言程序，然后出售给第一种"个人计算机" MITS Altair 8800，从而使得 PC 的功能对每个人来说都成为有用和触手可及的产品。

比尔·盖茨和保罗·艾伦提出的早期梦想是"让每张办公桌和每个家庭都拥有一部电脑"。当时，公司只有 3 名雇员，当年收入 1 6000 美元。1986 年，微软在 NASDAQ 上市，上市后的经营利润率持续保持在 30％以上。到 1995 年，微软年收入已达 61 亿美元，拥有大约 200 多种产品，约 17 800 名雇员。微软控制了 PC 软件市场中最重要的部分——操作系统的 80％～85％。没有哪一个与计算机或信息技术有关的行业和用户不受到微软及其产品的影响。

1999 年是微软创造辉煌的顶峰，净收益近 80 亿美元，年增长率达到 73％。2000 年净收益更是达到 94 亿美元的新高。但进入 21 世纪，微软神话逐步回落。不过，微软仍然是一家强大的公司，2002 年，它仍然创造了近 80 亿美元的净收益，在全球拥有 5 万多名雇员，为 227 项产品和服务提供支持，在 74 个国家拥有分支机构。由于它在桌面型电脑市场上的垄断地位和它 390 亿美元的现金储备，未来几年内它将继续在软件市场占主导地位。

（二）微软的企业文化

比尔·盖茨独特的个性和高超技能造就了微软公司的文化品位。微软的企业文化大概可

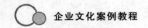

以归纳为以下几个方面特征。

1. 微软文化的基石——保持激情

比尔·盖茨认为：一个成就事业的人，最重要的素质是对工作的激情，而不是能力、责任及其他（虽然它们也不可或缺）。正如他自己所说："每天早晨醒来，一想到所从事的工作和所开发的技术将会给人类生活带来的巨大影响和变化，我就会无比兴奋和激动。"他的这种理念，成为微软文化的基石，也让微软王国在 IT 世界傲视群雄。

以激情为核心，微软提出，作为微软的杰出员工应该认同如下价值观：

• 正直诚实；

• 对客户、合作伙伴和新技术充满热情；

• 直率地与人相处，尊重他人并且助人为乐；

• 勇于迎接挑战，并且坚持不懈；

• 严于律己，善于思考，坚持自我提高和完善；

• 对客户、股东、合作伙伴或者其他员工而言，在承诺、结果和质量方面值得信赖。

上述价值观演变为微软招聘人才的六大人才观：

（1）敬业精神。拥有好的职业道德是在微软工作的基础，这是微软最强调的。职业道德包含了很多内容，正直诚实是其中最重要的要求之一。

（2）工作热情。比尔·盖茨本人是个充满激情的人，微软人喜欢在激情中高效率地工作。

（3）团队精神。作微软人，必须学会成为团队的一分子，为团队贡献力量。团队精神是最能将微软的企业文化与微软强大的竞争力、创造力联系在一起的东西。微软公司有近一万个项目组，开发不计其数的产品，每一种产品都凝聚了大量的工作，因此，团队的力量是最为重要的成功要素。

（4）快速学习能力、解决问题能力与独立工作能力。随着技术不断更新，微软也在不断更新，工作中总有新问题出现，如果不能在工作中不断的学习，不能独立解决工作中的新问题，也就不适合在这种充满创新精神的公司做事。实际上，自己动手解决问题已经成为微软文化的一部分，"不能总是依赖自己的同伴"也是微软的流行语之一，接待少量客人、召开小会的主管常常会自己动手倒水、拿设备，而不是叫下属和同事帮忙。

（5）创新精神。微软有句流行的话是"努力工作，聪明地工作"。聪明人在工作之前会将手头的工作按照轻重缓急排一个顺序，并且看看哪些可以同时做，哪些可以采取更好的方法来做，而不是随便拿起一件事就做，做完一件再想另一件。

（6）责任心。不轻易承诺，一旦答应了就要做到，就要做好。正如微软中国 CEO 唐骏所说：激情对做科技公司也是一种非常需要的素质。激情不是瞬间的一个状态，而是一种文化。

2. 微软文化的使命——挖掘潜力

微软所秉承信念的核心是"潜力"。微软认为人类的想象力是没有穷尽的，人的潜力是无限的。衡量事业成功的真正尺度并非体现在软件产品本身所具备的功能上，而是体现在软件产品能在多大程度上释放人们的潜力。

基于对"潜力"的信念，微软提出自己的企业使命是"为帮助微软全球客户实现其潜能而努力奋斗"，同时提出帮助企业完成使命的七大核心价值观。

其中与客户相关的方面的核心价值如下。

（1）广泛的客户联系。与客户紧密联系，了解他们对技术的需求和如何使用技术，提供信息和支持，为客户带来价值，激发他们的潜能。

（2）高信度计算。通过我们高质的产品和服务、快速的反馈、高度的责任心和工作质量的稳定性，来提高客户对我们的信任度。

（3）提供人们创新的平台。通过确定新的业务，孵化新的产品，在已有的业务领域里面增加新的客户需求，探索获取新的理念和经验，同合作伙伴的协作等手段来拓展客户的选择范围。

与微软自身相关的核心价值如下。

（4）兼顾全球化和多元化。站在全球的角度考虑问题和采取行动，使得不同文化背景的员工能够为不同文化背景的客户和合作伙伴提供创新的决策。为降低技术成本而创新，在支持行业和社区发展方面起领导作用。

（5）负责的领导平台的创新。增加对平台的创新，为客户和合作伙伴带来效益及商业机会；坦率地探讨微软未来发展的方向，获取反馈；与合作伙伴共同努力，确保他们的软件在微软的平台上运行更加顺畅。

最后，在要求微软员工方面的核心价值如下。

（6）追求卓越。在完成使命所做的每一件事上追求尽善尽美。

（7）杰出员工及其价值观。实现企业使命需要积极向上、具有创造力和活力的杰出员工。

人的潜能到底有多大？公司的潜力到底有多少？这恐怕从比尔·盖茨本人不同寻常的发展历程与微软公司的超常规发展中可见一斑。实际上，提出挖掘潜能的思想的公司不是少数，但要一个人和公司群体相信自己真正具有潜能和潜力却不是那么容易的事情。大多数人对距离现实情况越远的东西，越是报以更多的怀疑并更加缺乏信心，正因为如此，大多数提出要"激发潜能"的公司其实并不能很好地落实这一点。在微软，比尔·盖茨本人的成功、微软公司一次次的正确选择，让人们相信这个世界上有"奇迹"存在——虽然发生在自己身上的"奇迹"实际上只是超出自己的预期而已。因此，微软之所以能提出以"潜力"为核心信念，并真正做到挖掘潜力，与比尔·盖茨所发挥的英雄作用有很大的关系。

3. 微软文化的特色——校园文化

优秀的企业文化造就卓越的企业，微软就是这样一个例子。微软拥有舒适的环境，包括自然环境和人文环境。

微软的员工称，企业园区中充满了校园的气氛，大学校园叫campus，微软研究院也叫

campus，并不像一家大型软件公司，这里似乎感觉不到许多商业的氛围。在微软总部的园区里，随处可以看到鲜花、草坪和林荫道，有美丽的 BILL 湖泊、花园和喷泉，还有小动物，也有许多篮球场、足球场、棒球场。工作之余，员工们就像大学生、中学生在自己的校园里那样运动和玩耍，也像学生一样关注那些动物，互相讨论。

每个工作人员拥有一间属于自己的办公室，按照自己的喜好随便进行布置，因此每一件都具有自己的特色，体现主人的工作态度和个性风格。人们上班的时候穿着随便，在办公室甚至常常可以看到穿着奇怪的人，牛仔裤和 T 恤衫是其中的主流装束，被大家称为"牛仔裤文化"。上班本身也不那么正式，公司实行弹性工作制，不一定要按照正常时间上下班。办公楼之间的空中走廊中还有很多游戏机供大家玩，可以一边玩一边和同事聊天，和路过的同事打着招呼。每年，都有一天可以带自己的小孩来公司体验生活。

总之，在这里，你所要做的和应该做的就是专心于自己的工作。在微软，工作成了一种乐趣，员工和公司的前途是紧紧连在一起的。微软人有着强烈的主人翁意识，这使得他们对于任何事情都是为公司着想，全力以赴。这样的工作和生活难道不像读书时的学生时代吗？

4. 微软文化的重要组成部分——团队精神

从最早卖程序设计语言，到出售操作系统，再到向零售店出售各种应用软件产品等，从国内到国外，微软不断获得发展。但从 3 个人到 3000 人，再到今天的 5 万人，微软始终保持着公司早期结构松散、反官僚主义的微型小组文化等特性的基本部分。这些文化特性促成了微软团队文化的形成，微软团队精神主要表现在以下几方面。

（1）成败皆为团队所共有。一个项目组作完事情后都去帮助其他人，成为习惯和文化传统，感染新来的人。

（2）互教互学。将不懂的问题提出来，大家都乐于帮忙，甚至于查资料或者介绍专家，如果被问到一个自己不会的问题，一定会去钻研，然后告诉别人。

（3）互相奉献和支持。主动提出自己的看法并予以帮助；对别人提出的询问和寻求帮助，毫无保留地热情帮忙。

（4）遇到困难，互相鼓励，及时沟通，用团队智慧解决问题。

（5）承认并感谢队友的帮助。

（6）甘当配角。

（7）欣赏队友的工作，推崇那些完成工作的人，而不是对他们的工作挑刺。

保证微软团队和谐重要因素之一是交流。在这方面，微软更有自己的特色。微软人认为，交流是沟通的核心，是解决问题的有效途径及团队精神的体现。在微软公司中，沟通方式有 E-mail、电话、个别讨论等，而"白板文化"是最典型的。"白板文化"是指在微软的办公室、会议室，甚至休息室都有专门的可供书写的白板，以便随时可记录某些思想火花或一些建议什么的。这样有什么问题都可及时沟通，及时解决。另一个值得一提的交流是在老板和员工的关系方面，公司里有"一对一"的谈话习惯，老板定期找员工谈话，谈话内容很随意，可以不涉及工作，只是谈理想、谈生活，甚至于谈孩子。白板沟通和一对一谈话都对微软团队的和谐起到了很大作用。

微软的团队精神是微软文化管理的重要组成部分。团队精神激发人们内心中美好的一面，团队的力量帮助大家实现工作目标、获得个人价值，团队沟通让微软员工在企业内部获得社交需求的满足。以我国台湾微软公司为例，该公司宣称微软的企业文化是：我们是一个鼓励员工创新，继而对工作产生责任、充分授权，把工作当成自己企业般去经营的环境，主宰工作而并非让工作主宰；我们拥有一种寓工作于乐的气氛，让所有的成员都能从中得到成就感，并享受工作；非官僚的管理方式，让员工与管理阶层都能在互相的合作及支持的环境下工作，产生备受肯定的成绩；团队中的每个成员都是一样的重要，共同为一个卓越的目标全力以赴；重视员工的自尊与能力，让每个人对自己的工作产生热情及使命感，相信自己的产品及微软的企业哲学。

（三）创新——微软文化的灵魂

创新是贯穿微软经营全过程的灵魂，也是微软文化的盖茨色彩和校园文化、团队文化两大平台综合作用的结晶。知识经济时代的核心工作内容就是创新，创新精神应是知识型企业文化的精髓。微软公司不断进行渐进的产品革新，并不时有重大突破，微软人始终作为开拓者——创造或进入一个潜在的大规模市场，然后不断改进一种成为市场标准的好产品。微软的机制使竞争对手很少有机会能对微软构成威胁，从而创造了微软神话。

从微软文化到微软取得的巨大成就，这个过程中还有两个因素值得关注。一个是创新的方向：只有目标清晰，以产品为中心实施高度有效、一致的竞争策略和组织目标，创新的效率才能最大化，目标清晰是团队工作成就最大化的保障。另一个是创新的源泉：只有不断进行高效率的学习，创新才不会成为无源之水。

1. 创新的方向——目标

面对市场和技术方面的挑战，微软总是奉行最基本的战略——向未来进军。除了出色的总裁和高级管理队伍及才华过人的雇员、灵活高效的组织机构外，微软一直拥有高度有效和一致的竞争策略和组织目标。微软向来强调以产品为中心来组织管理公司，超越经营职能，大胆实行组织创新，极力在公司内部和应聘者中挖掘同自己一样富有创新和合作精神的人才并委以重任。

2. 创新的源泉——学习

微软在组织学习方面的特色主要表现在以下几方面。

（1）事后分析报告。鼓励各开发小组写事后分析报告，至少能就项目进程开会讨论，这与微软雇用善于从错误中学习的人的做法是前后呼应的。

（2）过程审计。实施过程审计以帮助各组分析和解决问题。

（3）正式的休假会。组织正式的休假会活动，届时有关重要人士就软件开发与质量控制的相关问题相互切磋。

（4）非正式会谈。在相同职务的人员之间极力撮合一些非正式会谈以鼓励知识共享。

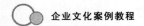
（5）"自食其果"。指特定产品的开发小组将尽可能在自己的工作中使用该产品，通过亲身体验，见顾客之所见，向相关小组不断反馈信息。如果产品性能太差，构造者和小组其他成员不得不"自食其果"。

（资料来源：杨艳英，李柏松.企业文化修炼案例.北京：蓝天出版社，2005）

二、思考·讨论·训练

1. 微软公司的企业文化有何特色？
2. 比尔·盖茨对微软文化有何积极影响？
3. "工作狂模式"的微软文化有必要改进吗？如果有必要，如何改进？
4. 评价微软的"校园文化"。

 案例3 西门子的企业文化

一、案例介绍

成立于1847年的德国西门子公司（Siemens AG），至今已有158年历史，其创始人是维尔纳·冯·西门子，公司就是根据他的名字而命名的。创立之初，公司仅是位于柏林的一间小作坊，产品为铁路机械报警铃、绝缘电线和电子电报产品等。经过多年的发展，今天的西门子已经转变为一家享誉世界、以提供高质量产品和高品质服务而著称的大公司，业务更是横跨能源、工业自动化、信息与通信、交通、医疗、电子元器件和照明等七大领域，足迹遍及全球190多个国家，全球雇员40多万名。作为全球电子和电气工业的主力军，西门子公司始终遵循其创始人维尔纳·冯·西门子的企业信条，"我绝不为眼前利益而出卖未来"，公司不断创新，调整战略，以严谨、高效和可靠的作风和为用户提供最先进的产品及服务而誉满全球。在2005年《财富》世界500强的排行榜上，西门子公司以营业收入914.93亿美元，名列第21位。

西门子公司历来十分注重创造积极进取的企业文化，为公司的发展奠定坚实的基础。经过多年不断地发展和探索，西门子的企业文化已经自成体系，其中最为鲜明的是提出争做优秀的企业公民。为了达成这一目标，几代西门子人一直遵循着几条基本原则：尊重员工，赋予员工以充分的权利，为其提供发展的空间；推动创新，为客户提供更多、更新的产品；客户为本，时时刻刻为客户、为股东的利益着想；勇担重任，推动社会的发展进程。

（一）尊重员工　造就人才

"员工是我们成功的关键。我们在一个全球知识与学习网络中共同工作，以坦诚沟通、相互尊重、目标明确及领导果决造就多样性的企业文化。"这是西门子员工所熟知的公司一直遵循的信条。

古人云："致安之本，唯在得人"，意即实现国富民安的根本，在于得到足够的优秀人才。人才对于一个国家如此之重要，对于企业也是同样的道理。西门子公司之所以发展成为世界电气界的一颗璀璨明星，离不开几代西门子人对人才的重视。

早在150年前，西门子就为员工成立了医疗基金，并在此后成为全球第一家为员工实施养老金计划的公司。公司对人才关爱的传统流传至今，世界各地的分公司也都秉承了这一优良传统。西门子的一整套业界著名的对人才培养和造就体系，成为公司整体发展战略的重要组成部分。

1. 人才的培养

是什么造就了西门子150多年的辉煌？高质量的产品、完善的售后服务、不断创新及高效的人才培训，被认为是西门子成功的关键因素。

西门子深刻体会到产品的质量完全取决于员工的素质高低，深信员工的知识、技能和对工作的胜任能力是公司最宝贵的资源，也是公司成功的坚实基础。因此，西门子尽可能地为员工提供一流的培训和个人发展机会，培育强大的员工队伍，这是西门子极为重视的管理理念之一。毕竟，在世界性的竞争日益激烈的市场上，人才是最根本的决定力量，知识和技术必须不断更新，才能跟上全球商业环境及新兴技术的发展步伐，在激烈的全球市场竞争中，只有依靠最出色的员工，才可以赢得漂亮，赢得长久。

在人才培训方面，西门子创造了独具特色的培训体系。西门子的人才培训计划从新员工培训、大学精英培训到员工在职培训，涵盖了业务技能、交流能力和管理能力等方面，为公司新员工具有较高的业务能力、大量的生产、技术和管理人才的储备、员工知识、技能、管理能力的不断更新和提高提供了保证。因此，西门子长期保持着公司员工的高素质，这是西门子强大竞争力的来源之一。

（1）新员工培训。新员工培训又称第一职业培训。在德国，一般从15～20岁的年轻人，如果中学毕业后没有进入大学，要想工作，必须先在企业接受为期3年左右的第一职业培训。一般地，在第一职业培训期间，学生要接受双轨制教育，即一周工作五天，其中三天在企业接受工作培训，另外两天在职业学校学习相关知识。这样，学生不仅可以在工厂学到基本的岗位技巧和技术，而且可以在职业学校受到相关基础知识教育。通过这些接近真刀实枪式的作业，新员工的操作能力和个人素质都会得到相应的提高。由于企业内部的培训设施基本上使用的都是技术上最先进的培训设施，这就保证了第一职业培训的高水准，因此第一职业教育证书在德国经济界享有很高的声誉。由于第一职业培训理论与实践结合，为年轻人进入企业提供了有效的保障，也深受年轻人欢迎。据统计，在德国中学毕业生中有60％～70％接受第一职业培训，20％～30％选择上大学。

西门子早在1992年就拨专款设立了专门用于培训工人的"学徒基金"。现在公司在全球拥有60多个培训场所，如在公司总部慕尼黑设有韦尔纳·冯·西门子学院，在爱尔兰设有技术助理学院，它们都配备了最先进的设备，每年西门子都拨出相当数量的经费用于这些培训。目前约有 1 万名新员工在西门子接受第一职业培训，大约占员工总数的 5%。他们学习工商知识和相关的技术，毕业后就可以直接到生产一线去工作。

在中国，西门子与北京市国际技术合作中心合作，共同建立了北京技术培训中心。合同规定，中心在合同期内负责为西门子在华建立的合资企业提供人员培训，目前该中心每年可以对 800 人进行培训。

第一职业培训（新员工培训）保证了员工一正式进入公司就具有很高的技术水平和职业素养，这为西门子的长期发展奠定了坚实的基础。

（2）大学精英培训。西门子每年在全球招收 3 000 多名大学生，为了充分利用这些宝贵的人才，西门子也制订了相应的专门培训计划。

进入西门子的大学毕业生首先要接受综合考核，考核内容既包括专业知识也包括实际工作能力和团队精神，公司根据考核的结果安排适当的工作岗位。此外，西门子还从大学生中选出 30 名尖子进行专门培训，培养他们的领导能力。培训时间为 10 个月，分三个阶段进行。第一阶段，让他们全面熟悉企业的情况，学会从互联网上获取信息；第二阶段，让他们进入一些商务领域工作，全面熟悉本企业的产品。并加强他们的团队精神；第三阶段，将他们安排到下属企业（包括境外企业）承担具体工作，在实际工作中获取实践经验和知识技能。目前，西门子共有 400 多名这种"精英"，其中 1/4 在海外接受培训或在国外工作。大学精英培训计划为西门子储备了大量管理人员。

（3）员工五级别的在职培训。西门子人才培训的第三个部分是员工在职培训。西门子公司认为，在竞争日益激烈的市场上，在革新颇具灵活性和长期性的商务活动中，人才是最重要的决定力量，其所具备的知识和技术不断更新换代，才能跟上商业日趋快速发展的趋势。所以，西门子公司致力于走上一条学习型企业之路。为此，西门子特别重视对其员工进行在职培训。在公司每年投入的培训费中，有 60% 用于员工在职培训。西门子员工的在职培训主要有两种形式：西门子管理教程和在职培训员工再培训计划，其中管理教程培训尤为独特和成效卓著。

西门子员工管理教程分五个级别，各级别培训分别以前一级别培训为基础从第五级别到第一级别所获技能依次提高。具体实施如下。

第五级别：管理理论教程。培训对象为具有管理潜能的员工；培训目的是为了提高参与者的自我管理能力和团队建设能力；培训的主要内容有：西门子企业文化、自我管理能力、个人发展计划项目管理、了解及满足客户需求的团队协调技能；培训日程为与工作同步的一年培训，分别为为期三天的两次研讨会和一次开课讨论会。

第四级别：基础管理教程。培训对象为具有较高潜力的初级管理人员；培训目的是为了让参与者准备好进行初级管理工作；培训的内容主要有：综合项目完成、质量及生产效率管理、财务管理、流程管理、组织建设及团队行为。有效的交流和网络化；培训日程为与工作同步的一年培训，为期五天的研讨会两次和为期两天的开课讨论会一次。

第三级别：高级管理教程。培训对象为负责核心流程或多项职能的管理人员；培训目的是为了开发参与者的企业家潜能；培训的主要内容有：公司管理方法、业务拓展及市场发展策略、技术革新管理、西门子全球机构、多元文化间的交流、改革管理、企业家行为及责任感；培训日程是一年半与工作同步的培训，为期五天的研讨会两次。

第二级别：总体管理教程。培训的对象必须具备下列条件之一：①管理业务或项目并对其业绩全权负责者；②负责全球性、地区性的服务者；③至少负责两个职能部门者；④在某些产品、服务方面是全球性、地区性业务的管理人员。培训的目的是为了塑造其领导能力。培训的主要内容有企业价值、前景与公司业绩之间的相互关系；高级战略管理技术；知识管理识别全球趋势、调整公司业务；管理全球性合作。培训日程：与工作同步的培训两年；每次为期六天的研讨会两次。

第一级别：西门子执行教程。培训的对象是已经或者有可能担任重要职位的管理人员；培训目的是为了提高其领导能力；培训的主要内容则较灵活，会根据参与者的情况来特别安排；培训日程也会相应地根据需要灵活变动。

事实上，西门子公司的培训内容会根据管理学知识和西门子公司业务的需要而制定，并随着两者的发展变化，培训内容会不断地更新。

除了上述的公司内部培训之外，西门子还为员工提供外部培训的机会。所谓外部培训，是指西门子把认为外部所有有价值的、当地的培训机构与资源、课程的相关信息放到公司网站上，由专门的员工负责信息的随时更新。员工需要某种知识与技能的培训与学习时，可以随时登录网站查阅提供此类培训的机构与课程、时间及学费，然后向公司提出申请，公司会为员工报销所有学习费用。

西门子还有一个发展平台，以西门子的人事部为例，这是西门子正在施行的发展平台之一。每个职位的发展路径有多种可能。西门子把每个职位所需要的知识、经验、能力都作了详细说明，放在网络上。当员工有了职业提升的愿望、设计自己的发展路径时，他们便可以从发展平台直接点击链接到学习平台，获取相关培训资源信息。从产生愿望开始，员工就可以直接了解到他们的目标职位所需要的知识、能力、经验的要求，制订培训计划。

西门子遵循"为发展而不仅仅为工作进行培训"的原则，为员工提供丰富的培训与发展机会，帮助他们最大限度地发挥特长，挖掘潜能。

2. 人才的留任

"21 世纪什么最重要？人才！"葛优在《天下无贼》中的这句话让观众哄堂大笑。但是这连贼都知道的道理，却也是最让企业头痛的问题。如今，人才的争夺已经越来越趋于白热化。为了确保公司具有竞争优势，跨国企业在用高薪揽才的同时，也在用各种办法留才。

同样地，西门子在制定本公司的发展战略时，也格外地重视对人才的留任。否则。公司花了大量精力与物力培养出来的人才却留不住，转而跳槽到其他公司甚至是自己的对手公司，则是得不偿失的一件事。那么西门子又是依靠什么样的方法来留住人才的呢？

（1）激励之道。西门子为了留住人才，制定了一套行之有效的激励机制。西门子认为，激励员工主要是要为员工提供：① 具有挑战性的职位与非常理想的发展前途；② 可观的工资与福利，员工为了实现这一理想的发展前途与奋斗目标，就需要多方面的素质与能力。为此，西门子为所有员工提供了丰富的培训与学习机会，帮助员工实现理想。这构成了对员工的激励机制之一：一种基于员工切身需要而进行的有效激励。

此外，在西门子，发展与工资都以目标和业绩为核心。因此，每一名员工都制定有"个人目标承诺"。这一承诺由员工同其直接领导者共同协商来制定，在实际工作中，每名员工就是自己的管理者，而领导者则只起到辅助和引导的作用。这样，西门子通过目标管理，把员工的工资与其目标及业绩实现情况挂钩，并把业绩与员工的发展挂钩。同时。通过 CPD（Comprehensive Personnel Development）员工对话激励员工与员工共同分析其长处及弱项，让员工了解该如何提高以得到更好的发展前途，从而获得更高的工资与福利。

具体地讲，西门子的激励机制包括以下内容。

第一，西门子通过工作本身激励员工，让员工从事与其兴趣相符合、同时又具挑战性的工作来激励员工。

第二，保证为员工提供具有竞争力的收入，包括工资、福利等各种物质待遇。

第三，保证员工有着良好的职业发展前景。

第四，保证员工能够在一个非常好的领导环境下工作，上司的领导力能够充分调动员工的工作情绪，让每一名员工的敬业精神及通过勤奋工作所创造的价值能够得到及时的肯定。

当然，公司明白，为了留住人才，高薪并不是灵丹妙药。这正如西门子前任全球总裁冯必乐（Heinrich von Pierer）博士以新任西门子（中国）CEO 郝容强博士为例说明的那样：中国是最有吸引力的国家，郝容强博士年轻，富有管理经验，他所以接受这个职位是因为在中国能够得到更多的挑战，而不是因为薪酬的原因，如果考虑薪酬的因素，他就会到美国工作。

外企的高薪水一直是吸引人才的原动力，但西门子并不依赖于用高薪留住人才。西门子认为，无论员工的需求是什么，公司都应该明确工作出色的人应多拿报酬。在西门子，工资的发放体现以下四点原则：① 一致性；② 对外具有竞争性；③ 员工贡献得到很好的反映；④ 具有说服力，敢于公开。员工的工资决定于其岗位及员工的业绩状况。

薪酬虽重要，但不是最重要，对于员工而言最重要的是发展机会。因此，西门子为员工提供了尽可能多的发展机会，帮助员工实现职业目标。作为全球最大的多元化经营的跨国公司之一，西门子公司能为员工提供多种领域、性质各异、丰富多样的发展机会。

当然，给员工提供更多、更好的发展机会是基于员工自身能力和兴趣爱好的基础上的。西门子致力于留住有潜力、优秀的人才。但这绝不是公司的一相情愿，而是取决于员工自身的能力与兴趣爱好。西门子认为，员工应该有主见，热情活跃，喜爱本职工作，因为从事自己不喜欢的工作是难以作出成绩的。如果员工对目前的工作岗位不满意，而其他的工作岗位又更适合他，那么他可以进行内部跳槽，这也就是西门子的内部轮换制度。这一制度，既留住了人才，又能更好地挖掘人才的潜力并充分地发挥其作用。

西门子员工的跳槽率一直很低，其中原因之一就在于用发展空间和可观的工资与福利留住了优秀的人才。

（2）沟通机制。除了激励机制之外，西门子也明白了解员工对工作、公司及领导和同事的看法，即明确员工心中的真实想法也是尤为重要的。作为一家不断进取的跨国公司，西门子努力改善管理方式及行为，加强开放式的沟通，努力为员工建立良好的工作环境与氛围。为此，西门子建立了众多的员工沟通渠道。

①内部媒体。西门子内部办有许多媒体，是传达各种信息，进行员工间沟通的重要渠道之一。这些内部媒体包括：《西门子之声》（*Siemens News Letter*）、《西门子世界》（*Siemens World*）及各业务集团主办的内部沟通杂志等。

《西门子世界》是西门子面向公司全球员工的内部沟通刊物，被翻译成多国语言而在全球的西门子公司传阅，因而肩负着沟通西门子全球员工的重任。《西门子世界》一般包括以下栏目：封面故事（Cover Story）、业务（Business）团队（Team）、合作伙伴（Partner）、趋势（Trends）、家庭（Family）等。

《西门子之声》由西门子（中国）有限公司公关部编辑出版。是针对客户政府、商业伙伴、媒体和其他有兴趣人士而出版的季刊，目的在于加强公众对西门子在华业务的了解。《西门子之声》一般包括：视点聚焦（Spot-light）、新闻回顾（Newbits）、业务聚焦（Business Highlights）、战略走向（Strategic Focus）、人物写真（People）、领导才能（Leadership）、创新前沿（Innovation）、万花筒（Spectrum）等栏目。《西门子之声》起到沟通西门子中国员工的重要作用。

②内部网站（intranet、internet）。西门子内部网站是一个庞大而高效的沟通平台。例如，2003 年"非典"（SARS）期间，关于 SARS 的最新消息每时每刻都会在西门子的网站上更新，关于事态的最新报道、公司的政策、领导层写给员工的信等内容，都会及时发布，让每一名西门子员工在第一时间获取最新信息。又如，西门子人事部建立有专门的网页，并分别为外籍员工、合资工厂、各地区开辟专门的链接。新员工可以登录以了解如何融入公司。其他方面，如关于人事上的招聘、培训、出差、发展、投诉等内容也一应俱全，一览无遗，并随时更新。

③强大的 E-mail 系统。西门子内部网络建立有强大的员工电子邮件系统，为员工之间的快速而有效的沟通提供了最便捷的渠道。

西门子懂得，详细了解公司情况的员工的积极性更高。为了让每名西门子员工了解公司的最新信息，西门子为世界各地的西门子员工建立了"今日西门子"（Siemens Today）在线平台。"今日西门子"不仅包含西门子主题新闻故事和广泛的报道，而且开辟了交互式聊天室、论坛和调查。

除了上述沟通渠道之外，西门子还建立了一套旨在让领导层与员工直接对话的机制。事实上，在西门子，员工与上司的对话随时都在进行。公司每年至少进行一次"员工沟通信息会"（Information Session to Employee），在公司政策，员工福利、职业发展等众多问题上听取员工的意见，与员工进行双向的沟通。而员工在工作上若有不同的意见，也可以越过自己的直接上级向公司高层直接反映，与他们直接进行沟通。西门子公司还为新员工开设了"新员工导入研讨会"。公司的 CEO 会参加每一期"新员工导入研讨会"直接面对面地与新员工进行交流，为新员工介绍企业文化、公司背景等信息。而在员工的培训中，无论是新员工培训，还是经理人培训，都为员工之间进行沟通提供了机会。在所有的集体培训上，公司的 CEO 等高层领导都会亲自参加，与员工进行面对面的交流。

西门子的"圆桌会议"和"与员工对话"机制，可以最大限度地沟通员工与公司发展。这种交流沟通，西门子将其称为"CPD"（Comprehensive Personnel Development），一个在全年不断持续的交流过程。CPD 流程由 CPD 圆桌会议和 CPD 员工对话两部分组成。

西门子一年一度的 CPD 圆桌会议是严肃的，也是高效的。参加人员是公司管理人员——中高级经理和人力资源管理顾问。圆桌会议上，参与者对公司团队和重点员工的潜能进行评测，分析他们日后能否成为经理或者高级专家；回顾过去一年的业绩；提出改进后的与业绩挂钩的薪酬体系；制定具体的管理本地化和全球化有效融合的措施等。西门子公司结合圆桌会议为员工提供发展渠道，充分预测潜能的培育计划。计划包含青年管理项目、技术培训、管理培训及与之相协调的工作轮调，即如果你想向其他方面发展，可以调换工作岗位。西门子相信，在工作中的实践是最好的培训。例如，去另一个城市完成一个项目。这很具有挑战性，工作范围扩大了，员工可以很好地锻炼自己。薪酬也可以得到调整，从而满足员工多方面的需求。

西门子 CPD 另外一项重要内容是员工对话。员工对话在一年中随时持续地进行着，由经理人员和员工直接开展，倾听员工的意愿，与员工共同商讨发展的渠道，最后经理人员把这些内容填写在年终的"CPD 员工对话表格"中，这些表格经过汇总成为圆桌会议的重要参考。员工对话的内容涉及：员工职能及责任范围；业绩回顾及未达到预期结果的原因分析；潜能预测；未来任务及目标设定；员工完成目前职能要求及未来任务的能力评估；员工本人对职业发展的看法；双方共同商定的目标、计划与发展措施。在 CPD 圆桌会议上对有关员工发展的所有方面（潜能、薪酬、管理学习培训等）作出明确的决定和计划保持一致性，即不分国界、级别、部门地沟通。这种员工对话，一方面可以使员工了解公司对自己的要求和期望，另一方面也可以使公司可以了解员工的想法，并针对其提出的问题来制订解决方案。

除了上述的对话方式之外，各集团还有自己的沟通方式，如总经理圆桌餐会。旨在通过非正式的午餐会，在总经理和员工之间建立一个沟通平台，使员工能够更好地了解公司的发展战略，同时使管理层和员工都能够面对面地了解对方的想法和关注点。总经理会定期地邀请部分员工参加这种午餐会，这不仅增进员工和管理层的沟通，加强了双方的理解和信任，而且也增强了员工的团队精神，而这对团队合作实现共同目标非常重要。

此外，西门子的沟通方式还有员工满意度调查。西门子全球各地每年都会进行员工满意度调查来了解全球员工的想法。通常情况下，由一个 12 人组成的小组负责员工满意度调查。从启动到操作与实施全由这个小组负责。小组的成员每年都要更新，每年有 6 个人从小组出来，再补进 6 个人。

　　总之，通过各种有效的沟通渠道，信息与思想在西门子的机构里迅速地流动，就像肌肉的经脉为西门子的庞大机体带来活力，使西门子这个产业巨头变得灵活而敏锐。

　　（3）员工建议制度。这是让西门子引以为豪的做法。西门子鼓励员工为公司提出合理建议与意见，为改善公司业务与管理而出谋划策，被采纳的建议将迅速在公司中实施与推广。而提出合理化建议并被公司采纳的员工将得到奖励，奖励按合理化建议为公司带来的效率与利益从小礼物到 10 余万欧元现金不等。

　　好建议的标准很简单，它主要包括三方面：① 节省费用；② 节省时间；③ 提高质量。比如，有的员工倡议"节约就是美德"，提出某些想法来降低公司的差旅成本；有的员工提出某个建议可以缩短外籍员工的签证时间；还有的员工提出某项方案可以提高西门子产品的品质与服务质量，诸如此类符合以上标准的宝贵建议，只要被员工提出来，就将很快被公司采纳。而一旦公司采纳了员工的建议，员工就会得到现金等不同方式的奖励和鼓励。

　　通过员工建议，西门子营造了非常活跃的气氛，鼓励大家发挥自己的聪明才智。为公司业务的发展与组织机制的健全出谋划策。更重要的是，不论员工的建议是否被公司接受，这种沟通为每一位员工提供了"说话、参与"的机会，大大增强了员工的主人翁意识，真正使每一名员工都能够成为西门子"公司内部的企业家"。

　　3. 让员工做决策

　　尊重员工，在西门子还体现在所有员工都熟悉的一句口号："员工是公司内的企业家。"这在西门子并不是一句空话。为了让员工成为真正的公司内的企业家，西门子公司让员工有充分做决策、施展才华的机会。

　　当一个公司遇到棘手的问题时，公司一般的做法是花钱到外面找昂贵的管理顾问来解决。但西门子却不这样。西门子在实践中摸索出一个妙招——开设一项企业内部的训练计划。这个"企业大学"像一般的 MBA 训练课程一样分析、讨论案例。不同的是，这些学员都是西门子的分析人员和工程师，而且讨论的案例都是西门子内部碰到的问题。比如，几个不同部门的经理人组成团队，针对一个发生在其他部门的问题进行案例研究。接下来这个团队必须想出一个方法，并且论证此方法是否可以为公司节省费用，成员们之间相互辩论。一旦执行新方法的计划得以通过，团队成员必须在完成本职工作的同时，无偿协助甚至拨出时间来解决这个棘手的问题。

　　然而，处理这些问题所需的专长并非这些"学生"原本所具备的，这些"学生"在组成团队的同时，也就不得不与其他部门结成"策略联盟"。从而学到自己原本不熟悉的业务。西门子的这种管理培训得以成功实施的根本在于：大胆打破部门界限，管理者必须跟这些来自别的部门的有潜质的员工甚至是国外的"学生"一起交流、碰撞，最终解决问题。而对于西门子这个在全球 190 多个国家拥有 40 多万员工的跨国企业来说，没有什么比这更重要的了。

　　为了培养公司后备的企业家，西门子人事部经理的日常工作之一是访问高等院校。在那里，他们首先寻找的是企业家类型的人物。在学习期间，西门子公司对未来的企业家们的基本要求是：良好的考试成绩，丰富的语言知识、具有创新精神。此外，公司还向他们提出一些更高的要求，诸如有广泛的兴趣、有好奇心、有改进工作的愿望，以及在紧急情况下的冷静沉着和坚毅顽强。

而当这些人真正进入西门子工作之后，为了进一步培养他们具备企业家的素质，西门子公司内部设有"管理人员培训部"，它负责对公司的员工进行观察，并且定期同他们及其上司谈话，最后提出对员工继续使用的建议。此外，西门子公司还特地设置了干部培训中心和基层管理培训中心，每年都有很多公司的管理人员参加培训。在培养、管理人才方面，公司主要针对人才三个方面的能力进行培训：① 专业技术能力；② 激发和调动个人及团结力量的人事能力；③ 将内部和外部利益协调统一为企业整体利益的能力。前两种能力的培训主要针对基层和中层管理者，第三种能力则是专对高层管理者而言。事实证明，这些培训内容和方法，极大地增强了管理干部的素质和能力，对培养公司内的企业家起到非常重要的作用。

正是通过上述做法和实践，使得西门子以"员工是公司内的企业家"享誉公司内外，没有流为一句空谈。

（二）建立机制　推动创新

"无论何时何地，创新都是我们生存的原动力。我们以创意和成功的经验发展出新的技术和产品。创新及经验让我们保持高度的竞争力。"这是公司一直奉行的另一条宗旨。商业杂志《青年就业杂志》公布的一项调查结果显示，西门子是最具创新能力的德国公司。调查中，该杂志要求 250 个工业企业、20 所大学和德国最大的非大学研究机构列出他们最喜欢的创新型公司，结果西门子集团在公司类调查中名列榜首。那么，西门子成功的经验在哪里呢？

1. 无边界的创新体系

西门子认为创新是能够成功地在市场上得到实施的新想法和创意。因此，创新过程可以分解为两个关键环节：一是激励人们贡献好的想法和创意；二是整合尽可能多的资源来让好的想法和创意转化成商业价值。一开始，研发人员也许会提出 100 个想法和创意，但最终推向市场的可能只有几个，因此创新的筛选过程就非常重要了。在筛选的过程中，最重要的就是要考虑这些想法和创意能否得以实施并在市场上受到顾客的欢迎，从而转化成商业价值。而这两个环节都要求企业打破组织界限，在挖掘企业内部创新资源的同时，还要善于利用企业外部的资源。西门子构建的创新体系就是遵循这种"无边界"原则的。

在公司内部，西门子的创新体系不仅仅局限于研发部门，而且面向全体员工。西门子公司通过一个"3i 计划"来收集所有部门员工的创新建议，并对提出建议的员工颁发奖金。3个字母分别来自三个英文单词：点子（ideas）、激情（passion）和积极性（initiatives）。

"3i 计划"的目标是让每个员工不断挖掘自身的潜能。那么，最终这个计划的成效如何呢？西门子的每个财政年度，员工提出的"金点子"超过 10 万个，当中有 85％得到采纳并得到嘉奖。同时，提供金点子的员工也能为此得到总价值高达 2000 万欧元的红利奖金，获最高奖的每个员工分别得到十几万欧元的奖金。例如，德国的 Amberg 镇的一个西门子工厂，由在车间工作的三位普通工人提出了把电子元件安装到印刷电路板上的新方法，从而降低了由操作造成的产品不良率，为公司立即降低了 12.3 万欧元的成本，这三位员工为此分别获得了 2 万欧元的奖金。尽管西门子为此付出了巨额的奖金，但是，公司却因此每年削减了 2.5 亿欧元的成本，如此算来，通过挖掘内部员工自身的潜能每年都给公司带来了巨额利润。

"3i 计划"不只局限于公司内部，在公司的外部也逐渐开始推行。外部"3i 计划"立足于加深和强化西门子与供应商的精诚合作关系，通过收集和实施从供应商中来的新点子，取得节约成本和优化内部流程的双赢局面。至今，西门子（中国）有限公司已经从 10 家首选供应商中收到了 20 条这种优化建议。其中，已经成功实施了三个项目，预期这三个项目每年可以节约 100 万人民币的成本。另外还有三个项目正在实施中，三个合理化建议正在进行可行性分析中，这些建议涉及西门子业务的各个领域。

外部"3i 计划"有利于获得更多的创意，增强公司的竞争力，强化西门子与供应商之间的良好协助关系，从而优化整个供应链。

此外，在公司外部，西门子还专门设立了一项风险基金计划。无论是谁，只要他们拥有与西门子核心业务领域相关的创新理念和计划，西门子风险基金计划都会通过三个机构——西门子技术加速器 STA 公司，西门子技术转化中心及西门子移动通信技术加速器公司——来帮助他们成立种子企业，并为其提供创新所必需的资金和技术资源。西门子风险基金计划迄今为止已向全球 100 多个中小创新企业注入了 5 亿欧元的种子资金。其中的 14 个已经在美国 NASDAQ 或德国 Neuer 上市。

2. 软件研发

西门子的创新能力体现在其产品身上，而其产品的功能性越来越取决于产品内嵌的软件上。因此，这就需要西门子加大力度进行软件的研发，以确保其产品在国际市场上具有竞争性。

如果有人问，世界上最大的软件公司是哪家？也许很多人会认为是微软。但如果以软件开发人员和每年所开发的软件数量而论，事实上应该是西门子。在西门子，大约有30 000多名员工在从事软件开发工作。今天，大约 60％的公司业务是源于软件解决方案。西门子开发和生产的软件被称为"内嵌式"软件。即其软件结合在西门子的产品（如其知名的医疗和自动化设备）之中，软件在西门子所有产品、系统、服务和解决方案中都扮演着极其重要的角色。西门子加大投资与力度进行软件研发，每年西门子用于软件开发的投资都超过了 30 亿欧元，这是一笔不小的投资，为了让其尽可能地发挥作用，就必须提高软件的开发效率。西门子得以提高软件开发效率的杠杆有三个：① 标准化、可重复的开发流程，从而降低成本，减少失误；② 更充分地利用协力作用；③ 进行结构性调整。结构性调整的一个例子就是把从事类似项目的集团组合起来，并利用新兴市场和工资较低国家的软件开发潜力。这些措施提高了公司软件开发工作的效率，并帮助公司以前所未有的速度和灵活性提供全球性的创新产品。

3. "创新加速流程"

创新成功地的关键是能否建立一种合理的快速通道，让好的创意马上得到足够的资金并在合理的成本和最短时间内产出成果。西门子把这个过程称为"创新加速流程"，并通过"西门子技术加速器"（STA）来运作。西门子的创新加速流程包括以下四个主要步骤。

（1）筛选阶段。与创新员工（或外部创新者）讨论计划并根据西门子公司的需要进行筛选。

（2）概念阶段。检验技术可行性；形成详细的商业计划；向与西门子关系企业为首的合作各方发出邀请。

（3）实现阶段。形成的最终商业计划；与关键客户及战略合作伙伴会谈；提交可演示的产品样品；任命团队成员。

（4）启动阶段。法人结构最终定案；获得西门子的商标及专利许可授权；"西门子技术加速器"为种子企业注入资金。

可以说"创新加速流程"相当于通往成功的一个路线图，遵循该路线的创新者们不但在起步前就充分了解了通往成功的步骤，还能得到"西门子技术加速器"的支持，成功的概率就可以大大增加。

"西门子技术加速器"作为西门子公司技术部门的一部分，能够为创业者不断提供其他风险投资商和企业孵化机构所无法投入的技术资源。西门子的关系网络也为整合技术、资金和营销渠道提供了可靠的后盾。除了资金投入以外，"西门子技术加速器"还辅导这些技术精英撰写商业计划并提供法律税务咨询。

考虑到大多数西门子的精英员工都已经肩负沉重的工作责任，一旦"西门子技术加速器"认为某员工所从事的创新活动应该被"加速"，该机构将与这位员工的上司签署一项协议，为这些精英人物减压，并以工资的形式支付其研发费用。如果该员工目前是独自进行创新活动，"西门子技术加速器"还会为他另外物色人才组成一个完整的创业团队，从而加快创新过程。

而为了提升研发的投资效率，使技术创新能够最大限度地为公司带来利益，西门子倡导专利战略，今天专利已经成为企业资产的组成部分，它不但可以防止外人在未获得许可的情况下抄袭公司的开发成果，而且可以在战略合作框架内使用它们。例如，与微软的合作就是这样。西门子与微软达成了一项协议，允许两个公司分享彼此的专利，而双方的这种合作会产生新的业务，为彼此都带来利润。另外，通过保护关键技术，公司还可以获得竞争优势。由此，西门子提出，专利就是硬通货。

（三）追求品质　客户为本

西门子之所以能够获得成功，关键在于公司一直强调客户为本的理念，坚持不懈地为客户提供令人满意的产品和服务。

1. 帮助客户获得更大的成功

西门子的业务覆盖了能源，工业自动化、信息与通信、交通、医疗、电子元器件和照明等七大领域，因此，为了更好地为客户服务，同时也为了拓展新机遇，西门子公司开始推行"西门子一体化"理念，旨在充分利用公司宽广的业务范围，为机场、高层建筑、医院、港口及城市发展等方面提供一流的集成化系统和完善的解决方案。立足于"西门子一体化"能够在客户中树立西门子公司独特的价值形象，让客户相信，西门子是一个能够帮助他们获得更大成功，提高工作效率和增强盈利能力的战略伙伴。复杂的基础设施和工业解决方案不仅需要一流的技术。还需要整合产品和系统，拥有完善、高效解决方案的超凡能力。因此。"西门子一体化"理念绝不仅仅是将多种产品简单打包，更重要的是，公司通过高度的定制化和集成化为客户创造价值。同时，遵循这一理念所形成的技术伙伴关系，不仅能够保证西门子的投资将来能够得到高额回报，而且最大限度地降低了风险。

设想一下，如果你正在音乐厅欣赏交响乐，你所看到的是什么？一群技艺高超的演奏家在全神贯注地演奏各种乐器。舞台下面是前来欣赏音乐的观众，当然，还有手拿指挥棒对整个乐队进行指挥和协调的专业乐队指挥。虽然乐队指挥并不演奏任何乐器，然而他对整个演出效果却起着至关重要的作用。假如没有乐队指挥，即便是个人技巧出类拔萃的演奏家们聚在一起也无法演奏出美妙的音乐。这正是"西门子一体化"计划的意义所在。一位优秀的演奏家可以演奏很好的独奏曲，然而对演奏规模宏大的交响乐却无能为力。同样道理，对单一的业务集团来说，管理巨大的工程项目并提供复杂而又先进的基础设施解决方案往往也是非常困难的。因为，这样的解决方案需要来自不同业务领域的专门技术与能力的有机结合。因此，对协调者和指挥者的需求就成为必然，而这也就是"西门子一体化"所要承担的任务。

目前"西门子一体化"计划已经在全球 29 个国家展开，取得了良好的效果。在中国，"西门子一体化"计划推出之后，也已经初尝胜果。例如，洋山深水港工程是中国"十五"计划重点工程。西门子自动化与驱动集团（A&D）在这个浩大的工程中分得第一杯羹——为 13 套岸边集装箱起重机提供总价为 740 万美元的 OEM 起动机驱动装置。正是在各业务集团支持下，"西门子一体化"制订的解决方案最终打动了客户，从而赢得了这一项业务的竞标。同时，这次成功还进一步扩大了西门子的在华业务范围，为西门子（中国）有限公司提出的中期目标即实现销售额翻番作出了重要的贡献。

西门子以客户为本的政策还体现在处处为客户的利益着想上。德国公司总是以其严谨的工作作风、高品质的产品而享誉世界。西门子也同样如此。为了给客户提供令人满意的产品和解决方案，最近公司又推出了一套行之有效的质量管理系统。这个系统包括一个含有九项要素的列表，用于从部门层次自上而下、系统地检查质量管理。这九项要素如下。

(1) 工作流程和项目中的质量标准。

(2) 一致的供应管理。

(3) 以业务为导向的质量计划。

(4) 集中质量报告。

(5) 客户整合。

(6) 以质量为主题的广泛检验。

(7) 持续改进。

(8) 通过管理影响创造的质量文化。

(9) 质量经理的监管与支持职责。

到目前为止，客户对该系统的反映情况良好。

2. 提升公司价值，拓展新机遇

为了提升公司价值，拓展新的机遇，西门子在创业初期就开始了其全球的发展战略。中国有句老话叫做"谁先敲门谁先入，谁先进门谁领路"。为了成为领路人，西门子在1855年就把业务扩展至当时的俄国；1872年，西门子为中国带来了当时世界上最先进的电信技术——第一台指针式电报机，并于1904年在中国成立了第一家办事处。发展至今天，西门子的业务已经遍及全球190多个国家，成为跨国性的大公司。

为了拓展新的机遇，西门子还在努力不断地发展着。在中国，西门子提出了未来中国"利润与增长"战略，以进一步巩固公司在中国市场的地位。这项战略旨在充分发挥西门子目前在中国市场的领导地位，在中期内实现在华销售额翻一番的目标。为了实现公司的预定目标，未来几年西门子将在中国市场再投入10亿欧元。这笔投资将用于西门子在中国所涉足的所有领域现有业务的拓展，以及组建新的企业。战略计划的关键是进一步加强市场渗透，这主要通过两方面来进行。①通过设立更多的地区销售机构，扩建公司现有的研发中心，成立新的研发中心，在巩固与老客户关系的同时争取更多的新客户。公司计划使在华各省办事处的数目翻番，由现在的28家增至约60家，以便拉近与客户的距离。②依靠涉及跨集团协力效应的"西门子一体化"的理念增加销售。通过市场拓展战略，实现各业务集团宏伟的增长目标，更好地利用中国人才库，并增强中国在西门子全球价值链中的作用。

（四）信守道义　奉献社会

西门子不仅以其创新精神和先进技术而闻名于世，更以其所倡导的成为"优秀的企业公民"而为人们所津津乐道。西门子因其在文化、教育、体育、环保等领域对社会所做的贡献，以及关心老年人口、贫困人士，在困难时期伸出援助之手等行为而广受赞誉。西门子在世界各地广施善举，不但为企业带来了良好的声誉，同时也推动了社会的进步。

1. 教育

西门子在教育领域的贡献在于：除了利用自己的内部培训网络，每年培养为数众多的管理人才之外，西门子还不惜血本，在世界各地赞助教育事业。西门子资助了联合国儿童基金会的"重返校园"计划，这是一项事关未来的重要投资项目。这个计划十分重视女孩的教育问题——必须确保她们能够得到基础教育。

在阿根廷，西门子为被遗忘的儿童建立了校舍，资助他们上学。在阿富汗，西门子正在帮助战后的阿富汗开展教育工作。在中国，西门子多年向中国的"希望工程"捐款，使贫困的孩子走进了校门。

另外，在过去的两年中，西门子（中国）有限公司公关部与"健康快车"共同发起了两个健康图书馆项目。帮助广东北部贫困地区提高教育和医疗水平。西门子广州和深圳的员工志愿到这些乡村去建立图书馆，安装计算机和连接互联网，为当地提供计算机培训，并为当地的孩子们开设英语课，展示了西门子人性化的一面。在公司成立100周年的庆典上，来自第一个西门子健康图书馆项目受益之地——西坑村的6个孩子与他们的校长一起，为西门子献上了特殊的祝愿。他们给了西门子一个虽然微薄但却意义非凡的礼物——从家乡带来的一棵"开心果"树。当被问及对礼物的选择时，一个孩子解释说这是在西门子帮助下发展他们家乡的一部分活动。西门子许诺将继续西门子所做的一切，将资助广东省北部贫困地区的100名儿童继续接受教育。

优秀企业公民是西门子在全球的承诺。作为中国最大的外资投资企业之一，西门子公司为中国的教育献出了一份力。

2. 医疗

作为优秀企业公民，西门子一直关心世界各地医疗事业的发展。

在非洲，西门子（南非）有限公司开展了关于艾滋病防治等一系列活动。艾滋病防治在一些国家仍是大家忌讳的话题；而在另一些国家，它却因为天灾、战争和恐怖活动的肆虐在人们的心目中退居次要地位。然而最近在南非召开的一次大会明确指出，地球上已经没有任何一块净土能够免受这一毒素的侵害，它对全球经济来说将是一个长期的威胁。作为全球领先的企业之一，西门子同样不可避免要面对这一影响和挑战，这就是西门子（南非）公司自发发起这项艾滋病防治计划的原因。而且，西门子（南非）有限公司因为这项计划为公司赢得一项国际殊荣——杰出企业奖。

3. 其他公益活动

除了上述的善举之外，西门子还参加了很多其他的公益活动。

在中国抗击"非典"时期，西门子向中国捐赠价值700万元人民币的医疗及通信设备。2003年4月30日，西门子（中国）有限公司向中国捐赠了17台呼吸机与200部手机，以帮助中国抗击"非典"。这批设备被分发到全国15个省市。"我们希望通过此次捐赠表达我们在这段非常时期对中国的支持，并且希望减轻'非典'病人的病痛，并能够挽救他们的生命。"西门子（中国）有限公司当时的总裁兼首席执行官贝殷思先生说。他代表西门子向那些夜以继日奋战在抗击"非典"一线的医护人员、医疗专家和疫情控制人员致以崇高的敬意。

此外，西门子公司一直以来都是文化艺术、体育娱乐活动的支持者和赞助者。为此，西门子建立基金会，积极支持各类文艺项目。西门子还资助博物馆收购、展出和宣传艺术品，设立了各种颁发给艺术家个人、学者和集体的奖项，通过各种活动来推动文化发展，促进各国间的文艺交流。

"做优秀的企业公民"是西门子公司对全世界的承诺。在其所有开展业务的每一个社区，西门子都像是一个体贴入微的邻居，帮助人们提高生活质量，并担负社会责任。

正因为西门子乐善好施的优秀企业公民的行为，在 2004 年 4 月 15 日，西门子公司当时的总裁兼首席执行官冯必乐博士受邀在联合国安理会上做了题为"企业在防止冲突，维护和平以及冲突后和平重建中的作用"的演讲。冯必乐是至今第一个在安理会上发言的商业领袖。

创业至今已经 158 年历史，作为世界电气与电子行业领头羊的德国西门子公司，之所以能够由当初的一间小作坊发展成今天的跨国大公司，关键是西门子奉行的企业文化，那就是：尊重员工，不断创新；客户为本，永葆竞争力，做优秀的企业公民，推动社会发展进程。

（资料来源：罗长海，陈晓明，肖海燕等．企业文化建设个案评析．北京：清华大学出版社，2006；世界企业文化网：http：//www.wccep.com；西门子之声，2004）

二、思考·讨论·训练

1. 西门子的企业文化在哪些方面与德国文化和德国企业文化特点相吻合？请作出分析。
2. 西门子为了留住人才采取了哪些措施？其内在机制是怎样的？
3. "员工是公司内的企业家"体现了西门子企业文化的哪个侧面？
4. 西门子建立了怎样的机制来推动创新？
5. 西门子是怎样贯彻以客户为本的企业文化理念的？
6. 从网上搜集相关资料，写一篇关于西门子是如何"提升公司价值，拓展新机遇"开拓中国业务的综述文章。
7. 企业怎样才能"做优秀的企业公民"？

案例4 同仁堂企业文化的传承与创新

一、案例介绍

同仁堂创建于 1669 年（清康熙八年），创始人乐显扬，自 1723 年（雍正元年）开始正式供奉清皇宫御药房用药，历经八代皇帝，长达 188 年，是我国中药行业著名的老字号。同仁堂的发展历经坎坷：解放前，经过多重社会变革的冲击，同仁堂曾濒临倒闭；新中国成立后同仁堂进行了公私合营，获得了一定发展，后于 1966 年转变为国营企业；"文化大革命"中，同仁堂的品牌受到了严重的打击；改革开放后，同仁堂曾经历了近 10 年的较快发展阶段；但是到了 20 世纪 90 年代初，北京同仁堂和当时的许多国企一样在计划经济体制向市场经济体制转轨过程中遭遇困境、举步维艰。1995 年是同仁堂发展史上的转折点，自 1995 年以来同仁堂老店换新颜，创造了历史辉煌，进入其最为迅速的发展阶段，以年均 20% 以上的速度高速增长，年销售额达 50 亿元，年出口创汇 2 000 多万美元，资产总额近 63 亿元，一跃而成为一个集产供销、科工贸于一身的大型现代化中医药产业集团。

作为我国中药行业著名的老字号药店，是什么推动了同仁堂在新的时期不断前进并走向辉煌呢？回顾同仁堂的历史、现状，展望同仁堂的未来，可以发现，同仁堂之所以长盛不衰，并不断发展壮大，其中最重要的一个原因就是：同仁堂能继承传统文化的精髓，并随着时代的发展，不断融入新的内涵。同仁堂的企业文化不同于其他企业的一大特点就是传承与创新并进，这种优秀的企业文化伴随着同仁堂人，并不断在实践中加以落实，才使得同仁堂在市场竞争中立于不败之地。

（一）同仁堂企业文化的定位——以市场为导向

20 世纪 90 年代中期，我国正处于一个计划经济向市场经济发展的转变时期，市场进程逐步加速。这样的外部环境对同仁堂这样的国有企业来讲，威胁大于机会。我国市场化进程不可逆转，这就要求同仁堂快速适应外部环境的转变，不能再漠视市场规律与市场的风云变幻，而是必须要遵循市场经济的原则进行生产和经营管理。

有什么样的企业文化，就有什么样的生产和经营管理方法，企业文化的建设是决定企业发展的关键因素。同仁堂已深刻意识到这一点，并开始着手对其企业文化进行重新定位。在新的历史背景下，他们看到文化建设既要讲历史，又要更多地关注现实，走向市场，面向客户，这样才能做到适应现代社会的要求。于是，同仁堂及时地将其企业文化重新定位为：文化建设必须坚持"以市场为导向"的指导方针。在此方针指导下，同仁堂开始了其对生产和经营管理的各项变革。

1. "三个坚决"的提出为同仁堂摆脱困境打下基础

20 世纪 90 年代初，同仁堂已身陷困境。在财务方面，当时企业依靠银行，债台高筑，资产负债率超过 70%，被银行降为 3B 级企业（银行不仅不贷款，还要把以前的贷款追回）；在库存方面，结构不合理，有用的不多，没用的不少；在市场经营方面，非常混乱，销售企业卖产品，生产企业也卖产品。同仁堂的经营已非常困难，贷款总额达到人民币 7.8 亿元，欠息达到 4 000 万元。集团的日子有句形象的说法是："打开账本黄金万两，合上账本分文皆无。"

面对眼前的困难，在 1995 年，同仁堂新一届的领导班子根据"以市场为导向"的企业文化的重新定位，果断地提出了生产经营中的"三个坚决"：不回款的经营单位（社会上的）坚决不供货；没有市场的产品坚决不生产；应收账款坚决压下来。同时明确规定了相应的销售行为。"三个坚决"的提出，虽然使同仁堂面临产品销售额下降的巨大风险，但却统一了思想，有效遏制了同仁堂经营下滑的势头，实践证明是非常成功的，为同仁堂以后体制和机

制的改革打下了良好的基础

2. 成功的资本运营使同仁堂彻底脱困

"三个坚决"的提出虽然有效遏制了同仁堂经营下滑的势头,但并不能从根本上解决同仁堂发展中资金不足、设备陈旧、产品老化等问题。此时,同仁堂继续坚持"以市场为导向"的指导方针,及时将目光转向资本市场,于1997年抓住了股改上市的历史机遇,为同仁堂再创辉煌走出了关键性的一步。

1997年,同仁堂通过剥离部分绩优资产,组建了北京同仁堂股份有限公司,并于1997年6月在上海证交所上市,共募集资金3.54亿元。这关键的一步不仅使同仁堂解决了至关重要的资金问题,而且使同仁堂实现了企业制度的创新,带动了同仁堂人思维模式、管理理念、经营机制等的一系列变革,从而使其从根本上摆脱了困境。2000年,同仁堂更是充分利用自己的优势,进一步加大了资本运作的力度,从北京同仁堂股份有限公司分拆出了科技含量较高,产品剂型新的1亿元资产组建了北京同仁堂科技发展股份有限公司,并于同年10月在我国香港联交所创业板上市,募集资金2.4亿港元,成为全国首家使用同一国有资产进行二次融资并在境外上市的公司,被证券界称为"同仁堂模式"。

用股改上市筹集到的资金,同仁堂做了三件事:进一步提升同仁堂的现代化制作水平;对同仁堂的新产品进行开发,对老产品进行二次科研;构筑同仁堂在国内的终端销售网络,把同仁堂从一个传统的企业提升成为一个股份制的企业。同仁堂股改上市的成功,使其能充分运用内地、香港两条渠道融资,加速企业规模发展,为同仁堂中药走向国际医药主流市场打下了基础。

3. 托管改制转变企业机制

通过以上两个上市公司的规范化运作,同仁堂集团实现了从工厂制到公司制的转变。然而,对同仁堂来说,实现优质资产成功突围,只是第一步。两次上市使大部分绩优资产脱离了母体,而留下的资产给集团带来了沉重的包袱。因此必须找到一条途径,一方面可以继续给两家上市公司以强有力的支持,另一方面又能缩小集团内其他企业与上市公司间的差距。

这一次,同仁堂的答案是"托管",即将集团公司所属的部分企业委托给两家上市公司管理,实现优势互补,并运用上市企业的管理机制改造集团公司所属企业。托管是同仁堂集团资源的重新组合。这些年来同仁堂集团撤并了约50家企业,其中仓储和批发业务进入两大上市公司,剩下的业务则由集团统一组建成八个公司。在托管过程中,同仁堂集团注重两方面的工作:一是"软着陆",不能在职工中引起大的动荡;二是把非优良资产通过托管变成优良资产,然后才能进入上市公司。这是公平交易,是对等的资源整合,上市公司也不用自己再去建仓库,再去招聘销售队伍。这期间,集团内有2000多名职工不能继续在原岗位工作,占集团职工总数的1/3,为此,同仁堂集团向所有职工承诺:转岗不下岗,工资年年长,住房逐年盖,例如,在同仁堂集团内有一个老大难企业——北城批发部,原有职工140多名,一直亏损。通过托管改制,100人被分流到两家股份公司的生产部门,转岗前接受了相关培训,工资比原来增长了三倍。改制后的企业由原来做局部批发变成了药材公司,两年内实现了盈利。

委托管理的成功，不但为母体脱困创造了极为有利的条件，而且盘活了大约 5 亿元的存量资产，过去企业的包袱通过机制的转变，成为企业发展的新资源和动力。同时加大内部改制的力度，同仁堂集团公司全部企业均已改制成股份有限公司或有限责任公司，通过公司制改造，全部实现了盈利。集团公司本部通过精简，人员得到优化，不靠对两个上市公司及子公司的投资回报仍可实现盈利。同仁堂新时期的发展模式在执行中获得了巨大的成功。

在"以市场为导向"的企业文化建设总方针的指引下，同仁堂进行了成功的资本经营和有效的公司制改革，这些举措使同仁堂规模迅速扩大、盈利成倍增长，为同仁堂实现其成为"具有强大国际竞争力的大型医药产品集团"的企业目标奠定了坚实的基础。所以说，正是有优秀的企业文化伴随着同仁堂人，并不断在实践中加以落实，才使得同仁堂在市场竞争中立于不败之地。

（二）同仁堂企业文化的特色——继承与创断并进

在同仁堂企业文化的发展过程中始终贯穿着的一条主线就是继承和创新，没有继承就会成为无本之木，而没有创新就没有同仁堂今天的辉煌。同仁堂的企业文化不同于其他企业的一大特点也是继承与创新并进，既传承了同仁堂老店的文化精髓，又有所突破，在生产技术上、经营机制上进行了必要的创新。那么，同仁堂在其文化建设中，传承了什么，又创新了什么呢？下面做一个详细的分析。

1. 同仁堂对传统文化的继承

（1）继承"同修仁德，济世养生"的创业宗旨。同仁堂集团的企业精神"同修仁德，济世养生"和经营哲学"以义为上，义利共生"是对同仁堂传统文化中经营宗旨的继承和进一步弘扬。

创办同仁堂的乐家堪称医药世家，据记载，乐家远祖乐仁规在唐末曾是太医令，后乐家避乱浙东，世代行医。同仁堂创始人乐显扬是乐家第二十九代传人，本在北京做铃医，在康熙七年（1668 年）当上清政府太医院的吏目，专小方脉科。作为宫廷御医，在为灾民治病的过程中，乐显扬亲眼目睹了贪官对朝廷和百姓的祸害，认为"可以养生，可以济世，唯医药为最"，一心专功医术。乐显扬很快成为太医院的名医，求医问药者络绎不绝，于是他开始筹建自己的药室。据传，乐显扬为他的药室定名为"同仁堂"，取了如下含义同——"大道之行也，天下为公，选贤举能，讲信修睦。故人不独亲其亲，子其子。……是为大同。"仁——"仁者，爱人也。"由此，"同修仁德，济世养生"成为同仁堂的经营宗旨。

在创业之初，乐显扬就给同仁堂定下了"同修仁德，济世养生"这样的创业宗旨，并把中医中药作为一种效力于社会的高尚事业来做。由此可见，同仁堂坚持不把利益放在第一位，而是把利益融入"济世养生"之中，在为患者治病服务的过程中取得应有的利益。这是同仁堂之所以能由小到大，声名远播的秘诀之一，也是同仁堂老店的经营之道。

同仁堂集团继承了同仁堂老店"同修仁德，济世养生"的创业宗旨，并进一步将"以义为上，义利共生"作为新时代的企业经营哲学，使之不断发扬光大。"以义为上，义利共生"的含义是：以义取利，舍义取利，不取无义之利；当义、利发生矛盾时，坚持以义为上、为先，先义后利，义利并举。

在市场经济条件下，企业作为商品生产者和经营者，无疑要把取得最大利润作为自己的奋斗目标。但在如何取得最大利润上，同仁堂却一贯坚持自己"同修仁德，济世养生"的创业宗旨和独特的义利观。同仁堂推崇：企业利益不应放在第一位，而是该融入"济世养生"之中，在为患者治病服务的过程中取得应有的利益；从长远战略角度看，企业经营无义即无利，小义即小利，只有大义才能有大利，它反映的是企业跟前利益与长远利益的关系。

在实践中，同仁堂常年坚持一些看不到经济效益的服务项目，如代客加工、代客邮寄、代客煎药、为患者送药等；坚持多品种经营、为患者服务，如饮片类产品存在既占资金又占库房、本小利微的特点，很多药店不愿经营。而同仁堂能从患者需要出发，保证品种齐全。现在同仁堂药店每年都能收到大量患者的来信，对同仁堂的热情服务给予充分的肯定。同时，同仁堂自觉投身于社会公益活动，以自身的义举，赢得了很高的市场美誉度和顾客的信任度。同仁堂坚信在生产经营中只要把"义"放在首位，具有崇高的社会责任感，讲求社会大义，利润自然会滚滚而来。

20世纪80年代初，中国南方一些地区甲肝流行，许多人病倒了，人们纷纷去药店购买治疗甲肝有特效的板蓝根冲剂。面对市场的急需，同仁堂积极准备货源，不仅不涨价，还专门派出车队，将大批药品发放到病情最严重的地区，极大地稳定了人心。在"非典"肆虐的日子里，同仁堂所属各药店前排起了数百米的长队，同仁堂针对当时中药饮片供应急剧上升，原料价格大幅上涨的情况，毅然决定，拿出1000万元平抑中药价格。同仁堂所有药店公开对社会承诺：保证产品质量，保证市场抗非典药供应，保证药品不涨价。非典期间，同仁堂共售出抗非典中药300万付（瓶），满足了100万余人次的用药需求，然而每售出一付"抗非典方"，药店就会亏损两元钱，这时候，京城的许多药店都支撑不下去了，只有同仁堂在继续坚持。"非典"疫情最严重的时候，同仁堂61家药店供应着全市近一半的药量，集团因此承受了600万元的经济损失。

"善待社会，善待员工，善待投资者，善待经营伙伴。"这是同仁堂企业文化的核心价值观。也许，正是因为有了"同修仁德，济世养生"的博大胸怀，同仁堂这块老牌子才会在新世纪里大放异彩，缔造一个又一个神话。

（2）继承"炮制虽繁必不敢省人工，品味虽贵必不敢省物力"的古训。在同仁堂集团的企业文化中，不仅保留了传统的古训"炮制虽繁必不敢省人工，品味虽贵必不敢省物力"，而且也以"质量即生命，责任重泰山；一百道工序，一百个放心；修合无人见，存心有天知"这一传统古训要求生产现场。

同仁堂古训"炮制虽繁必不敢省人工，品味虽贵必不敢省物力"始见于康熙四十五年（1706年）同仁堂编撰的《乐氏世代祖传丸散膏丹下料配方》一书的"序言"中，至今已294年，同仁堂人一以贯之，不断发扬光大，此"古训"说明，"中药"的制作过程和工艺虽然很复杂，但必须尽心尽力，精益求精，不敢有半点懈怠；"中药"配方的成本再高，有些药材资源甚至稀缺难求，价格昂贵，但为了出珍品，保疗效，也不惜代价，坚持下真料、下足料，不敢有半点含糊。"古训"反映着医药业深刻的经营哲理和同仁堂人无比高尚的职业良心和职业道德。药品关乎人的性命，如果掺杂使假、偷工减料，即使获暴利兴盛于一时，最终定会因丧失职业良心而毁于一旦，为世人所不齿。遵循"修合无人见，存心有天知"的信条，求珍品，卖真药，即使一时获利甚微，最终定会因讲求职业道德而美名传扬，保持长久的兴盛繁荣。"古训"已成为同仁堂人刻骨铭心的行为准则，世代传承。

同仁堂历来把药品质量视为企业的生命。为此，同仁堂的创业者们为后人留下了许多宝贵财富，并发生过许多感人至深的故事。如今，同仁堂已经发展为现代化的企业集团，但是讲求质量的传统本色没有变。同仁堂集团继承了同仁堂老店"炮制虽繁必不敢省人工，品位虽贵必不敢减物力"的古训，并在现代化生产过程中进一步发扬光大，将自己的制药特色总结为"配方独特，选料上乘，工艺精湛，疗效显著"。

"配方独特"，过去主要是指同仁堂的处方来源有特色，既有祖传秘方、民间验方，也有清宫秘方，是别的堂号无法比拟的；如今，同仁堂的配方独特，更增加了科技内含，现代同仁堂不断研制开发新产品，其中塞隆风湿酒为国家药品颁布以来，全国开发的第一个国家级一类新药。

"选料上乘"，过去指同仁堂专买优质地道药材；如今，同仁堂不仅继承了这一传统，还开辟了药材种植基地，目前已建立七大基地，十多个品种。

"工艺精湛"，过去是指同仁堂的加工炮制十分讲究，该用的辅料一分也不能少，该经过的工艺一个过程也不能丢，一丝不苟，严格认真；如今，中药生产已步入现代化轨道，同仁堂大批引进了国外一流的生产流水线。目前，已有 27 条生产线通过了国家 GMP 认证，9 条生产线通过澳大利亚 GMP 认证。

"疗效显著"是以上三个方面的集中体现，由于同仁堂配方、选料一直到加工制作，都严格按照国家最高标准进行，从而确保了同仁堂的药品质量，真正做到了使病患者满意。

在中药行当里有句俗话叫做"丸散膏丹，神仙难辨"，这是说中药成分复杂，不好辨别。同仁堂对中药材的选择和处理一直严格秉承传统。例如，在安神类中成药里，有一味主药叫远志，在处理这味药时，要进行蒸煮、干燥、碾轧、筛选等十几道工序，就是为了把远志中间像针一样细的芯抽出来，但是经过这么复杂的程序抽出来的芯却并不是用来入药的。北京同仁堂中药材炮制专家于葆墀解释道："抽出来是要扔掉的，因为它没有安神的疗效，所以不管多麻烦，为了保证疗效，我们也必须这么做。而在药典里，远志入药并没有规定要抽芯。北京同仁堂处理药材精益求精，选购药材也是精挑细选。北京同仁堂中药材鉴别专家卢广荣挑完了，那些药材供应商就说同仁堂太难伺候了，我说同仁堂三百多年的历史，不这么做，那我们的药味儿就变了。"同仁堂科技发展股份有限公司总工程师解素花说："我们的配料工序能够达到万分之一的精确度，更加准确，丸重差异完全符合国家标准。"许多顾客，包括海外患者都专程或让亲朋好友到北京同仁堂购药，他们只给了一个评价：吃同仁堂的药放心。

2. 同仁堂对传统文化的创新

面对市场经济竞争更加激烈的形势和我国加入 WTO 的挑战，新的文化发展趋势将使同仁堂面临文化的冲突和融合问题。在这种形势下，同仁堂创建了"在继承的基础上创新，以创新为核心"的企业文化，并且提出了"以文化创新为基础，带动企业全面创新"的企业文化发展总方针。同仁堂的企业文化在传统文化基础上的创新大致可以归纳为以下几个方面。

（1）同仁堂技术的创新。同仁堂老店延续了几个世纪的"手搓、锅煮"和"眼看、鼻闻、口尝"等传统的药品生产和鉴别方式已不适应新时代的要求。自 1995 年以来，同仁堂先后投入资金数亿元用于设备改造和技术创新。在设备改造和技术创新的基础上，同仁堂已成功地突破了传统的药品生产和鉴别方式，用现代化的生产流水线代替了原先的小作坊，药品检测也由以往的"眼看、鼻闻、口尝"让位于现代物理、化学的细胞、分子水平的显微和理化鉴别，"丸散膏丹，神仙难辨"已成为历史，为中药国际化奠定了坚实的基础。

同仁堂各生产企业从生产车间的建设改造时起，即严格按国家药品生产管理规范 GMP标准进行，同时，同仁堂还进行了工艺技术的创新，如从德国、日本、意大利引进了真空吸塑包装机、软胶囊机、口服液灌装线、药酒灌装线等 6 条机械化生产线，引进三维高压液相仪、紫外分光光度计、生物显微镜、薄层扫描仪、气象色谱仪等用于中成药的常规检验分析，在部分产品生产上采用计算机程控等。目前，同仁堂拥有的现代化生产线，集团的科研硬件水平在同行业中领先，具有完善药理室、SPF 级实验动物房、工艺制剂室、质量检测室等；大型检测仪器有近红外光谱仪、高压液相色谱仪、全自动薄层扫描仪等，保证了高质量药品的大规模生产。

（2）同仁堂产品的创新。同仁堂老店传统中药的丸散膏丹制剂具有服用量大、起效慢的缺点，为了克服这些缺点，同仁堂还进行了持续不断的产品创新。目前，同仁堂已研制了片剂、颗粒剂、滴丸剂、软胶囊剂、气雾剂等多种新的中药产品形态；开始用薄膜包衣片解决滑石粉包衣带来的产品质量问题，用膜过滤设备解决了药酒生产中的沉淀问题，提高了成品的质量；引进泡腾片技术，奠定了中药纯化新技术——大孔吸附树脂在同仁堂的应用基础；推出无糖型冲剂，为广大糖尿病患者提供了广泛的用药空间。

"九五"以来，同仁堂进一步加快了新产品开发的步伐，共研制出以国家一类新药塞隆风湿酒为代表的新药 67 个。目前，同仁堂共有药品 800 多种，常用的有 400 多种，是当今世界上拥有品种最多的制药企业之一。

（3）同仁堂营销模式的创新。同仁堂老店坐等顾客上门，只此一家、别无分店的营销方式，显然与现代市场不相适应，不利于企业规模的扩大和企业的长远发展。市场开发在很大程度上决定着企业的生存与发展。现在的同仁堂集团非常注重市场开发的创新，利用现代营销手段，加大了终端销售网络建设的力度。目前，同仁堂已建网点 400 多家，其中本市零售药店 61 家、外埠药店 25 家、店中店 300 多家、海外店 17 家，遍布 12 个国家和地区，同仁堂的零售网点呈快速发展之势。

为了实现药店管理的规范有序，同仁堂严格按国家药品经营企业管理规范 GSP 标准建店，主要零售网点已全部通过国家 GSP 认证，建立了严格的质量控制和信息反馈体系，通过营销环节，及时了解市场信息，解决质量问题，确保消费者在同仁堂药店买到放心药。在北京的 61 家分店中，有 46 家已投入连锁运营，实行标志、价格、质量、配送、财务、计算机统一管理，实现了从产品推销向满足需求和创造市场的现代营销方式的转变。同时，两个上市公司通过对集团公司所属单位资源的重组利用，建成了物流配送中心，直接服务于生产原料供应和产品的销售运输管理，有效降低了经营成本，并正在形成现代化的物流配送业。

（4）同仁堂企业形象的创新。在经营活动中，同仁堂集团突破了同仁堂老店的同仁之风对个人的道德要求，并将传统文化中对个人道德的要求升华为企业道德、职业道德，并最终形成了同仁堂集体的共同行为规范，树立了良好的企业形象。

同仁堂全体人员新的共同行为规范被概括为：弘扬"德、诚、信"三大优良传统。德即仁德、药德、美德，诚即诚实、诚心、诚恳，信即信念、信心、信誉，随着时代的发展，同仁堂的共同行为规范不断融入了新的内涵，领导干部必须遵循"六实"作风，生产人员严守"三真"信条，销售人员崇尚"四心"品质，这些行为规范，从多个角度体现了新时代的诚信观和经营观，逐渐形成以"德、诚、信"为核心的职业道德。

把同仁堂的优良传统具体化为全体员工的行为规范，在各自的岗位工作中，处处体现着同仁堂人的经营理念和作风，丰富同仁堂文化的内涵，这也是这个老字号长盛不衰的秘密之一。

（5）同仁堂的国际化道路。同仁堂老店虽然已有 300 年的历史，但在 20 世纪 90 年代以前的 300 年中，同仁堂一直只在国内发展，没有走出国门。在新的时期，同仁堂集团突破了同仁堂中药只面对国人的传统观念，把企业目标重新定位为：以高科技含量、高文化附加值、高市场占有率的绿色医药名牌产品为支柱，具有强大国际竞争力的大型医药产品集团，简称"三高一强"。企业目标的重新定位把同仁堂带上了国际化道路。

1993 年，同仁堂获得自营进出口权，开始尝试在海外开设分店，1993 年、1994 年我国香港和伦敦分店相继开张，但当时没有自己的经营管理权。1998 年以后，同仁堂为了掌握经营管理的主动权，开始直接对海外投资，先后在新加坡、韩国、英国、加拿大等国家投资建设了海外公司和药店 17 家。在建立自主销售终端的过程中，同仁堂探索出了一套适合自身的经营体制，以名店、名医、名药三位一体的经营模式出现在世界各地，为同仁堂走向世界开辟了更适合自己的道路。

（资料来源：黄河涛，田利民. 企业文化学概论. 北京：中国劳动和社会保障出版社，2006；项文彪. 同仁堂企业百年活力探因. 企业文化活力，2002（11））

二、思考·讨论·训练

1. 阐释同仁堂的"同仁"的内涵。

2. 同仁堂的企业文化在哪些方面体现了中国企业文化的特点？

3. 分析并讨论，同仁堂是怎样对传统文化继承和创新的？

4. 从同仁堂三百年的历史分析：企业长生不老的秘诀是什么？

5. 从文化的角度探讨同仁堂国际化道路上的有利因素和不利因素有哪些？

 培训游戏　　生死抉择

游戏规则：

1. 培训师讲解故事背景。你是一名飞行员，当你驾驶的飞机在飞越非洲丛林上空时，飞机突然出现故障，这时你必须跳伞。与你一起落在非洲丛林中的有 14 样物品。这时，你必须为生存作出一些决定。

14 样物品是：药箱、手提收音机、打火机、3 支高尔夫球杆、7 个绿色大垃圾袋、指南针、蜡烛、手枪、1 瓶驱虫剂、大砍刀、蛇咬药箱、1 盒轻便食物、1 张防水毛毯、1 个热水瓶。

2. 在 14 样物品中，先以个人形式把 14 样物品按重要等级顺序排列出来。写下来，记为第一次记录。

3. 当大家都完成之后，培训师把全班学员每 5 个人分为一组，让他们开始进行讨论，以小组形式把 14 样物品重新按重要等级的顺序再排列，把答案写出来，记为第二次记录。讨论时间为 20 分钟。

4. 当小组完成之后，培训师把专家意见（为第三次记录）表发给每个小组。

专家的排序：大砍刀、打火机、蜡烛、1 张防水毛毯、1 瓶驱虫剂、药箱、7 个绿色大垃圾袋、1 盒轻便食物、1 个热水瓶、蛇咬药箱、3 支高尔夫球杆、手枪、手提收音机、指南针。

5. 用第三次记录减第一次记录，取绝对值得出第四次记录，用第三次记录减第二次记录，取绝对值得出第五次记录，把第四次记录累加起来得出个人得分，第五次记录累计起来得出小组得分。

6. 培训师把每个小组的分数情况记录在白板上，用于分析：小组得分、全组个人得分、团队得分、平均分。

7. 培训师在分析时主要掌握两个关键的问题：

（1）找出团队得分高于平均分的小组进行分析，说明团队工作的效果（1+1 大于 2）；

（2）找出个人得分最接近团队得分的小组及个人，说明该个人的意见对小组的影响力。

游戏编排目的：

这个游戏的目的在于说明，团队的智慧高于个人智慧的平均组合，只要学会运用团队智慧的工作方法，就可以得到更好的效果。

1. 沟通与合作。

2．工作方法提高。

相关讨论：

1．你对团队工作方法是否有更进一步的认识？

2．你的小组是否有出现意见垄断的现象，为什么？

3．你所在的小组是以什么方法达成共识的？

游戏主要障碍和解决：

某领域的特有规则，了解之后将有助于帮助人们深入这个领域而不至于闹笑话。因此尊重专业性是很必要的。

参与人数：先以个人形式，之后再以 5 个人的小组形式完成。

时间：30 分钟。

场地：教室或会议室。

道具：个人选择表，专家意见表，纸，笔，白板。

（资料来源：经理人培训项目组．培训游戏全案·拓展：升级版．北京：机械工业出版社，2010）

思考与讨论

1．为什么说企业文化具有鲜明的个性特色？

2．美国、日本、德国各有哪些民族文化特征？其企业文化各有何特点？

3．试对东、西方企业文进行比较。

4．我国传统文化的基本精神是什么？它对我国的企业文化有何影响？

5．我国企业文化建设应怎样继承传统文化？

6．对中、日、美、德企业文化进行比较分析，并说明相互借鉴企业文化的必要性。

7．联系实际，谈谈建设中国特色的企业文化应从日、美、德等国家企业文化中吸收和借鉴哪些有益的成分？

8．现代企业文化建设应该怎样同传统管理思想和管理智慧相结合，以建立有中国特色的社会主义企业文化？

拓展阅读

[1] 大内．Z 理论：美国企业怎样迎接日本的挑战．北京：中国社会科学出版社，1984．

[2] 帕斯卡尔，阿索斯．日本企业的管理艺术．南宁：广西民族出版社，1984．

[3] 黄河涛，田利民．企业文化学概论．北京：中国劳动与社会保障出版社，2006．

[4] 王廉．中国企业与世界企业文化对接．广州：暨南大学出版社，2008．

参考文献

[1] 陈春花，曹亚涛，曾昊. 企业文化. 北京：机械工业出版社，2011.

[2] 张国梁. 企业文化管理. 北京：清华大学出版社，2010.

[3] 欧少华，徐亚纯，王超，等. 企业文化理论与实务. 合肥：合肥工业大学出版社，2011.

[4] 张德. 企业文化建设. 北京：清华大学出版社，2003.

[5] 黄河涛，田利民. 企业文化学概论. 北京：中国劳动与社会保障出版社，2006.

[6] 刘光明. 中外企业文化案例分析. 北京：经济管理出版社，2000.

[7] 王成荣. 企业文化学教程. 北京：中国人民大学出版社，2003.

[8] 李桂荣. 创新型企业文化. 北京：经济管理出版社，2002.

[9] 罗长海. 企业文化学. 北京：中国人民大学出版社，2006.

[10] 王吉鹏. 企业文化热点问题. 北京：中国发展出版社，2006.

[11] 刘志迎. 企业文化通论. 合肥：合肥工业大学出版社，2005.

[12] 董平分. 企业价值观管理与企业文化. 北京：航空工业出版社，2008.

[13] 李建华. 现代企业文化通识教程. 上海：立信会计出版社，2008.

[14] 孙溦. 企业文化概论. 武汉：武汉理工大学出版社，2010.

[15] 杨刚，向泽映，戴昊. 现代企业文化学. 北京：对外经济贸易大学出版社，2007.

[16] 苏万益. 现代企业文化与职业道德. 北京：高等教育出版社，2008.

[17] 黄河涛，田利民. 企业文化案例评析. 北京：中国劳动社会保障出版社，2008.

[18] 刘光明. 新编企业文化案例. 北京：经济管理出版社，2011.

[19] 栾永斌. 企业文化案例精选精析，北京：中国社会科学出版社，2008.

[20] 定雄武. 企业文化. 北京：北京理工大学出版社，2006.

[21] 方光罗. 企业文化概论. 大连：东北财经大学出版社，2002.

[22] 王德清，陈金凤. 现代管理案例精析. 重庆：重庆大学出版社，2004.

[23] 罗长海，陈小明，肖海燕，等. 企业文化建设个案评析. 北京：清华大学出版社，2006.

[24] 金思宇，张鸿钧. 中国特色企业文化建设案例：第一卷. 北京：中国经济出版社，2005.

[25] 张岩松，孙顺华. 公共关系学. 青岛：青岛出版社，2002.

[26] 李玉海. 企业文化建设实务与案例. 北京：清华大学出版社，2007.

[27] 强以华. 企业：文化与价值. 北京：中国社会科学出版社，2004.

[28] 侯贵松. 企业文化怎样落地. 北京：中国纺织出版社，2005.

[29] 林平凡，詹向明. 企业文化创新：21世纪企业竞争战略与策略. 广州：中山大学出版社，2002.

[30] 刘光明. 现代企业文化. 北京：经济管理出版社，2006.

［31］张德．企业文化．北京：清华大学出版社，2007.

［32］常智山．塑造企业文化的十二大方略．北京：中国纺织出版社，2005.

［33］余凯成．管理案例学．成都：四川人民出版社，1987.

［34］张丽华．管理案例教学法．大连：大连理工大学出版社，2000.

［35］梅子惠．现代企业管理案例分析教程．武汉：武汉理工大学出版社，2006.

［36］里德．哈佛第一年：商学院的真实经历．徐德任，曾剑秋，译．北京：中国建材出版社，1998.

［37］刘新哲．哈佛学不到　海尔是课堂．青岛日报，1998-03-30（1）.

［38］吉福林．21世纪企业文化的八大特征．商业研究，2001（11）.

［39］黄崇利，彭正龙．基于儒家思想的中国企业文化管理之特征、功能及构建．商业研究，2007（5）.

［40］张玉梅．加强企业文化建设的基本途径．社会科学论坛：学术研究卷，2005（12）.

［41］王勇敬，纪光欣．略论中国企业跨文化管理的原则与方法．技术经济与管理研究，2006（3）.

［42］高峰，孙士云．企业价值观：企业文化的灵魂．湖南城市学院学报，2007（1）.

［43］兰华．企业文化的内涵与价值．铁道工程企业管理，2006（4）.

［44］李正青，周洁．企业文化价值观体系的构建．科技信息，2007（2）.

［45］钱琳伊．试论优秀企业文化体系的构建．无锡商业职业技术学院学报，2005（6）.

［46］王吉发，朱相宇．谈企业文化变革的有效途径．商业时代，2006（34）.

［47］雷宏振，韩娜娜．中国传统文化特征及其对企业创新影响．华东经济管理，2005（7）.

［48］陈波．中国家族企业的文化特征与竞争优势．天津社会科学，2004（4）.

［49］钱艳娜．影响企业文化的环境因素．濮阳职业技术学院学报，2008（8）.

［50］赵瑜．浅谈企业文化的各种功能．品牌：理论月刊，2011（6）.

［51］曹正兵．企业文化功能探析．经营管理者，2010（10）.

书　名	书　号	出版时间	版次	定价
现代管理学案例教程	978-7-81123-713-9	2009-10-23	1-8	29.00
现代市场营销案例教程	978-7-81123-988-1	2010-02-01	1-3	30.00
组织行为学案例教程	978-7-5121-0792-2	2011-12-13	1-1	33.00
现代公共关系案例教程	978-7-5121-0629-1	2011-07-22	1-1	33.00
现代人力资源管理案例教程	978-7-5121-0487-7	2011-02-18	1-1	33.00
创意产业案例教程		2012-08-18		
企业文化案例教程		2012-08-08		
企业危机管理案例教程		2012-08-12		

下载地址：http://press.bjtu.edu.cn
教学支持：guodongqing@126.com
读者信箱：guodongqing@126.com
投稿信箱：guodongqing@126.com

21世纪经济学类管理学类专业主干课程系列

书　　名	书　　号	版次	出版时间	定价	课件
管理会计	978-7-5121-0888-2	1-1	2012-02-06	33.00	有
市场营销管理学	978-7-5121-0799-1	1-1	2011-12-20	43.00	有
现代质量管理	978-7-5121-0796-0	1-1	2011-11-19	37.00	有
跨文化交流	978-7-5121-0766-3	1-1	2011-11-07	27.00	有
市场营销实训教程	978-7-5121-0775-5	1-1	2011-11-03	37.00	有
广告心理学	978-7-81123-723-8	1-1	2011-10-23	27.00	有
电子商务安全	978-7-5121-0763-2	1-1	2011-09-28	33.00	有
包装学	978-7-5121-0201-9	1-1	2010-09-25	33.00	有
现代广告学	978-7-5121-0751-9	1-1	2011-09-13	39.00	有
基础会计学	978-7-5121-0349-8	1-2	2011-07-28	29.00	有
电子商务网站设计、实施与管理	978-7-5121-0500-3	1-1	2011-02-28	23.00	有
财务管理习题及解析	978-7-5121-0507-2	1-2	2011-02-25	24.00	有
服务营销学	978-7-81123-692-7	1-2	2011-02-18	33.00	有
基础会计模拟实验教程	978-7-81123-867-9	1-1	2011-01-18	23.00	有
成本会计	978-7-5121-0454-9	1-1	2011-01-05	43.00	有
金融保险实务	978-7-81123-629-3	1-1	2010-10-26	33.00	有
电子商务法与案例评析	978-7-81123-718-4	1-1	2010-10-25	39.00	有
基础会计习题与案例	978-7-5121-0360-3	1-2	2010-09-17	23.00	有
证券投资学	978-7-5121-0207-1	1-1	2010-08-31	29.00	有
基础会计学	978-7-5121-0107-4	1-3	2010-05-11	29.00	有

书　　名	书　　号	版次	出版时间	定价	课件
包装学	978-7-5121-0201-9	1-1	2010-09-25	33.00	有
供应链管理	978-7-5121-0263-7	1-1	2010-08-31	28.00	有
企业战略管理	978-7-5121-0206-4	1-1	2010-08-02	34.00	有
电子商务应用与技术	978-7-5121-0109-8	1-1	2010-05-26	39.00	有
品牌管理	978-7-5121-0110-4	1-3	2010-05-24	34.00	有
电子商务系统分析与设计	978-7-5121-0103-6	1-1	2010-05-11	35.00	有
电子金融与支付	978-7-81123-717-7	1-1	2010-05-10	25.00	有
物流系统设计与分析	978-7-81123-720-7	1-1	2010-05-04	34.00	有
物流系统规划与设计	978-7-81123-960-7	1-2	2010-04-02	42.00	有
运输与包装（第二版）	978-7-81123-841-9	1-2	2009-11-20	24.00	有
电子商务概论	978-7-81123-719-1	1-3	2009-12-17	35.00	有
管理学基础教程	978-7-81123-721-4	1-1	2009-12-14	39.00	有
财务管理	978-7-81123-871-6	1-3	2009-12-16	39.00	有
服务营销学	978-7-81123-692-7	1-2	2009-08-27	33.00	有
物流工程	978-7-81123-491-6	1-1	2009-04-24	42.00	有
物流管理导论	978-7-81123-482-4	1-1	2009-01-04	47.00	有

下载地址：http：//press. bjtu. edu. cn
教学支持：guodongqing@126. com
读者信箱：guodongqing@126. com
投稿信箱：guodongqing@126. com